대순진리회

교리론

대순진리회 교리론

초판 1쇄 2013년 9월 19일 | 출판등록·제300 2008 40호
지은이·이경원 | 펴낸이·김기창 | 펴낸곳·도서출판 문사철
표지디자인·정신영 | 본문디자인·호문목
주소·서울 종로구 명륜동 2가 93번지 두리빌딩 206호 | 전화·02 741 7719
팩스·0303 0300 7719 | 홈페이지·www.lihiphi.com | 이메일·lihiphi@lihiphi.com
ISBN·978 89 93958 68 3

* 값은 뒤표지에 있습니다.

대순진리회 교리론

이경원 지음

도서출판문사철

책머리에

하나의 종교 내에서 교리가 차지하는 비중은 실로 막대하다고 할 수 있다. 종교학에서 일컫는 교리는 종교경험의 지적인 표현으로서 신관, 세계관, 인간관 등을 포괄하고 있다. 이는 종교라는 하나의 몸을 생각할 때 정신적 영역을 담당하는 것으로서 모든 언어 행동을 주관하는 원동력이라고 해도 과언이 아니다. 그만큼 교리란 종교를 구성하는 데 없어서는 안 될 필수적인 가치를 지닌다고 본다. 오늘날 대순진리회大巡眞理會의 교리는 이런 점에서 종단의 모든 활동과 미래적인 가치를 규정하는 핵심사항임을 다시 한 번 상기할 필요가 있다.

대순진리회의 교리가 공식적으로 이 세상에 선포된 것은 1925년 을축년 무극도无極道의 창도에서 비롯된다. 일찍이 종단을 창설하신 조정산 도주께서는 구태인 도창현舊泰仁道昌峴에 도장을 세우시고, 강세하신 강증산 상제를 구천응원뇌성보화천존상제九天應元雷聲普化天尊上帝로 봉안하셨으며 종지宗旨 및 신조信條와 목적目的을 정하셨다. 조정산 도주님으로부터 종통을 계승하신 박우당 도전께서는 현대의 새로운 종단으로서 대순진리회를 창설하시고 그 탁월한 영도력으로 포덕천하하시어 오늘날에 이르게 되었으니 종단의 발전 이면에는 바로 이러한 교리가 바탕이 되었다고 보아야 할 것이다. 이런 점에서 대순진리를 수행하는 수도인에게 있어 교리를 천착穿鑿하고 이해하는 과정은 아무리 강조해도 지나치지 않다고 하겠다.

대순종단의 교리에 있어서 종지는 음양합덕陰陽合德 신인조화神人調化 해원상생解冤相生 도통진경道通眞境으로서 대순진리 그 자체를 나타내고 있으며, 신조는 안심安心 안신安身 경천敬天 수도修道의 사강령四綱領과 성誠 경敬 신信 삼요체三要諦로서 모든 실천의 지침으로 삼고, 목적은 무자기無自欺 · 정신개벽精神開闢 지상신선실현地上神仙實現 · 인간개조人間改造 지상천국건설地上天國建設 · 세계개벽世界開闢으로서 종단활동의 궁극적인 지향점을 가리킨다. 여기서 모든 항목들은 상호 연계되어 있으며 전체적으로 하나의 체계를 이루고 있다고 본다. 본서의 구성은 이와 같은 교리체계를 염두에 두고 크게 3부로 나누어 단일 항목을 주제로 삼아 개별 연구를 전개하였다.

본서는 연구서로서 그동안 필자의 교리연구 논문을 오랫동안 수정하고 보완한 것을 엮은 것이다. 연구의 주된 계기는 필자가 속한 대학교의 교책 연구기관인 대순사상학술원의 활동에서 자극받은 바가 크다. 본 학술원은 대순종단의 연구지원 하에 1996년부터 지속적으로 연구논문집을 발간해 왔으며, 연구주제는 바로 교리체계를 중심으로 한 것이다. 본교 전공교수는 물론 학계의 저명한 인사들이 함께 참여하여 종단의 교리를 광범하게 다룬 것은 당시 대순진리회의 학문적 활동을 대변하는 것이었다. 이 과정에서 종단의 원로임원과 학계의 학자들은 혼연일체가 되어 학문연찬에 힘을 기울였다. 그리하여 적잖은 연구 성과도 쌓게 되었는데, 과거에 성심으로 활동하였던 저명한 원로학자 중에는 세월이 무상하여 이미 작고하신 분들도 있다. 지금 생각하면 한참 어린 연배로서 연구에 참여하는 영광을 얻은 필자는 선배학자 분들의 열정적인 연구에 많은 힘을 얻었다고 생각한다. 교리연구는 세대를 거치면서 언제나 새롭고 풍부한 해석이 나와야하고 또 그렇게 함으로써 시대에 맞는 이해가 가능하다. 본서가 비록 보잘 것 없는 글로써 감히 위대한 진리를 논한 것 자체가 어불성설不成說이 된 것 같아 송구스럽지만 앞으로 지속적인 교리연구를 위해서는 응당 비판거리가 필요하다는 점에서 위안을 삼고자 한다. 많은 선후배 학자 분들의 질정을 바랄 뿐이다.

본서가 나오기까지 애써주신 분들에게 감사를 드리고자 한다. 대순종학과 대학원생 김귀만씨와 김영일씨는 자신의 일처럼 이 책을 꼼꼼히 읽고 교정을 봐주었다. 만학의 나이에도 아랑곳하지 않고 순수한 열정으로 학문에 전념하는 모습을 볼 때 언제나 필자를 분발시켜주는 것 같아서 고마움을 표하고 싶다. 이외에도 대순종학의 연구에 동참하는 많은 동학들에게 언제나 서로 위안과 힘이 된다는 점에서 감사할 따름이다. 끝으로 출판업계의 열악한 사정에도 불구하고 오로지 인문학의 육성 의지를 가지고 저자를 격려하며 본서의 출판을 결정해주신 도서출판 문사철의 김기창 사장님께 감사를 드린다.

2013년 9월
왕방산 자락의 중추절을 바라보며
저자 이경원

차례

책머리에   5

서론   대순진리회 교리의 체계와 사상적 특징   13
     1. 대순진리회 신앙의 연원淵源   17
     2. 대순진리회의 교리체계   21
     3. 대순진리회 교리의 사상적 특징   31

제1부   종지론宗旨論

*1*장 대순진리회 종지의 사상적 구조와 특질   **44**
     1. 머리말   44
     2. 대순진리회 종지의 사상적 구조   45
     3. 대순진리회 종지의 사상적 특질   71

*2*장 음양합덕론陰陽合德論   **76**
     1. 머리말   76
     2. 음양합덕의 고전적 근거   77
     3. 천지공사에 나타난 음양합덕론   84
     4. 음양합덕의 실현   102
     5. 맺음말   107

*3*장 신인조화론神人調化論   **108**
     1. 머리말   108
     2. 신관   109
     3. 인간관   120
     4. 신인조화의 이념   130
     5. 맺음말   139

*4*장 해원상생론解冤相生論 **141**

    1. 머리말   141

    2. 해원론   142

    3. 상생론   153

    4. 해원상생과 천지공사   163

    5. 해원상생의 실천방법론   172

    6. 맺음말   175

*5*장 도통진경론道通眞境論 **177**

    1. 머리말   177

    2. 도통진경의 이론적 특성   178

    3. 천지공사와 도통진경의 실현   195

    4. 맺음말   203

제2부   신조론信條論

*1*장 안심安心 · 안신론安身論 **206**

    1. 머리말   206

    2. 안심 · 안신의 의미   218

    3. 안심 · 안신의 사상체계   210

    4. 안심 · 안신의 실천   223

    5. 맺음말   230

*2*장 경천敬天 · 수도론修道論 **232**

    1. 머리말   232

    2. 경천 · 수도의 의미   233

    3. 경천 · 수도의 사상체계   236

    4. 경천 · 수도의 실천   250

    5. 맺음말   254

3장 성론誠論 — **255**

1. 머리말 — 255
2. 성사상의 역사적 전개 — 256
3. 대순진리에서의 성론 — 276
4. 성의 실천방안 — 284
5. 맺음말 — 291

4장 경론敬論 — **292**

1. 머리말 — 292
2. 경사상의 역사적 전개 — 293
3. 대순진리에서의 경론 — 323
4. 맺음말 — 330

5장 신론信論 — **332**

1. 머리말 — 332
2. 신사상의 역사적 전개 — 333
3. 대순진리에서의 신론 — 359
4. 맺음말 — 373

6장 성誠·경敬·신信 사상의 수양론修養論적 특질 — **375**

1. 머리말 — 375
2. 성·경·신 사상의 수양적 근거 — 376
3. 성·경·신의 수양적 실천 — 389
4. 성·경·신 수양의 결과로서의 도통진경 — 394
5. 맺음말 — 400

제3부 목적론目的論

*1*장 무자기無自欺—정신개벽론精神開闢論 — 402
1. 머리말 — 402
2. 무자기에 대한 이론적 기초 — 403
3. 정신개벽에 대한 이론적 기초 — 414
4. 대순진리회의 교리와 무자기-정신개벽론 — 431
5. 맺음말 — 441

*2*장 지상신선실현地上神仙實現—인간개조론人間改造論 — 443
1. 머리말 — 443
2. 지상신선과 인간개조에 대한 이론적 기초 — 444
3. 대순진리의 지상신선실현-인간개조론 — 460
4. 맺음말 — 471

*3*장 지상천국건설地上天國建設—세계개벽론世界開闢論 — 472
1. 머리말 — 472
2. 지상천국과 세계개벽에 대한 이론적 기초 — 473
3. 대순진리의 지상천국건설-세계개벽론 — 497
4. 맺음말 — 505

찾아보기 — 508
저자약력 — 517

서론
대순진리회 교리의 체계와 사상적 특징

오늘날 대순진리회는 한국 사회에서 기성종교로 인식되는 유교 불교 기독교 등의 교세와 비교해 볼 때, 신생종교로서 차지하는 비중은 익히 유래를 찾아볼 수 없을 정도로 놀라운 발전을 보여 주었다.[1] 더욱이 그 종교적 연원淵源을 외국이 아닌 한국에서 찾고, 한국역사를 발판으로 하여 전개되어 왔다는 점에서 고유 신앙의 가치를 드높인 측면도 있다. 그 짧은 종교활동의 역사에 비해 큰 저력을 발휘할 수 있었던 것은 아마도 종단창설자의 탁월한 영도력과 우리 민족의 정서가 잘 부합된 점에서 그 요인을 찾을 수 있을 것이다.

　대순진리회의 교리사상(이하 대순사상)이 한국종교사에서 본격적으로 주목받게 된 것은 무엇보다도 한국 신종교에 관한 연구에서 비롯되었다고 할 것이다.[2] 그 개념정의가 어떻게 내려지든 한국종교사에서 신종교는 이제 빼놓을 수 없는 하나의 분과를 차지하고 있는 만큼 대순사상에 관한 연구도 이에 박차를 가하여 적잖은 성과를 거두고 있다.[3]

1　'종단 대순진리회'로서의 공식명칭을 사용하여 종교활동을 시작한 것은 1969년이다.(대순진리회 교무부, 『대순진리회 요람』 p.13) 교세현황이 기록된 출판물에 따르면 1997년 12월 31일자로 전국 1,953,483 가구의 도인이 있으며, 1998년 12월 31일 현재 회관 회실 및 포덕소는 전국 1,360 여개소에 이르고 있다. (대순진리회 교무부 刊 화보집, 『종단 대순진리회』, 대순진리회 출판부, 1999, p.239 도표 참조.)

2　'신종교'라는 용어의 정의는 다분히 작업가설적인 성격을 지니는 것이지만, 비교적 짧은 시기에 발생한 종교운동에 하나의 정체성을 부과하고자 한 노력에서 붙여진 것으로 본다. 일제치하에서 '유사종교類似宗敎'로 오인받기도 하고 해방이후 민족종교, 신흥종교, 민중종교 등으로 불리어지면서 학자들마다 다양한 정의를 내리고 있는 것을 볼 수 있다. 오늘날 학계에서는 신종교라는 용어가 가장 학술적이고 객관적인 용어로 정착되어 가고 있다.(윤승용, 「신종교와 신종교학」, 『신종교연구』창간호, 한국신종교학회, 1999. pp.96-113 참조.) 한국 종교사의 연구 정리에 있어서도 신종교분야는 이제 빼놓을 수 없는 하나의 영역을 차지하고 있음을 볼 수 있다. (한국종교학회 편, 『해방후 50년 한국종교연구사』, 창 (여기서는 신종교로 분류되어 있다), 1997; 김성례 외, 『한국종교문화연구100년』, 청년사, 1999(여기서는 민족종교로 분류되어 있다) 등을 참조할 것.)

기존의 학계에서 흔히 '증산사상甑山思想' '증산교학甑山敎學' 등으로 불리어지던 것과는 달리 일단 대순사상이라고 하면 강증산 구천상제에 대한 신앙을 근거로 하는 교학사상을 통칭한다. 특히 '삼계대순三界大巡' '개벽공사開闢公事의 뜻을 담고 있는 그 '대순'을 인용하여 종단의 명칭으로 삼은 '대순진리회'에서는 기본경전인 『전경典經』(1974년 초판)을 출판함으로써 대순사상의 원전으로 삼고 있다. 이렇게 볼 때 학위논문 및 논총, 단행본의 발간 등은 학계를 향한 대순사상의 인지도를 높이는 데 크게 기여했다고 본다.4

기존의 연구 성과를 바탕으로 하여 오늘날 대순진리회의 교리를 체계적으로 이해하는 데 있어서는 크게 다음과 같은 세 가지 영역에서 그 주된 내용을 살펴보아야 한다.5 첫째는 신앙적 가르침의 핵심을 담고 있는 것으로 종지宗旨에 관한 이해이다.

---

3 한국의 종교관련 학회에서는 신종교에 관한 연구논문을 꾸준히 발표하면서 그 학문적 심화와 정체성확보에 노력해 왔다. 대표적으로 1968년 창립된 한국종교사학회에서는 고유 신앙에 대한 연구와 함께 신종교 연구논문을 지속적으로 게재하고 있으며, 한국종교학회에서는 1970년 창립된 이래 신종교분과를 통해 그 학문적 정체성 탐구에 노력하고 있다. 한편 1999년 3월에 창립된 한국신종교학회에서는 한국의 신종교에 관한 독립된 학문의 탄생을 선언했으며, 이에 따라 각 교단의 교리적 입장과 학문적 접근을 통해 '신종교학'이라는 새로운 학문을 주도하고 있다. 매년 2회씩 『신종교연구新宗敎硏究』 학회지를 발간하여 2013년 현재 28집에 이르고 있다.

4 석·박사학위논문은 2013년 현재 대략 40여 편이며, 종단 논문집으로는 『대순사상의 현대적 이해』(1983), 『대순논집』(1992). 『대순사상논총』 총 19집(1996-2004), 『대순진리학술논총』 총 13집(2006-2013) 등이 있고, 기타 단행본으로는 『대순종교사상』(1976)을 비롯하여 약 10여권에 이르고 있다. 이 외에도 학술지상에 게재된 다수의 논문이 있다. (자세한 책 소개는 지면관계상 생략함)

5 이에 대한 분류근거는 『典經』 교운 2장 32절에 기록된 내용을 바탕으로 하고 있다. 즉 "을축년에 구태인 도창현舊泰仁道昌峴에 도장이 이룩되니 이 때 도주께서 무극도无極道를 창도하시고 상제를 구천 응원 뇌성 보화 천존 상제九天應元雷聲普化天尊上帝로 봉안하고 종지宗旨 및 신조信條와 목적目的을 정하셨도다.…"라고 하여 교리개요는 종지와 신조, 목적 등의 3가지로 구분하여 살펴볼 수 있다.

교조의 고유한 종교체험에 따른 그 지적표현으로서의 종교사상은 이러한 종지에 의해서 압축되고 천명闡明되어 왔다. 특히 대순사상의 신관, 인간관人間觀, 세계관世界觀 등에 관한 문제는 모두 종지를 근간으로 하여 해석되는 사상체계임을 알 수 있다. 둘째는 신조에 관한 것으로 신앙적 실천양식을 규정하는 항목이다. 이는 믿음을 전제로 한 공동체의 결속을 가져다주며 하나의 조직이 갖추어짐으로써 요구되는 규약과 권징勸懲으로서의 가치를 지닌다. 신조가 있음으로 해서 종단은 그 종교적 교리를 보다 구체화시킬 수 있고 수도修道생활에 있어서의 사사私邪로운 부분을 절제할 수 있는 공적 표준이 될 수 있다. 셋째는 목적에 관한 명시이다. 이 목적은 종교공동체가 지향하는 궁극적인 것으로서 개인의 인격완성을 포함하여 대 사회적이고 세계적인 이념을 담고 있다. 이러한 목적의식이 있음으로 해서 모든 종교인은 현실의 고통을 감내함과 동시에 미래의 약속된 보상을 위해 보다 열정어린 수도생활에 전념할 수 있다.

이상의 세 가지 영역을 범주로 하여 대순진리회 교리를 살펴볼 때 각각의 영역이 지니는 사상적 내용에 대하여 주목하지 않을 수 없다. 하나의 개별영역에 대한 이해는 연구자의 다양한 입장과 관점에 따라서 얼마든지 달라질 수 있으며 확대해석을 통한 일반화도 가능한 것이 사실이다. 하지만 그 사상적 본질의 측면에서 보면 언제나 대순진리회의 신앙이 토대가 되고 있는 만큼 그 신앙을 바르게 깨우치고 교화해 나가는 선상에서 모든 연구가 이루어져야만 할 것이다.[6] 또 하나의 문제는 교리개요가

---

6   대순진리회 교무부 刊 『대순지침』에서는 모든 교화에 있어서 대순진리의 신앙

지니고 있는 사상적 특질에 관한 부분이라고 하겠는데, 이는 하나의 종교적 진리가 출현한 사회·문화적 배경과 주된 관련이 있다. 대순진리가 출현할 당시의 시·공간적 상황은 19세기 말엽의 조선사회였으므로 이 시대의 문화적 특징과 사고방식을 비판적으로 계승 극복하는 측면을 발견할 수 있다. 말하자면 교리개요는 그 자체로 사상적 특징을 드러내고 있으며 이를 전반적으로 고찰할 필요가 있는 것이다.

다음에서는 이와 같은 문제의식 하에서 먼저 대순진리회 신앙의 연원을 간략히 살펴보고 이어서 교리체계와 그 사상적 특질에 대해서 차례로 논해보기로 하겠다.

1. 대순진리회 신앙의 연원淵源

대순진리회 신앙의 연원은 먼저 구한말의 종교가인 강증산姜甑山(1871-1909)에 대한 신격神格과 그 대역사大役事를 신봉하는 데서부터 출발하고 있다. 『대순진리회요람』에 의하면

> 무상無上한 지혜와 무변無邊의 덕화와 위대한 권능의 소유주이시며 역사적 대 종교가이신 강증산 성사聖師께옵서는 구천대원조화주신九天大元造化主神으로서 삼계대권을 주재하시고 천하를 대순大巡하시다가 인세에 대강大降하사 상도常道를 잃은 천지도수를 정리하시고 후천의 무궁한 선경仙境의 운로를 열어

을 바르게 깨쳐나가도록 훈시하고 있다.(『대순지침』 pp.13-19참조)

> 지상천국을 건설하고 비겁否劫에 쌓인 신명과 재겁災劫에 빠진 세계창생을 널리 건지시려고 순회 주유周遊하시며 대공사大公事를 행하시니…[7]

라고 하여 역사적 인물로 탄생한 증산甑山이 최고신격의 소유자임을 밝히고 있다. 『대순지침』에서도 "강세하신 강증산姜甑山께서 구천상제이심을 분명히 일깨워주어야 한다."[8]라고 하여 증산이 곧 신앙대상으로서의 구천상제이심을 분명히 하고 있다. 즉 인간 증산의 행적은 모두 절대가치를 지니는 상제의 신성한 활동이며, 그 존재는 또한 최고신의 권화權化에 의한 대역사大役事였음을 보여주고 있다.

대순진리회 교리의 배경이 되는 이러한 신앙은 당시의 민중들이 고대했던 구세주에 대한 갈망과 증산이 행했던 위대한 역사에의 절대적인 신뢰가 결합되어 형성된 것이다. 증산은 그의 생애에 걸쳐서 선천과 후천의 갈림길이 되는 '천지공사天地公事'를 행하였으며, 그 결과 세계는 무궁한 도화낙원의 미래를 약속받게 되었다. 증산의 법설에 따르면 "…나의 공사는 옛날에도 지금도 없으며 남의 것을 계승함도 아니오. 운수에 있는 일도 아니오. 오직 내가 지어 만드는 것이니라. 나는 삼계의 대권을 주재하여 선천의 도수를 뜯어고치고 후천의 무궁한 선운을 열어 낙원을 세우리라, 하시고 너는 나를 믿고 힘을 다하라"[9]고 하여 천지공사는 오직 최고신 상제에 의해서만이 가능한 대역사

---

7 대순진리회 교무부 刊, 『대순진리회요람』, p.8.
8 대순진리회 교무부 刊, 『대순지침』, p.17.
9 『전경』 공사 1장 2절.

임을 선포한 바 있다. 천지우주의 새로운 창조 작업에 해당하는 이러한 역사는 인간 증산을 최고신 상제의 화현化現으로 신앙할 수 있는 근거로 작용하며 증산의 사후에도 하나의 새로운 신앙으로 자리 잡기에 충분한 것이었다.

대순진리회 신앙의 역사에 있어서 창도주創道主에 해당하는 조정산趙鼎山(1895-1958)은 이러한 증산 상제의 대순진리에 대하여 고유한 득도得道체험(1917년 2월10일)을 함으로써 증산의 행적에 대한 공식적인 신앙체계를 세웠던 분으로 기록된다. 1925년에 원시종단인 무극도無極道를 창도한 도주는 새로운 교리를 공표함과 동시에 강세하신 강증산을 구천상제(구천응원뇌성보화천존상제)로 봉안하였다. 다시 말해서 증산의 탄강은 구천대원조화주신九天大元造化主神의 강세降世이며, 증산의 생애는 상제의 삼계三界대순大巡의 과정이고, 증산의 죽음은 곧 상계上界의 보화천존普化天尊 제위帝位에 임어臨御하기 위한 화천化天에 해당하는 것이다.

신앙의 대상이 되는 증산의 구체적인 신격은 유명遺命으로 종통을 이어받은 도전都典 박우당朴牛堂(1917-1996)의 종단 대순진리회에 이르러 '구천응원뇌성보화천존강성상제九天應元雷聲普化天尊姜聖上帝'로 확정되어 나타난다. 이 호칭에서 알 수 있는 것은 무엇보다도 강세하신 강증산이 최고신 구천상제이심을 나타내는데 있다 하겠다. 그 호칭이 뜻하는 바를 살펴보면, 먼저 구천九天은 최고위最高位를 뜻하는 상징적인 공간을 나타내며, 응원應元은 상제께서 제1원인자 또는 만물의 근원자임을 뜻한다. 뇌성雷聲은 만물을 주재主宰 자양滋養하는 전능자로서의 능력 그 자체를 뜻하며, 보화普化는 창조주로서의 권능權能이 세계 속에 이미 드러나 있음을 나타낸다. 천존은 곧 절대 지존至尊을 뜻하며, 강성상제姜聖上帝란 역사적 인물과 절대자로서의 신격을 일치시켜 본다는 것이다.[10]

　신앙의 대상은 언제나 유일무이한 것이어야 하고 또한 신앙의 출발점이 되는 것인 만큼 각별한 이해가 요구되고 있다. 그렇다면 오늘날 대순진리회 신앙 연구는 모든 종교경험의 본질을 이루고 있는 궁극적 실재에 관한 문제로서 일단 인격적이고 일원적인 속성을 지닌 구천상제를 정점으로 한 가치체계임을 염두에 두어야 할 것이다. 나아가 민족의 전통신앙에 있어서 그 계승적인 부분과 접목하여 한국적 신앙을 재정립하는 방향으로 나아가야 하리라 본다. 그러기 위해서는 먼저 증산의 신격에 따른 호칭을 창조적으로 부연 해석해 나감으로써 그 신앙고백의 성스러움을 확장해 나갈 수 있다. 이어서 신앙의 대상인 상제가 최고신의 능력을 지니고 행한 위대한 역사를 통해 신앙의 대상이 지닌 속성을 구체적으로 해명하여야 한다. 예를 들면 구천상제를 권능자, 예지자, 약속자, 천하광구자 등으로서 규정지은 바 있듯이,[11] 보편적 의미의 유일신 속성과 특수한 현현으로서의 대순大巡하신 상제上帝를 적절히 조화하여 신관神觀을 밝히는 데 초점이 맞추어져야 한다는 것이다. 여기에 대순진리회 신앙은 한층 높은 위상을 지니고 신앙인으로 하여금 참된 종교경험을 가능하게 한다.

10　대순진리회 교무부 刊, 『대순진리회 요람』, pp.6-7 참조.
11　장병길, 『대순종교사상』, 대순종교문화연구소, 1987, pp.68-75 참조.

2. 대순진리회의 교리체계

1) 종지宗旨

종지란 그 종파의 핵심적인 교의敎義를 뜻하는 단어로서 대순진리회 종단에 있어서는 모든 사상적인 측면의 근간으로 삼고 있는 것이다. 총 네 부분 16자로 이루어진 종지는 각각 음양합덕陰陽合德, 신인조화神人調化, 해원상생解冤相生, 도통진경道通眞境으로 명시되어 있다. 도주의 무극도 종단 창설 시에 처음으로 공표되었던 이러한 종지의 내용은 오늘날의 대순진리회가 여타 종단과 차별화될 수 있는 이념적 가치를 다분히 보여주고 있다.

본 종단에서 주창하는바 종지의 교리사적 가치는 무엇보다도 도주 조정산 사상의 창의성이 돋보이는 부분이라 할 수 있다. 일찍이 도주의 위상은 신앙의 연원에 있어서 구천상제로부터 종통을 세우신 분으로 알려져 있다.[12] 『대순지침』에서는 또한 "도주님께서 진주眞主(15세)로 봉천명奉天命하시고 23세시에 득도하심은 태을주太乙呪로 본령합리本領合理를 이룬 것이며, 『전경』에 12월 26일 재생신再生身은 12월 4일로서 1년 운회의 만도滿度를 채우실 도주님의 탄생을 뜻하심이다"라고 하였고, "본도의 연원淵源은 상제님의 계시(봉서)를 받으셔서 종통을 세우신 도주님으로부터 이어내려 왔다"고 하여 도주 조정산이 구천상제의 종통계승자임을 분명히 하고 있다.[13] 이 때 종지는 종통계승자

---

[12] 『대순지침』에 따르면 "구천상제九天上帝님의 계시를 받으신 도주道主님께서 종통을 세우셨다"(p.13)라고 하였다.
[13] 『대순지침』 pp.13-14.

가 최초로 밝힌 구천상제 진리의 요체要諦를 나타낸 것에 다름 아니다. 구천상제께서 인세人世에서 행하신 9년간의 대역사를 놓고 그 역사가 지향하는 바의 이념적 총체를 도주께서 요약함으로써 비로소 구천상제의 위대함과 진리성을 널리 알리게 되었다고 보는 것이다.

구천상제의 위대한 역사는 주로 9년간에 걸친 천지공사에 나타나고 있는데, 그 사상적 개요는 바로 도주가 확립한 종지에 의해서 이해되어질 수 있다. 즉 천지공사는 음양합덕 신인조화 해원상생 도통진경을 실현하는 데 목적이 있다. 또한 천지공사를 진행하는 과정에서는 이러한 종지의 이념이 주된 원리가 되었다고 본다. 천지공사의 대체大體는 모두 종지의 개념 속에서 이해될 수 있으며, 종지는 또한 천지공사를 통해 구체화되고 있다.[14]

종지와 천지공사의 관계에 있어서 먼저 음양합덕에서는 일음일양一陰一陽과 정음정양正陰正陽 그리고 음양조화陰陽調和 등에 관한 공사를 통해 확인할 수 있으며,[15] 신인조화는 인존人尊, 신도神道와 인사人事, 강륜綱倫 등에 관한 공사에서 잘 드러나고 있다.[16] 해원상생은 인간사회와 신명세계 그리고 천지 만물에 이르기까지 광범위하게 행해진 해원공사와 함께 상생의 도로 후천선경을 건설하고자 한 상제의 의지에서 확인되고 있다.[17] 도통진경은 후천선경과 도통군자, 지기통일, 문명통일 등의 공사에서 일찍이 표방된 바 있다.[18] 이처럼 종지는 대순사상 연구의 출발점이

---

14 이경원 외, 『대순진리의 신앙과 목적』, 대순사상학술원, 2000, pp.97-114 참조.
15 『전경』 공사 2장 16절.
16 『전경』 교법 2장 56절, 예시 9절, 교법 3장 34절.
17 『전경』 공사 1장 3절.

며 귀결점으로써 확고부동한 교의로 자리 잡고 있음을 확인하게 된다.

대순사상이 하나의 종교사상의 구조를 지닌다 할 때 그 사상적 범주로서는 크게 세 부분으로 나누어 이해될 수 있다. 신관, 인간관, 세계관 등이 그것이라 하겠는데, 이는 모두 종교적 사고에 있어서 중심적인 주제들이다. 신과 세계, 그리고 신과 인간 사이의 관계들은 매우 중요하다.[19] 이러한 주제들에 관해서도 대순사상에서는 모두 종지에 의해서 압축되고 표방되어진다고 할 수 있다. 철학 종교 윤리 사회와 같은 인간행동에 관한 주제에 있어서도 그 주된 사상적 요체는 모두 종지에 의해서 규정되고 있음을 주목해야 한다. 주지하다시피 음양합덕에서의 음양론은 동양철학의 전통에서 발견되어지는 주제이며, 신인조화에서 신과 인간의 관계론은 종교경험의 본질을 이루는 부분이다. 해원상생은 인간관계에서의 올바른 실천과 윤리의 문제를 내함內涵 하고 있으며, 도통진경은 이상사회의 모습을 담고 있다. 이로써 볼 때 종지는 대순진리회 종단이 표방하는 모든 사상적 총체를 아우르고 있음을 알 수 있으며 그 연구 또한 다양한 시각과 방면으로 이루어질 수 있음을 시사하고 있다.

기존의 종단 발간 자료 내에서는 아직 종지에 대한 공식적인 해설을 내놓지 않고 있는 실정이다. 종지가 함축하고 있는 바가 워낙 무궁무진하므로 오히려 거기에 해설을 붙임으로 해서 종지의 본래적인 가치를 격감시킬 우려가 있음도 사실이다.

---

18 『전경』 공사 3장 5절, 예시 12절, 예시 45절.
19 요아힘바하, 김종서 역, 『비교종교학』, 민음사, 1988, p.143.

하지만 대중을 교화하고 그 사상적 가치를 알리는 데 있어서는 부연해설이 불가피하므로 이는 후학의 몫으로 남겨둘 수밖에 없을 것이다. 지속적인 연구로써 종지의 사상적 가치를 밝히고 해석해 나가는 작업은 종지에 대한 신념을 지켜나가는 중요한 방법 중의 하나임을 간과해서는 안 될 것이다.

2) 신조信條

일반적으로 하나의 종교에 있어서 신조는 신앙대상에 대한 믿음을 전제로 할 때 이어지는 신앙고백적 성격의 교리를 말한다. 하지만 대순진리회 신조는 구천상제에 대한 신앙이 전제된 상태에서 그 신앙적인 실천방안을 제시하는 것으로 내용을 이루고 있다. 이러한 신조는 종단 구성원으로 존재하는 수도인 전체의 결속을 가져다주고 구성원 개개인의 내적 생활과 외적 대응을 위한 공적 표준으로서의 가치를 지닌다.

종단 내에서 신조는 크게 사강령四綱領(安心·安身·敬天·修道)과 삼요체三要諦(誠·敬·信)로 구성되어 있다. 두 부분은 모두가 하나의 신조에 속하는 것이지만 '강령'과 '요체'가 가져다주는 어감에 따라 서로 구분되고 있다. 사강령에서 강령은 주로 공동체의 정체성을 규정하는 통일된 규범으로 작용하며, 삼요체에서의 요체는 개인의 모든 일상 행동을 바르게 이끄는 중요한 원리를 밝힌 것이다. 하지만 사강령 삼요체 모두 하나의 신조로 보면 개인과 집단에 고루 적용될 수 있는 교리규범임을 주목하지 않을 수 없다.

사강령에서 '안심安心'에 관한 공식적인 해설은 다음과 같다.

"사람의 행동行動 기능機能을 주관主管함은 마음이니 편벽偏僻됨이 없고 사사私邪됨이 없이 진실眞實하고 순결純潔한 본연本然의 양심良心으로 돌아가서 허무虛無한 남의 꾀임에 움직이지 말고 당치 않는 허욕虛慾에 정신精神과 마음을 팔리지 말고 기대企待하는 바의 목적目的을 달성達成하도록 항상恒常 마음을 안정安定케 한다."[20] 여기서 안심에 관한 직역直譯은 결국 '마음을 안정케 하는 것'이며, 그 마음이란 언제나 상제에 대한 믿음으로 가득 찬 것임을 말하고 있다.

안신安身에 있어서는 "마음의 현상現象을 나타내는 것은 몸이니 모든 행동行動을 법례法禮에 합당케 하며 도리道理에 알맞게 하고 의리義理와 예법禮法에 맞지 않는 허영虛榮에 함부로 행동行動하지 말아야 한다."[21]라고 하여 심신心身일여一如의 경지에서 모든 신앙 활동이 이루어져야 함을 강조하고 있다.

경천敬天은 "모든 행동行動에 조심하여 상제님上帝任 받드는 마음을 자나 깨나 잊지 말고 항상恒常 상제上帝께서 가까이 계심을 마음속에 새겨 두고 공경恭敬하고 정성精誠을 다하는 마음을 잊지 말아야 한다."라고 하여 신앙대상이신 상제의 존재를 언제나 외경畏敬하는 자세를 견지해나갈 것을 말한다.

수도修道에 대해서는 "마음과 몸을 침착沈着하고 잠심潛心하여 상제님上帝任을 가까이 모시고 있는 정신精神을 모아서 단전丹田에 연마鍊磨하여 영통靈通의 통일統一을 목적目的으로 공경恭敬하고 정성精誠을 다하는 일념一念을 스스로 생각生覺하여 끊임없이 잊

---

20 대순진리회 교무부 刊, 『대순진리회 요람』 p.15.
21 위의 책.

지 않고 지성至誠으로 봉축奉祝하여야 한다."라고 하여 공부工夫와 수련修練 기도祈禱 등이 그 주요한 행위가 된다.[22] 이러한 활동이 꾸준히 반복되는 과정에서 개인의 신심信心이 돈독해지게 되고 외적으로는 삿된 유혹을 막아내는 방패로서 기능하게 되는 것이다.

다음으로 삼요체의 공식적인 의미에 대해서 살펴보면 먼저 성誠은 "도道가 곧 나요, 내가 곧 도道라는 경지境地에서 심령心靈을 통일統一하여 만화도제萬化度濟에 이바지할지니 마음은 일신一身을 주관主管하며 전체全體를 통솔統率 이용理用하나니, 그러므로 일신을 생각하고 염려念慮하고 움직이고 가만히 있게 하는 것은 오직 마음에 있는 바라 모든 것이 마음에 있다면 있고 없다면 없는 것이니 정성精誠이란 늘 끊임이 없이 조밀調密하고 틈과 쉼이 없이 오직 부족不足함을 두려워하는 마음을 이름이다."[23]고 하였다.

경敬에 대해서는 "경敬은 심신心身의 움직임을 받아 일신상一身上 예의禮儀에 알맞게 행行하여 나아가는 것을 경敬이라 한다."[24]고 하였다.

신信에 대해서는 "한마음을 정정定한 바엔 이익利益과 손해損害와 사邪와 정正과 편벽偏僻과 의지依支로써 바꾸어 고치고 변變하여 옮기며 어긋나 차이差異가 생기는 일이 없어야 하며 하나를 둘이라 않고 셋을 셋이라 않고 저것을 이것이라 않고 앞을 뒤라 안하며 만고萬古를 통通하되 사시四時와 주야晝夜의 어김이 없는

---

22 위의 책.
23 위의 책, p.16.
24 위의 책.

것과 같이 하고 만겁萬劫을 경과經過하되 강하江河와 산악山岳이 움직이지 않는 것과 같이 하고 기약期約이 있어 이르는 것과 같이 하고 한도限度가 있어 정定한 것과 같이 하여 나아가고 또 나아가며 정성精誠하고 또 정성精誠하여 기대한바 목적에 도달케 하는 것을 신信이라 한다."25라고 하였다. 여기서 성誠, 경敬, 신信 세 가지는 모두 수도인이라면 신앙생활에서나 사회생활에서 고루 갖추어 나가야만 하는 심신의 자세를 설명하고 있다.

이상과 같은 신조를 설정하고 있는 것은 대순진리회 신앙생활의 특징인 수도修道활동에서의 순일純一함을 지켜나가는 데 있어서 필수요건이 되기 때문이다. 일찍이 상제께서는 말씀하시기를 "너희들이 믿음을 나에게 주어야 나의 믿음을 받으리라."26고 하고, "장차 어디로 가리니 내가 없다고 핑계하여 잘 믿지 않는 자는 내가 다 잊으리라."27고 하여 변함없는 믿음을 강조한 바 있다. 수도과정에 있어서 양심을 저버리지 않고 삿된 유혹에 현혹되지 않으며 언제나 정직과 진실을 지켜나가기 위해서는 신조가 반드시 필요하다. 아무리 훌륭한 종교라도 어느 순간에 과오에 빠지거나 부패해지는 경우가 있다. 대순진리회 수도인의 경우도 예외가 될 수 없음을 알고 이러한 신조를 철저히 지켜나감으로써 과오를 미연에 방지할 수 있는 것이다.

신조에 관한 연구는 종지에 관한 연구와는 성격이 달라서 어떤 사상적인 측면보다는 하나의 규범학적인 측면에서 보다 심도 있게 다루어져야만 한다. 종단의 구성원을 결속하고 그 집

---

25 대순진리회 교무부 刊, 『대순진리회 요람』 p.17
26 『전경』 교법 1장 5절.
27 『전경』 행록 5장 19절.

단의 정체성을 발휘하는 과정에서 그것이 지니는 대 사회적인 가치와 내면성을 규명하여야 할 것이다. 신앙대상으로부터 주어지는 절대적인 감화感化에 힘입어 수도인 본래의 사명과 목적 달성에 있어 이러한 신조에 관한 이해는 종지에 못지않은 하나의 궤적을 그리기에 충분하다고 본다.

3) 목적

대순진리회의 교리체계에 있어서 '목적'이라는 항목이 차지하는 의의는 종교적 교의에 의해 결정된 인간이 도달할 수 있는 최고의 가능성이라는 측면에서 이해될 수 있다. 종교의 영역에서 규정된 인간은 기본적으로 종교적 존재(Homo Religious)이며, 인간이 선택할 수 있는 유일한 삶의 길은 그가 지닌 종교적 본성을 세계 속에 완벽히 실현하는 데 있다. 여기에는 인간 스스로의 존재를 보다 나은 모습으로 재구성하거나 세계와 신神과의 관계에 있어서 현실적인 모든 장애를 극복한 내용을 담고 있다.

 세계의 종교들에서 발견되는 여러 지배적인 개념들은 이러한 종교적 목적의식을 잘 나타내주고 있다. 불교에서 일컫는 '해탈解脫'이라든지, 유교에서의 '인仁', 기독교내에서의 '구원救援' 등은 모두가 그 종교의 고유한 문화적 전통을 담고 있는 용어로서 공동체에 속해있는 구성원들이 공통적으로 추구하는 목적이라 할 수 있다. 비록 이러한 단어들은 역사적으로 축적된 전통으로서의 문화적 틀을 동반하고 있지만 다 같이 어떤 궁극적인 것에 대한 신앙적 관심을 표명했다는 점에서 인간 내적인 지향성을 전제하는 것이다.[28] 그 종교의 '목적'이라 함은 바로 이러한 인간의 지향성 하에서 설정되는 가치개념을 의미한다.

　대순진리회에서 설정하고 있는 목적에 관한 사항은 그 신앙의 고유한 틀 내에서 표현된 궁극적인 관심이라 할 수 있다. 이는 역사적으로 전개되어 나온 대순진리회 신앙의 축적적인 전통을 나타내면서 다른 종교들에서 보편적으로 추구하는 구원에 해당하는 개념이기도 하다.[29] 그 구체적인 내용을 살펴보면 크게 세 가지 항목으로 제시되어 있다. 첫째는 무자기無自欺—정신개벽精神開闢이며, 둘째는 지상신선실현地上神仙實現—인간개조人間改造, 셋째는 지상천국건설地上天國建設-세계개벽世界開闢이다. 서로의 항목 간에는 그 유기적인 연관성을 배제할 수 없지만 대순진리회 목적을 굳이 이 세 가지로 나누어 보는 것은 천天・지地・인人 삼재三才사상과 같이 인간을 포함한 광활한 우주를 설명하기 위한 방법으로 볼 수 있다. 다시 말해서 첫째 항목은 한 인간의 내적인 주체가 되는 정신의 문제를 어떤 경지로 승화시킬 것인가를 제시한다. 육체 또한 인간을 이루는 한 부분이지만 무엇보다도 인간의 본질은 정신이라는 점에서 그 전통적 가치관의 한 단면을 보여준다. 둘째 항목은 이 세계의 한 가지 현상으로

28　W.C.Smith는 그의 인격주의적 종교이해에 있어서 기성의 종교를 사람들의 살아있는 신앙(faith)과 그 신앙이 발생하는 축적적인 전통(cumulative tradition)으로 구별하여 이해한 바 있다. 축적적인 전통은 특정 종교 공동체 안에서 그 신앙생활이 역사적으로 표현되어 왔고 또 표현되고 있는 하나의 문화적 틀을 말한다. 이는 개별 종교들이 서로를 구별짓는 데 흔히 사용되는 내용들이다. 이에 반해 '신앙'이란 개인이나 혹은 여러 개인들이 지닌 신적인 초월성(여기에는 인격적인 것과 비인격적인 것을 다 포함한다)과의 관계로 봄으로써 종교 전체의 영역 안에서 근본적으로 문제가 되고 있는 영역을 확인시켜 주었다는 데 의의가 부여된다.(W.C.Smith, 길희성 역, 『종교의 의미와 목적』, 분도출판사, 1991, pp.17-18 참조.)

29　구원이라는 개념은 주로 그리스도교에서 사용하는 말이지만 어느 종교든 그것에 해당하는 개념을 갖고 있다. 구원은 모든 종교가 궁극적으로 추구하고 있는 목적이다.(길희성, 『포스트모던 사회와 열린 종교』, 민음사, 1994, p.20.)

존재하는 인간에 관한 총체적인 가치실현의 문제이다. 한 인간을 구성하는 이른바 정신과 육체는 그 본질이 되는 정신의 개벽으로 인해 새로운 존재로 거듭나게 되고 그 육체적 현실마저도 개선된 이상적 경지를 나타낸다. 최소한 인간 개인이 모여서 이루는 사회 내에서는 인간 자신의 유한성有限性을 극복하고 인격적으로든 육체적으로든 완전한 모습을 보여주는 설정이다. 셋째 항목에서는 인간 사회를 둘러싸고 있는 모든 것 즉 세계의 이상적 경지를 보여주는 것으로 신앙의 목적이 전 우주적으로 달성된 상태를 나타낸다.

　이상의 세 가지 목적에 관한 사항을 살펴볼 때 단계적으로는 우리의 사고를 확장해 나가는 과정을 담고 있으며, 인간과 세계의 유기적인 결합을 통해 달성되는 전 우주적인 구원을 명시한 것으로 볼 수 있다. 앞 절에서 언급한 신앙의 대상은 그 자체로 궁극적 실재이면서 하나의 신앙을 발생시키는 역할을 한다면 그 신앙을 표현해 나가는 과정에서 종지와 신조는 그 종교의 고유한 지적知的 전통을 이룬다. 여기에 '목적'은 신앙인의 실천 행위를 정당화시키고 나아가 모든 행위에 의미를 부여하면서 궁극적인 가치를 지향하게 하는 것으로 의의를 지닌다. 대순진리회 교리연구에 있어서 이러한 목적에 관한 개념정립과 해석은 종지와 신조의 의미를 규명하는 것만큼이나 대등한 비중으로 지속적인 탐구가 이루어져야 할 것이다.

3. 대순진리회 교리의 사상적 특징

대순진리회의 교리는 그 자체로 하나의 사상적 특징을 지니고 있다고 본다. 종지에서 제시한 내용이나 신조, 목적 등에서 언급되고 있는 내용은 모두가 창도주의 고유한 종교체험을 담고 있으면서 그 시대의 언어로 표현된 가치지향적인 이념을 나타낸다. 오늘날 교리에 관한 이해와 연구를 위해서는 이러한 사상적 특징을 살펴봄으로써 이론적 기초로 삼을 수 있다. 여기서는 다음의 세 가지로 나누어 살펴보기로 하겠다.

1) 창도주 고유의 종교체험 및 지적표현

대순진리회 교리체계의 확립은 주지하다시피 창도주 조정산의 종교 활동에 의해서 이루어진 것이다. 종단의 연혁에 따르면 창도주께서는 15세에 부조전래父祖傳來의 배일사상排日思想을 품고 만주 봉천지방으로 망명하여 구국救國운동에 활약하다가 도력道力으로 구국제세救國濟世할 뜻을 정하고 입산수도하던 중 23세시에 대순진리에 감오感悟득도得道하였다. 도주는 종통계승의 계시를 받고 망명 9년 만에 귀국하여 전국각지를 편력 수도하시다가 1925년에 전북 구태인 도창현道昌峴에 도장을 세우고 종단 무극도를 창도하게 되었다.[30] 이 때 공식적으로 공표된 교리가 바로 오늘날 대순진리회 교리의 골격을 이룬다.

하나의 종교 내에서 일컬어지는 교리는 기본적으로 교조의

---

30 『대순진리회 요람』 pp.11-12 참조.

종교체험에 대한 지적 표현의 내용을 담고 있으므로 위에서 본 도주道主의 교리 공표과정에는 그 고유한 체험의 양식을 살펴볼 수 있다. 즉 신앙대상의 발견과 진리에 대한 자각 그리고 도주의 전인적인 반응과 종교행위로 이어지는 일련의 과정은 이후 교리 생성의 근간을 이루는 것이다. 종단 교리의 내용에는 이러한 도주의 고유한 종교체험을 반영하고 있다는 점에서 하나의 특징을 찾을 수 있다. 그 일련의 과정을 정리해 보면 다음과 같다.

먼저 도주가 발견한 신앙대상은 전지전능한 최고신 상제이면서 동시에 인세人世에 강림降臨한 역사적 존재이다. 도주께서는 구세제민의 염원 하에 공부하던 중 한 신인神人으로부터 「시천주 조화정 영세불망만사지 지기금지원위대강侍天主造化定永世不忘萬事知至氣今至願爲大降」의 글을 받았으며, 밤낮으로 그 주문을 송독하는 과정에서 마침내 상제로부터 종통계승의 계시를 받게 되었다.[31] 이후 도주는 '조선으로 귀국할 것'과 '김제 원평에 갈 것' 등의 계시와 함께 상제의 누이동생인 선돌부인으로부터 유일한 봉서까지 받음으로써 역사적으로 강림한 상제의 존재를 확신하게 된다. 도주께서 밝힌 상제의 위격은 '구천응원뇌성보화천존九天應元雷聲普化天尊상제'로서 이는 곧 천지만물을 지배자양支配滋養하는 최고신격을 뜻하고 있다. 도주는 종도들에게 설명하기를 "…하늘은 삼십 육천三十六天이 있어 상제께서 통솔하시며 전기를 맡으셔서 천지 만물을 지배 자양하시니 뇌성 보화 천존 상제雷聲普化天尊上帝이시니라."[32]고 하여 이러한 신격을 종단

---

31 이하는 『전경』 교운 2장의 내용을 참조함.
32 『전경』 교운 2장 55절.

의 신앙대상으로 설정하게 된 것이다. 오늘날 종단의 요람에서 설명하고 있는 신앙의 대상은 이 호칭을 중심으로 최고신격의 가치를 해설하고 있다.

도주의 종교체험에 나타난 두 번째 특징은 신앙대상인 상제와의 교감을 통해 전인적인 반응을 하고 참된 진리에 대한 자각을 갖는 점이다. 만주 봉천에서 "왜 조선으로 돌아가지 않느냐, 태인에 가서 나를 찾으라"[33]는 명을 받고 귀국한 도주는 원평을 거쳐 구릿골 약방에 이르면서 9년 동안 이룩한 상제의 공사를 밟았으며, 모악산 대원사에 머무르며 개벽 후 후천 5만년의 도수를 비로소 펼치게 되었음을 선언하였다. 이후 통사동通士洞 재실에서 밤낮으로 공부하던 도주는 상제의 대순진리가 '금불문고불문今不聞古不聞의 도道'로서 무극대운無極大運의 해원상생解冤相生 대도大道임을 밝혔다.[34] 도주는 또한 자신의 공부를 '요순우왕일체동堯舜禹王一切同'에 비유하였으며,[35] 전교傳敎와 각도문覺道文을 통해 진리에 대한 고유한 관점을 제시하였다.[36] 여기에 도주의 종교체험은 곧 종단창설로 이어지며 그 고유한 진리체계를 확정하게 되었던 것이다. 종지와 신조, 목적 등은 이 과정에서 정립된 도주 종교체험의 지적표현에 해당한다.

세 번째는 도주가 세운 교리개요가 도주 자신의 종교활동을

---

33 『전경』 교운 2장 8절.
34 『전경』 교운 2장 18절.
35 『전경』 교운 2장 23절.
36 특히 각도문覺道文에 나타난 도주의 사상은 심학心學적 기반 하에 상제로부터의 종통계승을 정당화하고 있다. 즉 도를 깨닫는다는 것은 '성인聖人의 심법心法을 깨닫는 것이고 성인聖人의 진실眞實을 깨닫는 것'이라서 도주는 그러한 심법과 진실을 깨달은 자로서 상제의 가르침을 받들고 대도大道와 대덕大德 대업大業을 이어나가는 것임을 밝혔다. (교운 2장 33절 참조)

통해 심화되어 나간 결과라는 점이다. 처음 조선에 귀국한 도주는 안면도에 머무르면서 우일재宇―齋를 마련하여 공부하였으며, 대원사, 통사동 재실, 부안 변산의 굴바위 등지에서 공부를 계속하며 상제의 대순하신 진리를 사람들에게 설법하였다. 이 과정에서 도주는 납월도수 북현무도수 둔도수 단도수 폐백도수를 겪으면서 마침내 무극도를 창도하는 시기를 맞이하게 되었으니, 도주가 세웠던 교리는 이와 같은 수많은 도수度數 속에서 확립된 것이라 하겠다.37 도주는 종단창설과 더불어 교리개요를 확정함으로써 상제의 대순하신 진리를 체계적으로 전달하기 위한 지식체계를 분명히 하였던 것이다.

　이상에서 살펴볼 때 대순진리회 교리의 사상적 특징에는 먼저 최초로 종단을 창설한 도주의 종교체험이 전제되어 있음을 알 수 있으며, 그러한 종교체험이 하나의 지식체계로 정형화되는 과정에서 모든 교리가 생겨났음을 확인하게 된다.

2) 전통적 사유의 비판적 계승 및 변용

대순진리회 교리의 사상적 특징 가운데 또 하나는 종지와 신조,

37　도수度數라는 용어는 구천상제의 천지공사의 내용에서 자주 등장하는 용어이다. 고전에는 이 도수에 대해서 주로 制度나 節次, 回數등의 의미로 사용되었다. 이정립은 度數의 의미에 대해서 순서·절차 즉 프로그램이라고 하였다.(李正立, 『대순철학』, p.141) 필자의 견해로는 하나의 절차 개념을 포함하면서 특히 '어떠한 일을 완성하거나 이루는 데 필요한 기간'을 뜻한다고 본다. 그리고 여기에는 그 일의 시작과 끝이 되는 시점도 포함하고 있다. 구천상제께서 행한 도수의 종류에는 백의장군 백의군왕도수(행록 3장54절), 고부도수, 독조사도수(행록 3장65절), 해원도수(공사 2장3절), 음양도수, 정음정양도수, 문왕도수, 이윤도수(공사 2장16절), 해왕도수(공사 3장 6절), 북도수(공사 3장11절), 무당도수(공사 3장33절), 상극도수(예시 10절), 문수보살도수(예시 19절), 선기옥형도수, 갈고리도수, 끈도수, 추도수, 일월대어명도수, 천지대팔문도수(예시 31절), 헛도수(예시 53절) 등이 있다.

목적의 내용이 모두 그 자체로 전통적 사유를 비판 계승하는 측면이 있다는 점이다. 이때 말하는 전통적 사유란 한국문화가 형성되기 시작한 고대로부터 근대에 이르기까지 중국대륙과 연계된 동양사상의 전통을 일컫는다. 흔히 동양적인 사유는 크게 나누어 인도적인 것과 중국적인 것으로 양분되기도 하는데, 이 때 한국은 반도적인 환경요인을 안고 문화적인 말초지로서 주변적이면서 중심적인 특질을 발휘하였다고 본다.[38] 주로 중국대륙을 통해 유입된 문화는 전통사상으로서 유儒・불佛・도道 삼교三敎가 있었으며, 고유사상으로는 신화神話나 풍류도風流道와 같은 사유체계가 존재하였음을 역사를 통해 확인할 수 있다. 이와 같은 사유체계는 최고신 상제께서 강림한 조선조 말에 이르기까지 꾸준히 한민족의 의식세계를 지배하였다고 할 수 있으며, 그 결과 새로운 사상으로 등장한 대순진리의 교리적 표현에는 그 이전까지의 전통사상을 배경으로 비판 극복 변용變容하는 형태로 나타나게 되었던 것이다.

먼저 신앙의 대상에 해당하는 정식 호칭은 '구천응원뇌성보화천존상제九天應元雷聲普化天尊上帝'로서 이는 공히 유, 불, 도 삼교의 영향 하에 전해온 최고신격의 호칭을 조화롭게 표현한 것이다. "보화普化는 십왕十王제천諸天이요 천존天尊은 구천九天을 총할하며 명령을 내리는 존령尊靈인데 보화천존普化天尊은 제천諸天의 왕이요 조화造化의 조祖다."[39]라는 설명에서도 알 수 있듯이 이 호칭에는 불교와 도교의 최고 신격神格이 내포되어 있고, 또한

---

38 조지훈, 『한국문화사 서설』, 나남출판, 1996, pp.19-29 참조.
39 최병두, 『佛敎要集』中, 세창서관. (김영진, 「옥추보경 해제」, p.1 재인용, 『옥추보경』 민속원)

'상제'라는 명칭은 고대 유교의 인격적 최고신에 해당한다.[40] 이로써 볼 때 신격에 대한 표현은 이미 전통사상의 배경이 있음을 부인할 수 없다. 하지만 그러한 신격의 현현양상과 신앙대상으로의 봉안奉安과정에는 이미 창도주 고유의 종교체험이 반영되어 재정립되는 과정을 밟게 됨을 주목하지 않을 수 없다. 즉 최고신 상제는 하나의 관념적 대상으로만 존재하지 않으며 끊임없이 인간세상과 교류하고 보살피는 과정에서 한 인간으로 화신化身하면서 역사적인 존재로 출현하는 신神이 된다. 창도주의 종교체험에서 확인할 수 있듯이 상제는 한 인간에게 선택적으로 계시를 내리는 신적 존재이면서 역사적 실체를 지닌 한 인물로서 도주의 새로운 종교적 자각을 이끌었던 것이다. 오늘날 현대종단의 교리에서는 신앙대상에 대한 호칭을 '구천응원뇌성보화천존'의 신격에 '강성상제姜聖上帝'의 호칭이 더해져서 보다 구체적인 최고신격의 고유한 모습을 보여주고 있다. 이 호칭은 바로 역사적 인물로서의 강증산과 전통적인 최고신격의 존재를 일치시킴으로써 대순진리회 신앙의 본질을 드러내는데 목적이 있다 하겠다.

다음으로 종지와 신조, 목적의 표현에서 보이는 특성도 전통적 사유와 깊은 관련이 있다고 본다. 종지에 해당하는 음양합덕陰陽合德, 신인조화神人調化, 해원상생解冤相生, 도통진경道通眞境은 각각 동양

---

40 『玉樞寶經』에 언급되어 있는 '구천응원뇌성보화천존'의 신격에 대해서는 그 해제에 도교道敎의 최고신을 지칭한다고 하였으나, 그렇다고 이 경전을 순수한 도교경전으로만 보지는 않으며 불설佛說의 옷을 입은 도서道書로서 이미 불교사찰을 통해 배포되고 있었던 것으로 분석하고 있다. 가장 오래된 판본은 1570년에 이미 간행된 것으로 보고 있으며, 영조 9년(1736)에 보현사에서 완본完本이 개간되고 1838년에 다시 중간重刊한 것으로 기록된다. (김영진, 「옥추보경해제」, 『옥추보경』, 민속원, pp.1-7 참조)

전통의 고전古典에 기초하여 그 개념을 유추해 나가야만 한다. 음양합덕은 기본적으로 『주역周易』에 등장하는 용어인데 주역의 철학적 사고의 근간을 이루는 음양론陰陽論을 배경으로 한다. 신인조화는 『서경書經』의 '신인이화神人以和'에서 엿볼 수 있는 동양전통의 신인관계론과 연관이 있으며, 해원상생에서의 해원은 무속巫俗을 연상시키고, 상생은 '노장老莊'사상에서 발견할 수 있는 개념이다. 도통진경에서의 도道는 동양사상 전체를 관통하는 진리의 대명사로 일컬어진다. 이상의 사실만 놓고 보더라도 이미 종지의 사상에는 전통적 가치관이 짙게 깔려 있음을 알 수 있다. 하지만 대순진리의 고유성은 이를 무비판적으로 계승하기보다는 자체의 신앙적 틀 내에서 창조적으로 해석하고 나아가 이를 새로운 개념으로 변용시키고 있다는 데서 가치를 발견하게 된다. 즉 종지는 구천상제의 천지공사로 주어지는 새로운 세계의 이념이므로 전통사회에서 인식되어온 개념을 상제신앙의 관점에서 재해석하여야만 하는 것이다. 음양은 이미 존재하는 개념이지만 진정한 합덕合德의 경지는 역사적으로 존재하지 못했다는 점, 신인관계에 대해서는 많은 이론이 있어왔지만 그것을 조화調化라는 새로운 경지에서 설명하지 못했다는 점, 이때 조화는 조화調和와 조화造化의 합성어로 볼 수 있다. 해원상생에 있어서도 이는 개인의 한계를 넘어서 전 우주적 범위에서 이해되어 져야 하며, 도통진경 또한 유·불·도가 통합된 대국적인 차원의 세계를 지향한다는 점에서 교리의 독창적인 가치를 발견할 수 있어야 한다.

　신조에 있어서 사강령 삼요체 또한 유·불·도 삼교의 사상을 고루 담고 있다고 볼 수 있으나, 그 본질은 상제 신앙을 기반으로 한 신앙적 개념에서의 신조임을 망각해서는 안 된다. 특히 삼요체에 나타난 성誠·경敬·신信의 개념은 어떤 철학성을 논하기 이전에 철저히 신앙적 입장 하에서 설정된 교리임을 인식할 때 그 사상적 특질을 발견할 수 있으리라 본다.

목적에서도 마찬가지로 그 표현은 유·불·도 삼교의 사상적 전통을 담고 있으며, 심지어는 서학西學의 주제도 반영하고 있다. 하지만 그 조합된 내용을 하나의 목적이라는 틀에서 바라본다면 결국 신앙의 궁극점을 단계화한 것에 다름 아니며 이로써 그 표현에는 상제에 대한 신앙을 가시화하는 데 그 본질이 있음을 발견하게 된다.

이상에서 살펴본 바와 같이 대순진리회 교리가 지니는 사상적 특징의 하나는 비록 그 시대의 전통적 사유가 내재되어 있지만 그 본질에는 언제나 상제신앙의 가치를 실현하기 위한 비판적 계승과 변용이 있었다는 점을 지적하고 싶다.

3) 미래지향적 신사고新思考의 발휘

대순진리회 교리에서의 종지와 신조, 목적은 그것이 미래지향적 가치관을 지니고 현실을 초극하는 이론을 담고 있다는 점에서 또 하나의 사상적 특징을 발견하게 된다. 즉 상제께서는 19세기 말에 강세降世하시어 20세기의 서막序幕을 여는 시점에 바야흐로 천지공사天地公事를 행하였는데, 이 역사는 100여년이 지난 지금에 이르러 우리 인류가 깨닫고 신봉信奉해 나가야만 하는 하나의 좌표로 주어진다는 것이다. 상제께서 대순하신 진리는 어떤 과거 전통사회에 대한 동경과 회귀回歸의 관점에서 등장한 것이 아니라 새로운 질서로 세계를 재편하고 나아가 그 새로운 시대를

살아가기 위한 신사고 또는 신가치관으로 작용하고 있다.⁴¹

상제의 법설에 따르면,

"다른 사람이 만든 것을 따라서 행할 것이 아니라 새롭게 만들어야 하느니라. 그것을 비유컨대 부모가 모은 재산이라 할지라도 자식이 얻어 쓰려면 쓸 때마다 얼굴이 쳐다보임과 같이 낡은 집에 그대로 살려면 엎어질 염려가 있으므로 불안하여 살기란 매우 괴로운 것이니라. 그러므로 우리는 개벽하여야 하나니 대개 나의 공사는 옛날에도 지금도 없으며 남의 것을 계승함도 아니요 운수에 있는 일도 아니요 오직 내가 지어 만드는 것이니라. 나는 삼계의 대권을 주재하여 선천의 도수를 뜯어고치고 후천의 무궁한 선운을 열어 낙원을 세우리라" 하시고 "너는 나를 믿고 힘을 다하라"고 분부하셨도다.⁴²

라고 하여 천지공사의 독창성을 밝힌 바 있다. 이 때 천지공사가 가져다주는 새로운 세계는 바로 '후천선경後天仙境'이라고 하는 이상낙원을 가리키고 있으며, 이는 오직 상제의 권능에 의해서만 제작되고 주어지는 세계임을 뜻한다. 따라서 상제께서

---

41 동아시아적 사고를 대변하는 유교사상은 이런 점에서 대순사상과 대비된다. 유교창시의 중심인물로 받아들여지는 공자의 사상에는 근본적으로 고대사회에 대한 동경이 깃들어 있다. 『論語』述而篇에서 "子曰, 述而不作, 信而好古, 竊比於我老彭"이라고 하고, 『中庸』 30장에서는 "仲尼, 祖述堯舜, 憲章文武, 上律天時, 下襲水土", 28장에서는 "子曰, 吾說夏禮, 杞不足徵也, 吾學殷禮, 有宋存焉, 吾學周禮, 今用之, 吾從周"라고 하였다. 여기서 볼 때 공자는 유교사상을 자신의 순수한 창작으로 보지 않고 선왕先王의 사상을 조술祖述하였음을 밝혔으며, 아울러 그들의 치적을 통해서 그 인격과 사상을 이어받은 것이다. (『유학원론』, 성균관대학교 출판부, 1992, pp.11-15 참조.)
42 『전경』 공사 1장 2절.

공표한 진리는 한 시대에 국한된 이데올로기가 될 수도 없으며 타인의 사상을 계승하는 것도 아닌 유일한 가치를 지닌다. 현대 종단에서 주창하고 있는 교리는 이러한 점에서 상제의 천지공사 이후의 변화되는 세계를 설명하고 또한 새 시대를 맞이하기 위한 사고방식의 전환에 초점이 맞추어져 있다.

종지에 나타난 이념에서 살펴보면 먼저 '음양합덕'에서는 새로운 철학적 사고를 예견하고 있다. 동양전통의 음양론에서는 음양陰陽 대대성對待性의 논리에 입각해서 세계를 설명하였다. 이는 음과 양의 관계성에서 출발하여 음·양의 두 범주로 분류될 수 있는 상반자相反者들의 균형있는 조화성調和性을 지향한다. 대순사상의 음양합덕은 여기에서 한 발 더 나아가 음과 양이 그 덕을 합하여 무한한 새로움을 창조하게 되는 조화성造化性을 나타낸다. 이런 관점에서 음양합덕은 하나의 새로운 사고로 자리매김될 수 있다. 신인조화에 나타난 이념은 새로운 종교적 가치관을 지향한다고 본다. 종교가 문제 삼고 있는 바는 바로 신과 인간의 관계성이며 여기에 '조화調和'와 '조화造化'의 합성어인 '조화調化'라는 경지를 제시함으로써 신과 인간의 합일合一을 지향하고 있다. 이에 따라 신관과 인간관도 새롭게 정립되어야 할 것이다. 해원상생은 전 세계인류가 실천해 나가야만 하는 새로운 윤리적 이상으로 풀이될 수 있다. 수 천 년간 쌓인 인간 상호간의 원한관계를 해소하고 나아가 상생의 이념으로 관계할 때 비로소 인류의 영원한 평화가 찾아올 수 있다고 본다. 도통진경에서는 인류가 소망하는 이상사회상을 다룬다. 아직 한 번도 맞이하지 못한 낙원의 이상을 현실세계에서 누릴 수 있도록 인도한다는 점에서 도통진경은 미래적 가치관을 담고 있다.

안심·안신·경천·수도, 성·경·신과 같은 신조는 종지에 나타난 이념을 실현하기 위한 하나의 방법론으로 기능하며 나아가 미래의 이상을 현실화시켜주는 가치를 지닌다. 무자기-정신개벽, 지상신선실현-인간개조, 지상천국건설-세계개벽에 나타난 목적의식은 과거와는 전혀 다른 새로운 세계의 출현을 지향하고 있으며 이를 개벽이라는 극적인 단어로 표현하고 있다. 정신의 개벽이란 인류가 지향해야 할 새로운 가치관으로의 전환을 강조한 것이며, 인간개조에서는 미래에 탄생할 새로운 모습의 인간을 예비하며, 세계개벽은 후천선경의 건설을 통해 맞이하는 미래 이상사회의 모습을 표현한 것이다. 이와 같이 종지와 신조, 목적의 교리는 그 자체로 미래적 가치를 담고 있으면서 사고방식의 새로운 전환을 통해 현실을 변화시키고자 하는 데서 그 특징을 드러내고 있다 하겠다.

이상으로 대순진리회 교리의 체계와 그 사상적 특징에 관해서 살펴보았다. 하나의 종교가 발생하여 인간사회의 문화를 주도해 나가기 위해서는 반드시 요구되고 있는 것이 바로 교리적인 내용이라고 할 수 있다. 종교경험의 지적인 표현으로 구성되는 교리는 모든 종교적 실천을 가능하게 하는 정신적 원동력으로 작용한다. 어떠한 실천도 정신무장이 되어 있지 않으면 그 생명력이 길 수 없는 것처럼 보다 진실하고 희생적인 실천을 요구하는 종교에서는 그 교리에 대한 이해와 신념이 무엇보다도 중요하다.

대순진리회 교리에 나타난 체계성과 그 사상적 특징은 창도주의 탁월한 안목과 체험으로 표현된 것인 만큼 그 연원淵源을 계승한 현대종단에서는 보다 각별한 이해가 요구된다. 현대사회가 당면한 문제의식을 교리적 내용에 입각하여 그 대안을 제시할 수 있어야 하며, 나아가 미래사회에 대한 불안을 해소할 수 있는 새로운 가치관 또한 마련할 수 있어야만 한다. 이런 관점에서 오늘날 교리연구에 대한 관심을 고조하고 새로운 문화 창달을 주도하기 위한 수도인들의 노력은 아무리 강조해도 지나치지 않다고 하겠다.

제1부
종지론宗旨論

1장
대순진리회 종지의 사상적 구조와 특질

1. 머리말

대순진리회의 종지宗旨는 모든 대순사상의 요체要諦를 집약하여 나타낸 중심교리를 담고 있다. 이와 같은 종지가 나오게 된 배경은 강증산姜甑山 구천상제九天上帝로부터 종통宗統을 계승하신 조정산趙鼎山 도주道主의 종단창설에서 비롯된다. 조정산 도주께서는 1925년 전북 구태인에서 무극도無極道를 창도하면서 하나의 종교활동을 위한 교리체계를 세우게 되었는데, 이때 공표된 것이 오늘날 종지宗旨로서의 위상을 갖추게 된 것이다. 음양합덕陰陽合德 신인조화神人調化 해원상생解冤相生 도통진경道通眞境의 열여섯 자로 이루어진 종지는 강세하신 구천상제의 광구천하匡救天下의 의지가 담겨있으며, 내일의 후천선경後天仙境의 실상實相을 설명하는 것으로서 대순진리 그 자체를 나타내고 있다.

　구천상제께서 강세하여 행하신 주요 역사役事는 9년간의 천지공사天地公事를 통하여 드러난 바 있다. 선천先天의 상극相克적 현실에서 진멸盡滅지경에 빠진 인류를 구원하기 위해 여러 신성·불·보살의 하소연으로 강세하시게 된 구천상제께서는 모든 위기의 원인을 원寃의 점철點綴에 따른 것으로 보고, 이러한 원을 해소하는 것으로 천지공사를 단행하였다.43 그 결과 어떠한 원도 없는 영원한 평화의 지상천국을 이룩할 수 있게 되었다. 이 때 이러한 세상을 건설하는 원리가 되고 그것을 주도해 나가는 이념을 말한다면 다름 아닌 종지宗旨로 표현할 수 있을 것이다. 즉 구천상제의 천지공사는 음양합덕 신인조화 해원상생 도통진경을 원리로 하여 진행되었고, 앞으로 인류의 문명은 이 같은 원리에 의해 결정지어진다는 것이다.

본 장에서는 이상의 대순 종지를 이해하기 위해서 우선 그 사상적인 측면에서의 구조를 살펴보고 이어서 그 특징에 대해서도 간략히 살펴보기로 하겠다.

2. 대순진리회 종지의 사상적 구조

종지가 지향하는 바의 이상理想을 이해하기 위해서는 현실의 다양한 분야를 총체적으로 논할 필요가 있다. 특히 사상적인 측면

---

43 『전경』 공사 3장 4절, "상제께서 七월에 「예로부터 쌓인 원을 풀고 원에 인해서 생긴 모든 불상사를 없애고 영원한 평화를 이룩하는 공사를 행하시니라. 머리를 긁으면 몸이 움직이는 것과 같이 인류의 기록에 시작이고 원寃의 역사의 첫 장인 요堯의 아들 단주丹朱의 원을 풀면 그로부터 수천년 쌓인 원의 마디와 고가 풀리리라. 단주가 불초하다 하여 요가 순舜에게 두 딸을 주고 천하를 전하니 단주는 원을 품고 마침내 순을 창오蒼梧에서 붕崩케 하고 두 왕비를 소상강瀟湘江에 빠져 죽게 하였도다. 이로부터 원의 뿌리가 세상에 박히고 세대의 추이에 따라 원의 종자가 퍼지고 퍼져서 이제는 천지에 가득 차서 인간이 파멸하게 되었느니라. 그러므로 인간을 파멸에서 건지려면 해원공사를 행하여야 되느니라」고 하셨도다."

에서는 오늘날 수많은 학문과 방법론이 있으므로 특정 사상이나 학문을 고수하여 전개하는 것이 불가하다. 더구나 종지는 그것으로서 우주와 인간의 모든 분야를 포괄한다고 볼 때 하나의 관점에서 규정할 수 없는 한계를 지닌다. 하지만 하나의 학문적 해석을 위해서는 보다 근접한 영역에서 먼저 다루어 나가는 것이 순서이므로 주요한 사상영역과 관련하여 그 의의를 살펴보는 것이 필요하다고 여겨진다. 이에 본문에서는 현대사상의 주요 분야로서 철학과 종교, 윤리 그리고 사회 등으로 나누어 종지의 개별적 특성을 살펴보기로 하겠다.

1) 철학사상과 음양합덕

오늘날 철학이라고 하는 것은 그 어원에서도 알 수 있듯이[44] 참된 지식에 대한 탐구 작업이라고 할 수 있다. 오늘날 문명사회에 있어서 지식은 단순한 수단으로서의 가치를 인정받고 있을 뿐 아니라 그 자체가 목적으로서의 가치를 가진 보배로운 것이다. 이 보배로운 지식의 획득을 위해서 우리는 어려운 사색과 연구의 길을 더듬어 나간다. 그리고 진리를 동경하는 인간의 욕구는 중도에서 중단될 수 없는 성질의 것인 까닭에 우리는 끝없이 사유에 사유를 거듭하고 있으며 이같이 보다 깊고 정확한 지식에로의 접근을 꾀하는 노력이 다름 아닌 철학의 출발점이요

---

[44] '哲學'이라는 말의 西洋語源은 'philosophia'에 있다고 한다. 본래 知(sophia)에 대한 사랑(philos)을 뜻하는 합성어로 알려져 있으나 이 말의 분석이 철학이라는 말의 현대적 語義의 전부를 밝히는 묘방이 되지는 않을 것이다. 그러나 지혜 또는 지식에 대한 뜨거운 사랑이 철학하는 정신의 근본임에는 예나 지금에나 다름이 없다. (『철학개론』, 서울대 출판부, 1993, 1장 철학이란 무엇인가. 참조)

또 그 과정이 되는 것이다.[45] 그런데 어떤 문화에서 철학이 차지하는 위치는 그 문화의 특성과 의의를 집적하여 농축된 형태로 표현하는 데 있다. 따라서 인간이나 문화의 행태에서 철학이 나오는 것이지, 철학이 인간행태나 문화행태에 영향은 미칠지언정 이를 창조해 내는 것은 아니다.[46] 이것은 다른 말로 하면 동양과 서양의 문화적 행태에 따라 각각 그 철학적 특질이 달리 전개되어 나왔다는 것이며 오히려 상반된 양상을 띠고 있다는 것이 오늘날의 지배적인 견해이다. 물론 환경의 차이에서도 기인하는 바가 크다고 하겠지만, 무엇보다 주목되어야 할 것은 서양이 분석적 경향을 띠고 있고 동양은 종합적 경향을 띠고 있어 각각의 장단점을 지니게 된다는 것이다.[47] 동·서간의 문화적 마찰도 모두 이러한 철학적 사유방식의 차이에서 나타난다고 볼 수 있으며 그 대립과 투쟁을 야기한 것도 필연적이라고 하겠다. 그리하여 오늘날과 같이 동·서문화의 교류가 활발히 이루어지고 있는 시점에서 철학자의 사명이라고 하면 무엇보다 동서철학의 만남의 자리를 마련하는 것이다. 이를 위해 동·서양을 초월하는 보편적인 철학사상을 탐구하는 것이 요청되고 있다. 종지宗旨의 내용 중에서 음양합덕陰陽合德은 바로 이러한 오늘날의 철학적 요청에 부합할 수 있는 이념을 제공할 수 있다고 본다. 그것은 먼저 '음·양'이라는 것이 현실의 존재양상을 분석하는 개념의 틀이며 이를 '합덕合德'이라는 용어로 귀결시킴으로

---

45 김태길, 『철학개론』 서울대출판부, 1993, p.17
46 최영진, 『동양과 서양』 서울 지식산업사, 1993, p.104
47 이는 마치 서양에서 집안을 장식할 때 분수가 발달하고 동양에서는 연못이 발달한 것을 보아도 알 수 있다. 그 개별적 성향을 띠는 내용은 일일이 열거하지 않아도 대체로 인정하는 바이다.

써 그 만남과 통일의 자리를 지향하고 있는 것이다. 따라서 음양합덕은 하나의 철학적 이상으로 제시되기에 충분하다고 보아 그 이해의 실마리로 삼고자 한다.

실재로 인류문화의 바탕을 이루고 있는 것이 바로 인간의 철학적 사유 능력 때문이라고 하겠는데, 현재까지도 인류가 바라는 이상적이고 바람직한 사회가 도래하지 않은 것은 인간의 사고에 있어서도 수많은 시행착오가 거듭되어왔음을 보여주는 것이다. 특히 오늘날은 인류가 당면한 총체적 위기로서 환경오염, 전쟁, 사회적 부조리와 아노미, 도덕의 부재현상 등에서 그 어느 때보다도 인류의 각성이 요구되어지고 있다. 이러한 위기 상황의 초래는 전적으로 인간의 무분별한 사고와 그 지적오만에서 비롯된 것으로 보고, 따라서 이를 극복하기 위한 대안으로 제일 먼저 인간의 원만한 철학적 사유를 정립할 필요가 있다. 이에 음양합덕의 원리에서 발견되는 철학적 이상을 생각해보기로 한다.

먼저 음양陰陽이라는 개념은 현재 우리가 살고 있는 현실의 존재양상을 규정짓는 말이다.[48] 모든 사물은 음과 양이라는 정반대의 양면성兩面性을 지니고 있으며 이러한 양면성이 상호 합일되어 실재의 사물을 구성하고 있다. 그런데 이 음과 양이라는 용어는 모두 어떠한 존재를 해명하기 위한 구조적 설명체계라는 점에서 각각 특정한 사물이나 하나의 개체를 가리키는 것이

---

[48] 기존 연구결과에 의하면 陰陽은 기후로 나타내는 〈原始的〉 개념으로부터 二元氣라는 〈原質的〉 개념으로 발전하고 만물의 유기적 연관성과 변화의 기본 양상을 표상하는 〈범주적〉 개념으로 전개되었다고 할 수 있다. (최영진, 『易學思想의 哲學的 探究』, 성대박사논문, 1989, p.24)

아니며, 따라서 모든 사물은 음적인 요소와 양적인 요소의 두 가지의 대별된 성질을 지니고 있는 것으로 파악된다. 이러한 두 가지의 상반된 양태를 찾아내어 그것의 상호 대립과 통일의 측면으로 볼 수 있을 때 비로소 그 사물의 참된 본질을 이해하는 것이 된다.

　실질적인 여러 현상에 대비하여 음·양 구별의 예를 들면 다음과 같다. 수水·화火에 대해서 말하면 수水는 음이 되고 화火는 양이 되며, 하늘에 있어서 해[日]는 양이 되고 달[月]은 음이 되며, 사람에 있어서 남자는 양이 되고 여자는 음이 된다. 인간과 신神의 관계에 있어서 인간이 양이라면 신神은 음이 된다. 한 인간에 있어서도 육체가 양이라면 정신은 음이다. 그리고 인류가 살고 있는 지리적 환경에 있어서도 서양이 양이라면 동양은 음이다. 방향에 있어서도 왼쪽이 음이라면 오른쪽은 양이다. 인류문화에 있어서 과학이 양이라면 종교는 음이다. 인생에 있어서 말하자면 삶이 양이라면 죽음은 음이다. 여기서 주목할 것은 어느 한 쪽을 음과 양으로 규정짓는 것이 꼭 그 개체의 고유한 성질을 나타내는 것이 아니며, 상대하는 사물사이에 상호 전환되어 적용할 수 있는 유동적이며 이론적인 분석틀임을 상기할 필요가 있다.

　이상에서 살펴볼 때 음적인 요소와 양적인 요소는 모두 극단적으로 상반된 성질을 지니고 있으며 이 상반된 성질이 서로 밀접히 관련되어 있으면서 상대적으로 이 세계를 구성하고 있다. 그런데 여기서 문제가 되는 것은 이 음과 양의 관계라는 것이 서로 극단적으로 성질을 달리 한다고 해서 상호 대립하고 서로를 적대시여기는 것으로 보는 데 있다. 실재로 인류역사는 서로 대립되는 관계에서 상호 투쟁과 반목으로 이어져 오늘날 수많은 인류의 위기를 조장하였던 것이다. 예를 들면, 인간과 자연의 관계에서 이 둘을 음양의 관계로 볼 때 인간이 자연을 정복하고 이용하려는 데서 오늘날 자연파괴와 환경오염을 가져왔으며, 남·녀의 관계에서도 서로 지배 복종하는 사고로 인해 오늘날 남녀 불평등의 사회를 야기하였으며, 종교와 과학의 관계에 있어서도 상호 이해가 이루어지지 않은 채로 시대의 추이에 따라 종교 또는 과학 중 어느 한쪽이 지배하여 인류문명을 이끌어 나왔던 것이 사실이다.[49] 이러한 현상은 하나의 종교 내에서도 마찬가지이다. 즉 인간존재를 육체와 정신의 상호 대립된 존재로 보고 어느 한 쪽만을 강조하여 수양함으로써 정신적인 해탈만을 구하든지 아니면 육체적인 영생만을 구하는 현상을 야기하였다.(예를 들어 불교가 정신적 해탈을 구하는데 목적이 있다면 전통도교는 육체의 불로불사를 추구하는 종교이다.)

그렇다면 이러한 현상이 야기된 근본적인 원인은 어디에 있는가? 그것은 음·양이라는 상호관계를 대립적이고 적대적인 관계로만 이해하고 상보적相補的인 측면에서의 이해가 이루어지지 않았기 때문이다.[50] 음양합덕에 대한 이해는 바로 이러한

---

[49] 이와 관련하여 典經에 나타난 상제의 말씀을 참고해보면 "…서양의 모든 문물은 천국의 모형을 본딴 것이라, 이르시고 그 문명은 물질에 치우쳐서 도리어 인류의 교만을 조장하고 마침내 천리를 흔들고 자연을 정복하려는 데서 모든 죄악을 끊임없이 저질러 신도의 권위를 떨어뜨렸으므로 천도와 인사의 상도가 어겨지고 삼계가 혼란하여 도의 근원이 끊어지게 되니…"(교운 1장 9절)라는 데서 그 심각성을 엿볼 수 있다.

[50] 상호보완성에 대하여 하이젠베르크는 다음과 같이 설명한 바 있다. 「相補性이라는 개념은 두개의 다른 좌표계를 통하여 동일한 사태를 한꺼번에 볼 수 있는 상황을 기술하는 것을 목적으로 하고 있다. 이 두개의 좌표는 서로서로 배제하는 것이지만 그러나 또한 상보하기도 하는 것으로서 이 두개의 모순되는 좌표계의 양립이 있고 나서 비로소 현상의 출현에 관한 완전한 관찰에 가능하게 된

존재에 대한 인식을 상대적이면서도 서로 보완하는 관계 또는 서로를 필요로 하는 관계로 이해하는 데 있다. 이러한 음양의 관계는 대대적對待的 관계로 불리기도 한다.[51] 즉 '서로 대립하면서도 서로 의존하는 관계', '서로 반대되는 상대가 존재해야 비로소 자신이 존재할 수 있는 관계', '서로가 서로를 품은 관계'라고 하겠다. 이는 마치 남녀에 있어서 부부사이와도 같다. 서로의 체질과 성격이 다르더라도 하나의 가정을 이루어 나가기 위해서는 서로가 서로에게 의지하며 또한 어느 한 쪽의 장단점이 상대에게 있어서 보완이 되며 그리하여 어느 한 쪽만으로는 도저히 할 수 없었던 일을 같이 만나서 함으로써 이루어 내는 것과 같은 이치이다. 서로의 덕德을 합함으로써 새로운 조화를 창출해 낼 수 있다는 것이다.[52] 여기에 오늘날의 대립적인 사고를 극복하고 인류의 바람직한 이상사회를 이끌어 낼 수 있는 길이 열리게 된다.

음양합덕陰陽合德의 원리에 입각하여 세계를 이해하고 사회를 이끌어 나가며 또한 인간을 이해해 나가는 것은 오늘날 인류가 당면한 총체적 위기를 극복할 수 있는 철학적 이상이 될 수 있다. 자연과 인간을 대립적 관계로 보지 않고 상호 보완적인 관계로 이해할 때 인류를 둘러싼 자연환경을 이상적으로 보존

다.」 (김용준 역, 『부분과 전체』, 지식산업사, 1980, p.8)
51 〈對待〉는 '대립하면서 서로 끌어당기는 관계' '상대가 존재함에 의하여 비로소 자기가 존재한다고 하는 관계' '상호대립하면서 상호의존하는 관계'로 일단 규정될 수 있는데 이것은 『周易』의 원초적인 구성원리인 동시에 현대에도 살아 움직이는 원리이다. (최영진, 上揭論文, p.7)
52 『周易』에서는 이에 대해 말하기를 陰氣의 陰德과 陽氣의 陽德이 서로 합하여 강한 성질과 유한 성질이 우주의 운행으로 본체를 삼아 우주정신의 德化에 통한다고 하였다. (『周易』, 繫辭 下, "陰陽合德, 而剛柔有體, 以體天地之撰, 以通神明之德")

해 나갈 수 있다. 남자와 여자는 각각 하나의 인간존재로서 평등하며 각자의 본분을 충실히 이행하여 서로에게 보완이 될 때 진정한 남녀평등의 사회를 이룰 수 있다. 하나의 사회를 구성하는 정치적 관계와 경제적 관계에서도 이같은 음양합덕은 필요하다. 또한 종교와 과학이 대립하므로 인해 오늘날 물질 만능주의를 야기하였다면 종교와 과학이 상호 보완되어 존재할 때 인류의 이상사회가 건설될 수 있다. 인간의 사고에 있어서도 음양합덕의 원리는 필요하다. 사물을 대할 때 직관적 사유와 분석적 사유가 있다면 이 두 가지 사유가 병행되어 사용됨으로써 바람직한 이해가 가능하다고 할 수 있으며, 진리의 인식에 있어서도 연역적인 방법과 귀납적인 방법이 상호 보완된 측면에서 이루어질 때 편협되지 않은 참된 인식이 이루어질 수 있다.

　　음양합덕의 원리는 이처럼 광범위하면서도 오늘날 인간의 편협된 사고에 많은 시사점을 던져주고 있다. 우리 사회가 당면한 총체적 위기가 모두 상호 대립과 투쟁 그리고 반목에서 나왔다면 이를 극복하고 새 시대의 참된 화평和平의 모습을 이끌어 내기 위해서는 음양합덕陰陽合德이라는 철학적 이상이 요구되어지고 있는 것이다.

2) 종교사상과 신인조화

종교가 인간의 삶에 지대한 영향을 미치고 있다는 사실은 오늘날과 같은 문명사회 내에서도 부단히 생성되고 있는 종교단체의 숫자가 이를 잘 말해주고 있다. 그리고 인간은 본질적으로 종교적인 성향을 가지고 있음을 입증하는 증거들도 얼마든지 많다. 선사시대의 원시인들은 그들의 종교적인 충동을 애니미즘이나 토테미즘적인 신앙으로 표현하였으며, 문명의 여명기부터 매우 많은 종교들이 발달하면서 제각각 점점 복잡한 양상을 띠기 시작했다. 예를 들자면 보다 발달한 세계의 종교들의 경우 고도로 복잡한 신관념을 가지고 있다. 유태교에는 야훼가 있고 기독교에서는 삼위일체의 하나님을, 회교도들은 알라를, 힌두교에서는 시바나 비슈누를, 소승 불교도들은 니르바나를 섬기고 있다. 더욱이 오헤어(Madalyn Murray O'Hair)나 미국 무신론자 협회처럼 종교를 반박하기 위해서 애쓰는 사람들조차도 인간의 삶에 대한 종교의 영향을 독특한 방식으로 증언하고 있다.[53] 이처럼 종교의 영향이 지대한 만큼 종교에 관한 정의도 다양하다.[54] 하지만 편의상 대체로 공감할 수 있는 정의를 한 가지 인용하면 "종교는 궁극적인 실재라는 개념을 중심으로 형성된 개인적이면서도 집단적인 믿음과 행위와 정서의 집합에 의해서 구성된다"는 것이다.[55] 여기서 말하는 실재는 유일한 것일 수도 있고 다원적일 수도 있으며 인격적인 존재일 수도 있고 비인격적인 존재일 수도 있고 신성한 것일 수도 있고 그렇지 않을 수도 있는데 그 차이는 종교마다 다르다. 그러나 우리가 종교라고 부르는 모든 문화적인 현상들은 이 정의에 들어맞는다고 할 수 있다.[56] 그런데 여기서 문제가 되는 것은 '근대에서 탈근대로'라

---

53 하종호 역, 『종교철학』, 이대 출판부, 1994, pp.7~8.
54 '종교의 정의는 종교학자의 수만큼 존재한다'고 말해질 정도로 다양하다. 일본문부성 조사국 종무과편, 1961, 『종교의 정의를 둘러싼 제 문제』라는 저서에는 무려 104가지 정의가 수록되어 있다고 한다.
55 하종호 역, 위의 책, p.10.
56 하종호 역, 위의 책, p.10.

는 시대적 전환과 이에 수반되는 포스트모더니즘, 문화다원주의가 종교에 대한 인식에 투영되면서 서구 기독교신학의 배타적 진리성에 대한 근본적 반성과 새로운 종교관이 모색되고 있다는 점이다. 종교철학자·신학자들 사이에서 '신권神觀의 탈서양화', '신학의 탈서구화' 등이 논의되는 것이 그 하나의 표징이다.[57] 이러한 종교적 요청에 부응할 수 있는 내용이 바로 대순종지大巡宗旨의 신인조화神人調化에 나타난다. 여기서는 궁극적 실재로서의 신神과 이를 신앙하는 인간과의 관계를 엿볼 수 있으며 그것은 다름 아닌 '조화調化'라는 새로운 이념으로 창출되어지는 이상적 경지를 설명하고 있는 것이다.

신인조화神人調化란 신과 인간의 관계에 있어서 인류에게 바람직한 종교적 이상을 가져다 주는 신학神學의 방향성을 제시해 주는 말로 이해할 수 있다. 일반적으로 신학이라고 하면 주로 인간을 초월해 있는 절대자 또는 신적존재에 대한 탐구의 학문으로 인간행위의 역사를 모두 신의 의지와 그 영광으로 돌리려는 데 초점이 맞추어져 있다. 따라서 인간은 피조물로서 그 창조주인 신에 의한 지배대상으로 전락하기 마련인 것이 전통 신학의 관점이라 하겠다.[58] 하지만 우리가 살고 있는 현실은 전적으로 신의 의지에 의한 것으로 보기에는 너무나 회의적인 모습을 띠고 있으며 더구나 물질문명의 발달로 인한 인간소외현상

---

57 최영진, 「탈근대문명과 유교」, 『과학사상』 1996 여름, p.250 참조.
58 신학이란 말은 문자 그대로의 좁은 의미로는 神(그리스어로 theos)에 관한 이론적 논의(logos)라는 뜻을 지니고 있으며 주로 그리스도교에서 사용해 온 말이다. 좀 더 넓은 의미로 신학이란 그리스도교에서 신앙에 관한 성찰 내지 숙고, 교리와 전통에 대한 고찰 그리고 신앙과 전통의 현대적 의미들을 논하는 학문이다. (길희성, 『포스트모던 사회와 열린 종교』, 민음사, 1994, p.48)

은 인간을 더욱 타락된 상태로 몰고 가기에 충분하다. 『전경』에 따르면 "이제 천하 창생이 진멸할 지경에 닥쳤음에도 조금도 깨닫지 못하고 오직 재리에만 눈이 어두우니 어찌 애석하지 않으리오"[59]라고 하여 물질 만능주의에 의해 인류가 파멸할 지경에까지 이르렀음을 지적하고 있다. 그렇다면 오늘날 인류가 당면한 위기는 전적으로 물질에 치우친 인류의 교만에 의한 것이며, 이것은 신의 의지에 따른 것이기보다는 인간이 지닌 욕심에 근거한 것이다. 여기에 인류사회에 있어서 종교가 담당해야할 사명을 발견할 수 있다. 그것은 다름 아닌 진리의 표준을 제시하고 여기에 인류가 합치되어 나갈 수 있도록 계도하는 것이다.

그런데 수많은 기성의 종교가 있음에도 불구하고 진정한 이상사회가 도래하지 못한 것은 어째서인가? 그것은 바로 신과 인간의 관계를 이해하는 종교적 투사에 문제점이 있다고 본다. 무조건 우상화되고 절대화되고 관념화된 거짓하늘에 대한 종교적 투사보다는 참 하늘에 대한 바른 관계의 수립이 선행되어야만 이 오늘날의 상극상을 종식시키고 그 종교적 이상을 달성할 수 있기 때문이다.[60] 이를 위해서는 먼저 신과 인간의 본질에 대한 바람직한 이해가 필요하다.

신인조화(神人調化)를 이해하는 대체적 관점을 말한다면 기본적으로 신(神)은 진리의 표준(또는 기준)이며 인간은 그 진리에 합치될 수 있는 가능적 존재라는 점이다. 따라서 신을 이해할 때 인간 초월적이며 신비적인 데서 찾을 것이 아니라 인류가 합치되어야만

---

59 『전경』 교법 1장 1절.
60 박종천, 『기어가시는 하느님』, 감신, 1995, p.253참조.

할 이상적 질서라는 점에서 찾아야 할 것이다. 앞서 살펴본 음양합덕의 원리에 의해서도 이해할 수 있듯이 이 우주가 음양으로 구성되어 있다면 인간의 세계는 신의 세계와 서로 음양의 관계에 있으며, 인간세계의 질서는 곧 신의 세계의 질서와 합치되어 운행하는 것이 이치에 합당하다. 이러한 신관에 입각해서 보면 인간의 세계를 대하듯이 신의 세계를 상정해 볼 수 있으며, 신의 세계에서는 인간세계와 마찬가지로 그 주재자가 있으면 그 밑에 수많은 군신群神이 있다고 보는 것이 신인조화의 관점이다. 그런데 우리가 신을 진리의 표준으로 이해할 때 신의 세계의 질서는 인간세계와 달리 아주 엄격한 체계를 이루고 있다 할 것이며, 이에 따라 형성된 신도神道는 인간의 모든 예법과 도덕성道德性을 인출引出시키는 근거가 된다. 따라서 역대 성인聖人이 만든 모든 예법은 모두 다 신도에 근거한 가르침을 받든 데서 연유한 것으로 이해할 수 있다. 이를 제도화하고 형식화하여 나온 것이 기존 종교의 현상이다. 동양고전인 『주역』에 따르면 "신이란 만물을 묘妙하게 하는 것으로 말한 것이다."라고 하고[61], 조선의 서화담은 "둘이므로 화化하고 하나이므로 묘妙하다"고 하였다.[62] 즉 신은 진리가 하나라는 점에서 진리 그 자체가 될 수 있으며 만물이 이를 표준으로 삼아 구성될 때 비로소 이상적 질서체계를 수립할 수 있다. 인간세계도 이러한 진리의 세계에서 예외가 될 수 없으며 오히려 이를 더욱 자각하고 실현시켜 나가는 장으로 보아야 한다. 여기에 인간의 본질이 새롭게 논의될 수 있게 된다.

---

61 『周易』 說卦傳, "神也者, 妙萬物而爲言者也"
62 『花潭集』 권2, 理氣說, "二故化, 一故妙"

송대 유학자인 주렴계周濂係의 태극도설太極圖說에 의하면 "인간은 그 빼어남을 얻어서 만물 중 가장 신령스러우니 형체가 이미 생겨나고 그 신이 지혜를 발휘한다."라고 하였으며[63], 중국최고의 의서인 황제소문黃帝素問에서는 "천지가 기를 합하니 그것을 명하여 말하면 사람이다."라고 하였다.[64] 이것은 인간존재가 모든 만물 가운데 가장 대표격에 있으며 특히 신령스럽다는 점에서 신을 가장 잘 이해하고 그 가치를 실현하는 주체가 될 수 있음을 시사한 것이다. 여기서 중요한 것이 바로 가치실현의 주체로서의 인간이해다. 이러한 주체로서의 인간의 본질은 어디에서 찾을 수 있을까? 그것은 다름 아닌 인간이 지니고 있는 마음[心]에 있다. 전경典經에 따르면 "마음이라는 것은 귀신이 드나드는 추기이며 문호이며 도로이다. 추기를 열고 닫고 문을 들락날락하며 길을 오고 가고 하는 것은 신이다. 혹은 선한 것도 있고 혹은 악한 것도 있으니 선한 것은 스승으로 삼고 악한 것은 고쳐서 쓰게 되니, 내 마음의 추기와 문호와 도로는 천지보다도 크다"라고 하여 마음의 본질을 신과 연관하여 설명하고 있다.[65] 즉 인간주체의 본질은 마음에 있으며 그 마음은 선과 악을 판단하여 운용할 수 있는 자율권을 지니고 있다. 그리하여 인간이 선을 행하려 하면 그 선善에 해당하는 신이 응하여 그대로 이룰 수 있게 해주며 반면에 악을 행하려 할 때에도 그 악惡에 해당하는 신이 응하여 그대로 되게 하는 것이다.[66] 즉 신의 의지가 아

---

63 『性理大全』권1, 太極圖說, "惟人也, 得其秀而最靈, 形旣生矣, 神發知矣"
64 『黃帝素問』, "天地合氣, 名曰人"
65 『전경』 행록3장 44절, "心也者鬼神之樞機也門戶也道路也, 開閉樞機出入門戶往來道路神, 或有善或有惡, 善者師之惡者改之, 吾心之樞機門戶道路大於天地"

무리 올바르다고 하여도 이를 제대로 실현하기 위한 주체는 인간에게 달려있다고 본다. 오늘날 현대 문명의 위기와 도덕적 타락은 모두 인간의 자율의지가 신의 진리성에 부합되지 못한 데서 발생한 현상으로 보아야 할 것이다.

한편 기존의 종교적 가르침을 살펴보면 이렇게 선악이 공존하는 현실을 인정하고 인류가 다 같이 공생 공영하기 위해서 신도神道의 가르침인 사랑과 자비를 베풀어야 함을 강조해 왔던 것인데, 인류는 오히려 그 문명이 물질에 치우쳐 인류의 교만을 조장하고 자연을 정복하려는데서 모든 죄악을 끊임없이 저질러 신도의 권위를 떨어뜨림으로써 선천의 혼란이 조성되었던 것이다. 하지만 대성인大聖人이 세상에 오시게 되면 항상 선善으로써 교화를 하여 인류가 오직 선으로만 살아나가는 방향을 제시하게 되니 그것이 다름 아닌 신인조화神人調化의 원리에 의한 종교적 이상의 달성이다.

전경에 보면 "지난 선천 영웅시대는 죄로써 먹고 살았으나 후천 성인시대는 선으로써 먹고 살리니 죄로써 먹고 사는 것이 장구하랴, 선으로써 먹고 사는 것이 장구하랴. 이제 후천 중생으로 하여금 선으로써 먹고 살 도수를 짜 놓았노라"[67]라고 하여

---

66 조선후기 실학자 丁茶山은 天道와 관련하여 인간주체의 중요성을 강조하면서 다음과 같이 말한 바 있다. "하늘은 이미 德을 좋아하고 악을 부끄럽게 여기는 人性을 부여하니 그가 善을 행하던지 惡을 행하던지 그로 하여금 유동성있게 행위에 맡겨두니 이는 떨며 두려워야 할 神權妙旨이다."(與猶堂全書『論語古今注』권9, p.12, "天旣賦之以好德恥惡之性, 而若其行善行惡, 令可遊移, 任其所爲, 此其神權妙旨之稟然, 可畏者也") 이와 관련하여 전경의 공사 3장 39절에 나타난 다음구절은 시사하는 바가 크다. "걸桀이 악惡하였던 것도 그 때이며 탕湯이 선善하였던 것도 그 때이다. 하늘은 걸桀을 악한 것에서 가르쳤고 탕湯을 선한 것에서 가르쳤다(桀惡其時也, 湯善其時也, 天道敎桀於惡, 天道敎湯於善)"

67 『전경』교법 2장 55절.

인류의 이상사회는 상제께서 짜 놓으신 도수에 의해 선善으로만 존재하게 됨을 설명하고 있다. 즉 인간존재의 본질이 마음에 있다면 그 마음은 신과 합치될 수 있는 장으로서 신성神性을 담는 것이며, 이러한 신성神性이 선善으로 발휘될 때 머지않은 장래에 인류의 이상사회는 선善으로 충만한 사회가 된다는 것이다. 그리고 이를 위한 인간의 종교적 실천은 먼저 자신의 마음을 속이지 않는 데서부터 행하여야 하며 이를 잘 다스려 나가는 것이 곧 신의 의지를 실현시킬 수 있는 길이 된다.

    이상을 살펴볼 때 신인조화神人調化란 신과 인간이 음양합덕의 일체 관계에 있음을 이해하고 그 주체가 되는 마음을 인간의 선善 의지에 의해 잘 다스려 나가자는 데 핵심이 있다. 이것은 또한 기존의 종교가 지니는 현실부정 혹은 도피적인 부분을 극복하고 현실 속에서 그 종교적 이상을 실현시킬 수 있는 길이 되며, 신과 인간이 별개가 아닌 불가분의 밀접한 관계에 있음을 설명하는 이상적인 종교적 이해라 하겠다.

3) 윤리사상과 해원상생

윤리의 문제는 인간행위의 가치기준을 이야기하고 이에 대한 올바른 실천을 유도하는 데 의의가 있다. 오늘날 윤리학은 마땅히 있어야 할 세계 또는 우리가 마땅히 해야 할 바를 밝히고자 하는 연구, 즉 올바른 실천을 목적으로 삼는다는 데 있어 '당위當爲의 학學' 또는 '가치價値의 학學'으로 불리어지고 있다.[68] 선善이

---

68   김태길, 『倫理學』, 서울 박영사, 1994, p.19.

라는 것은 이러한 윤리적 가치판단의 기준을 설정한 것이며 어느 시대를 막론하고 그 나름의 선善을 추구해 왔다고 할 수 있다. 그런데 윤리라는 것이 그 행위 규범에 있어 모든 시대를 막론하고 통용될 수 있는 기준이 있었는가 하면 그렇지 않고 항상 시대성을 안고 전개되어 나왔으며 이에 따라 강자가 약자를 지배하고 종속시키는 것이 당연시되었던 시대도 있었다. 현대사회에 있어서 윤리의 문제도 결코 바람직한 모습을 지닌다고 할 수는 없다. 물질만능주의에서 비롯된 인간성의 타락과 환경오염, 가족윤리의 붕괴 등은 이미 심각한 상태에 이르렀다고도 한다. 이것은 또한 이 시대에 요구되는 새로운 윤리적 실천방안을 필요로 한다고 보아야 하며, 미래의 복된 생활을 위해서라도 인류는 보편적 도덕규범을 확립해야만 하는 사명을 띠고 있는 것이다. 여기에 해원상생解冤相生은 인류의 윤리적 이상을 달성하기 위한 구체적 실천원리를 제시하고 있다. '해원解冤'이라 함은 인간의 욕구로 인해 생겨나는 모든 불상사를 없애고 나아가 '상생相生'이라고 하는 상호 화합의 관계를 모색함으로써 영원한 평화를 가져오는 길을 말한다. 그리하여 인류의 윤리적 이상은 이러한 해원상생解冤相生에서부터 도출되어질 수 있음을 나타내고자 하는 것이다.

해원상생解冤相生은 근본적으로 인간과 인간, 사회, 국가 그리고 나아가 천지 대자연과 신명들 사이에서 맺힌 모든 원한을 풀고 상호 화해와 혜택만을 베풀고 사는 진정한 평화의 세계를 구축하자는 윤리적 이상을 표방하고 있다. 이러한 해원상생의 이념은 오늘날 극도의 개인주의적 사고와 부조리 현상을 해소하여 새로운 윤리도덕을 정립하는 데 크게 기여할 수 있다. 전경전經에서는 이러한 해원상생의 사상적 배경에 대하여 다음과 같이 말하고 있다.

> 상제께서 "선천에서는 인간 사물이 모두 상극에 지배되어 세상이 원한이 쌓이고 맺혀 삼계를 채웠으니 천지가 상도常道를 잃어 갖가지의 재화가 일어나고 세상은 참혹하게 되었도다. 그러므로 내가 천지의 도수를 정리하고 신명을 조화하여 만고의 원한을 풀고 상생相生의 도로 후천의 선경을 세워서 세계의 민생을 건지려 하노라. 무릇 크고 작은 일을 가리지 않고 신도로부터 원을 풀어야 하느니라. 먼저 도수를 굳건히 하여 조화하면 그것이 기틀이 되어 인사가 저절로 이룩될 것이니라. 이것이 곧 삼계공사三界公事이니라"고 김형렬에게 말씀하시고 그 중의 명부공사冥府公事의 일부를 착수하셨도다.[69]

즉 우리 인류사회는 선악이 공존하는 현실에서 상호 공생 공존하기 위한 몸부림을 해 왔던 것이 사실이다. 하지만 그 윤리적 바탕은 '상극相克'이라고 하는 '상호극해相互克害'의 원리로 이루어져 있으므로 비록 양적인 성장은 있었다 할지라도 그 내면에는 언제나 상호 '원한'이 쌓여 각종의 재화를 유발하는 원인이 되었던 것이다. 비록 기성종교의 가르침이 있었으나 수많은 종교적 분파와 함께 오늘날 사회는 그다지 종교적 가르침과는 상관없이 변해가고 있음도 사실이다. 인간의 욕망은 한없이 커져만 가고, 편리함을 추구하는 문명도 물질만능주의에 치우쳐

---

69 『전경』 공사 1장 3절.

인간정신의 소외현상을 낳고 있다. 이러한 현실 속에서 국가와 개인은 자기 생존을 위해 끝없이 경쟁하고 있으며 따라서 상대를 이기고자 하는 상극적相克的 윤리가 범람하여 사회적 혼란은 더욱 가중되고 있기만 한 것이다. 이러한 모순된 현상에 대해서 어떻게 해석해야만 할까? 그것은 기존의 기성종교로부터 오늘날 복잡다단하고 경쟁하는 사회 속에서 발생할 수 있는 상대적 패배감과 함께 인간에게 잠재되어 있는 무한한 욕망을 해소시켜 줄 수 없다는 데 문제가 있다. 오늘날 사회적 혼란과 윤리도덕의 부재현상을 야기한 근본적 원인을 추리해 볼 때 그것은 곧 욕망을 채우지 못한 인간이 서로에게 원한을 품고 상극적으로 관계해 온 데 주된 요인이 있다고 본다. 이에 대한 해결을 가져다주고 우리사회를 근본적으로 평화롭게 만들 수 있는 사상이 바로 해원상생이라고 할 수 있다.

인간의 욕망과 관련하여 원이 맺히게 된 최초의 사건은 정권쟁탈에 있었다. 지금으로부터 약 4천여 년 전 동양의 성군聖君이었던 요堯임금은 왕위를 그의 아들 단주丹朱에게 물려주지 않고 효행이 뛰어난 평민 순舜에게 물려주었으며, 이로 인해 왕위를 물려받지 못한 단주는 원한을 품고 순을 창오에서 붕崩케 하고 두 왕비마저 소상강에 빠져 죽게 하였다. 이로써 원의 뿌리가 세상에 박히고 세대의 추이에 따라 원의 종자가 퍼지고 퍼져서 이제는 천지에 가득 차서 인간이 파멸할 지경에까지 이르게 되었다는 것이 선천의 현실이다.[70] 여기에 입각하여 '예로부터 쌓

---

70 『전경』 공사 3장 4절, "…머리를 긁으면 몸이 움직이는 것과 같이 인류의 기록에 시작이고 원冤의 역사의 첫 장인 요堯의 아들 단주丹朱의 원을 풀면 그로부터 수천년 쌓인 원의 마디와 고가 풀리라. 단주가 불초하다 하여 요가 순舜에게

인 원을 풀고 원에 인해서 생긴 모든 불상사를 없애고 영원한 평화를 이룩하기 위하여' 행하여진 것이 바로 상제의 천지공사天地公事이다.71 이 천지공사의 본령은 해원을 위주로 하여 만고의 신명을 조화하고 천지의 도수를 조정하여 이것을 이룩함으로써 지상선경을 세우는 데 목적이 있다.72 이렇게 해원의 의미 속에는 인류의 이상사회를 이룩하는데 초석이 될 수 있는 사상을 담고 있으며 모든 종교사상을 포괄할 수 있는 포용력 또한 지니고 있음을 엿볼 수 있다.

한편 상생相生의 의미를 살펴보기 위해서는 먼저 동양사상의 오행설五行說에 대한 이해를 필요로 한다. 오행설五行說에 따르면 금金에서 수水, 수水에서 목木, 목木에서 화火, 화火에서 토土, 토土에서 금金이 나는 것을 상생相生이라 하고, 금金은 목木을, 목木은 토土를, 토土는 수水를, 수水는 화火를, 화火는 금金을 이기는 것을 상극相克이라 한다.73 따라서 상생·상극은 서로 맞물려 있다. 하지만 인류가 살아온 역사는 주로 상극의 이치에 입각하여 전개되어 왔으며 인간 상호간의 관계도 상극적 윤리에 의하여 지

두 말을 주고 천하를 전하니 단주는 원을 품고 마침내 순을 창오蒼梧에서 붕崩케 하고 두 왕비를 소상강瀟湘江에 빠져 죽게 하였도다. 이로부터 원의 뿌리가 세상에 박히고 세대의 추이에 따라 원의 종자가 퍼지고 퍼져서 이제는 천지에 가득 차서 인간이 파멸하게 되었느니라. 그러므로 인간을 파멸에서 건지려면 해원공사를 행하여야 되느니라고 하셨도다."

71 『전경』 공사 3장 4절, "상제께서 七월에 예로부터 쌓인 원을 풀고 원에 인해서 생긴 모든 불상사를 없애고 영원한 평화를 이룩하는 공사를 행하시니라…"
72 『전경』 공사 3장 5절, "또 상제께서 가라사대 「지기가 통일되지 못함으로 인하여 그 속에서 살고 있는 인류는 제각기 사상이 엇갈려 제각기 생각하여 반목 쟁투하느니라. 이를 없애려면 해원으로써 만고의 신명을 조화하고 천지의 도수를 조정하여야 하고 이것이 이룩되면 천지는 개벽되고 선경이 세워지리라」 하셨도다."
73 謝松齡, 『음양오행이란 무엇인가』, 김홍경외 역, 연암출판사, 1995, pp.221~228참조.

배됨으로써 오늘날과 같은 윤리적 타락상황을 보게 되었던 것이다. 여기에 궁극적으로 윤리 도덕의 부재현상을 해소하고 위기상황을 극복하기 위해서는 상생의 도를 세워 인간 상호간의 새로운 윤리적 관계를 정립시켜 나가는 것이 이상사회 건설의 실천원리임을 말하고자 한다. 상생이란 내가 잘되기 위해서는 먼저 나와 관계하는 사람에 대해서 진심으로 그 사람을 잘되게끔 해줌으로써 그에 대한 반대급부로 나 또한 잘된다는 개념이다.[74] 이것은 자신의 이익을 위해 먼저 남을 이익을 빼앗고 해치는 상극의 개념과 상반되는 것이다. 앞으로는 상생의 도(道)가 지배하는 세계이므로 기존의 사고방식과 가치관은 일대 전환을 맞고 오로지 선의 이념만이 지배하는 지상낙원이 건설되어 기존의 상극적 윤리가 없어지게 된다고 한다.

 이상과 같이 해원상생의 이념은 우리 인류에게 윤리적 실천방향의 일대전환을 요구하고 있으며, 나아가 내일의 이상사회 건설을 위한 인간의 실천적 노력에 있어 전제조건이 된다. 대순신앙에서 핵심을 이루는 천지공사는 바로 이러한 해원상생의 이념에 입각하여 전개되었으며, 그 범위는 실로 전 우주적인 범위에까지도 확대되는 보편 사상이라고 할 수 있다.

---

[74] 『전경』 교법 1장 11절, "…말은 마음의 외침이고 행실은 마음의 자취로다. 남을 잘 말하면 덕이 되어 잘 되고 그 남은 덕이 밀려서 점점 큰 복이 되어 내 몸에 이르나 남을 헐뜯는 말은 그에게 해가 되고 남은 해가 밀려서 점점 큰 화가 되어 내 몸에 이르나니라 하셨도다."

4) 사회사상과 도통진경

우리 인류의 사회문제를 살펴볼 때 역사적으로 부단한 노력을 기울여 왔는데도 불구하고 아직까지 단 한 번도 바람직한 이상사회를 이루어보지 못했다고 하는데 본 논의의 초점이 있다. 대체로 물질주의와 정신주의가 대립하고 신神과 인간이 대립하며 종교와 과학이 대립하는 양상 속에서 이 사회는 끊임없는 갈등만을 유발시켜 왔던 것이 사실이다.[75] 인류의 가슴속에는 항상 이상사회에 대한 동경이 담겨 있으며 모든 사상가들뿐만이 아니라 역대의 성인聖人들은 언제나 이러한 이상사회를 이루고자 고군분투했다. 그렇다면 대순진리회의 교리에서는 그와 같은 이상사회를 어떻게 설정하고 있는가. 여기에 적합한 이념으로 받아들여지는 것이 바로 도통진경道通眞境이라고 할 수 있다.

도통진경이란 대순사상에서 목적하는 바의 궁극적 이상향을 가리키는 말로써 '도道가 통한 참다운 경지'라는 뜻이다. 이는 개인의 이상理想임과 동시에 사회와 우주전체의 이상향을 설명하는 말로 이해할 수 있다. 흔히 도통이라 함은 기이한 일이나 이적異蹟을 행하고 자연의 조화를 마음대로 부릴 수 있는 신통력을 지니는 것으로 생각하기 쉽지만 여기서는 주로 참된 진리를 정각正覺하고 이를 사회적으로 또는 인류사적으로 온전히 구현

---

[75] 근세의 불란서혁명(1789)같은 경우 이는 선천적 인권의 문제를 놓고 봉건국가로 부터 시민사회로 이행하는 인간의 자유의 문제를 주창한 혁명이었으며 이는 천부적 인권을 회복하려는 정신주의의 부르짖음에 다름 아니다. 이에 반해 볼세비키 혁명(1917)은 자본주의 국가로부터 생존의 위협을 느끼고 일어난 평등의 혁명으로써 물질적 풍요를 모든 인간이 고루 누려야만 한다는 물질주의의 주창이었다고 볼 수 있다. 이 대표적인 두 가지 조류는 그 주창하는 바에 따라 서로 지배하려고 하고 상호 대립되어 나온 것을 볼 수 있다.

시켰을 때 이룰 수 있는 이상적 사회상을 일컫는 말로 받아들여져야 한다. 그리하여 각각의 종교에서 일컬어져 왔던 이상과 그 목적하는 바의 가치를 구현하는 것은 모두 이 도통진경이라는 말속에 내포되어 있음을 바르게 이해하는 것이 필요하다.

기존의 세계종교는 저마다 역사적 풍토를 달리 하면서 각기 지향하는 바의 이상향을 표현해 왔던 것이 사실이다. 대순진리에서는 오늘날 종교를 대표할 만한 각각의 종교사상이 그 지향하는 바의 가치를 달리 하고 있음을 말하고 있는데, 그것은 곧 불도佛道가 형체의 진리를 추구하며 선도仙道가 조화의 진리를 추구하며 유도儒道가 범절凡節의 진리를 추구한다는 것이다.[76] 이에 근거하여 각각의 종교는 그 발생배경에 따라 가치우선을 두고 있는 궁극적 지향점이 달라지며 실재로 그 이상향을 설명하는 부분에서도 그 성격을 달리하고 있음을 알 수 있다. 실례로 불교경전에 나타난 궁극적 이상향을 살펴보면 모두가 불법을 깨달은 경지의 완전한 청정성을 구체적으로 묘사하고 있으며 이것이 곧 극락정토요, 실제로는 형상이 없는 세계를 형상이 있는 세계로 묘사한 것이 그 특징이다. 따라서 극락정토란 부처의 깨달은 세계를 표현한 말로 이해된다.[77] 이는 다른 말로 인간의

---

76 『전경』 공사 3장 39절, "佛之形體, 仙之造化, 儒之凡節"
77 불교에서 이상향을 설명하는 단어로서는 흔히 '극락정토'를 많이 언급하고 있는데 이러한 극락세계를 주제로 하고 있는 경전을 정토경전이라고 한다. 그 대표적인 것으로서는 「무량수경」 「관무량수경」 「아미타경」 등의 경전이 있는데 물론 정토란 부처님이 계시는 세계를 뜻한 말이지만, 아미타불의 극락세계는 전부터 다른 부처님의 정토에 비해서 유달리 신앙의 대상으로 널리 익혀왔던 것이다. 정토경전의 주제는 극락정토의 왕생을 말한 것인데 곧 왕생이란 극락정토에 태어난다는 뜻이다. 그것은 불교의 궁극적 목적인 깨달음에 도달하는 것을 가리킨다. 그리하여 부처가 깨달은 세계를 구체적으로 또는 형상적으로 묘사한 것이 정토경전에 나와있는 설명이라고 볼 수 있다. (법정 역 『정토삼부경』 민족사, 1995, pp.155~164 참조.)

식의 현실 초월적 경지를 추구한 것이 본래 불교의 이상향이라는 것이다. 한편 유교가 가치우선을 두고 있는 부분이라고 하면 특히 인간의 현실적 삶에 있으며 이는 주로 사회의 윤리도덕과 예절을 강조하는 방향으로 나타나게 된다. 이에 따라 유교에서 추구하는 이상향을 살펴보면 정치적 안정과 사회교화, 경제적 균형 그리고 완벽한 사회복지가 구현된 사회를 제시하고 있다.[78] 즉 인간 삶의 현실적 측면에서 주로 문제시되는 사회적 부조리가 완전히 해소되고 정치 경제적으로 완벽한 안정을 이루었을 때 이것이 유가儒家에서 말하는 대동사회大同社會며 그 지향하는 바의 이상향이라고 할 수 있다. 이는 유교가 지닌 현실 중심적 종교로서의 특성이 여실히 드러난 부분으로 볼 수 있다. 이외에도 모든 종교는 나름대로 목적하는 바의 이상향을 설정하고 있지만 크게는 불교에서와 같이 인간정신의 해탈을 추구하는 정신적 면의 이상과 유교에서와 같이 현실적 삶의 이상으로 각각 대별될 수 있다. 즉 현실적 삶의 고통을 피하고자 하거나 아니면 현실에 치우쳐 그 안락한 삶을 추구하는 등 종교가 바탕하고 있는 바에 따라 그 지향하는 바를 달리하고 있다는 것이다. 여기에 오늘날 도통진경의 의의가 발견된다. 그것은 기존의 종교가 현실사회에 비추어 크게 대별되어 말해왔던 이상사회를 오늘날 인류가 처해있는 다원화된 사회 속에서 모두 수용하여 크게 이루어야만 될 사명을 안고 있다는 것이다. 이에 따라 도통진경의 의미는 정신과 물질의 조화, 현실과 이상의 합치

---

[78] 『禮記』 禮運편에서는 儒家의 이상향을 大同이라고 하는 말로 설명하고 있다. "大道之行也, 天下爲公, 選賢與能,講信脩睦, 故, 人不獨親其親, 不獨子其子, 使老有所終, 壯有所用, 幼有所長, 矜寡孤獨廢疾者, 皆有所養, 男有分, 女有歸, 貨惡其棄於地也, 不必藏於己, 力惡其不出於身也, 不必爲己, 是故, 謀閉而不興, 盜竊亂賊而不作, 故, 外戶而不閉, 是謂大同"

라는 점에서 바라볼 수 있다. 전경典經의 다음과 같은 구절은 시사하는 바가 크다.

> 상제께서 "이후로는 천지가 성공하는 때라. 서신西神이 사명하여 만유를 재제하므로 모든 이치를 모아 크게 이루나니 이것이 곧 개벽이니라. 만물이 가을 바람에 따라 떨어지기도 하고 혹은 성숙도 되는 것과 같이 참된 자는 큰 열매를 얻고 그 수명이 길이 창성할 것이오. 거짓된 자는 말라 떨어져 길이 멸망하리라. 그러므로 신의 위엄을 떨쳐 불의를 숙청하기도 하며 혹은 인애를 베풀어 의로운 사람을 돕나니 복을 구하는 자와 삶을 구하는 자는 힘쓸지어다"라고 말씀하셨도다.[79]

즉 인류의 이상사회는 단지 물질적 측면의 고도한 성장을 이룩하는 것으로만 달성될 수 없으며 아울러 인간정신이 고도로 성숙한 경지를 같이 이룩한 사회를 말한다. 대부분의 성자들이 낙원에 대한 가르침을 펴 왔지만 그 낙원이나 천국은 먼 하늘 위나 서쪽 어느 곳 혹은 죽은 후에나 갈 수 있는 곳으로 묘사되고 있어 현실과 괴리될 수밖에 없는 한계를 지니고 있다. 이러한 측면만 계속 강조해 나간다면 오늘날 복잡다단한 현실사회 속에서 종교가 담당해야만 하는 역할이 쇠퇴해질 수밖에 없다. 따라서 인류의 이상은 현실 속에서 이상을 구현하는 것이며 그것은 다름 아닌 정신문명과 물질문명의 조화, 종교와 과학의 만남이 이루어진 이상향임을 자각할 필요가 있다. 이런 의미에서 도통진경이라는 말이 지향하고 있는 바가 크다고 본다. 그렇다면 대순

---

79 『전경』 예시 30절.

진리로서 도통진경의 사회상은 구체적으로 어떻게 묘사되는가. 이는 다른 말로 후천선경이라고도 하며 그 내용은 전경을 토대로 살펴볼 수 있다.

> 용력술을 배우지 말지어다. 기차와 윤선으로 백백 근을 운반하리라. 축지술을 배우지 말라. 운거雲車를 타고 바람을 제어하여 만 리 길을 경각에 왕래하리라.[80]

> 후천에는 사람마다 불로불사하여 장생을 얻으며 궤합을 열면 옷과 밥이 나오며 만국이 화평하여 시기 질투와 전쟁이 끊어지리라.[81]

> 후천에는 또 천하가 한 집안이 되어 위무와 형벌을 쓰지 않고도 조화로써 창생을 법리에 맞도록 다스리리라. 벼슬하는 자는 화권이 열려 분에 넘치는 법이 없고 백성은 원울과 탐음의 모든 번뇌가 없을 것이며 병들어 괴롭고 죽어 장사하는 것을 면하여 불로불사하며 빈부의 차별이 없고 마음대로 왕래하고 하늘이 낮아서 오르고 내리는 것이 뜻대로 되며 지혜가 밝아져 과거와 현재와 미래와 시방 세계에 통달하고 세상에 수水 · 화火 · 풍風의 삼재가 없어져서 상서가 무르녹는 지상선경으로 화하리라.[82]

---

80 『전경』 예시 75절
81 『전경』 예시 80절
82 『전경』 예시 81절

이상의 전경구절을 통해 살펴볼 때 도통진경으로서의 후천세계는 인간이 누리는 물질적 환경에서의 이상적 경지를 말하고 있음과 동시에 인간정신이 고도로 성숙된 경지를 말하고 있다. 또한 인간을 둘러싼 자연환경도 인간의 생활에 아주 적합한 상태로 변하여 있으므로 이는 가히 지상선경地上仙境이라고 해도 과언이 아니다. 여기서 주목할 것은 그 이상사회라는 것이 단지 물질에 치우치는 것만도 아니며 정신적 초월만을 강조하는 것도 아닌 정신과 물질의 조화된 경지라는 점이다. 특히 하늘과 땅, 사람이 일체가 되어 고도의 통일문명을 이루고 있다는 점에서 기존의 어떤 종교에서도 찾아볼 수 없는 전 우주적 차원의 이상이 될 수 있다. 이 말은 인류가 바라는 이상사회가 실제로 하늘과 땅, 사람을 두루 관통하고 있으며, 오늘날의 인류문제가 그 밖의 하늘·땅과도 유기체적으로 연관되어 있음을 보여주는 것이다.[83] 그리하여 하늘과 땅의 문제를 선행하여 해결하고 여기에 인간사회의 문제도 아울러 해결할 수 있을 때 비로소 인류의 이상이 달성될 수 있으니[84] 도통진경이 강조하고 있는 교의敎義도 바로 여기에 있는 것이다.

---

83 『전경』 교법 3장 6절에는 다음과 같은 내용이 나온다. "…하늘도 노천老天과 명천明天의 시비가 있으며 땅도 후박의 시비가 있고 날도 수한의 시비가 있으며 바람도 순역의 시비가 있고 때도 한서의 시비가 있으나 오직 성수는 시비와 상극이 없나니라 하셨도다." 여기서 갈등상황은 인간 사회 뿐만이 아니라 하늘과 땅 등에 두루 연관되어 일어나고 있는 상황이라는 것을 짐작할 수 있다.

84 예시 73절에는 이와 관련하여 다음과 같이 말하고 있다. "신도神道로써 크고 작은 일을 다스리면 현묘불칙한 공이 이룩되나니 이것이 곧 무위화니라. 신도를 바로잡아 모든 일을 도의에 맞추어서 한량없는 선경의 운수를 정하리니 제 도수가 돌아닿는 대로 새 기틀이 열리라."

3. 대순진리회 종지의 사상적 특질

앞서 살펴본 대순진리회 종지宗旨에 관한 이해는 주로 오늘날의 사상 분야와 관련하여 대체적인 이해만을 시도한 것이다. 하지만 그 사상적 요지는 많은 분야에 걸쳐 함축성을 띠고 있는 것으로 오늘날과 같이 분화된 학문영역에서 더욱 다양한 연구를 필요로 하고 있다. 여기서는 대순진리회의 종지가 지니는 고유한 사고방식으로서의 사상적 특질을 살펴보기로 한다.

대순종지大巡宗旨의 사상적 특질은 크게 두 가지 측면으로 나누어 볼 수 있다. 첫째는 상대성을 전제하고 있으며, 둘째는 이러한 상대성을 인식하는 데서부터 나아가 절대적 경지에서의 합일合一을 지향한다는 것이다. 이를 구체적으로 살펴보면, 먼저 음양합덕陰陽合德이라고 하였을 때 음과 양은 어느 하나의 우열을 논할 수 없는 대등한 관계이다. 그리고 음은 양이 존재하므로 인해서 자신도 상대적으로 그 존재가치를 인정받을 수 있으며 어느 한 쪽이 부정되어서는 다른 한 쪽마저도 존재할 수 없는 상보적 관계에 놓여 있다. 이 둘 사이의 관계가 합덕合德이 됨으로써 상대성을 지니는 음·양이 하나의 절대적 경지에서의 합일로 유도하는 것이 된다. 음양陰陽이 현실세계의 존재방식이라고 한다면 이러한 현실세계는 다양한 사상의 난립을 인정하는 데서만 그치지 않고 나아가 전체적인 통일성을 확보하는 것이 곧 음양합덕론의 요체라고 할 수 있다.

신인조화神人調化에 있어서는 먼저 신神과 인간이라는 양자兩者의 관계를 전제하고 있다. 이때 신과 인간은 또한 둘 사이의 우열이 문제가 아니라 상대적 관계로 보아서 올바른 신인관계의 정립을 달성하는 것이 하나의 이상이 된다. 여기서 '조화調化'의 의미는 상호 조화調和에서부터 나아가 하나의 새로운 차원으로 '화化'하는 절대적 경지에서의 합일을 말한다. 그리하여 인간이라는 존재 속에 신神을 내포하고 신神이라는 존재 속에 인간이 내포되어지는 전체적 통일을 상정하고 있다.[85]

해원상생解冤相生은 곧 상대하고 있는 타인 또는 자신이 지닌 원冤을 풀고 상생相生이라고 하는 윤리적 이상을 달성하고자 하는 것이 그 사상적 목표라고 할 수 있다. 여기서 해원은 어느 특정 주관에만 해당되는 것이 아니라 보편적 상대성을 전제하는 의미로 받아들여져야 한다. 상호관계 내에서의 원망이 상대성을 전제로 하고 있다는 것을 앎으로써 비로소 화해의 길을 찾을 수 있다.[86] 또한 그 화해가 다시는 원망이 생기지 않도록 새로운 관계로의 만남 즉 '상생'을 통해서 영원한 평화를 누릴 수 있다는 것이다. 이러한 상생이야말로 새로운 절대적 경지에서의 합일을 뜻하고 있다.

도통진경道通眞境에서는 '통通'자의 의미가 상대성을 전제하고

---

[85] 이와 관련하여 현대의 신과학이론에서는 홀로그래피이론이 대두되었다. 즉 "부분이 전체를 반영하고 부분과 부분은 상호작용한다"는 것으로 여럿의 각 개체들이 전체 하나를 그 속에 포함하여 부분이 전체이고 전체가 부분을 반영하는 틀이 바로 홀로그램 패러다임이다. (김상일, 『현대물리학과 한국철학』, 고려원, 1991, pp.59~68참조)

[86] 전경에는 이와 관련하여 다음과 같은 구절이 있다. 공사 1장 25절, "상제께서 종도와 함께 계실 때 김광찬에게「네가 나를 어떠한 사람으로 아느냐」고 물으시니 그가「촌 양반으로 아나이다」고 대답하니라. 다시 상제께서 물으시기를「촌 양반은 너를 어떠한 사람이라 할 것이냐.」광찬이 여쭈니라.「읍내 아전이라 할 것이외다.」그의 말을 들으시고 상제께서 가라사대「촌 양반은 읍내의 아전을 아전놈이라 하고 아전은 촌 양반을 촌 양반놈이라 하니 나와 너가 서로 화해하면 천하가 다 해원하리라」하셨도다." 여기서 알 수 있듯이 촌양반과 읍내아전은 그 계급적 우열을 논하기 이전에 이미 상대적으로 원을 지니고 있음을 알 수 있다.

있다. 그것은 통通 이전의 '불통不通'의 상태를 추리해볼 때 어느 상대적 관계에 놓인 양자兩者간 교류의 단절을 의미하고 있으며, 이때는 어느 한 쪽의 책임이 아닌 상대적 원인에 의한 불통不通이다. 따라서 '통通'이라고 하는 경지에서 그 상대성을 서로 인식하게 되고 나아가 그 만남의 장을 마련하게 된다. 이러한 만남의 장은 진경眞境이라고 하는 이상적 경지로 표현되며 여기서는 어떠한 원울과 갈등도 일어나지 않는 영원한 평화의 장이다.

이상의 내용을 볼 때 대순종지大巡宗旨는 모두 상대적 관계에 놓인 존재들 간에 그 관계를 어떻게 할 것이냐를 놓고 주로 바람직한 이상으로서의 절대적 경지를 제시하고 있음을 알 수 있다. 그렇다면 이렇게 상대성을 전제하여 설정된 종지의 사상적 의의는 어디에 있는가. 그것은 오늘날 현대사회의 특징이 단적으로 말해 이념적 다원성에 있으므로 다원성에 입각한 상호이해와 나아가 화합된 세계 공동체를 향한 새로운 비전을 제시하는 데 있다. 현대사회는 끊임없는 문화접촉과 홍수처럼 쏟아지는 타문화와 종교, 사상들에 대한 지식과 정보는 더 이상 폐쇄된 사회와 획일화된 사고를 허락하지 않는다. 다양한 사상과 가치 체계를 접하고 사는 현대인들은 의식적이든 무의식적이든 인생관과 세계관에 대한 선택을 해야 하며, 한편으로는 상대주의와 회의주의의 위협을 받는가 하면 다른 한편으로는 사상과 가치 체계의 다원화에서 오는 혼란과 불안감을 없애기 위해 종교적 광신과 열광주의에 도취되기도 한다. 그런가 하면 각 종교들은 타종교들의 도전을 받는 가운데 항시 그들을 의식하면서 자기의 사상을 정비하고 정립해나가며, 각기 전수받은 전통을 현대의 상황 속에서 재해석하거나 재정립하는 노력을 기울이게 된다.[87] 이러한 상황 속에서 대순진리회의 종지는 오늘날의 시대를 규정하고 미래의 이상을 실현시키는 이념이라는 점에서 의의를 지닌다.

오늘날 과학계에서는 20세기부터 발달된 새로운 흐름을 신과학新科學이라는 이름으로 규정하고 있다. 상대성원리, 양자물리학, 불확정성의 원리 등이 그 대표적인데 이전의 과학이론과 뚜렷이 다른 점이 있다면 그것은 기계론적 사고에서 유기론적(organic) 사고로 전환했다는 것이다. 여기서 유기론적이라는 말은 전체와 부분을 요소 환원주의적으로 보지 않고 하나의 살아있는 유기적 관계로 본다는 것을 의미한다. 즉 부분이 전체를 반영하고 전체가 부분을 반영한다고 본다. 그리하여 뉴턴 물리학에서는 입자와 같이 분명하고 확실한 존재가 있다고 본 반면 20세기 과학은 그렇지 않으니 이를 신과학이라고 부르는 것이다.[88] 과학계의 이 같은 조류로 볼 때 종지가 지향하는 사상적 특질의 부분은 다분히 시대적 흐름을 반영하고 있음을 알 수 있다. 부분과 전체가 유기적 관계를 구성하면서 내일의

87　길희성, 『포스트모던 사회와 열린종교』, 민음사, 1994, p.30.
88　김용준은 이러한 신과학의 특징을 다음과 같이 다섯 가지로 요약하고 있다. 첫째는 전체론적인 입장에서 사물을 본다. 즉 지금까지의 기계론적인 부분의 집합으로서 전체를 파악하는 것이 아니라, 실재의 근원에 깔려 있는 전체적 연관성에서 사물을 보는 것이다. 즉 환원주의를 거부하고 있다. 두 번째로 신과학은 데카르트가 분리시켜놓은 주관과 객관을 통합시킨다. 즉 이원론적 사고방식을 극복한다. 세 번째의 특징은 상보성이다. 광선을 입자나 파동 그 어느 하나로는 이해할 수가 없다. 입자(particle)와 파동(wave)을 합한 입자-파동(wavicle)으로만 빛을 올바로 이해할 수 있다는 것이다. 입자와 파동은 사물을 이해하는 방법 가운데 하나이며, 결국 상반되는 두 견해가 상보되지 않고는 사물을 바로 이해할 수 없다는 것이다. 네 번째는 사물을 존재와 비존재와의 유기적 관계로 파악한다. 현대물리학의 장의 이론은 이미 철학에서 오랜 동안 논의되어 오던 존재(being)와 비존재(non-being)의 구별을 짓지 않는다. 다섯 번째는 「마음」「정신」 또는 「의식」에 대한 새로운 해석을 내리고 있다. (김용준·김영덕 편저, 『신과학운동』, 범양사, 1989; 김상일 위의 책 p.20 재인용)

통일적인 미래상을 제시하는 것은 오늘날과 같은 이념의 다원화시대에 절실히 요청되는 내용이다. 이런 의미에서 대순종지는 어느 기존의 사상과도 차별성을 지니는 하나의 신사상新思想으로 이해해도 좋을 것이다.

2장
음양합덕론

1. 머리말

대순진리회의 종지에 있어서 음양합덕陰陽合德은 종지를 논하는 그 첫 번째 주제에 해당하는 것으로 종지 이해의 출발점이 되고 있다. 주지하다시피 종지가 나오게 된 배경은 강증산姜甑山 구천상제九天上帝로부터 종통宗統을 계승하신 조정산趙鼎山 도주道主의 종단창설에서 비롯된다. 도주께서는 1925년 전북 구태인에서 무극도無極道를 창도하면서 모든 교리체계를 갖추었는데, 이 때 공표된 것이 오늘날 종지宗旨로서의 위상을 갖추게 된 것이다. 음양합덕 신인조화 해원상생 도통진경의 열여섯 자로 이루어진 대순종지는 선경仙境 건설을 위한 구천상제의 의지가 담겨있으며 후천세계의 실상을 설명하고 있다. 이로써 종지는 오늘날 대순사상 이해의 총체적 길잡이가 된다 할 것이다.

구천상제의 주된 역사役事를 든다면 9년간의 천지공사天地公事를 빼놓고는 말하기 어려울 것이다. 선천先天의 상극相克적 현실에서 진멸盡滅지경에 빠진 인류를 구제하기 위해 강세하신 상제께서는 인류가 위기상황에 이르게 된 배경을 원冤의 점철點綴로 인한 것으로 보고 이러한 원을 해소하는 것으로 천지공사를 단행하였다. 그 결과 어떠한 원도 없고 영원한 평화의 이상세계를 예비하게 되었으니 이 세계는 오로지 상제의 의지로 지어지는 전무후무한 지상선경地上仙境이라고 할 수 있다. 이러한 지상선경을 이루는 원리가 되고 그 실상을 표현하는 사상적 요체가 바로 종지이며 음양합덕陰陽合德이다. 즉 상제의 천지공사는 원리적으로 음양합덕을 근본으로 하고 있으며, 나아가 그 구체적 실상을 말할 때에도 음양합덕에 입각하여 설명할 수 있다는 것이다. 본 장에서는 이와 같은 음양합덕의 연구를 위해 먼저 고전적인 음양론을 살펴보고, 이어서『전경』공사편에 나타난 음양합덕의 내용을 중심으로 천지공사의 배경 및 공사사상 그리고 음양합덕의 실상을 정리하여 그 사상적 대의大義를 이해해보기로 한다.

2. 음양합덕의 고전古典적 근거

1) 음양陰陽의 개념과 대대성對待性논리

음양합덕을 논하기 이전에 먼저 음양의 개념에 대해서 그 본래적인 의미를 살펴보는 것이 순서일 것 같다. 그 의미는 일차적으로 문자학적인 관점에서 논의될 수 있다. 왜냐하면 대부분 한자의 뜻은 그 글자가 만들어진 유래에서 비롯하기 때문이다.

허신許慎의 『설문해자說文解字』는 음양을 다음과 같이 설명하고 있다.

「陰 闇也 水之南 山之北也 從阜侌聲」[89] (음은 어두움이다. 물의 남쪽이며 산의 북쪽이다. 阜와 侌을 따라 소리 난다.)
「陽 高明也 從阜昜聲」[90] (양은 높고 밝음이다. 阜와 昜을 따라 소리난다.)

여기서 阜(언덕 부)는 높고 위가 평평한 토산土山을 말한다. 갑골문에서는 ₿로 표기되는데 특히 토산 중에서도 비탈진 산측山側을 표현하고 있다.[91]

侌의 본자는 雲今인데 『설문해자』에서는 다음과 같이 설명되고 있다.

「雲今 雲覆日也 從雲今聲」[92](霒은 구름이 해를 가린 것이다. 雲과 今을 따라 소리난다.)

즉 霒의 본의本意는 구름이 태양을 가리고 있는 상태이다. 그리고 昜은 설문해자에서 다음과 같이 설명된다.

---

89 『설문해자』 권14 , 대북 여명문화사업복분유한공사, 民國 75년.
90 위의 책.
91 加藤常賢, 『漢字の起源』, 角川書店, 소화 55년 p.659.
92 『설문해자』 p.580.

「昜 開也. 從日一勿. 一曰飛揚 一曰長也 一曰彊者衆皃」[93]
(昜은 열림이다. 日과 一과 勿에서 부터 나왔다.)

갑골문에서 昜은 ♀로 표기되는데 자형字形은 신에게 제사지내는 돌로 만든 제단위로 해가 솟아오른 모습이다. 금문에서는 「彡」(터럭 삼)을 덧붙여 햇빛을 표시하였다. 후에 와서 일부자형에서는 다시 「阜」를 덧붙여 태양이 언덕 위로 솟아오르는 것을 표시하였다.[94]

이상을 살펴볼 때 음양의 본래 의미는 「태양의 빛남」과 「태양이 구름에 가려짐」이외의 것일 수 없다. 뒤에 阜가 보태어짐으로써 양陽은 「산측山側의 햇빛이 비추어지는 곳」,

음陰은 「햇빛이 비치는 반대편 산측의 그늘진 곳」이라는 의미로 정착되었다. 양을 「山南水北」 음을 「水南山北」이라고 하는 것은 후대에 인신引伸된 것으로 본의本意는 아니다.[95]

기존 연구결과에 의하면 음양은 기후를 나타내는 '원시적'개념으로부터 이원기二元氣라는 '원질적原質的'개념으로 발전하고 만물의 유기적 연관성과 변화의 기본양상을 표상하는 '범주적' 개념으로 전개되었다고 본다.[96] 음양개념의 변용과정을 요약한다면 기후의 맑음과 흐림, 양지와 음지, 따뜻함과 추위 등 자연현상을 나타내던 본래 의미에서부터 춘추시대에 '육기六氣'의 한 요소로 발전되었다가 춘추말기에 '육기' 가운데에서 돌출되어

---

93 위의 책, p.458.
94 이낙의, 『漢字正解』p.558.
95 최영진, 『역학사상의 철학적 탐구』, 1989. 성균관대 박사논문, p.23.
96 최영진, 위의 책, p.24.

'육기'를 대표하게 된다. 전국시대에 들어와 음양은 만물구성의 이원기二元氣라는 원질적原質的 개념으로 변용되며 전국말기에 이르러 질료적 성격이 탈각되면서 범주화되었다. 물론 음양개념이 정확하게 〈원시적 음양개념→ 원질적 음양개념 → 범주적 음양개념〉이라고 하는 순서를 밟아 전개된 것은 아니다. 같은 문헌에도 여러 유형의 개념이 혼재되어 있으나 그 전개방향은 일단 이같이 정리될 수 있다고 본다.[97]

한편 이러한 음과 양의 상호 관계에 대해서는 전통적으로 〈대대對待〉라는 용어로 설명되고 있다. 그 뜻은 '대립하면서 서로 끌어당기는 관계' '상대가 존재함에 의하여 비로소 자기가 존재한다고 하는 관계' '상호 대립하면서 상호 의존하는 관계'로 일단 규정될 수 있는데[98] 이것은 『주역』의 원초적인 구성 원리인 동시에 현대에도 살아 움직이는 원리이다.

이 같은 대대관계는 최초로 −과 --라는 기호로 표상되고 뒤에 『주역』에서 괘卦와 수數 및 천지天地 남녀男女 왕래往來 등의 용어로 서술되었는데 「십익十翼」이 성립되면서 대대관계에 있는 모든 개념 쌍을 포섭하는 용어가 〈음양〉으로 정착된 것이다. 따라서 음양은 대대관계에 대한 언어적 표현 이외의 것이 아니라고 본다.[99]

〈대대〉에 대한 관념의 특성을 정리해 보면 크게 다음의 네 가지로 요약된다.[100]

---

97 최영진, 위의 책, p.27.
98 金谷治, 『易の話』, 동경 강담사, 1972, pp.150~151.
99 최영진, 위의 책, p.7.
100 이하는 최영진, 위의 책 pp.34~37을 요약 정리한 것임.

첫째, 대대라는 관계는 무엇보다도 상반적인 타자를 적대적인 관계로 보는 것이 아니라 자신의 존재성을 확보하기 위한 필수적인 전제로서 요구하는 관계이다. 대대적 관계에 있는 양자兩者는 경우에 따라 상호 배척적이며 적대적 관계에 있는 것처럼 보일지라도 상대방을 부정할 수가 없다. 상대방의 부정은 곧 자신의 부정이기 때문이다. 그리고 이 같은 관계에 있는 개념 쌍들은 모두 〈음양〉이라는 용어로 표현될 수 있다.

둘째, 대대는 상반적 또는 상호 모순적 관계를 상호 배척 관계로 보는 것이 아니라 상호 성취의 관계, 더 나아가 운동의 추동력의 근거로 본다는 점이다. 이것이 이른바 '상반상성相反相成'의 논리이다. 즉 남·녀, 전기의 +- 와 같이, 같은 성性 같은 극끼리는 서로 배척하며 반대되는 성性·극極끼리는 서로 감응함으로써 조화되고 합일合一된다는 '상반응합相反應合'의 사고이다.

셋째, 대대관계에 있는 양자兩者는 대대관계에 있다는 그 자체로서 균형과 조화를 이루고 있는 것으로 규정하려는 경향이 강하다는 것이다.

넷째, 대대는 공간적 관계에 머무르지 않고 시간적 관계성을 포섭한다는 점이다. 일日·월月·한寒·서暑는 하루 또는 일년이라고 하는 시간적 지평위에서 대대관계를 갖는다. 즉 대대는 공간적 구조와 동시에 시간적 변화선상에서도 성립되고 있는 것이다.

이상에서 언급한 음양의 개념과 그 대대적 논리를 기저로 하여 음양합덕이라고 하는 이상적 공효功效를 살펴볼 필요가 있다. 그 대표적 언급은 『주역』의 문헌을 통해 확인할 수 있다.

2) 『주역』에 나타난 음양합덕

동양의 고전 『주역』에서는 음양의 대대적 논리에 의하여 만물의 생성과 변화 발전을 설명하는 정교한 이론체계를 갖추고 있다. 이에 음양합덕은 만상萬象을 생生하는 근본 원리가 되며 모든 변화의 기초가 되는 것으로 주역사상의 주요개념으로 다루어지고 있다. 이를 구체적으로 살펴보기로 하자.

먼저 『주역』의 원문에 나타난 음양합덕에 관한 구절은 다음과 같다.

① 子曰 乾坤 其易之門邪, 乾 陽物也, 坤 陰物也, 陰陽合德, 剛柔有體, 以體天地之撰, 以通神明之德, (공자 말하기를, 건곤은 그 역의 문이라! 건은 양의 사물이요 곤은 음의 사물이다. 음과 양이 덕을 합하니 강하고 유한 것에 체가 있는지라. 이로써 천지의 일을 체득하며 신명의 덕을 통한다)

② 其稱名也, 雜而不越, 於稽其類, 其衰世之意耶[101] (그 이름을 칭함에 섞이되 넘지 아니하니 그 종류를 상고함은 그 쇠한 세상의 뜻인져!)

윗글에서 ①에 나타난 내용은 음양합덕이 만물을 생生하는 본체本體가 됨을 말하고 있다. 이것을 주자는 주석하기를 '모든 괘는 강유의 본체이니 건곤으로서 덕을 합하여 이루어지므로

---

101 『周易』, 繫辭 下 6장.

건곤은 역의 문이라고 하였다.'102라고 하여 주역 육십사괘는 모두 음양이 합덕合德하여 이루어진 본체임을 설명하고 있다. 이때 음양은 하나의 원리이며 건곤은 하나의 사물에 속한다. 이에 대해 진재 서씨進齋徐氏는 말하기를 '음양합덕이란 두 사물이 교착交錯하여 서로 합함이 있는 것을 말하며, 강유에 체가 있다는 것은 괘효卦爻를 이루는 본체임을 말한 것이다. 천지의 찬이라 함은 음양 조화造化의 자취이다.'103라고 주석하여 음양합덕은 건곤이라는 두 사물이 서로 합하는데서 나오는 조화의 원리임을 강조하고 있다.

②에 나타난 내용은 주역의 괘 순서가 복희씨 때의 자연적인 순서로 놓인 것과는 달리 섞어 놓았으나 64괘 밖을 넘어가지 않았고, 그 음양의 섞인 뜻을 상고해 보면 은나라 말엽의 주왕紂王과 문왕의 일을 엮어놓은 것임을 말한다. 즉 괘명卦名에 있어 '정井' '정鼎' 등과 같이 사물의 이름으로 표현한 것도 있고 '둔屯' '몽蒙' 등과 같이 일의 변화로 이름한 것도 있지만 음양의 덕이나 강유의 체에서 벗어나지 않는다는 말이다. 이것을 주자는 해석하기를 '만물이 비록 수없이 많으나 음양의 변화에서 나오지 않는 것이 없다. 그러므로 괘효卦爻의 뜻도 비록 잡다하게 나오나 어긋나 잘못되지 않는다.'104라고 하였다. 결국 음양의 변화에서 모든 만물이 나오므로 이러한 변화를 주도하는 진리가 바로 음양

---

102 『周易』, 繫辭 下, 本義 "諸卦剛柔之體, 皆以乾坤合德而成, 故曰, 乾坤易之門"
103 『周易』繫辭 下, "陰陽合德, 謂二物交錯, 而相得有合, 剛柔有體, 謂成卦爻之體也, 天地之撰, 陰陽造化之迹也"
104 『周易』繫辭 下, "萬物雖多, 无不出於陰陽之變, 故卦爻之義, 雖雜出而不差繆"

합덕임을 알 수 있다. 또한 양의 사물을 건乾이 대표하고 음의 사물을 곤坤이 대표하는데, 건은 하늘[天]이며 곤은 땅[地]이므로 하늘과 땅의 덕이 합하여 모든 사물을 잉태한다. 천덕天德과 지덕地德이 합해서 만물을 생성한다는 것은 이러한 음양조화의 원리를 설명하는 대표적인 관념임을 알 수 있다. 그리하여 천지가 그 덕을 합한 음양합덕이 이루어 질 때 모든 만물은 새로운 변화와 조화의 자취가 생기며 나아가 신명의 덕과도 통하게 된다고 본다.

이상에서 살펴보았듯이 『주역』에서의 음양합덕은 만물을 생성하는 본체가 되는 원리이며 나아가 모든 변화를 주도하는 조화의 원리임을 알 수 있다. 이에 근거하여 다음 장에서는 구천 상제께서 인세에 강세하시어 단행한 천지공사가 바로 음양합덕의 원리를 통해서 그 이상을 실현시키려 하셨으며, 나아가 음양합덕이야 말로 내일의 후천세계를 살아가는 조화의 사상임을 살펴보기로 하겠다.

3. 천지공사天地公事에 나타난 음양합덕론

1) 천지공사의 배경

천지공사天地公事라 함은 상제께서 인간의 몸으로 오셔서 인세에 머무는 동안 행하신 대역사大役事를 일컫는 말이다. 그 뜻은 전경구절에 따르면 "천지의 도수를 정리하고 신명을 조화하며 만고의 원한을 풀고 상생의 도로 후천의 선경을 세우는 일"(공사 1

장3절)이다. 말하자면 인간이 더불어 살고 있는 이 천지가 진멸지경에 처하였으므로 이를 해결하기 위해 구천의 상제께서 삼계三界를 둘러보신 뒤 가장 이상적인 세계를 만드는 작업을 하셨던 것이다. 이것을 한마디로 '천지공사'라고 한다. 이러한 천지공사는 하나의 관념에 머무는 이론이 아니며 구천의 상제께서 강세하여 행하신 유일무이한 역사로서 구체적인 현실로 나타나는 실제적 사건을 말한다. 그 사건의 고유함에 대해서는 다음의 전경구절에서 확인된다.

> 상제께서 이듬해 四월에 김형렬의 집에서 삼계를 개벽하는 공사를 행하셨도다. 이때 상제께서 그에게 가라사대 "다른 사람이 만든 것을 따라서 행할 것이 아니라 새롭게 만들어야 하느니라. 그것을 비유컨대 부모가 모은 재산이라 할지라도 자식이 얻어 쓰려면 쓸 때마다 얼굴이 쳐다보임과 같이 낡은 집에 그대로 살려면 엎어질 염려가 있으므로 불안하여 살기란 매우 괴로운 것이니라. 그러므로 우리는 개벽하여야 하나니 대개 나의 공사는 옛날에도 지금도 없으며 남의 것을 계승함도 아니요 운수에 있는 일도 아니요 오직 내가 지어 만드는 것이니라. 나는 삼계의 대권을 주재하여 선천의 도수를 뜯어 고치고 후천의 무궁한 선운을 열어 낙원을 세우리라」하시고 「너는 나를 믿고 힘을 다하라"고 분부하셨도다.[105]

즉 '옛날에도 지금도 없으며 남의 것을 계승함도 아니오. 운

---

105 『전경』 공사 1장 2절.

수에 있는 일도 아니오. 오직 내가 지어 만드는 것이니라'고 한 데서 알 수 있듯이 오직 상제에 의해서 만이 가능한 일임을 명시하고 있다. 그리고 이렇게 상제의 권능에 의해 이루어지는 새로운 천지는 어떠한 부조리나 원망이 없는 무궁한 선운仙運이 약속된 이상세계를 가리키고 있다.

대순진리회의 종지에 입각해 볼 때 음양합덕陰陽合德은 바로 이러한 천지공사를 통해 구현하고자 한 이상세계의 실상實相을 압축하여 표현한 것으로 이해될 수 있다. 이 세계의 존재방식을 음양이라고 하는 범주에서 이해할 때 그 범주를 구성하는 상대적 요소가 서로의 덕을 합하여 이루어 내는 이상적 모습이야말로 음양합덕이라고 할 수 있는 것이다. 그렇다면 모든 천지공사의 방향을 '음양합덕'이라는 관점에서 바라볼 때 이러한 공사의 배경은 바로 음양합덕이 되지 못한 선천先天에서 그 원인을 찾아야할 것이다.

천지공사의 배경에 대해서는 다음의 전경구절에 잘 나타나 있다.

① 상제께서 어느 날 김형렬에게 가라사대 "서양인 이마두利瑪竇가 동양에 와서 지상 천국을 세우려 하였으되 오랫동안 뿌리를 박은 유교의 폐습으로 쉽사리 개혁할 수 없어 그 뜻을 이루지 못하였도다. 다만 천상과 지하의 경계를 개방하여 제각기의 지역을 굳게 지켜 서로 넘나들지 못하던 신명을 서로 왕래케 하고 그가 사후에 동양의 문명신文明神을 거느리고 서양에 가서 문운文運을 열었느니라. 이로부터 지하신은 천상의 모든 묘법을 본받아 인세에 그것을 베풀었노라. 서양의 모든 문물은 천국의 모형을 본뜬 것이라」 이르시고 「그 문명은 물

질에 치우쳐서 도리어 인류의 교만을 조장하고 마침내 천리를 흔들고 자연을 정복하려는 데서 모든 죄악을 끊임없이 저질러 신도의 권위를 떨어뜨렸으므로 천도와 인사의 상도가 어겨지고 삼계가 혼란하여 도의 근원이 끊어지게 되니 원시의 모든 신성과 불과 보살이 회집하여 인류와 신명계의 이 겁액을 구천에 하소연하므로 내가 서양西洋 대법국大法國 천계탑天啓塔에 내려와 천하를 대순大巡하다가 이 동토東土에 그쳐 모악산 금산사母岳山金山寺 삼층전三層殿 미륵금불彌勒金佛에 이르러 三十년을 지내다가 최제우崔濟愚에게 제세대도濟世大道를 계시하였으되 제우가 능히 유교의 전헌을 넘어 대도의 참뜻을 밝히지 못하므로 갑자甲子년에 드디어 천명과 신교神敎를 거두고 신미辛未년에 강세하였노라"고 말씀하셨도다.[106]

② 상제께서 "선천에서는 인간 사물이 모두 상극에 지배되어 세상이 원한이 쌓이고 맺혀 삼계를 채웠으니 천지가 상도常道를 잃어 갖가지의 재화가 일어나고 세상은 참혹하게 되었도다. 그러므로 내가 천지의 도수를 정리하고 신명을 조화하여 만고의 원한을 풀고 상생相生의 도로 후천의 선경을 세워서 세계의 민생을 건지려 하노라. 무릇 크고 작은 일을 가리지 않고 신도로부터 원을 풀어야 하느니라. 먼저 도수를 굳건히 하여 조화하면 그것이 기틀이 되어 인사가 저절로 이룩될 것이니라. 이것이 곧 삼계공사三界公事이니라"고 김형렬에게 말씀하시고 그 중의 명부공사冥府公事의 일부를 착수하셨도다.[107]

---

[106] 『전경』 교운 1장 9절.

①의 구절에서 보면 우선 오늘날 모든 과학문명을 주도해 온 서양이 사실은 '천국의 모형'을 본 딴 것이라고 하여 그 원천은 하늘에 있다고 본다. 하지만 인간은 그 문명을 펼쳐나가는 과정에서 본원을 망각하고 주로 물질에 치우쳐 자연을 파괴하고 인류를 무시하며 나아가 천도와 인사의 상도를 어기고 삼계를 혼란시켜 '도의 근원'을 끊어지게 함으로써 스스로 진멸지경에 이르게 되었다. 이 때문에 천상의 모든 신성·불·보살들이 나서서 구천의 상제께 광구천하匡救天下하실 것을 하소연하였던 것이다. 여기서 도의 근원이란 천지가 탄생하고 모든 만물을 질서있게 유지하는 하나된 법칙 또는 조화의 원리를 가리킨다고 본다. 조화의 원리는 둘이 될 수 없으며 하나로 관통하는 진리로서의 가치를 지니는 것이다. 그리하여 인간의 문명이 이러한 도의 근원에 따라 발전된다면 굳이 물질에만 치우치지 않고 정신문명과 조화를 이루며 발전할 수 있었을텐데 이를 깨닫지 못하고 물질에만 치우쳤으니 물질과 정신의 상호 부조화로 인해 도의 근원이 끊어지는 결과를 가져오게 되었던 것이다. 여기서 한 가지 주목할 만한 사실은 앞 절에서 살펴본 음양론에 비추어 볼 때 물질과 정신의 관계도 음과 양이라는 범주에 넣을 수 있다는 점이다. 즉 가시적可視的인 물질을 양陽으로 배속配屬한다면 불가시적不可視的인 정신은 음陰으로 배속된다. 이때 음으로서의 정신과 양으로서의 물질이 선천에서는 상호 합덕合德될 수 없었다는 것이 선천의 현실이며, 이러한 현실에서 발생한 우주적 위기를 해결하기 위해 상제께서는 곧 음양이 합덕되는 세계를 이

---

107 『전경』 공사 1장 3절.

록하고자 하신 것으로 볼 수 있다. 그렇다면 선천에서는 왜 음양의 합덕을 이룰 수 없었는가. 여기에 대한 의문은 ②의 구절을 살펴봄으로써 해결될 수 있다.

②를 보면 선천에서 상도를 잃고 모든 참혹한 재화가 발생한 원인이 '상극'의 원리에 지배되었기 때문임을 말하고 있다. 여기서 말하는 '상극相克'이란 달리 말하면 '상호극해相互剋害'라고도 할 수 있으며, 선악이 공존하는 가운데 어떠한 상호이해도 없는 상태에서 끊임없이 대립하는 양상을 가리키고 있다. 그 실제적 양상은 '음양'의 범주에 속하는 모든 사물의 대립적 관계를 포함한다. 물과 불, 남과 여, 기업주와 회사원, 자연과 인간, 인간과 신, 과학과 종교, 물질과 정신 등 그 대국大局적인 관계의 대립물들이 어떠한 상호 이해의 장場도 마련되지 않은 채 서로를 적대시 여기고 정복해 나가고자 한 것이 선천의 상극적 현실이었던 것이다. 서양사상의 변증법은 이와 같은 선천의 대립과 투쟁과정을 설명한 주요 논리가 된다고도 하겠는데, 현대문명의 위기는 바로 그 상극의 원리에 기반하고 있음을 직시할 필요가 있다. 음과 양이 서로 극단적으로 성질을 달리 한다고 해서 상호 대립하고 적대시 여기는 것은 전적으로 도의 근원을 망각하였기 때문이다. 여기에 상제의 천지공사가 단행된 배경을 알 수 있으니 그것은 곧 음과 양의 상극적 관계로 인해 발생된 천지의 겁액을 해소하고자 한 것이다. 그리하여 '상극의 도'가 아닌 '상생의 도'로써 새로운 천지를 만들어 진정한 음양합덕의 세계를 구현하고자 한 것이 바로 천지공사의 취지라고 할 수 있다.

다음으로 이러한 천지공사의 구체적인 내용을 살펴봄으로써 음양합덕에 근거한 공사公事가 어떻게 이루어졌는가를 확인해보기로 한다.

2) 음양합덕에 근거한 천지공사

음양합덕에 근거한 천지공사는 크게 다음의 세 가지 선상에서 분석해 볼 수 있다. 첫째는 음·양에 대한 개별적 자기실현이며, 둘째는 음과 양이 서로 균형을 이루는 일음일양이며, 셋째는 이러한 음양의 상호 조화를 통해 무궁한 선경의 낙원을 건설하는 것이다. 여기에는 물론 순차적인 의미도 있지만 최종적으로는 서로 떼어 놓고서 생각할 수 없는 총체적인 의미를 담고 있다. 이를 구체적으로 살펴보기로 하자.

■ 음·양의 자기실현

음양합덕을 위한 천지공사의 단행은 제일 먼저 음양에 속하는 개체에 대한 해원에서부터 시작되었다. 이는 『전경』에서 '지기가 서로 통일되지 아니하여 인류가 서로 반목 쟁투하는 데서부터 원이 쌓였으며 이러한 원이 천지에 가득 참으로써 인류가 파멸지경에 처하였음'을 강조하고 있기 때문이다.[108] 따라서 천지공사는 먼저 음양으로 이루어진 세계에서 그 음양에 속하는 개

---

[108] 공사 3장 4절과 3장 5절 참조. "상제께서 七月에 「예로부터 쌓인 원을 풀고 원에 인해서 생긴 모든 불상사를 없애고 영원한 평화를 이룩하는 공사를 행하시니라. 머리를 긁으면 몸이 움직이는 것과 같이 인류의 기록에 시작이고 원寃의 역사의 첫 장인 요堯의 아들 단주丹朱의 원을 풀면 그로부터 수천년 쌓인 원의 마디와 고가 풀리리라. 단주가 불초하다 하여 요가 순舜에게 두 딸을 주고 천하를 전하니 단주는 원을 품고 마침내 순을 창오蒼梧에서 붕崩케 하고 두 왕비를 소상강 瀟湘江에 빠져 죽게 하였도다. 이로부터 원의 뿌리가 세상에 박히고 세대의 추이에 따라 원의 종자가 퍼지고 퍼져서 이제는 천지에 가득 차서 인간이 파멸하게 되었느니라. 그러므로 인간을 파멸에서 건지려면 해원공사를 행하여야 되느니라」고 하셨도다." "또 상제께서 가라사대 「지기가 통일되지 못함으로 인하여 그속에서 살고 있는 인류는 제각기 사상이 엇갈려 제각기 생각하여 반목 쟁투하느니라. 이를 없애려면 해원으로써 만고의 신명을 조화하고 천지의 도수를 조정하여야 하고 이것이 이룩되면 천지는 개벽되고 선경이 세워지리라」 하셨도다."

체의 자기실현에서부터 이루어지고 있음을 볼 수 있다.

개별적 음양에 대한 자기실현을 살펴볼 수 있는 것으로 대표적으로는 남녀의 문제가 있다. 예로부터 남녀의 분별이 엄격하여 상대적으로 남성우위의 풍조가 지배적이었는데, 이로써 남녀의 차별과 상대적으로 억압된 여성의 역사를 가졌던 것이 사실이다. 여기서 여성을 '음'이라고 하면 남성은 '양'에 해당되므로 해원을 위주로 하는 천지공사에서 먼저 음양 각각에 대한 자기실현이 선행되어야만 한다고 본다. 다음의 전경구절을 살펴보자.

> 상제께서 "이제는 해원시대니라. 남녀의 분별을 틔워 제각기 하고 싶은 대로 하도록 풀어놓았으나 이후에는 건곤의 위치를 바로잡아 예법을 다시 세우리라"고 박공우에게 말씀하시니라. 이때 공우가 상제를 모시고 태인읍을 지나는데 두 노파가 상제의 앞을 가로질러 지나가기에 상제께서 길을 비켜 외면하셨도다.[109]

위의 공사내용을 살펴보면 각기 '남녀의 분별을 틔워 제각기 하고 싶은 대로 하도록 풀어 놓는다'고 하였으므로 이는 음양합덕을 이루기 위한 전제조건이 되는 것이다. 즉 음이 지니는 음덕陰德이 최대한 발휘되고 양덕陽德 또한 최대한 발휘되었을 때 각각의 장단점이 드러나고 그 가운데에서 장점만을 취하여 서로 결합시키는 것이 음양의 관계에서 가장 이상적이라고 보기

---

[109] 『전경』 공사 1장 32절.

때문이다. 상제께서 '이후에 건곤의 위치를 바로잡아 예법을 다시 세우리라'고 한 것은 바로 음덕과 양덕의 장점만을 취하여 이루어지는 새로운 세계의 모습을 시사하는 것으로 볼 수 있다.

 음양의 범주에서 볼 때 오늘날 물질에 치우친 인류문명은 한편으로 양陽적인 가치에 치중하여 진행되었다고 할 수 있다. 하지만 그러한 문명의 폐단은 인간으로 하여금 교만을 조장하고 자연을 정복하는 데서 모든 죄악을 저질러 상대적으로 음의 문명을 망각하는 결과를 가져왔다. 여기에 천지공사는 '신도로부터 원을 풀고' 나아가 '인사가 저절로 이룩되는' 방향으로 진행함으로써 결과적으로 정신문명이 새롭게 대두될 것을 암시하고 있다.110 여기서 한 가지 간과하기 쉬운 것은 경도傾倒된 물질문명의 폐해가 있다고 해서 그 문명의 이기가 다 없어져야만 한다는 것은 아니다. 바로 그 나름의 가치가 온전히 성숙되는 것이 또한 음양의 자기실현을 뜻하기 때문이다. 다음의 구절에서는 이러한 사실이 극명하게 드러나고 있다.

> 상제께서 어느 날 경석에게 가라사대 "전에 네가 나의 말을 좇았으나 오늘은 내가 너의 말을 좇아서 공사를 처결하게 될 것인 바 묻는 대로 잘 생각하여 대답하라" 이르시고 "서양 사람이 발

---

110 『전경』 공사 1장 3절 참조, "상제께서 「선천에서는 인간 사물이 모두 상극에 지배되어 세상이 원한이 쌓이고 맺혀 삼계를 채웠으니 천지가 상도常道를 잃어 갖가지의 재화가 일어나고 세상은 참혹하게 되었도다. 그러므로 내가 천지의 도수를 정리하고 신명을 조화하여 만고의 원한을 풀고 상생相生의 도로 후천의 선경을 세워서 세계의 민생을 건지려 하노라. 무릇 크고 작은 일을 가리지 않고 신도로부터 원을 풀어야 하느니라. 먼저 도수를 굳건히 하여 조화하면 그것이 기틀이 되어 인사가 저절로 이룩될 것이니라. 이것이 곧 삼계공사三界公事이니라」고 김형렬에게 말씀하시고 그중의 명부공사冥府公事의 일부를 착수하셨도다."

명한 문명이기를 그대로 두어야 옳으냐 걷어야 옳으냐"고 다시 물으시니 경석이 "그대로 두어 이용함이 창생의 편의가 될까 하나이다"고 대답하니라. 그 말을 옳다고 이르시면서 "그들의 기계는 천국의 것을 본 딴 것이니라"고 말씀하시고 또 상제께서 여러 가지를 물으신 다음 공사로 결정하셨도다.[111]

즉 문명의 이기란 천국의 것을 본 딴 것이라고 하였으므로 이미 물질문명의 가치도 천국과 같은 이상세계의 한 축을 차지하고 있다는 말이다. 따라서 음·양의 자기실현이란 음적인 분야나 양적인 분야가 모두 자신의 가치를 최대한 발휘하는 것을 말하며, 이것이 또한 음양합덕을 달성하는 전제가 됨을 알 수 있다.

■ 일음일양一陰一陽

음·양의 자기실현이 이루어지면 여기서 음과 양은 서로가 대등한 위치에서 만나는 것이 필요하다. 달리 말해서 양적인 차이나 질적인 우열을 논할 수 없는 상보적相補的관계에서의 만남이라고 할 수 있다. 이것을 단적으로 표현한 말이 바로 '일음일양一陰一陽'이다. 동양고전인 『주역周易』에 보면 "한번 음陰하고 한번 양陽하게 하는 것을 도道라고 한다."[112]라고 하였는데, 일음일양이란 곧 진리의 표준이자 음과 양의 대등한 관계를 나타낸 것이다. 음양이 각자 그 자체의 덕을 합하여 이루는 최상의 공효는 어떤

---

111 『전경』 공사 1장 35절.
112 『周易』 繫辭上傳, 「一陰一陽之謂道」

차등도 없는 상태에서만이 가능할 것이다.

『전경』에서는 이러한 일음일양의 원리로 천지공사가 진행되었음을 다음과 같이 밝히고 있다.

상제께서 어느 날 후천에서의 음양 도수를 조정하시려고 종도들에게 오주를 수련케 하셨도다. 종도들이 수련을 끝내고 각각 자리를 정하니 상제께서 종이쪽지를 나누어 주시면서 "후천 음양도수를 보려 하노라. 각자 다른 사람이 알지 못하도록 점을 찍어 표시하라"고 이르시니 종도들이 마음에 있는 대로 점을 찍어 올리니라. "응종은 두 점, 경수는 세 점, 내성은 여덟 점, 경석은 열두 점, 공신은 한 점을 찍었는데 아홉 점이 없으니 자고로 일남 구녀란 말은 알 수 없도다"고 말씀하시고 내성에게 "팔선녀란 말이 있어서 여덟 점을 쳤느냐"고 물으시고 응종과 경수에게 "노인들이 두 아내를 원하나 어찌 감당하리오"라고 말씀하시니 그들이 "후천에서는 새로운 기력이 나지 아니하리까"고 되물으니 "그럴듯하도다"고 말씀하시니라. 그리고 상제께서 경석에게 "너는 무슨 아내를 열둘씩이나 원하느뇨"고 물으시니 그는 "열두 제국에 하나씩 아내를 두어야 만족하겠나이다"고 대답하니 이 말을 들으시고 상제께서 다시 "그럴듯하도다"고 말씀을 건네시고 공신을 돌아보시며 "경석은 열둘씩이나 원하는데 너는 어찌 하나만 생각하느냐"고 물으시니 그는 "건곤乾坤이 있을 따름이요 이곤二坤이 있을 수 없사오니 일음 일양이 원리인 줄 아나이다"고 아뢰니 상제께서 "너의 말이 옳도다"고 하시고 "공사를 잘 보았으니 손님 대접을 잘 하라"고 분부하셨도다. 공신이 말씀대로 봉행하였느니라. 상제께서 이 음양도수를 끝내시고 공신에게 "너는 정음 정양의 도수니 그 기운을 잘 견디어 받고 정심으로 수련하라"고 분부하시고 "문왕文王의 도수와 이윤伊尹의 도수가 있으니 그 도수를 맡으려면 극히 어려우니라"고 일러 주셨도다. 113

윗글에서 보면 건乾·곤坤은 천지를 의미하며 각각 음양을 대표한다. 이 때 하나의 건에 대해서는 오직 하나의 곤이 있을 뿐 두 개의 곤[二坤]이 있을 수 없다는 것으로 일음일양을 가리키고 있다. 또 다른 구절에 의하면 "선천에서 삼상三相의 탓으로 음양이 고르지 못하다고 하시면서 '거주성명 서신사명 좌상 우상 팔판 십이백 현감 현령 황극 후비소'라 써서 약방의 문지방에 붙이고자 한"것은 상대적으로 고르지 못한 음양을 고르게 하여 일음일양을 이루고자 한 공사로 볼 수 있다.114 이처럼 하나의 음과 하나의 양이 서로 대등하게 만나서 이루어지는 관계는 어떠한 상대적 우열도 없는 절대 동등한 만남이라 하겠다.

앞서 음양의 자기실현에서도 살펴보았듯이 음양의 비유로 가장 많이 거론되는 부분은 바로 남녀의 문제라고 할 수 있다. 이 비유를 일음일양에도 적용시켜보면 천지공사의 기록에서 그 구체적 내용을 찾아볼 수 있다. 다음은 주로 남녀에 있어서의 일음일양을 파악할 수 있는 구절이다.

---

113 『전경』 공사 2장 16절.
114 『전경』 공사 2장 20절 참조.

① 종도들의 음양 도수를 끝내신 상제께서 이번에는 후천 五만 년 첫 공사를 행하시려고 어느 날 박공우에게 "깊이 생각하여 중대한 것을 들어 말하라" 하시니라. 공우가 지식이 없다고 사양하다가 문득 생각이 떠올라 아뢰기를 "선천에는 청춘과부가 수절한다 하여 공방에서 쓸쓸히 늙어 일생을 헛되게 보내는 것이 불가하오니 후천에서는 이 폐단을 고쳐 젊은 과부는 젊은 홀아비를, 늙은 과부는 늙은 홀아비를 각각 가려서 친족과 친구들을 청하고 공식으로 예를 갖추어 개가케 하는 것이 옳을 줄로 아나이다"고 여쭈니 상제께서 "네가 아니면 이 공사를 처결하지 못할 것이므로 너에게 맡겼더니 잘 처결하였노라"고 이르시고 "이 결정의 공사가 五만 년을 가리라"고 말씀하셨도다.[115]

② 상제께서 하루는 공사를 행하시고 "대장부大丈夫 대장부大丈婦"라 써서 불사르셨도다.[116]

③ 백 남신의 친족인 백용안白龍安이 관부로부터 술 도매의 경영권을 얻음으로써 전주 부중에 있는 수백 개의 작은 주막이 폐지하게 되니라. 이때 상제께서 용두치 김주보의 주막에서 그의 처가 가슴을 치면서 "다른 벌이는 없고 겨우 술장사하여 여러 식구가 살아왔는데 이제 이것마저 폐지되니 우리 식구들은 어떻게 살아가느냐"고 통곡하는 울분의 소리를 듣고 가엾게 여겨 종도들에게 이르시기를 "어찌 남장군만 있으랴. 여

---

115 『전경』 공사 2장 17절.
116 『전경』 교법 2장 57절.

장군도 있도다" 하시고 종이에 여장군女將軍이라 써서 불사르시니 그 아내가 갑자기 기운을 얻고 밖으로 뛰어나가 소리를 지르는도다. 순식간에 주모들이 모여 백 용안의 집을 급습하니 형세가 험악하게 되니라. 이에 당황한 나머지 그는 주모들 앞에서 사과하고 도매 주점을 폐지할 것을 약속하니 주모들이 흩어졌도다. 용안은 곧 주점을 그만두었도다.[117]

먼저 ①의 구절은 과부와 홀아비의 관계를 빌려 일음일양을 설명한 구절이다. 선천에는 과부가 수절한다 하여 공방에서 쓸쓸히 늙어 일생을 헛되게 보냈으나 일음일양에 따르면 젊은 과부는 젊은 홀아비를, 늙은 과부는 늙은 홀아비를 각각 가려서 개가케 하는 것이 원리에 합당하다고 본다. 이것이 공사로 처결되어 후천 오만년에 이른다고 하신 것은 바로 천지공사가 음양합덕의 진리에 근거하고 있기 때문이다. 그리고 이와 관련하여 ②의 구절을 보더라도 대장부大丈夫와 대장부大丈婦는 서로 일음일양의 관계로 본다. ③에서는 남장군과 여장군을 비유하여 음과 양이 서로 대등한 관계에 있음을 보여주고 있다. 이상에서 볼 때 주로 남과 여로 비유되는 음양에 있어서 선천에서는 불평등한 관계를 가져왔던 것이 사실이라면 모든 인류가 평화를 누리고 또한 저마다의 자기실현을 이루게 하는 원리는 다름 아닌 일음일양에 기초한 음양합덕에서 그 근거를 찾을 수 있다. 여기에 일음일양은 음양합덕의 전제조건이 된다고 하겠다.

---

117 『전경』 권지 1장 17절.

■ 음양의 조화調和

음양의 조화라는 말은 다음의 세 가지 의미에서 이해될 수 있다. 첫째는 음과 양의 상극적 관계로부터 상호 화해의 상생적 관계로의 전환을 말하며, 둘째는 상대적 불균형을 해소하고 균형을 이루는 상태를 말하며, 셋째는 개별적 가치가 화합하여 새로운 총체總體를 이루는 것을 말한다. 천지공사에서는 이러한 조화의 의미를 담고 있는 내용을 발견할 수 있다.

먼저 음과 양의 상호관계에서 상극적인 태도를 상호 화해의 방향으로 전환하는 공사는 다음과 같다.

> 상제께서 종도와 함께 계실 때 김광찬에게 "네가 나를 어떠한 사람으로 아느냐"고 물으시니 그가 "촌 양반으로 아나이다"고 대답하니라. 다시 상제께서 물으시기를 "촌 양반은 너를 어떠한 사람이라 할 것이냐." 광찬이 여쭈니라. "읍내 아전이라 할 것이외다." 그의 말을 들으시고 상제께서 가라사대 "촌 양반은 읍내의 아전을 아전놈이라 하고 아전은 촌 양반을 촌 양반놈이라 하나니 나와 네가 서로 화해하면 천하가 다 해원하리라" 하셨도다.[118]

위에서 촌양반과 읍내 아전은 서로 상극적 관계에 있음을 말하고 있다. 한편으로는 음과 양의 관계라고 할 수 있는데, 이 관계를 상제와 종도가 서로 상징적으로 대표하고 이어서 '나와 너가 화해하면 천하가 다 해원하리라'고 한 것은 음과 양이 상극

---

[118] 『전경』 공사 1장 25절.

에서 상생으로 화해할 것을 공사로 정하였음을 나타낸다. 음·양이 서로 표면적으로 성질을 달리한다고 해서 대립하고 시기하며 투쟁하는 양상을 보였던 것이 선천의 현실이라면 음·양의 화해를 통해 서로 상보적인 관계를 형성하는 것이다. 여기에 음양의 화해和解는 조화를 위한 중요한 전제가 되고 있다.

다음으로 음·양은 서로 대등한 위치에서 상대적 균형을 이루는 것이 또한 조화의 의미 속에 내포되어 있다. 여기서 균형이란 상대적으로 올라간 것은 끌어 내리며 상대적으로 지나치게 낮은 것은 또 끌어올려서 과하지도 않고 부족하지도 않은 중화中和의 상태를 이루는 것을 말한다.[119] 『전경』에는 이러한 균형의 의미를 지니는 공사로서 다음과 같은 구절이 있다.

> 상제께서 종도들에게 "후천에서는 약한 자가 도움을 얻으며 병든 자가 일어나며 천한 자가 높아지며 어리석은 자가 지혜를 얻을 것이요 강하고 부하고 귀하고 지혜로운 자는 다 스스로 깎일지라"고 이르셨도다.[120]

위의 내용은 인간사회 내에서 발생할 수 있는 계층 간의 갈등 관계를 예로 든 것이다. 즉 음과 양은 서로 빈부 혹은 귀천, 유식과 무식, 강·약과 같이 상대적 불균형을 이루어 왔던 것이 선천의 현실이었다. 하지만 후천에서 맞이하는 음양합덕의 이

---

[119] 中和의 의미에 대해서는 『中庸』에서 다음과 같이 말하고 있다. "喜怒哀樂之未發, 謂之中, 發而皆中節, 謂之和, 中也者, 天下之大本也, 和也者, 天下之達道也"(『中庸』1장).
[120] 『전경』 교법 2장 11절.

상 속에는 음양의 상대적 균형이 요구되어 인간 상호관계 내에서 빈부나 지혜나 강약에 있어서의 균형이 이루어짐을 설명하고 있다.

　음양조화의 세 번째 의미는 음양의 합일合一에 관한 것이다. 이러한 합일의 의미 속에는 '통일統一'이나 '겸비兼備'의 의미도 포함하고 있는데, 현실적으로 나뉘어져 있는 것을 이상적으로 합일한다 함은 음양합덕의 궁극적인 상태로 볼 수 있다. 다음의 전경구절을 살펴보자.

　　선천에서는 판이 좁고 일이 간단하여 한 가지 도道만을 따로 써서 난국을 능히 바로잡을 수 있었으나 후천에서는 판이 넓고 일이 복잡하므로 모든 도법을 합合하여 쓰지 않고는 혼란을 바로잡지 못하리라.[121]

　　상제께서 "이후로는 천지가 성공하는 때라. 서신西神이 사명하여 만유를 재제하므로 모든 이치를 모아 크게 이루나니 이것이 곧 개벽이니라. 만물이 가을 바람에 따라 떨어지기도 하고 혹은 성숙도 되는 것과 같이 참된 자는 큰 열매를 얻고 그 수명이 길이 창성할 것이오. 거짓된 자는 말라 떨어져 길이 멸망하리라. 그러므로 신의 위엄을 떨쳐 불의를 숙청하기도 하며 혹은 인애를 베풀어 의로운 사람을 돕나니 복을 구하는 자와 삶을 구하는 자는 힘쓸지어다"라고 말씀하셨도다.[122]

---

121 『전경』 예시 13절.
122 『전경』 예시 30절.

상제께서 각 처에서 정기를 뽑는 공사를 행하셨도다. 강산 정기를 뽑아 합치시려고 부모산父母山의 정기부터 공사를 보셨도다. "부모산은 전주 모악산母岳山과 순창淳昌 회문산回文山이니라. 회문산에 二十四혈이 있고 그 중에 오선위기형五仙圍碁形이 있고 기변碁變은 당요唐堯가 창작하여 단주를 가르친 것이므로 단주의 해원은 오선위기로부터 대운이 열려 돌아날지니라. 다음에 네 명당明堂의 정기를 종합하여야 하니라. 네 명당은 순창 회문산淳昌回文山의 오선위기형과 무안務安 승달산僧達山의 호승예불형胡僧禮佛形과 장성長城 손룡巽龍의 선녀직금형仙女織錦形과 태인泰仁 배례밭拜禮田의 군신봉조형群臣奉詔形이니라. 그리고 부안 변산에 二十四혈이 있으니 이것은 회문산의 혈수의 상대가 되며 해변에 있어 해왕海王의 도수에 응하느니라. 회문산은 산군山君, 변산은 해왕海王이니라" 하시고 상제께서 그 정기를 뽑으셨도다.[123]

위의 여러 구절들은 모두 음양의 합일을 직접적으로 말한 것이다. 즉 모든 도법道法을 하나로 합하고, 강산의 정기를 뽑아 하나로 만들며, 신과 인간이 합일하는 것이 또한 조화의 의미를 나타내고 있다.

상제께서 모든 도통신과 문명신을 거느리고 각 민족들 사이에 나타난 여러 갈래 문화文化의 정수精髓를 뽑아 통일하시고 물샐틈없이 도수를 짜 놓으시니라.[124]

---

123 『전경』 공사 3장 6절.
124 『전경』 예시 12절.

여기서는 합일의 또 다른 의미로서 통일을 말하고 있다. 즉 문화의 통일을 이룬다는 말은 서로 분리된 문화의 정수를 뽑아서 그 장점만을 살려 서로 합하는 데서 가장 이상적인 모습이 탄생할 수 있다는 것이다. 서로 다른 갈래가 있어도 그 본원은 다르지 않다는 데서 통일을 생각할 수 있으며, 본래의 하나가 어떤 계기에 의해 나뉘어져 있다가 다시 합해졌을 때는 그 본질을 회복한다는 의미도 담고 있다.

    이상으로 음양합덕에 근거한 천지공사의 내용을 살펴보았다. 의미상으로는 화해와 균형과 합일로 나타난 천지공사의 음양합덕은 역사적으로 그 가치를 실현하기 위한 구체적 도수를 조정하였다. 이로써 음양합덕은 이상세계의 지배원리가 되고 또한 현실화되는 과정을 밟게 된다. 다음 절에서는 이와 같은 음양합덕으로 인해 이루어지는 이상세계의 실상을 그 가치실현의 측면에서 살펴보기로 한다.

4. 음양합덕의 실현

음양합덕의 원리를 바탕으로 천지공사가 이루어지고 나아가 그 이상세계가 이룩되는 것은 음양합덕의 가치실현에 다름 아니다. 선천의 상극적 현실에서부터 모든 부조리가 생겨나고 인간의 고통도 이러한 환경에서부터 기인하였다면 음양합덕의 천지공사로 인해 주어지는 후천의 실상은 어떠한 번뇌나 제약이 없는 무한한 풍요의 세계로 묘사될 것이다. 왜냐하면 음양합덕이 자연환경에서부터 이루어져서 나아가 인간의 사회 문화에 이르기까지 전 범위에 걸쳐 베풀어지는 혜택의 이념이기 때문이다.

그리고 결과적으로 그러한 혜택을 누리는 주된 존재는 다름 아닌 인간이며 여기에 인간의 가치는 극대화되어 나타난다고 하겠다.

한편 음양합덕은 모든 범위에 걸쳐서 펼쳐져야만 하는 우주적 진리이다. 이것은 다음의 전경구절에서 엿볼 수 있다.

> 상제께서 정미년 三月 초에 광찬을 대동하고 말점도末店島에 들어가시려고 (광찬의 재종이 말점도에서 어업을 경영하고 있었음) 갑칠과 형렬을 만경 남포南浦에 불러 두 사람에게 이르시기를 "내가 지금 섬으로 들어가는 것은 천지공사로 인하여 정배됨이니 너희들은 성백成伯의 집에 가서 그와 함께 四十九일 동안 하루에 짚신 한 켤레와 종이등 한 개씩을 만들라. 그 신을 천하 사람에게 신게 하고 그 등으로 천하 사람의 어둠을 밝히리라" 하셨도다. 두 사람은 명을 받들어 성백의 집에 가서 그대로 시행하였도다. 그 후 상제께서 말점도로부터 나오셔서 그 짚신을 원평 시장에 가서 팔게 하시고 그 종이등에는 각기 '음양陰陽' 두 글자를 쓰셔서 불사르시니라.[125]

즉 상제께서 공사를 보시면서 "그 신을 천하 사람에게 신게 하고 그 등으로 천하 사람의 어둠을 밝히리라"고 하신 것은 음양에 대한 공사가 전 인류와 전 우주에까지 미치는 보편적 진리가 됨을 나타낸 것이다. 말하자면 음양합덕의 가치가 실현되어 전 우주가 이러한 진리 속에서 살아갈 때 진정한 이상사회의 모

---

125 『전경』 공사 2장 1절.

습이 나올 수 있다는 것이다.

그렇다면 이러한 음양합덕이 실현된 세계는 어떻게 묘사될 수 있을까. 전경에서는 이를 후천의 구체적인 모습으로 설명하고 있다.

> 또 가라사대 "앞으로 오는 좋은 세상에서는 불을 때지 않고서도 밥을 지을 것이고 손에 흙을 묻히지 않고서도 농사를 지을 것이며 도인의 집집마다 등대 한 개씩 세워지리니 온 동리가 햇빛과 같이 밝아지리라. 전등은 그 표본에 지나지 않도다. 문고리나 옷걸이도 황금으로 만들어질 것이고 금당혜를 신으리라" 하셨도다.[126]

> 후천에서는 종자를 한 번 심으면 해마다 뿌리에서 새 싹이 돋아 추수하게 되고 땅도 가꾸지 않아도 옥토가 되리라. 이것은 땅을 석 자 세 치를 태우는 까닭이니라.[127]

> 후천에는 또 천하가 한 집안이 되어 위무와 형벌을 쓰지 않고도 조화로써 창생을 법리에 맞도록 다스리리라. 벼슬하는 자는 화권이 열려 분에 넘치는 법이 없고 백성은 원울과 탐음의 모든 번뇌가 없을 것이며 병들어 괴롭고 죽어 장사하는 것을 면하여 불로불사하며 빈부의 차별이 없고 마음대로 왕래하고 하늘이 낮아서 오르고 내리는 것이 뜻대로 되며 지혜가 밝아

---

126 『전경』 공사 1장 31절.
127 『전경』 교법 3장 41절.

져 과거와 현재와 미래와 시방 세계에 통달하고 세상에 수水·화火·풍風의 삼재가 없어져서 상서가 무르녹는 지상선경으로 화하리라.[128]

윗글에서 볼 수 있듯이 후천은 음양합덕으로 베풀어지는 무한한 풍요의 세계이다. 물자의 부족함도 없으며 자연의 재해도 없으며 어떠한 인간적 고통도 찾아볼 수 없는 그야말로 낙원의 세계이다. 자연의 환경에서부터 무한한 풍요가 약속되고 이것이 바탕이 되어 인간사회의 모든 원울과 번뇌가 사라지는 우주 평화의 시대를 말하고 있는 것이다.

음양합덕을 통해서 이루어지는 이상세계에서 또 하나의 중요한 사실은 인간존재의 지고한 가치실현이라고 할 수 있다. 이는 다른 말로 '인존시대人尊時代'라는 개념으로 표출되기도 하는데, 여기서 인존이란 '모든 인간의 신격화'라고도 정의내릴 수 있다. 그만큼 인간의 존엄성이 강조되어지고 인간이 전 우주의 중심적 존재가 되는 시대를 말하고 있다. 다음의 『전경』구절을 살펴보자.

> 그리고 이어 말씀하시기를 "문왕은 유리羑里에서 三百八十四 효를 지었고 태공太公은 위수渭水에서 三千六百개의 낚시를 버렸는데 문왕의 도술은 먼저 나타나고 태공의 도술은 이때에 나오나니라" 하시고 "천지 무일월 공각天地無日月空殼 일월 무지인 허영日月無知人虛影"이라 하셨도다.[129]

---

128 『전경』 예시 81절.

위의 내용에 따르면 천·지와 일·월이 아무리 위대하다고 하더라도 그것을 인증하는 인간존재가 없으면 빈껍데기와 같다고 한다. 이처럼 인간의 가치가 극대화되는 것도 음양합덕의 공효라고 할 수 있다. 『전경』에서는 이러한 '인존'의 가치에 대해서 다음과 같이 설명하고 있다.

> 천존과 지존보다 인존이 크니 이제는 인존시대라. 마음을 부지런히 하라.[130]

> 이도삼이 어느 날 동곡으로 상제를 찾아뵈니 상제께서 "사람을 해치는 물건을 낱낱이 세어보라" 하시므로 그는 범·표범·이리·늑대로부터 모기·이·벼룩·빈대에 이르기까지 세어 아뢰었도다. 상제께서 이 말을 들으시고 "사람을 해치는 물건을 후천에는 다 없애리라"고 말씀하셨도다.[131]

즉 '인존人尊'은 '천존天尊' '지존地尊'과 상대되는 가치를 지니며, 나아가서 인간을 위한 세계가 펼쳐지는 것이 또한 인존의 실상이라고 본다. 사람을 해치는 물건이란 단 하나도 없으며 인간이 바라는 모든 소망이 이루어지는 세계, 천지도 인간을 위해서 존재하고 모든 삼라만상이 인간을 위해서 혜택을 베풀어주는 그러한 세계는 음양합덕에 근거한 천지공사가 지향하는 궁극적 귀결처라고 해야 할 것이다.

---

129 『전경』 예시 21절.
130 『전경』 교법 2장 56절.
131 『전경』 공사 3장 8절.

5. 맺음말

이상으로 음양합덕론을 주로 천지공사와 관련하여 살펴보았다. 근본적으로 대순진리는 '선천'이라고 하는 인류역사의 진멸지경盡滅之境을 배경으로 등장하였으며, 여기에 우주의 주재자로서 상제께서 강세하여 행하신 새로운 창조의 역사를 설명하고 있다. 그리하여 '천지공사'로 일컬어지는 대역사大役事가 궁극적으로 지향하는 하나의 이념이 있다면 그것은 다름 아닌 '음양합덕'으로 보는 것이다.

대순진리회의 종지를 구성하는 항목 가운데 음양합덕이 제일 먼저 거론되는 이유는 모든 사고방식의 바탕이 되고 인류를 둘러싼 환경을 이상적으로 설명하는 이념이기 때문으로 여겨진다. 인간의 사고가 발생하는 배경이 바로 인간을 둘러싼 환경이며, 그 환경을 이상적으로 이루는 원리가 곧 음양합덕이다. 음양합덕을 근거로 함으로써 이후에 신인조화, 해원상생, 도통진경과 같은 종지가 구성될 수 있다고 본다.

본 장에서는 이상의 음양합덕을 천지공사가 추구한 하나의 이념적 방향으로 보고 그 구체적인 공사 내용과 실상을 살펴보았다. 아울러 음양합덕은 현대의 정치·경제·사회·문화 전 분야에 걸쳐서 고루 적용될 수 있는 문제이므로 기타 학문적 방법으로 다양하게 조명될 필요가 있다. 그렇게 함으로써 대순진리로서의 음양합덕이 세계 보편의 진리임을 증명하는 길이 될 것이기 때문이다. 앞으로 학자 제현의 많은 관심과 연구가 요망된다 하겠다.

3장
신인조화론

1. 머리말

　대순진리회의 종지에서 두 번째 주제가 되는 '신인조화神人調化'는 그 기본적인 이해의 방법으로 먼저 신에 대한 문제를 논하고 이어서 인간에 대한 문제를 설명하며, 그 뒤에 종합으로서 신인조화의 이념을 드러내는 것이 관건이다.

　신에 대한 문제, 즉 신神은 원래 종교사상의 핵심주제로서 모든 종교의 대상이 되는 것임과 동시에 하나의 궁극적 실재로서의 가치를 지닌다. 비록 인격적이거나 비인격적인 성격으로 구분될 수 있다하더라도 모든 종교가 추구하는 최상의 절대적 가치는 분명 '신神'이라는 단어에 주목되어 있음을 부정할 수 없다. 그만큼 신에 대한 문제는 종교적 진리에서 빠질 수 없는 것으로 이에 대한 대순진리회의 관점을 이해하는 것이 중요하다고 할 것이다.

　한편 인간에 대한 문제는 이러한 신을 찾고 관계를 맺는 신앙의 주체로서의 가치를 지니며 스스로 구원을 향한 의지를 발휘한다. 하지만 서구의 전통적 유신론有神論에서 인간은 스스로의 존재가치를 반드시 신에 대한 종속 혹은 피조물로서 인식하고자 하였으며, 이에 따라 수동적이고 의존적인 인간으로 묘사되어 온 것이 사실이다. 대순진리회에서 바라본 인간은 비록 유신론이라 하더라도 인간의 지위나 존재가치를 신과 대등하게 묘사하고 나아가 인간의 위상이 극대화되고 있다는 점에서 주목되고 있다. 이는 앞장에서 다룬 '음양합덕'의 이념이 신과 인간의 관계에도 적용되어 상호 대등한 만남과 합덕을 통한 새로운 가치창출을 지향하는 것과 같다.

본 장에서는 이상에서 언급한 신과 인간에 대한 이해를 구체적으로 살펴보고 나아가서 신인조화가 추구하는 진정한 이념적 특질에 대해서 논의해 보기로 하겠다.

2. 신관

1) 신의 개념과 유형

대순진리회 『전경』에서는 '신神'의 의미를 담고 있는 다양한 명칭이 등장한다. 즉 '신명神明' '영靈' '귀신鬼神' '혼백魂魄' 등이 그것이다. 이들은 저마다 고유한 개념을 지닌다고 볼 수 있으나 대체로 인간과 상대하고 있는 불가시적 신비의 존재라는 점에서 보편적 의미의 '신神' 개념을 이루고 있다. 이러한 신에 대해서 그 개념을 살펴보면 대체로 다음의 세 가지 선상에서 그 특징을 엿볼 수 있다.

첫째 신은 가치의 척도이면서 만물의 근원이 된다. 전경에서 "귀신은 진리에 지극하니 귀신과 함께 천지공사를 판단하노라"132라고 하고, "천지에 신명이 가득차 있으니 비록 풀잎 하나라도 신이 떠나면 마를 것이며 흙바른 벽이라도 신이 옮겨가면 무너지나니라."133라고 한 것은 이와 같은 신의 의미를 보여주는 것이다.

둘째, 신은 곧 '기운氣運'과 밀접한 관련이 있다. 전경에서 "지금은 신명 시대니 삼가 힘써 닦고 죄를 짓지 말라. 새 기운이 돌아 닥칠 때에 신명들이 불칼을 들고 죄 지은 것을 밝히려 할 때에 죄 지은 자는 정신을 잃으리라."134라고 하여 신(신명)과 기운이 서로 유사하다는 것을 알 수 있다.

셋째, 신은 인간 사후의 존재이다. 전경에 보면 "사람에게 혼과 백이 있나니 사람이 죽으면 혼은 하늘에 올라가 신이 되어 후손들의 제사를 받다가 사대四代를 넘긴 후로 영도 되고 선도 되니라. 백은 땅으로 돌아가서 사대가 지나면 귀가 되니라"135고 하여 인간이 죽어서 신이 되고 또 전화轉化되어서 영령이나 귀鬼가 된다고 본다.

이처럼 신은 대순사상에서 만물의 근원이자 가치의 척도이며, 기운이고 또 인간존재와 밀접히 연관되어 있다는 점에서 고유한 특징을 이루고 있다.

한편 『전경』에 나타난 많은 신의 이름을 범주별로 분류해보

---

132 『전경』 교운 1장 19절.
133 『전경』 교법 3장 2절.
134 『전경』 교법 3장 5절.
135 『전경』 교법 1장 50절.

면 다음과 같다. 먼저 위계상으로는 최고신, 고급신, 하급신으로 나누어진다. '상제上帝'라는 호칭은 곧 최고신에 대한 호칭이다. 이러한 최고신을 대리하여 각 분야별로 권한과 능력을 행사하는 신으로는 오방신장(행록2장10절, 4장39절), 48장(행록2장10절, 공사3장28절, 예시78절) 28장(행록2장10절, 공사3장28절, 예시38절), 이십사장(공사3장28절, 예시38절) 등의 고급신이 있다. 그리고 명부사자(행록1장34절, 제생21절), 천상벽악사자(권지2장3절) 등은 주신主神의 보좌역할을 한다는 점에서 하급신으로 분류될 수 있다.

신의 거주영역에 따라서 살펴보면 천계天界와 지계地界 그리고 인계人界에서의 신으로 분류해볼 수 있다. 황극신皇極神(공사3장22절), 중천신中天神(공사1장29절)과 같은 이름은 천계에 해당한다고 보며, 지방신(교운1장63절), 지하신(교운1장9절), 조선신명(예시25절), 서양신명(예시29절) 등은 지계신으로, 선령신(공사3장9절, 교운1장33절, 교법2장14절, 행록44절, 교법1장9절), 동학신명(공사2장19절), 관운장(권지2장21절) 등은 모두 인간의 역사를 배경으로 하는 이름이므로 인계신으로 볼 수 있다. 이외에도 우사雨師(행록4장31절, 권지1장16절, 권지2장35절), 조왕竈王(행록 4장36절), 도술신명(공사2장4절), 도통신(공사3장15절, 교운1장41절, 권지2장37절, 예시 12절) 등의 기능을 담당하는 신들이 있다.

이상에서 본 바와 같이 대순진리회의 신관은 무엇보다도 그 중층성과 다원성에 특징이 있다고 본다.

2) 신의 속성

신의 속성이라 함은 신의 모습이 인간이나 다른 만물과 구별될 수 있는 스스로의 본질적 특성을 말한다. 이는 특정한 신에게만 귀속되는 성질이 아니며 모든 신들의 보편적인 성질을 말하는 것이다. 대순진리회『전경』에서는 전술한 신의 개념에 입각하여 다양한 신 자체가 본질적으로 지니는 성질을 여러 경우에 걸쳐서 설명하고 있다. 여기서 밝혀두어야 할 것은 신의 속성이라는 것이 비단 최고신만이 가지는 유일신적 속성보다는 이 세계에 충만해 있고 항상 인간과 관련해서 존재하며 다양한 신의 명칭을 통합한 일반적인 존재로서의 신을 대상으로 한 속성이라는 점이다. 이는 다음의 세 가지 특성으로 나누어 살펴볼 수 있다.

그 첫 번째로 언급될 수 있는 것은 신은 공평무사하다는 점이다. 이는 인간이 감정을 지닌 존재로서 경우에 따라 사사로운 행동을 하며 편벽되게 일을 처리하는 것과 대조된다.『전경』에 나와 있는 내용을 살펴보면 다음과 같다.

> 공우가 어느 날 상제를 찾아뵈옵고 도통을 베풀어 주시기를 청하니라. 상제께서 이 청을 꾸짖고 가라사대 "각 성(姓)의 선령신이 한 명씩 천상 공정에 참여하여 기다리고 있는 중이니 이제 만일 한 사람에게 도통을 베풀면 모든 선령신들이 모여 편벽됨을 힐난하리라. 그러므로 나는 사정을 볼 수 없도다. 도통은 이후 각기 닦은 바에 따라 열리리라" 하셨도다.[136]

---

[136]『전경』교운 1장 33절.

> 신명은 탐내어 부당한 자리에 앉거나 일들을 편벽되게 처사하는 자들의 덜미를 쳐서 물리치나니라. 자리를 탐내지 말며 편벽된 처사를 삼가하고 덕을 닦기에 힘쓰고 마음을 올바르게 가지라. 신명들이 자리를 정하여 서로 받들어 앉히리라.[137]

위의 인용문을 통해서 보면 신은 이기적인 처사를 하지 않고 어떠한 사사로움을 지니지 않으며, 또한 편벽됨이 없는 존재임을 말해주고 있다.

둘째로 신은 인간의 행위에 대해 상선벌악賞善罰惡하는 속성을 지닌다. 인간이 선한 행위를 하면 상을 받고 악한 행위에 대해서는 벌을 받는다는 관념은 도덕적 실천론에 있어서 전통적인 견해라고 할 수 있다.[138] 단지 이러한 상벌은 인간적인 사사로운 판단에 의한 것이 아니라 공평무사한 신에 의해 집행된다는 점에서 신이 지닌 하나의 속성으로 이해되고 있다.

> 창생이 큰 죄를 지으면 천벌을 받고 적은 죄를 지은 자는 신벌 혹은 인벌을 받느니라.[139]

> 상제께서 "이후로는 천지가 성공하는 때라. 서신西神이 사명하여 만유를 재제하므로 모든 이치를 모아 크게 이루나니 이

---

[137] 『전경』 교법 1장 29절.
[138] 동양고전인 『書經』에서는 "天道福善禍淫"(湯誥)이라는 말로써 이를 설명하고 있다.
[139] 『전경』 교법 1장 32절.

것이 곧 개벽이니라. 만물이 가을 바람에 따라 떨어지기도 하고 혹은 성숙도 되는 것과 같이 참된 자는 큰 열매를 얻고 그 수명이 길이 창성할 것이오. 거짓된 자는 말라 떨어져 길이 멸망하리라. 그러므로 신의 위엄을 떨쳐 불의를 숙청하기도 하며 혹은 인애를 베풀어 의로운 사람을 돕나니 복을 구하는 자와 삶을 구하는 자는 힘쓸지어다"라고 말씀하셨도다.140

윗글에서 신은 인간의 행위에 대해 상벌을 시행하는 존재이며, 인간의 화복은 그 실천의 선악여부를 판단하는 신에 의해 결정된다. 따라서 인간이 신으로부터의 복을 누리기 위해서는 죄를 짓지 않고 선을 행하며 의로운 일을 통해서만이 가능한 것으로 본다.

셋째 신은 자연현상을 주관한다. 『전경』에서 보면 신은 다양한 자연현상에 대해서 그것을 주관하고 다스리는 것으로 알려져 있다. 모든 자연현상을 일관되게 통솔하는 것은 최고신의 위격에서 주재하며, 부분적으로는 자연현상을 실제로 담당하기 위해서 그 자체의 고유한 기능을 가진 신들이 필요하다고 할 수 있다. 따라서 사시四時, 풍우風雨, 상설霜雪, 뇌진雷震 등의 현상은 그 자체의 고유한 기능을 가진 신이 담당하는 것이고, 이를 최고위에서 주관하는 것은 최고신으로서의 상제에 귀속된 능력이다. 동양적 전통에서 사시에 대한 관념이나 풍우상설 등의 현상이 궁극적인 존재가 현현하는 양상 또는 최고신의 의사표현이라는 양식으로 이해되어 왔던 것과 맥락을 같이 하는 것이다.141

---

140 『전경』 예시 30절.

상제께서 인사를 드리는 김갑칠金甲七에게 농사 형편을 물으시니 그는 "가뭄이 심하여 아직까지 모를 심지 못하여 민심이 매우 소란스럽나이다"고 아뢰었도다. 상제께서 그 말을 들으시고 "네가 비를 빌러 왔도다. 우사雨師를 너에게 붙여 보내리니 곧 돌아가되 도중에서 비가 내려도 몸을 피하지 말라"고 이르시니라. 갑칠은 발병 때문에 과히 좋아하지 아니하니라. 상제께서 눈치를 차리시고 "사람을 구제함에 있어서 어찌 일각을 지체하리오" 하시고 가기를 독촉하시니라. 갑칠이 서둘러 돌아가는 길에 원평에 이르러서 비가 내리기 시작하였도다. 잠깐사이에 하천이 창일하여 나무다리가 떠내려가게 되니라. 행인들은 모두 단비라 일컬으면서 기뻐하는도다. 흡족한 비에 모두들 단숨에 모를 심었도다.[142]

상제께서 삼계三界의 대권大權을 수시수의로 행하셨느니라. 쏟아지는 큰 비를 걷히게 하시려면 종도들에게 명하여 화로에 불덩이를 두르게도 하시고 술잔을 두르게도 하시며 말씀으로도 하시고 그 밖에 풍우·상설·뇌전을 일으키는 천계대권을 행하실 때나 그 외에서도 일정한 법이 없었도다.[143]

위의 첫 번째 예문에서는 우사雨師라고 하는 하나의 기능신이 자연현상으로서의 비를 내리게 하는 능력을 지니고 있음을

---

141 금장태, 『유교사상과 종교문화』, 서울대학교출판부, 1994, pp. 187-188 참조.
142 『전경』 행록 4장 31절.
143 『전경』 공사 1장 4절.

보여주고 있다. 두 번째 예문에서는 모든 자연현상이 각각의 기능신에 의해 담당되고 있을 때 나아가서 이것을 주관하는 최고 신격으로서의 상제가 그 명을 내림으로써 전체적으로 주관 통제하고 있다는 것을 말해준다.

　이상으로 살펴본 신의 속성에서 일단 신은 공평무사한 존재로서 모든 인간의 화복을 담당하며 나아가 자연현상을 통제 주관하는 능력을 지니고 있음을 이해할 수 있다.

3) 제신諸神의 관계

다음으로는 이러한 신들 간의 관계를 중심으로 신의 세계에 대한 총체적인 조망을 해보기로 한다. 신에 대한 관념의 변천 양상은 일반적으로 다신교多神敎적인 형태에서 단일신교적으로, 나아가서 다양한 신들의 모습이 하나의 최고신의 현현에 해당한다는 체계적 통일의 방향으로 나아간 것을 알 수 있다.[144] 익히 대순진리회에서 바라본 신의 유형은 무엇보다도 그 중층성과 다원성에 특징이 있다고 보여진다. 하지만 그 다원성이 나아가 무질서한 궤도 속에 놓인다면 그 통일적인 원리를 찾기가 어려울 것이다. 여기서 신의 속성에 연장하여 신의 세계의 전체적 조망을 위해서는 신들 간의 관계를 이해하지 않으면 안 된다. 이를 위해서 다음의 『전경』 구절들이 참고가 될 수 있다.

---

144 이은봉, 위의 책, pp.61-62 참조.

어느 날 종도들이 상제를 뵈옵고 "상제의 권능으로 어찌 장효순의 난을 당하셨나이까"고 여쭈니라. 상제께서 "교중敎中이나 가중家中에 분쟁이 일어나면 신정神政이 문란하여지나니 그것을 그대로 두면 세상에 큰 재앙이 이르게 되느니라. 그러므로 내가 그 기운을 받아서 재앙을 해소하였노라"고 이르셨도다.[145]

상제께서 어느 날 김형렬에게 가라사대 "서양인 이마두利瑪竇가 동양에 와서 지상 천국을 세우려 하였으되 오랫동안 뿌리를 박은 유교의 폐습으로 쉽사리 개혁할 수 없어 그 뜻을 이루지 못하였도다. 다만 천상과 지하의 경계를 개방하여 제각기의 지역을 굳게 지켜 서로 넘나들지 못하던 신명을 서로 왕래케 하고 그가 사후에 동양의 문명신文明神을 거느리고 서양에 가서 문운文運을 열었느니라. 이로부터 지하신은 천상의 모든 묘법을 본받아 인세에 그것을 베풀었노라. 서양의 모든 문물은 천국의 모형을 본뜬 것이라" 이르시고 "그 문명은 물질에 치우쳐서 도리어 인류의 교만을 조장하고 마침내 천리를 흔들고 자연을 정복하려는 데서 모든 죄악을 끊임없이 저질러 신도의 권위를 떨어뜨렸으므로 천도와 인사의 상도가 어겨지고 삼계가 혼란하여 도의 근원이 끊어지게 되니 원시의 모든 신성과 불과 보살이 회집하여 인류와 신명계의 이 겁액을 구천에 하소연하므로 내가 서양西洋 대법국大法國 천계탑天啓塔에 내려와 천하를 대순大巡하다가 이 동토東土에 그쳐 모

---

145 『전경』 행록 3장 8절.

악산 금산사母岳山金山寺 삼층전三層殿 미륵금불彌勒金佛에 이르러 三十년을 지내다가 최제우崔濟愚에게 제세대도濟世大道를 계시하였으되 제우가 능히 유교의 전헌을 넘어 대도의 참뜻을 밝히지 못하므로 갑자甲子년에 드디어 천명과 신교神敎를 거두고 신미辛未년에 강세하였노라"고 말씀하셨도다.[146]

　위의 첫째 인용문에서 볼 때 신의 세계는 '신정神政'이라고 하는 엄격한 질서체계를 전제하고 있다. 인간사회에서 그 체계질서가 형성되어 있고 정치가 이루어지고 있듯이 신의 세계에서도 하나의 체계 질서가 있음을 말하고 있는 것이다. 두 번째 인용문을 보면 제신諸神은 각각의 영역적 경계를 토대로 하여 자기 영역을 굳게 지키면서 자리 잡고 있다. 즉 하늘과 땅의 구분, 동양과 서양의 구분, 국가와 국가의 구분, 지방과 지방의 구분에 따라 신의 구분도 뚜렷하게 나누어져 있다고 본다. 그리하여 하나의 문명을 개창하는 데는 그 영역에 거주하는 기능신으로서의 '문명신'에 의해 모든 문화와 문명이 개창되었음을 말해준다. 그런데 이러한 신들은 제각기의 영역을 굳게 지켜 서로 넘나들지 못하였던 것으로 보는데 어떠한 역사적 계기에 의해 서로 넘나드는 과정을 밟게 됨으로써 문화적 교류가 일어나게 되었다는 것이다.

　한편 이러한 제신諸神의 세계에서도 그 통일된 체계를 구성하는 데 있어서 빠트릴 수 없는 것이 바로 최고신의 관념에 해당되는 '상제관上帝觀'이다. 상제는 천계天界에 있어서도 가장 최

---

146 『전경』 교운 1장 9절.

고위라고 할 수 있는 '구천九天'¹⁴⁷에 임재臨在한 신격으로 유일신적 관념에서의 전능자이며 전 우주를 통제 관할하는 주재자이다. 그보다 하위의 신격들은 이러한 상제의 주재 하에 각자의 영역에서 저마다의 역할을 담당하면서 우주의 질서를 유지해 왔던 것으로 본다. 그런데 역사적으로 인류와 신명계의 무질서가 형성되고 한계상황이 조성되자 최고신보다 하위의 신격인 신성·불·보살의 하소연이 있게 되었으며, 무소불능無所不能의 최고신이 지상에 강림하게 되는 과정을 밟음으로써 이 세계의 새로운 역사를 창조하게 된다는 것이다. 즉 제신의 체계 속에서 그 위계적 차이에 따라 문제 해결의 능력도 차이가 나며 보다 하위의 신격은 보다 상위의 신격에 대해 엄격한 상봉하솔上奉下率적 관계에 놓여 있음을 시사하고 있다.

이상에서 살펴볼 때 제신諸神의 관계란 그 체계와 질서가 엄격히 갖추어져 있다는 점에서 인간사회의 구조와 유사하다는 것을 발견하게 된다. 인간사회를 이루는 단위와 같이 신의 세계에서도 그 동일한 체계를 이루고 있다는 점은 신관이 인간의식의 분화과정과 맥을 같이하고 있음을 여실히 보여주는 대목이라 하겠다. 특히 그 다양한 신의 명칭에도 불구하고 '상제관'에 의해 하나의 통일된 원리를 구축하고 있다는 것은 종교적 신앙 체계를 형성하는 데 있어서 주된 요소라 아니할 수 없다.

---

147 이때 구천이라고 할 때의 九의 의미는 양적인 개념에서의 숫자인 9라기보다는 象數學적인 의미에서 지칭하는 '極數'를 의미하고 있다. 『대순진리회 요람』에 따르면 "…구천은 바로 상제께서 삼계三界를 통찰統察하사 건곤乾坤을 조리調理하고 운화運化를 조련調鍊하시고 계시는 가장 높은 위位 임을 뜻함이며…"라고 하였다.

3. 인간관

1) 인간의 기원 - 천지와 신명

대순사상에 있어서 인간의 기원을 살펴보기 위해서는 먼저 인간에 관한 실존적인 분석이 필요하다. 이 문제는 우선 인간이 지니고 있는 물질과 정신적인 요소에 대한 이해로부터 출발할 수 있다. 즉 물질적 요소에 해당하는 육체와 정신적 요소에 해당하는 영혼이 각각 세계의 어떤 근원으로부터 주어졌고 나아가 그 양자가 어떻게 조화되고 통일되는지를 살펴봄으로써 인간존재의 근원을 해명하고자 한다.

먼저 인간존재의 물적物的 배경에 해당하는 것으로서 대순사상에서는 '천지天地'를 거론하고 있다. 일반적으로 '천지'는 '하늘과 땅'의 한자합성어로서 인간이 딛고 서있는 지구를 포함하여 광활한 우주현상을 가리키는 용어로 본다. 동양전통에서는 천·지·인 삼재三才라고 하여 우주세계를 삼분三分하여 이해하였으므로 천지는 인간이 인식하여야 할 대상으로서의 외재外在적인 세계 전체를 가리키는 개념으로 보아도 무방하다. 굳이 천지를 물적 배경으로 한정하는 이유는 형체를 지니고 공간을 점유하고 있는 우주사물을 천지로 총칭하여 이해하는 동양학적 배경과 무관하지 않다.[148] 이러한 천지가 곧 인간을 생겨나게 한

---

[148] 이러한 사상은 주역을 중심으로 한 유학적 사유체계에서 그 근거를 삼을 수 있다. (『周易』乾卦, 傳, "…乾 天也, 天者, 天之形體…分而言之, 則以形體謂之天…"; 宋龜峰『太極問』p.25 에는 '천지'의 개념을 다음과 같이 설명하고 있다. "出地以上, 無非天, 古詩云, 坎得一尺地, 便是一尺天…六合之內, 非質處便是氣, 非地處便是天")

배경이 되고 있음을 다음의 전경구절을 통해 확인할 수 있다.

> 일이 마땅히 왕성해지는 것은 천지에 달려있지 반드시 사람에게 있는 것은 아니다. 그러나 사람이 없으면 천지도 없다. 그러므로 천지가 사람을 낳고 사람을 쓰나니, 사람으로 태어나서 천지가 사람을 쓰는 때에 참여치 않으면 어찌 사람이라 말할 수 있겠는가.[149]

즉 천지는 사람을 낳고 사람을 쓰는 하나의 우주적인 실체이다. 천지가 사람을 낳는다 함은 『주역』에서 "천지의 큰 덕을 생生이라 한다"[150]고 할 때의 천지와도 같다. 천지는 그 본성상 모든 만물을 낳는 덕을 지닌 가치론적 실재이기도 하다. 모든 만물을 생겨나게 하므로 인간 또한 천지의 은혜로 태어날 수 있다는 것이다. 마치 부모가 자식을 낳듯이 천지가 인간을 낳았다는 점에서 천지는 인간의 우주적인 부모에 해당된다. 그런데 이러한 천지는 사람을 낳기만 할 뿐만 아니라 사람을 쓰기까지 한다. 천지는 그 자체의 존립을 위해서는 반드시 인간을 필요로 하며 인간 또한 천지의 존립을 위해 쓰여짐으로써 상호 가치가 드러난다. 말하자면 천지는 인간으로부터 독립된 실재가 아니라 인간을 통해 그 존재가치가 확보되고 인간 또한 '천지가 사람을 쓰는 때에 참여함'으로써 그 실재성을 부여받는 상호 지향적이고 의존적인 실재라는 것이다. 다만 그 의존성이 인간에 대한

---

149 『전경』, 교법 3장 47절, "…事之當旺在於天地, 必不在人, 然無人無天地, 故天地生人用人, 以人生不參於天地用人之時, 何可曰人生乎…"
150 『周易』, 繫辭 下, "…天地之大德曰生…"

종속적인 성격을 지니기 보다는 '대대적對待的'인 논리[151]에서 이해될 수 있는 '상반상성相反相成' '상호성취相互成就'의 관계로 보는 것이 마땅하다.

한편 신명神明은 인간에게 있어서 정신적 배경을 이루는 실체이다. 신명이라는 개념은 본래 동양의 전통적인 신앙체계를 반영하는 용어로서 인간 내재적인 경우와 외재적인 경우 모두에 걸쳐 고루 사용되어 왔다.[152] 특히 한국인의 종교성은 이러한 신명개념의 두 가지 측면이 서로 혼효하여 형성되었다고 보기도 한다.[153] 대순사상에서 바라보는 이러한 신명은 천지만물의 생명성 그 자체로 이해하고 있다.

> 천지에 신명이 가득 차 있으니 비록 풀잎 하나라도 신이 떠나면 마를 것이며 흙 바른 벽이라도 신이 옮겨가면 무너지나니라.[154]

즉 천지에 신명이 가득 차 있다 함은 모든 만물의 자기존립을 가능케 하는 어떤 무형적인 실체가 있음을 전제하는 것이다. 하찮은 초목이라도 그 생명성을 지니기 위해서는 신명이 깃들어 있어야 하며, 심지어 무생물로 인식되는 흙 바른 벽마저 신명

---

[151] '對待'의 논리적 특성에 대해서는 최영진, 『역학사상의 철학적 탐구』, 성균관대 박사논문, 1989, pp.34-38참조.
[152] '신명난다' '신명을 다 바친다'는 언어적 표현은 신명이 인간의 내면에 깃들어 있음을 말하고, '천지신명에게 빈다' '신명이 내렸다'등의 표현은 신명이 인간 외재적인 실재임을 가리키고 있다.
[153] 유병덕, 「흔밝사상의 본질과 전개」, 『한국종교』 22집, 원광대 종교문제연구소, 1997, pp.11-14참조.
[154] 『전경』 교법 3장 2절.

이 깃들어 있어서 그 신명이 떠나면 벽으로서의 기능을 발휘하지 못한다고 한다. 하물며 만물의 영장인 인간에 있어서 그 육체적인 면모만으로 인간을 설명할 수 없으며 그 속에 깃든 무형의 생명성, 말하자면 영혼으로 불리어지는 요소가 이와 같은 신명세계를 배경으로 하고 있음을 말하고 있다.

대순사상이 지닌 유신론적 특질에서 바라볼 때 신명세계는 달리 말하면 '귀신세계'이기도 하다.

"천지대팔문天地大八門 일월대어명日月大御命 금수대도술禽獸大道術 인간대적선人間大積善 시호시호귀신세계時乎時乎鬼神世界"[155]

윗글에서 보면 천지라는 시·공간 속에 존재하는 모든 유형적有形的인 사물들, 즉 일·월, 금수, 인간 등은 다 귀신세계로 환원되어 질 수 있으며 또 그것에 의해 지배받고 있다. 아주 큰 사물에서부터 아주 미세한 사물에 이르기까지 모두 천지의 귀신에 의해 지배받고 유지되고 있다는 생각은 대순사상의 종교적 특질을 잘 보여주는 부분이다.[156] 귀신은 대순사상에 있어 모든 만물이 지닌 생명 그 자체이며 진리이다.[157] 따라서 신명(또는 귀신)은 인간존재의 근원을 밝히는 데 있어서 물질적이고 유형적인 배경 외에 정신적이면서 무형적無形的인 세계의 배경을 이룬

---

[155] 『전경』 예시 46절.
[156] 『전경』 공사 3장 40절, "상제께서 어떤 공사를 행하셨을 때 所願人道, 願君不君, 願父不父, 願師不師, 有君無臣其君何立, 有父無子其父何立, 有師無學其師何立, 大大細細天地鬼神垂察 의 글을 쓰시고 이것을 천지 귀신 주문天地鬼神呪文이라 일컬으셨도다."
[157] 『전경』 교운 1장 19절, "…귀신은 진리에 지극하니 귀신과 함께 천지공사를 판단하노라…"

다고 볼 수 있다. 인간의 영혼이 궁극적으로 속한 곳이 곧 신명세계(또는 귀신세계)이며 이와 같은 신명이 나아가 세계를 구성하는 주요한 축이 되고 있는 것이다.

2) 인간의 본질로서의 심心

천지와 신명이 인간존재의 물질과 정신의 두 축이 된다면 그 통일적인 이해를 위해서는 반드시 그 매개적인 실체를 가정하지 않으면 안 된다. 특히 '인간'이라는 단일한 존재를 이해하려고 하면서 그를 구성하는 두 가지 양태로서의 물질과 정신을 영원한 이원론二元論으로 남겨둔다면 이 또한 인간존재의 본질을 제대로 이해했다고 볼 수 없을 것이다. 인간과 세계가 어떤 형식으로든 관계 맺고 있는 우주의 실상을 직관할 때 대순사상에서 논의해 온 천지와 신명이라는 세계는 보다 근원적인 실체를 가정함으로써 인간 근원과 직접 연결되게 된다. 인간과 우주는 이 근원적 일자一者에 의해 비로소 매개될 수 있고 인간의 본질 또한 그 근원적 일자를 지향하고 회복하는 것에 의해서 설명될 수 있다.

대순사상에서의 인간이해는 그러한 근원적 일자가 인간 내재적이거나 외재적이거나 할 것 없이 천·지·인 삼재三才의 전통에 따라서 그 삼재를 관통하는 공통된 실체를 제시하는 것에 의해 설명하고 있다. 그 근원적인 실체가 되는 것은 다름 아닌 마음[心]이다. 다음의 전경구절을 살펴보자.

하늘이 비와 이슬을 박薄하게 쓰면 반드시 만방에 원한이 있게 되고, 땅이 물과 흙을 박하게 쓰면 만물에 원한이 있게 되고, 사람이 덕화를 박하게 쓰면 만사에 원한이 있게 된다. 하늘의 작용[天用]과 땅의 작용[地用] 사람의 작용[人用]이 모두 마음에 달려있다.

마음이란 귀신의 추기이며 문호이며 도로이다. 추기樞機를 열고 닫고 문호門戶를 들락날락하며 도로를 오고가는 신에는 혹 선한 것도 있고 혹은 악한 것도 있다. 선한 것은 스승으로 삼고 악한 것은 고쳐 쓴다. 내 마음의 추기와 문호와 도로는 천지보다도 크다.[158]

윗글에서 알 수 있듯이 마음[心]은 천·지·인에 두루 걸쳐 있는 실체이며, 나아가 천·지·인이 하나의 현상으로 작용하게끔 하는 추동적인 근거가 되고 있다. 천용天用, 지용地用, 인용人用은 각각 천지와 사람이 지닌 기능을 발휘하는 것을 말하는데, 만방萬方과 만물萬物이 천지의 영역이라면 만사萬事는 인간의 영역에 해당된다. 이 모든 기능적인 현상은 근원적 실체로서의 마음이 있기에 가능하다.

마음은 또한 신명(혹은 귀신)세계의 현상에서도 본바탕을 이루는 실체로 이해된다. 귀신이 열고 닫는 추기樞機며 들락날락하는 문호門戶며 오고 가는 도로道路에 해당하는 것이 바로 마음이

---

158 『전경』 행록 3장 44절, "…天用雨露之薄則必有萬方之怨, 地用水土之薄則必有萬物之怨, 人用德化之薄則必有萬事之怨, 天用地用人用統在於心, 心也者鬼神之樞機也門戶也道路也, 開閉樞機出入門戶往來道路神, 或有善或有惡, 善者師之惡者改之, 吾心之樞機門戶道路大於天地"

다. 이러한 마음은 인간에도 내재되어 있어서 신명세계와 교접하는 통로가 될 수 있다고 본다. 선善과 악惡을 분별하고 궁극적인 선을 달성하는 일도 인간이 지닌 마음의 작용에 의해서 가능하다. 이러한 마음을 자각하고 이 세계에 선을 실현해 나가는 주체로서의 인간을 회복한다면 그 가치의 위대함이 천지에 비견될 수 있으므로 '나의 마음'이 천지보다도 크다고 하였다.

마음이 천지의 근원이 되고 또한 인간존재의 본질이 되고 있음은 다음의 '현무경玄武經' 구절에서도 확인할 수 있다.

> 천지의 중앙은 심心이다. 그러므로 동서남북과 몸은 심에 의존한다.[159]

즉 '천지'라는 현상의 배후에 마음[心]이 그 본체로 자리 잡고 있으므로 모든 천지작용을 가능하게 한다. 인간의 실존적인 모습 또한 동서남북과 같은 천지현상과 더불어 마음에 의존하고 있다. 따라서 인간존재의 본질에 대한 이해는 천지와 신명세계의 근원에 해당하는 마음을 본체로 해서 파악될 때 비로소 인간의 진면목이 드러난다고 본다.

3) 이상적 인간상으로서의 인존人尊

여러 종교사상에서는 저마다의 이상적 인간상을 설정하고 있다. 불교에서의 '불타佛陀', 유교에서의 '성인聖人', 도교에서의 '신

---

[159] 『전경』 교운 1장 66절, "…天地之中央心也, 故東西南北身依於心…"

선神仙' 등의 개념은 그 종교의 이념을 온전히 체현한 사람을 칭송하는 것이다. 대순사상에서는 그 기본적인 인간이해에서부터 고유한 맥락을 지니고 나아가 새로운 이상형으로서의 인간상을 그리고 있다. 이를 '인존人尊'이라고 표현하고 있다. 그 관련되는 전경구절은 다음과 같다.

> 천존과 지존보다 인존이 크니 이제는 인존시대라. 마음을 부지런히 하라.[160]

즉 인간은 천지와 상대하는 존재로서 '인존人尊'으로서의 가치를 지닌다. 이 때 인존이라 함은 '인본人本', '인권人權', '인간중심人間中心' 등의 개념과도 차별화되는 것으로 대순사상이 지닌 세계관적 원리에 입각한 말이다. 앞서 언급한 바 있듯이 대순사상에서 바라본 세계는 천지와 신명으로 구성되어 있다. 하나의 특수한 현상으로서의 인간은 천지와 신명의 구성에 지배받고 있고 나아가 인간 안에 천지와 신명이 작용하고 있다. 따라서 인존의 참된 의미는 천존天尊·지존地尊과의 관계 속에서 살펴보아야 한다. 그렇다면 천존과 지존은 각각 어떠한 의미를 지니는가.

먼저 천존·지존에서의 존尊이라는 글자는 한자의 원형에서 볼 때 신앙적인 대상을 전제하고 있다. 술병을 양손으로 받쳐 들고 특정 대상을 향해 경배하는 데서 '존'자가 형성되었다.[161]

---

160 『전경』 교법 2장 56절.
161 이낙의, 『한자정해』 IV, 비봉출판사, 1994, p.765 (본래의 뜻은 술그릇, 또는 고대에 제사지낼 때 쓰던 그릇이다. 금문의 자형은 尊 으로, 두 손으로 술항아리를 받쳐 들고 있는 모습이다. 공경하는 마음으로 술을 바친다는 데서 그 의미가 확장되어 '존경하다' '존귀하다' '존중하다' 등의 뜻을 갖게 되었다.)

한편 천지는 세계를 구성하는 물질적 배경이 되고 형체를 위주로 한 개념이다. 여기에 신앙성을 결합하여 천존과 지존으로 묘사한 것은 이미 세계를 천지와 신명의 복합체로 이해한 것과 무관하지 않다. 말하자면 '하늘의 신명성'이 곧 '천존'이 될 것이며, '땅의 신명성'이 '지존'이 된다. 이와 함께 '인존'을 개념규정 한다면 '인간의 신명성'이라고 할 수 있겠는데, 관건은 하나의 형체를 지닌 인간이 어떻게 천지의 신명성을 회복할 수 있는가에 있다. 그 해답은 바로 위에서 제시한 '마음을 부지런히 하라'고 할 때의 마음에 대한 자각과 실천이라고 본다.

주지하다시피 마음은 비단 인간만이 지닌 근원적 실체가 아니다. 이미 천지와 신명을 매개하는 실체로서 자리 잡고 있으며 인간이 천지와 동질성을 확보하기 위해서는 바로 이 마음을 제대로 자각하고 실천하는 데 달려 있다. 인간이 매사에 자신의 마음을 제대로 쓸 줄 알고[天用地用人用統在於心] 선악을 구분하여 지극한 선을 추구한다면[善者師之惡者改之] 그 창조적 능력은 천지에 못지않게 발휘될 수 있다고 본다. 이 때문에 인간의 마음은 천지보다도 크다[吾心之樞機門戶道路大於天地], 인존이 천존·지존보다도 크다고 한 것이다. 오히려 이러한 마음의 위대성을 자각하지 못했던 시대를 돌아보건대 대순사상에서는 그 인식의 전환을 일깨우는데도 인존의 이념이 강조된다. 다음의 구절에서 보면,

> 선천에는 모사謀事가 재인在人하고 성사成事는 재천在天이라 하였으되 이제는 모사는 재천하고 성사는 재인이니라.…[162]

라고 한 것은 이러한 관점을 잘 말해주고 있다. 즉 인간이 자신의 참된 가치를 자각하지 못한 시대인 선천에는 '모사재인 성사재천'이었다. 이때 인간은 천지에 대해 수동적이고 종속적인 사고에서 벗어나지 못했다고 본다. 하지만 앞으로의 시대인 후천은 '모사재천謀事在天 성사재인成事在人'의 사고로서 인간이 보다 능동적이고 창조적인 주체로 나서기 때문에 참된 인간의 본질이 드러난다고 본다. 이러한 인간의 위상이 바로 '인존'이며, 그 마음을 천지의 마음과도 같이 회복하고 쓸 줄 아는 인간을 말한다. 인존을 실현하는 것이야말로 인간의 진정한 자기실현이며 자기완성이라 아니할 수 없다.

대순사상에서는 이러한 인존으로서의 인간회복을 위해 실천적인 가르침을 펴고 있다. 즉 "정심수신제가치국평천하,위천하자 불고가사[正心修身齊家治國平天下,爲天下者不顧家事]"[163]에서 정심을 평천하의 가장 기초로 삼은 것이나, "공사를 행하실 때나 또 어느 곳에 자리를 정하시고 머무르실 때에는 반드시 종도들에게 정심을 명하시고 혹 방심하는 자가 있을 때에는 보신 듯이 마음을 거두라고 명하셨도다",[164] 상제께서 이르시기를 "나는 오직 마음을 볼 뿐이로다. 머리와 무슨 상관하리요",[165] "사람과 사귈 때 마음을 통할 것이어늘 어찌 마음을 속이느냐"[166] 등의 내용은 마음에 대한 자각과 실천이 인존의 길임을 강조한 내용이라 볼 수 있다.

---

162 『전경』 교법 3장 35절.
163 『전경』 공사 3장 39절.
164 『전경』 교법 3장 8절.
165 『전경』 교법 2장 10절.
166 『전경』 행록 4장 18절.

4. 신인조화의 이념

1) 신과 인간의 관계

■ 가치의 근원자로서의 신

대순사상에 나타난 신의 진정한 의미는 인간과의 관계를 떠나서는 생각할 수 없다. 그 자체의 완전성과 진리성에 대한 의미도 인간의 불완전함에 의해 상대적으로 평가될 수 있기 때문이다.

　대순사상에서 신의 존재의의는 특히 인간이 지향해나가야만 하는 근원적 가치성을 담고 있는 것으로 파악된다. 즉 인간은 신의 존재를 상정함으로써 인간행위의 가치기준을 세울 수 있기 때문이다.[167] 여기에 신은 인간에게 있어 가치의 근원자로서의 위상을 지니는 것으로 본다. 이와 관련된 『전경』 내용을 살펴보면 다음과 같다.

> "…무릇 크고 작은 일을 가리지 않고 신도로부터 원을 풀어야 하느니라. 먼저 도수를 굳건히 하여 조화하면 그것이 기틀이 되어 인사가 저절로 이룩될 것이니라. 이것이 곧 삼계공사三界公事이니라"고 김형렬에게 말씀하시고 그 중의 명부공사冥府公事의 일부를 착수하셨도다.[168]

　신도神道로써 크고 작은 일을 다스리면 현묘 불측한 공이 이룩

---

167 『전경』 교운 2장 42절, 陰陽經 "…人無神前無導而所依…"
168 『전경』 공사 1장 3절.

되나니 이것이 곧 무위화니라. 신도를 바로잡아 모든 일을 도의에 맞추어서 한량없는 선경의 운수를 정하니 제 도수가 돌아 닿는 대로 새 기틀이 열리리라…(이하 생략)[169]

위의 인용문에서 '신도神道'란 신적 질서를 상징하는 말이다. 인간과의 관계에서 신의 도道는 인간의 역사를 일으키는 바탕이 되며[170] 나아가 그 역사를 바람직한 방향으로 이끄는 가치의 근거가 되고 있다. 신의 질서가 허트러짐으로 인해 인간사회의 질서가 무너지게 되었으며, 신의 세계에 원寃이 쌓임으로 인해 인간사회의 파멸이 초래되게 되었다. 따라서 인간사회를 평화롭게 만들기 위해서는 먼저 신의 세계를 안정시킬 필요가 있으며 이에 따라 상제께서 행한 공사公事는 먼저 신도를 바로 잡는 데서부터 시작하였던 것이다. 이렇게 바로 잡힌 신도는 인간사회 내에서 절대가치를 지니며 선경仙境의 운수를 향해 세계를 자연히 변화시킨다.

■ 가치실현의 주체로서의 인간

신이 인간을 초월하여 어떠한 교섭이 이루어지지 않고 단지 숭배의 대상만으로 남았을 때 인간은 신의 피조물로서 수동적인 삶을 영위할 수밖에 없다. 오직 신의 지배와 명령만이 의미를

---

169 『전경』 예시 73절.
170 『전경』 예시 25절에 의하면 "상제께서 계묘년에 종도 김형렬과 그외 종도들에게 이르시니라. 조선 신명을 서양에 건너보내어 역사를 일으키리니 이 뒤로는 외인들이 주인이 없는 빈집 들듯 하리라. 그러나 그 신명들이 일을 마치고 돌아오면 제 집의 일을 제가 다시 주장하리라."고 한데서 알 수 있듯이 인간의 역사는 모두 신적인 움직임이 선행하여 이루어지고 있음을 보여준다.

지니며 인간의 무한한 욕구와 창의력은 그만큼 상정된 신의 틀에 의해 구속되어지는 것이다. 하지만 대순사상에서의 인간은 결코 신의 피조물로서의 의미를 지니지 않고 오히려 이상사회의 건설을 위해 인간의 참된 가치를 발휘할 것을 강조하고 있다.

> 천존과 지존보다 인존이 크니 이제는 인존시대라. 마음을 부지런히 하라.[171]

> "선천에는 모사謀事가 재인在人하고 성사成事는 재천在天이라" 하였으되 이제는 모사는 재천하고 성사는 재인이니라. 또 너희가 아무리 죽고자 하여도 죽지 못할 것이요 내가 놓아주어야 죽느니라.[172]

위의 글에서 '천존'과 '지존'이라고 하는 것은 모두 인간이 숭배해야 할 대상을 천과 지의 영역에서 찾는 것이다. 하지만 대순사상에 있어서 인간은 '인존人尊'이라는 말로 표현되어짐으로써 그 신격을 인간에게 부여하고 있다. 여기서 대순사상의 신관은 상대적으로 격하되기 쉬운 인간의 위상을 최대한 높였다는 점에서 하나의 사상적 특징을 이룬다고 본다. 그렇다면 인간이 이러한 신적 가치를 지닐 수 있는 근거는 어디에서 찾을 수 있는가. 그것은 바로 인간의 마음이다. 마음은 인간존재의 위상을

---

[171] 『전경』 교법 2장 56절.
[172] 『전경』 교법 3장 35절.

드러내는 본질적 요소가 되고 있다.

인간의 '마음[心]'이 인존과 관련하여 중요하게 다루어지는 까닭은 그것이 신과의 교통交通을 통해 하나의 가치를 창출할 수 있는 본체가 된다는 점에서이다. 인간의 마음은 귀신 즉 신이 드나드는 추기요 문호요 도로이다. 그리고 '말은 마음의 외침이고 행실은 마음의 자취'[173]라고 하였듯이 인간의 언행은 모두 마음에서부터 이루어져 나온다. 그 마음으로부터 발견되는 신을 잘 선택하여 실천에 옮김으로써 지선至善의 가치를 실현할 수 있다. 여기에 진정한 가치실현의 주체는 신이 아닌 오직 인간에게 달려있음을 말하고 있는 것이다.

■ 신인의도神人依導의 이법

이상에서 살펴본 신과 인간은 각각 별개의 존재로 독립해서 있지 않고 상호간의 교류 속에 놓여 있다. 또한 신의 작용이 인간행위에 영향을 미치며 인간의 행위가 신의 세계에 영향을 미치기도 하여 신과 인간은 상호 영향을 주고받고 있다. 대순사상의 신관에서 주안점을 두고 있는 부분도 바로 이 점이라고 할 수 있다.

신의 작용이 인간행위에 영향을 미치고 있다는 사실은 다음의 전경구절에서 확인해 볼 수 있다.

상제께서 계묘년에 종도 김형렬과 그 외 종도들에게 이르시니라. "조선 신명을 서양에 건너보내어 역사를 일으키리니 이

---

173 『전경』 교법 1장 11절.

뒤로는 외인들이 주인이 없는 빈집 들듯 하리라. 그러나 그 신명들이 일을 마치고 돌아오면 제 집의 일을 제가 다시 주장하리라."174

여기서 인간의 역사는 먼저 신의 움직임을 바탕으로 해서 이루어지고 있다. 이때의 신은 어떠한 특정 활동을 하는 기능신의 역할이 부각되며, 또한 지역적 경계가 뚜렷한 서로 다른 신들이 위치를 옮겨가면서 일을 주도해 나가고 있다. 따라서 인간 역사의 배후에는 항상 신의 역사役事가 자리하고 있다는 것을 관련하여 이해할 필요가 있다.

한편 신이 인간역사의 근간이 되는 것과 마찬가지로 인간의 행위가 또한 신의 세계에 영향을 미칠 수 있다는 것이 신관의 주요한 관점이 되고 있다.

인망을 얻어야 신망에 오르고 내 밥을 먹는 자라야 내 일을 하여 주느니라.175

신은 사람이 먹는 대로 흠향하니라.176

사람들끼리의 싸움은 천상에서 선령신들 사이의 싸움을 일으키나니 천상 싸움이 끝난 뒤에 인간 싸움이 결정되나니라.177

---

174 『전경』 예시 25절.
175 『전경』 교법 1장 25절.
176 『전경』 교법 1장 49절.
177 『전경』 교법 2장 23절.

여기서 신의 세계는 인간행위로 인해서 영향받고 있다. '신망'이라고 하는 것과 '신이 흠향을 한다'는 것 등은 인간행위를 전제함으로써 이루어질 수 있는 부분이다. 그리하여 사람들끼리의 싸움이 신들 사이의 싸움을 일으키기도 하고, 이러한 신들 간의 싸움이 끝나면 다시 그 결과가 인간계의 역사를 결정짓는 것으로 그 종합적인 교류관계를 나타내고 있다.

이렇게 신과 인간은 상호 교류하여 존재함으로써 서로의 가치를 부각시키고 그 상보적인 틀 속에서 이 세계를 구성하고 있다. 인간이 신과의 단절된 관계가 아니라 인간행위의 근간이 되는 것이 신이며, 인간은 또한 신의 의지를 실현할 수 있는 현실적 주체로서 신이 의탁依託해야만 하는 대상으로서의 가치를 지닌다. 이러한 신인관계를 『전경』에서는 '신인의도神人依導'로 표현하고 있다.[178] 신은 사람이 없으면 의탁하여 맡길 곳이 없으며 사람은 또한 신이 없으면 앞에서 계도해 줄 대상이 없다. 신과 인간이 이렇게 화합하고 상통함으로써 만사가 이루어지고 모든 가치가 실현될 수 있다는 것이다.

2) 신인조화와 인존의 실현

그렇다면 이상에서의 신인관계 하에서 대순진리회가 궁극적으로 지향하는 이념은 무엇인가. 그것은 바로 종지宗旨인 '신인조화神人調化'에서 찾을 수 있다.[179] 신과 인간은 서로 음陰·양陽의

---

[178] 『전경』 교운 2장 42절, "…神無人後無托而所依, 人無神前無導而所依, 神人和而萬事成, 神人合而百工成, 神明竢人人竢神明, 陰陽相合神人相通, 然後天道成而地道成, 神事成而人事成, 人事成而神事成…"

관계에서 합덕合德이 됨으로써 이상적인 세계를 구축할 수 있다. 조화調化라는 개념은 조화調和라고 할 때의 '고를 조'와 조화造化라고 할 때의 '될 화'가 합성하여 이루어진 글자이다. '고르다'는 개념은 모두가 동등 동권하고 상호 어울린다는 의미를 지니며, '된다'는 것은 완전히 새로운 존재로 재탄생하게 됨을 뜻한다. 여기에 인간은 '신인간新人間'의 참된 모습을 드러낸다. 신과 인간은 더 이상 별개의 존재가 될 수 없으며 하나의 개체 안에서 새로운 세계창조를 위해 다시 태어난다. 진정한 인존人尊의 모습은 이러한 신인조화의 이념과 무관하지 않다.

신인조화의 이념에서 바라본 신과 인간은 그 의탁과 계도의 관계 속에서 모든 역사를 이루어 나간다. 그 구체적인 실상을 전경구절에서 찾아보면 다음과 같다.

> 사람마다 그 닦은 바와 기국에 따라 그 사람의 임무를 감당할 신명의 호위를 받느니라. 남의 자격과 공부만 추앙하고 부러워하고 자기 일에 해태한 마음을 품으면 나의 신명이 그에게 옮겨 가느니라.[180]

> 상제께서 하루는 종도들에게 말씀하시기를 "내가 부안 지방 신명을 불러도 응하지 않으므로 사정을 알고자 부득이 그 지

---

[179] 『전경』 교운 2장 32절, "을축년에 구태인 도창현舊泰仁道昌峴에 도장이 이룩되니 이 때 도주께서 무극도无極道를 창도하시고 상제를 구천 응원 뇌성 보화 천존 상제九天應元雷聲普化天尊上帝로 봉안하고 종지宗旨 및 신조信條와 목적目的을 정하셨도다. 종지宗旨 : 음양합덕·신인조화·해원상생·도통진경陰陽合德 神人調化 解冤相生 道通眞境…"

[180] 『전경』 교법 2장 17절.

방에 가서 보니 원일이 공부할 때에 그 지방신地方神들이 호위하여 떠나지 못하였던 까닭이니라. 이런 일을 볼진대 공부함을 어찌 등한히 하겠느냐" 하셨도다.[181]

즉 신인조화의 이념에서는 신과 인간의 상호 화합의 과정을 통해 참된 가치실현을 가능하게 하며 나아가 새로운 인간의 위상을 발견하게 한다. 인간이 신을 호위하는 것이 아니라 신이 인간을 호위하며, 신이 공부를 하는 것이 아니라 인간이 공부를 한다는 점에서 인간의 역할과 사명이 더욱 강조되고 있는 것이 또한 신인조화의 이념이 지닌 특징이라 하겠다.

3) 윤리도덕의 정립

신인조화의 이념이 지향하는 또 하나의 특질로서 확고한 윤리도덕의 정립을 들 수 있다. 선천의 현실에서 윤리도덕이 타락한 원인은 신을 무시하는 데서부터 발생한 것이며, 또한 선천의 윤리도덕이란 묵은 하늘이 만들어 낸 것이라서 오늘날과 같은 원冤으로 점철된 참혹한 현실이 빚어지게 되었다고 본다. 제자가 스승을 해하며 자식이 아비를 죽이며 신하가 임금을 해치는 것 등은 상극세상에서 생겨난 윤리도덕의 몰락이라고 할 수 있다. 하지만 신인이 조화된 세상에서는 이러한 윤리도덕은 엄격하게 정립된다. 즉 후천은 신이 인간을 집으로 삼아 합본合本이 되어서 이루는 세계이므로 신의 질서와 체계가 그대로 인간 세상에

---

181 『전경』 교운 1장 63절.

베풀어진다고 본다. 그리하여 누구를 감히 속인다는 것도 있을 수 없으며 신의 질서에 어긋나서는 단 한시도 살아갈 수 없는 세상이 되는 것을 말한다.

> 상제께서 종도들에게 가라사대 "선천에서는 상극지리가 인간과 사물을 지배하였으므로 도수가 그릇되어 제자가 선생을 해하는 하극상下克上의 일이 있었으나 이후로는 강륜綱倫이 나타나게 되므로 그런 불의를 감행하지 못할 것이니라. 그런 짓을 감행하는 자에게 배사율背師律의 벌이 있으리라" 하셨도다.[182]

윗글에서 말하는 강륜綱倫이라는 것은 모두 신의 감시와 수찰이 엄격해서 감히 속일 수가 없고 어길 수가 없는 상태를 말한다. 이 때 새로운 강륜의 하나로서 논의될 수 있는 것이 바로 스승과 제자사이의 윤리이다. 스승은 제자를 애휼 지도하고 제자는 스승의 은덕에 보답하는 것으로서의 강륜綱倫이 서게 되어 오륜五倫에 더하여 그 윤리의 체계가 새롭게 갖추어 질 것을 말하고 있다.

신명시대로 표현되는 후천은 신과 인간이 조화되어 인사人事의 모든 일이 신도神道의 권위로 행해지는 세상이다. 따라서 아주 큰일에서부터 아주 작은 일에 이르기까지 신이 개입하지 않는 데가 없으며 또한 이를 감독하고 수찰하면서 오로지 바른 것만을 지켜나가게 된다.[大大細細天地鬼神垂察](공사 3장 40절) 사람

---

[182] 『전경』 교법 3장 34절.

이 사람을 속일지언정 신을 속일 수는 없는 것이다. 그러므로 후천에서는 부정과 불의가 없는 세상, 밝고 투명한 세계가 이룩된다. 이렇게 신인조화의 이념은 인간의 일거일동에 있어 신명의 작용이 붙지 아니함이 없는 것을 말하며 여기에 신명과 인간이 조화調和되고 조화造化하여 윤리도덕이 확고하게 정립된 세상을 지향하고 있다.

5. 맺음말

이상으로 대순진리회의 종지인 신인조화神人調化에 대해서 살펴보았다. 종지는 음양합덕으로부터 신인조화에 이르기까지 하나의 관계론을 지니면서 그것이 지향하는 궁극적인 경지로서의 합덕 혹은 조화를 설명하고 있다. 특히 신인조화에서는 전통적인 신과 인간의 관계로부터 벗어나 대순진리가 지니는 독창적인 성격의 이념이 있음을 보여주고 있다.

    신은 절대 가치를 지니며 세계 보편의 존재임을 드러내는가 하면, 인간은 마음을 지니고 이와 같은 신을 맞이힘으로써 '인존'으로 거듭난다. 인존은 인간이 지향해야만 하는 가장 이상적인 모습의 인간상을 그리고 있다. 하늘과 땅의 가치보다 인간의 가치가 가장 극대화되는 표현으로서 인존을 이룩하는 것이 곧 신인조화임을 나타내고 있다.

    일반적으로 하나의 종교사상이 그 종교적 대상으로서의 '신'을 경외하고 신의 의지를 지상에 실현시키는 것이 그 종교의 목적이 되고 있다. 하지만 상대적으로 인간의 위상은 신에 종속되어 그 참된 가치를 발견하기 힘든 것이 바로 신 앞에 선 인간이라고 할 수 있다. 대순진리회 종지에서 드러내고자 하는 신인조화의 이념은 이같은 인간의 위상이 신과 대등한 지위로 격상되어 그 화합을 통한 새로운 존재의 탄생을 추구한다는 점에서 고유한 가치를 발휘하고 있다.

4장
해원상생론

1. 머리말

대순진리회 종지의 세 번째 주제인 '해원상생解冤相生'은 오늘날 대순종단의 대사회적 슬로건이자 대표적인 이념으로 통용되고 있다. 모든 사회문제를 직시하고 진정한 평화와 화합을 위한 종교적 진리를 표방하고 있는 것이 바로 해원상생이다. 이는 대순진리회 신앙의 대상인 구천상제의 천지공사에서 위주로 하였던 주된 방향이었으며 궁극적으로 이루고자 하였던 세계의 실상을 묘사한 것이다. 종지에서 제시하고 있는 다른 항목들도 모두 필수불가결한 가치를 지니고 있지만 하나의 종교적 실천과 결합되어 말할 때는 언제나 해원상생이 대표적으로 거론된다. 따라서 해원상생에 관한 이해는 그 개념적인 차원에서뿐만 아니라 구체적 실천의 방법론에 이르기까지 통합적인 탐구를 필요로 한다.

　본 장에서는 이와 같은 해원상생에 관한 이해를 위해 먼저 해원과 상생의 개념을 심도있게 탐구하고, 이어서 천지공사에 나타난 해원상생의 역사를 살펴본 뒤 그 실천적 의의에 대해 논해보기로 하겠다.

2. 해원론

1) 원冤의 개념과 해원

'원冤'이라는 글자가 지닌 자의字意는 그 한자풀이에서부터 연역될 수 있다. 일단 『설문해자說文解字』에서는 "원은 구부리다는 뜻이다. 冖+兔로 이루어져 있다. 토끼가 冖 밑에 있어서 달릴 수 없으므로 더욱 구부리고 꺾인다."라고 하였다.[183] 즉 본래의 뜻은 '구부리다'이다.[184] 이 한자 자형은 갑골문이나 금문에서는 나타나지 않는다. 하지만 그 자형을 살펴볼 때 '한 마리의 선량한 토끼가 덮개 속에 갇혀서 움직이지 못하고 있는 형상이다.'[185] 따라서 그 의미가 확장되어 '무고하게 덮어 쓴 죄', '원통冤痛하게 누명을 쓰다' '원한怨恨', '증오憎惡' 등의 뜻을 갖게 되었다고 본다.[186] 원굴冤屈, 원혼冤魂, 신원伸冤 등도 그러한 '원'의 의미가 사용된 단어이다.

현대 일본의 『대한화사전大漢和辭典』에서 '원冤'은 ①굽다 ②

---

183 許愼, 『說文解字』, "冤屈也, 從冖兔, 兔在冖下不得走, 益屈折也"
184 『漢書』에 '冤頸折翼'(목을 구부리고 날개를 꺾다)라고 하였다.(漢書卷四十五 蒯伍江息夫傳第十五)
185 李樂毅, 『漢字正解』 3, 비봉출판사, 1994, p.624.
186 李樂毅, 위의 책.

무실無實의 죄 ③원한, 앙심 ④오랜 업 ⑤세속에서의 원冤 ⑥성씨 ⑦속이다 등의 뜻으로 설명하고 있다. 중국의 사전 『사해辭海』에서 '원冤'은 ①굽다 ②오랜 죄업 등의 뜻이 있다.

이와 같은 사전적 의미에서 살펴볼 때 원冤의 자의字意는 먼저 굴레에 갇힌 토끼의 심정과 연관이 있다고 볼 것이다. 토끼는 무고하며, 굴레에 갇혀서 억울하고 답답한 심정과 함께 자신을 가둔 자를 증오하기도 한다. 한편으로 그 굴레로부터 탈출하고픈 강렬한 소망 또한 지니게 될 것이다. 한마디로 원冤은 원망怨望으로서 원한怨恨과 소망所望이 결합된 의미가 추출될 수 있다.

해원사상에서 원冤은 한恨을 포함한 모든 감정상태의 최상위에 위치한다. 원冤의 어두운 내포에 원怨과 한恨이 있다면, 그 밝은 내포에 원願이 있다고 할 수 있다. 원冤은 부정적으로 발휘되어 상대와의 적대감을 조성하고 투쟁을 야기시키기도 하지만, 긍정적으로 발휘되어 생生의 소망과 궁극적 목적을 향해 매진하는 마음의 추동적인 역할을 할 수도 있다. 부정적인 감정이 발휘되어 해소될 때는 상대에게 해를 가하는 복수심으로 드러나지만, 긍정적인 밝은 감정으로 발휘되어 해소될 때는 인간의 자아실현과 가치지향적인 성향으로 나아가는 것이다.

대순진리회 '해원解冤'이념에서의 원冤은 단순히 일상감정에 머무르지 않고, 역사적으로 인간을 지배하며 전 시대에 걸쳐 운명을 결정해 온 중추적인 감정임을 지적한다. 『전경』의 다음 구절은 이를 잘 나타내주고 있다.

> 상제께서 七月에 "예로부터 쌓인 원을 풀고 원에 인해서 생긴 모든 불상사를 없애고 영원한 평화를 이룩하는 공사를 행하

리라. 머리를 긁으면 몸이 움직이는 것과 같이 인류 기록의 시작이고 원寃의 역사의 첫 장인 요堯의 아들 단주丹朱의 원을 풀면 그로부터 수천 년 쌓인 원의 마디와 고가 풀리리라. 단주가 불초하다 하여 요가 순舜에게 두 딸을 주고 천하를 전하니 단주는 원을 품고 마침내 순을 창오蒼梧에서 붕崩케 하고 두 왕비를 소상강瀟湘江에 빠져 죽게 하였도다. 이로부터 원의 뿌리가 세상에 박히고 세대의 추이에 따라 원의 종자가 퍼지고 퍼져서 이제는 천지에 가득 차서 인간이 파멸하게 되었느니라. 그러므로 인간을 파멸에서 건지려면 해원공사를 행하여야 되느니라"고 하셨도다.[187]

윗글에서 보면 '원寃'은 일단 역사적 불상사의 원인이 되는 감정이다. 인류의 평화를 저해하는 근원적인 감정으로서의 원寃은 제거되고 풀어야만 하는 것으로 본다. 그렇지 않으면 이 원寃은 천지(세계)에 가득차서 급기야 인간을 파멸로 이끌게 된다고 한다. 따라서 인간을 파멸로부터 구원하고 또한 영원한 평화를 가져오기 위해서는 '원을 푸는 것' 즉 '해원'이 되어야 한다고 하였다.

여기서 원寃은 인류의 역사를 지배한 핵심감정으로서 제대로 해소되지 않고 축적되기만 할 때 인간의 행위를 부정적으로 이끌고, 나아가서 모든 사회 및 세계에 파급되어 전 인류의 멸망을 초래할 정도로 심각한 것임을 알 수 있다. 하나의 원寃은 또 다른 원寃을 낳고 그 원이 퍼지고 퍼져서 전 시대를 지배하였으며

---

187 『전경』 공사 3장 4절.

또한 천지天地까지도 위협할 정도임을 지적한다. 그야말로 원冤은 인간감정으로서 모든 행위를 이끄는 내면적인 원동력이다. 인류 역사는 한마디로 원冤의 역사인 것이다. 그렇다면 이러한 원冤 감정의 본질은 무엇인가.

윗글에서 인용된 단주에 관한 이야기는 이러한 원이 발생하는 대표적인 상황을 설명하고 있다. 역사적 사실 여부를 떠나서 원冤의 감정이 지배한 인류역사를 상징적으로 묘사하는 데 필요한 이야기이다. 단주는 말하자면 왕자로서 요임금으로부터 왕위를 물려받게 되어 있었다. 하지만 그의 불초不肖로 인해 부왕父王으로부터 신임을 받지 못하고 왕족이 아닌 순舜에게 왕위가 전해짐으로써 단주는 철저히 소외당하게 된다. 당연히 단주는 자신이 왕위를 물려받기를 기대하였으나 결과적으로 그렇게 되지 못함으로써 원冤을 품게 되었다고 한다. 이때 단주가 지닌 감정은 일차적으로 부왕父王에 대한 원망怨望이었을 것이고, 그리고 순舜에 대한 적대적인 감정이었다고 볼 수 있다. 자신이 왕이 되고자 하였던 욕구가 타인에 의해 거세당하고 실현되지 못한 데 대한 적개심이 단주를 지배했던 것이다. 위의 이야기를 통해서만 본다면 원冤의 감정 자체는 단수의 성낭성 여부를 떠나서 오직 단주가 지녔던 욕구(혹은 욕망)가 실현되지 못한데 대한 상대적 적개심 그리고 자기 불만의 상태를 내포하는 것이다. 이로써 고대의 원冤은 향외적 증오憎惡와 향내적 회한懷恨이 결합된 부정적 정서의 복합체로 볼 수 있다.

원冤의 감정은 결과적으로 순舜을 창오에서 붕崩케 하였으므로 단지 잠재되어 있지만은 않고 실제로 적개심을 품은 대상에게 치명적인 영향을 미쳤다. 즉 원冤은 직접적인 행위로 이어지며 그 결과 상대를 해치게 되면 이는 또다시 새로운 원寃을 낳게 된다. 원寃의 연쇄적인 속성으로 인해 이제 걷잡을 수 없는 확산이 되고 치유될 수 없는 상태에서 전 인류를 위협하게 되었다는 것이다. 상제께서 진단한 인류 역사는 이렇게 하여 원寃의 고리가 얽혀져서 인간을 파멸지경에 이르게 했다고 본다.

단주 이야기의 상징성은 원寃의 감정이 지닌 속성을 적나라하게 보여주고 있으며, 그것의 부정적인 발휘가 얼마나 위험한 것이었는지를 말해준다. 가장 모범이 되어야 할 역사적 인물이 그가 지닌 최상의 욕구를 충족하지 못해 발생한 가장 비참한 사태를 통해 인간이 지닌 원寃이야말로 역사를 지배하는 원동력이었음을 상제께서는 통찰하고 있는 것이다. 즉 인간이 지닌 주체적인 감정은 어떤 외적 대상보다도 우선한다. 인간의 경험에서 작용하는 인간감정은 모든 인간 행위의 동기가 됨으로써 그 정상적인 발현을 통해서만 가치실현이 가능하다. 하지만 원寃의 감정은 인간을 파멸로 이끌게 되므로 이것을 해소하여 정상화시킴으로써 인류의 진정한 평화와 행복을 가져다 줄 수 있다고 본다.

상제께서 진단한 원寃의 역사는 진정한 원寃의 실현이 되지 못한 비인간적인 삶을 직관한 것이다. 인간은 본래부터 원寃을 지닌 존재이지만 그것의 바른 자각과 올바른 실현을 인도받지 못한 상태에서는 비인간화의 길을 걸을 수밖에 없었다. 인간을 진정으로 인간답게 하고 또 인간의 진정한 자기실현을 위해서는 '원寃의 정당한 실현' 즉 '해원解寃'을 통해서만이 가능하다고 본다. 따라서 '해원'이야말로 인간의 궁극적인 삶의 목적이며 인간의 자기완성을 지향한다는 점에서 '원寃'은 대순진리의 중요한 종교심성으로 자리잡고 있는 것이다.

2) 해원이념의 특징

■ 인간주체성의 재발견

대순진리회의 해원이념에서 바라본 인간은 '원寃'의 담지자로서 자기 욕망을 지닌 존재이다. '원寃'은 욕망을 지닌 인간의 현실적 모습을 순수하게 그리고 있다. 이러한 욕망은 하나의 응어리진 감정으로 누적되어 왔고, 역사적으로는 다양한 원한으로 분출되어 왔다. 긍정적이거나 부정적인 양면의 가치로 발휘될 수 있는 이 원寃은 담지자인 인간으로 하여금 자기 결단과 실천의 노력을 요구한다. 그리하여 인간은 그 욕망을 자유롭게 발휘함으로써 자아를 발견하고 또한 자기실현을 추구하고자 한다.

> 상제께서 "이제는 해원시대니라. 남녀의 분별을 틔워 제각기 하고 싶은 대로 하도록 풀어놓았으나 이후에는 건곤의 위치를 바로잡아 예법을 다시 세우리라"고 박공우에게 말씀하시니라. 이때 공우가 상제를 모시고 태인읍을 지나는데 두 노파가 상제의 앞을 가로질러 지나가기에 상제께서 길을 비켜 외면하셨도다.[188]

> 지금은 해원시대니라. 양반을 찾아 반상의 구별을 가리는 것은 그 선령의 뼈를 깎는 것과 같고 망하는 기운이 따르나니라. 그러므로 양반의 인습을 속히 버리고 천인을 우대하여야 척이 풀려 빨리 좋은 시대가 오리라.[189]

---

188 『전경』 공사 1장 32절.

윗글에서 볼 수 있듯이 '해원시대'는 모든 억압과 차별로부터 벗어난 개인의 권리 회복과 자유 그리고 모든 사람의 동등 동권의 시대이다. 사회적 계급적 계층적 차별이 있을 수 없고, 개인의 권리가 무시될 수 없는, 모든 사람이 다 같이 존중받는 시대인 것이다. 이렇게 인간이 존중받을 수 있는 근거는 바로 '원冤'을 지니고 있기 때문이다. 모든 인간은 인간으로서 '원冤'을 지니고 있으며 또한 그 '원冤'을 실현하고자 한다. 인간이 지닌 '원冤'은 서양철학에서 강조해 온 인간의 이성도 아니며, 동양철학에서 추구해 온 궁극적 실재도 아니다. 인간이 태어나면서부터 생래生來적으로 지니고 있는 마음의 상태라고 할 수 있다. 이 원冤은 이성보다 앞서며, 어떤 궁극적 실재보다도 인간에게 근원적인 가치를 지닌 것이다. 어떤 의미에서 '원冤'은 인간의 감성적 본질을 이룬다고도 볼 수 있다. 해원이란 바로 이러한 인간 본질로서의 '원冤'을 해소하는 것이므로 인간의 자기실현을 가능하게 하고, 나아가 인간주체를 새롭게 확립하게 한다. 즉 대순진리회에서 바라본 인간주체는 '감성적 존재'로서 '원冤'을 지닌 인간이다.[190] 이 원을 해소하고 실현시키는 것이 인간 삶의 목적이고 또한 진정한 인간의 모습이다. 이런 의미에서 '해원'이념은 인간주체에 대한 이해를 역사적으로 새롭게 하고 있다는 데 그 의의가 있다 하겠다.

---

189 『전경』 교법 1장 9절.
190 여기서 말하는 감성적 존재로서의 인간은 현대 실존철학에서 일찍이 발견하였으며 또 '르상티망'이론과 더불어 그 개념을 발전시켜 나왔다고 본다. 포스트모던철학도 이와 무관하지 않다. 하지만 본문에서 강조하고자 하는 감성은 대순진리회 고유한 의미인 '원冤'으로 충만한 상태의 감성을 말하는 것이다.

■ 우주적 종교진리의 출현

'해원'이념의 또 다른 사상적 의의는 그것이 우주적 차원의 진리를 주창하고 있다는 데 있다. 여기서 말하는 우주적 차원이란 굳이 인간의 현실에만 국한되지 않는다. 동양 전통의 삼분법으로 일컬어지는 천天·지地·인 삼계가 모두 '해원'의 이념 하에 존재하고 있고 또 우주의 모든 사물이 그것에 입각하여 자기를 실현하고 있다는 말이다. 즉 '해원'은 인간을 위해서만 필요한 것이 아니라 모든 우주 사물을 위한 진리라는 것이다. 다음의 전경 내용들은 이를 잘 뒷받침하고 있다.

① 상제께서 "선천에서는 인간 사물이 모두 상극에 지배되어 세상이 원한이 쌓이고 맺혀 삼계를 채웠으니 천지가 상도常道를 잃어 갖가지의 재화가 일어나고 세상은 참혹하게 되었도다. 그러므로 내가 천지의 도수를 정리하고 신명을 조화하여 만고의 원한을 풀고 상생相生의 도로 후천의 선경을 세워서 세계의 민생을 건지려 하노라. 무릇 크고 작은 일을 가리지 않고 신도로부터 원을 풀어야 하느니라. 먼저 도수를 굳건히 하여 조화하면 그것이 기틀이 되어 인사가 저절로 이룩될 것이니라. 이것이 곧 삼계공사三界公事이니라"고 김형렬에게 말씀하시고 그 중의 명부공사冥府公事의 일부를 착수하셨도다.[191]

② 이제 해원시대를 맞이하였으니 사람도 명색이 없던 사람이 기세를 얻고 땅도 버림을 받던 땅에 기운이 돌아오리라.[192]

---

191 『전경』 공사 1장 3절.

③ 상제께서 대원사에서의 공부를 마치고 옷을 갈아입고 방에서 나오시니 대원사 골짜기에 각색의 새와 각종의 짐승이 갑자기 모여들어 반기면서 무엇을 애원하는 듯하니라. 이것을 보시고 상제께서 가라사대 "너희 무리들도 후천 해원을 구하려함인가" 하시니 금수들이 알아들은 듯이 머리를 숙이는도다. 상제께서 "알았으니 물러들 가 있거라"고 타이르시니 수많은 금수들이 그 이르심을 좇는도다.[193]

위의 세 가지 인용문을 통해 살필 수 있는 것은 우선 '해원'이 전 우주적 차원에서 적용되고 있다는 점이다. 일단 '해원'에서의 원冤은 천·지·인 삼계 우주의 원이며, 그것을 푸는 일은 또한 우주의 원을 푸는 것이다. 즉 우주가 '해원'을 필요로 하고 있고 인간은 그 해원의 역사에서 특수한 축을 차지하고 있다고 본다.

먼저 인용문 ①에서 보면 원冤은 인간 사물 모두가 지니고 있다. 상극이라고 하는 원리에 지배되어 발생한 원은 역사적으로 갖가지 재화災禍의 원인이 되었다. 이는 원冤이 원한怨恨의 감정이 되어 부정적으로 발휘된 것에 다름 아니다. 그런데 이 원은 비단 인간사회에만 머무는 것이 아니라 신의 세계에도 영향을 미치고 급기야 신도神道에도 원이 맺혔다. 신계神界는 곧 천계天界에 속하며 천계天界의 해원을 명부공사에서부터 시작한다고 하였다. 『전경典經』에는 이와 같이 수많은 신명들의 원을 풀기 위한 공사를 행하는 부분이 여러 구절에서 발견된다.[194]

---

192 『전경』 교법 1장 67절.
193 『전경』 행록 2장 15절.

인용문 ②에서 보면 '해원'은 하늘이 아닌 땅에도 적용되는 진리이다. 해원시대를 맞이하여 땅도 버림을 받던 곳에 기운이 돌아온다고 하였으므로, 땅도 그 이전에 원冤을 지닌 것이다. 이 원이란 『전경』에 이르기를, "선천에서는 하늘만 높이고 땅은 높이지 아니하였으되 이것은 지덕地德이 큰 것을 모름이라. 이 뒤로는 하늘과 땅을 일체로 받들어야 하느니라."[195]고 한데서 알 수 있듯이 지덕의 큰 것을 모르는 데서 생겨난 원이다. 땅 사이에서도 '후박厚薄의 시비'[196]가 있을 수 있으므로 상대적인 원도 있다. 이처럼 땅이 지닌 원을 푸는 것에 의해 땅의 본래 정당성을 회복하고 그 가치를 실현하는 것이 바로 '해원'의 이념이다.

인용문 ③에서는 '해원'이 각종 새 짐승과 같은 동물에 있어서도 적용되는 이념임을 말하고 있다. 상제께서 대원사의 공부를 마치고 나오니 수많은 금수들이 모여들어 무엇을 애원하는 듯 했다고 하는데, 이는 인간이 아닌 짐승들조차 '해원'을 구하고자 하는 것으로 묘사한 것이다. 인간은 물론이며 모든 새와 짐승들이 상제의 해원공사를 반긴다고 하는 것은 '해원'이 인간을 포함한 모든 생명체에 두루 미치는 진리임을 보여주고 있다.

이상의 고찰을 통해 볼 때 '해원'의 이념은 인간을 포함한 전 우주적 차원의 진리를 표방하고 있다고 본다. 인간을 둘러싸고 있는 하늘과 땅 그리고 신명세계, 금수세계 등이 해원의 진리에

---

194 신명의 해원에 대한 공사는 역사적 인물로서 신농씨와 강태공 (예시22절), 단주 (공사2-3), 진시황(공사3-17), 진묵(권지2-37), 전명숙과 최수운(공사3-2), 김경흔(교운1-20), 최익현과 박영효(공사2-22) 등이 있으며, 이 외에도 중천신(공사 1-29) 만고역신(교법3-6) 등에 대한 해원이 있다.
195 『전경』 교법 1장 62절.
196 『전경』 교법 3장 6절 참조.

모두 포함된다. 해원을 통해 천·지·인 삼계가 그 본래의 가치를 실현하며 삼계가 개벽된 이상낙원을 이 우주에 건설하는 것이 바로 강세하신 상제의 사명인 것이다.

■ 상생을 통한 가치실현

'해원'이념이 궁극적으로 지향하는 세계는 상생相生이 지배하는 후천後天이다. 인간과 우주 사물이 지닌 '원寃'을 모두 풀어서 어떤 부정적인 감정도 발생하지 않고, 또한 이상적으로 원이 실현된다면 그 궁극적 경지는 상생으로 묘사될 수 있다. 이 때 상생은 해원과 더불어 후천을 지배하는 주된 원리이며 이상향이다. 해원은 상생을 통해 그 긍정적 가치를 실현하며, 상생은 해원을 과정으로 하여 영원한 창조성을 지닌다. 이로써 해원과 상생은 상호 유기적 관계에 놓여 있으며, 해원 없는 상생이 있을 수 없고 상생 없는 해원이 있을 수 없다. 해원의 정당한 가치는 반드시 상생으로 구현되어야 할 것이며, 상생이 없는 해원은 또 다른 원한만 조장할 뿐이다. 따라서 대순진리회의 해원이념은 상생과 결합하여 그 정당한 가치를 실현하고자 한다.

상제께서 진단한 선천의 근본적인 문제는 바로 원한이 맺힌 삼계의 진멸지경盡滅之境에 있었다. 어떤 종교적 진리도 이렇게 근본적으로 원한이 맺힌 상태에서는 소통될 수 없다고 보았다. 그 원한이 천지를 뒤덮어 온갖 재화災禍로써 창생을 위협하였으므로 무엇보다도 원한을 해소하고 다시는 그러한 원한이 발생하지 않도록 하는 것이 급선무였다. 상제께서 행한 천지공사는 바로 이렇게 원한이 발생한 선천을 뜯어고쳐서 정상正常의 세계를 만들고 나아가 참된 이상향으로서의 상생세계를 이룩하는 것에 목적을 둔다. 그렇게 하기 위해서는 먼저 원한의 고리를 찾아서 시초가 되었던 원冤을 해소하고, 이어서 인간 사회에 지속적으로 영향을 미치고 있는 보이지 않는 신도神道의 세계를 상제의 권위에 의해 조정하는 것이다. 상제의 가르침에 따르면 신도神道가 원한이 없을 때 인간사회도 따라서 해원이 되고 정리될 수 있다고 본다. 그렇다면 신도의 원한은 어떻게 해소 가능한가. 그것은 바로 상생의 도道를 세우는 데 있다. 모든 원을 상생의 도에 맞게끔 풀어냄으로써 영원한 평화의 세계인 후천선경을 여는 것이다.

다음 절에서는 이와 같은 상생에 관해서 그 개념을 집중적으로 살펴보기로 한다.

3. 상생론

1) 상생相生의 개념

'상생相生'은 오늘날 사회 각 분야에서 다양하게 거론되고 있으며 저마다의 의의를 지니고 강조되고 있는 실정이다. 대체로 '상호협력 및 보완' '화해 및 화합' '균형 및 조화' '공생·공존' 등의 유사용어로 요약될 수 있는데, 그 다양한 해석에도 불구하고 '상생'의 이념이 지니는 기본적인 전제는 역시 개체 상호간의 관계성에 대한 문제와 그 올바른 지향점을 제시하는 것으로 본다. 아울러 새로운 시대의 새로운 가치관으로서 사고방식의 혁명적인 전환을 부르짖고자 하는데 논의의 초점이 모아질 수 있다.

여기서는 먼저 상相과 생生에 담긴 자의字意를 알아보기로 한다. 첫째 '상相'의 자의에 대해서 살펴보면 그 원래의 자형字形이 木+目으로 이루어져 있어 '눈[目]'으로 '나무[木]'를 자세히 관찰하고 있는 모습이다.197 그래서『설문해자』의 설명에도 '살펴서 본다[省視也]'라고 풀이하고 있다. 굳이 나무와 눈의 관계로써 '본다'의 뜻을 도출한 이유는 고대에 '지상에서 볼 수 있는 것이 많지만 나무만한 것이 없다'라는 데서 나온 발상이다. 이러한 '상相'의 의미는 곧 눈이 모든 사물을 접하고 있다는 데서 무릇 '저것과 이것이 서로 접하는 것은 모두 상相'이라고 말할 수 있으며, 서로 만나서 도움을 주게 되면 이것은 '보지 못하는 사람을 대신하여 볼 수 있도록 도와주다'는 의미에서의 상相'이 된다.198『주역周易』에서도 이러한 '상相'자의 의미가 그대로 적용되고 있음을 볼 수 있는데, 주로 상반된 자연사물이나 성질의 밀접한 관계성을 묘사하는 단어로서 '서로 더불다[相與]'라는 의미와 '도우다[輔相]'라는 의미가 고루 사용되고 있다.199 이로써 알 수 있듯이 '상相'은 사물과 사물의 만남을 전제로 하는 '상호相互'의 의미를 기본으로 하고 있으며, 나아가 '서로 도움을 주다'는 의미로까지 확대하여 이해될 수 있다.

다음으로 '생生'자의 의미를 살펴보면, 그 자형은 하나의 새

---

197 갑골문의 자형을 살펴보면 '相'은 나무의 모양과 눈의 모양이 서로 결합되어 이루어진 글자로 나온다. (李樂毅,『漢字正解』2, 비봉출판사, 1994 p.422)
198 許愼,『說文解字』四篇 上8, "相, 省視也, 從目木, 易曰, 地可觀者, 莫可觀於木" 이에 대한 段玉裁의 注에 따르면 "目接物曰相, 故凡彼此交接皆曰相, 其交接而扶助者, 則爲相瞽之相"라고 하였다.
199『易經』大過卦, 象曰, "老夫女妻, 過以相與也", 咸卦 象曰 "咸, 感也, 柔上而剛下, 二氣感應以相與…", 恆卦 象曰 "久也, 剛上而柔下, 雷風相與…", 泰卦 象曰 "…成天地之道, 輔相天地之宜, 以左右民", 井卦 象曰, "木上有水, 井:君子以勞民勸相"

싹이 땅 위로 돋아나서 자라는 모습이다.[200] 『설문해자』에는 "생生은 나아감[進]이니, 초목이 땅위로 생겨나는[生出] 것을 형상하였다"라고 하였다.[201] 여기서 '생生'자의 의미는 일차적으로 '생겨남'의 뜻을 지니고 이어서 '생산生産' '생장生長' '생성生成' '생명生命' 등의 다양한 의미로 사용되게 되었다. 하지만 이러한 '생生'자의 의미는 단지 현상적인 설명일 뿐이며, 그 근저에는 보다 깊은 철학적 의미가 담겨 있음을 간과해서는 안 된다. 이는 주로 『주역周易』의 사고방식에 기초를 둔 것으로 경전 상에서는 '화생化生'이라는 단어로 그 뜻이 사용되고 있다.[202] 여기서 말하는 '화생'이란 단순히 생겨난 현상 그 자체에 그쳐서 보지 않고 그것이 생겨나기 위한 근거가 전제되어 있음을 암시하고 있다. 즉 '천지의 큰 덕을 가리켜 생生이라고 한다'[203]라고 할 때의 '천지天地'는 각각 음陰과 양陽을 대표하는 사물로서 모든 생生의 근저를 이루며, 그러한 천지의 덕을 합한 대덕大德의 결과가 곧 생으로 나타난다는 말이다.[204] 이러한 생이 다양하게 엮어져 변화해가는 현상세계를 두고서 『주역』에서는 '역易'이라는 말로 규정하고 있으며,[205] 이러한 역에는 또한 불변의 이치에 해당하는 태극太極이 있어서 이것이 음양, 사상四象 팔괘八卦를 형성하고 만물을 생성하는 이론적 근거가 되고 있음을 밝히고 있다.[206] '생生'의 의미를 철학

---

200 李樂毅, 위의 책, p.428.
201 『說文解字』六篇 下 4, "生進也, 象艸木生出土上"
202 『易經』咸卦 象曰, "咸, 感也, 柔上而剛下, 二氣感應以相與, …天地感而萬物化生…"
203 『易經』繫辭下傳, 第一章, "天地之大德曰生"
204 『易經』繫辭下傳, 第六章, "…乾陽物也, 坤陰物也, 陰陽合德, 而剛柔有體…"
205 『易經』繫辭上傳, 第五章, "生生之謂易, 成象之謂乾, 效法之謂坤…"

적으로 종합하여 이해해본다면, 먼저 근원적 원리인 태극에 근거를 두고 그에 내재한 양면적 속성이 각각 하나의 덕을 이루면서 만물간의 대대관계성이 규정되며, 나아가 그러한 관계 하에 놓인 사물의 덕성이 상호 결합되어 나타나는 모든 현상의 총체를 말하고 있다.

이상에서 살펴본 출전에 따라 '상생'의 개념을 순차적으로 정리해보면 다음과 같다. 우선 상생은 모든 자연 사물의 상호관계를 전제한 상대적 양면성을 배경으로 하고 있으며, 그 관계의 논리는 대대성對待性에 입각하여 서로 반대되지만 적극적으로 서로를 필요로 하고, 나아가 근원적 일원성一元性에 의해 합치되는 세계를 그리고 있다. 이것이 인간사회의 실천론으로 해석되면 자기 긍정을 위한 적극적인 상호성취의 노력으로 나타나며, 상대의 성공을 통하여 곧 자신의 성공을 이루는 유기적 도달체계를 나타내게 된다.

2) 상생이념의 특징

■ 후천세계의 지배원리

대순사상에서의 상생은 '후천'이라는 세계와 불가분의 관계에 놓여있다. 우리 인류가 직면하고 있는 새로운 시대가 그저 인류사의 발전에서 자연스럽게 주어지는 것이 아니라 어떤 혁명적인 전환을 경험하고 있다면 그것은 상제께서 천지공사를 통

---

206 『易經』繫辭上傳, 第十一章, "是故, 易有太極, 是生兩儀, 兩儀生四象, 四象生八卦, 八卦定吉凶, 吉凶生大業"

해 예비한 후천의 내용과 부합하고 있음을 발견할 필요가 있다. 우연적인 변화가 아니라 상제의 의지에 의해 필연적으로 주어지는 세계가 바로 후천이다. 후천은 또한 어떠한 갈등도 없고 조화로우며 상서가 무르녹는 이상세계이다. 이러한 세계에 적응하기 위해서는 하나의 이념적 토대로 선언된 '상생'이야말로 새로운 가치관으로 기능하기에 충분한 것이라 하겠다. 즉 상생은 천지공사 이후에 주어진 현대문명이 후천세계로 진입하기 위한 전제조건으로서 일찍이 상제께서 선언한 위대한 진리이다.

『전경典經』에서 밝히고 있는 이러한 '상생'의 의미는 다음의 일련의 성구를 통해 확연히 드러나고 있다.

① 선천의 도수를 뜯어고치고 후천의 무궁한 선경의 운로를 열어서 선천에서의 상극에 따른 모든 원한을 풀고 상생相生의 도道로써 세계의 창생을 건지려는 상제의 뜻은 이미 세상에 홍포된 바이니라.[207]

② 삼계가 개벽되지 아니함은 선천에서 상극이 인간지사를 지배하였으므로 원한이 세상에 쌓이고 따라서 천天·지地·인人 삼계가 서로 통하지 못하여 이 세상에 참혹한 재화가 생겼나니라.[208]

---

207 『전경』 예시 6절.
208 『전경』 예시 8절.

③ 그러므로 상제께서 오셔서 천지도수를 정리하고 신명을 조화하여 만고에 쌓인 원한을 풀고 상생의 도를 세워 후천 선경을 열어놓으시고 신도를 풀어 조화하여 도수를 굳건히 정하여 흔들리지 않게 하신 후에 인사를 조화하니 만민이 상제를 하느님으로 추앙하는 바가 되었도다.[209]

위의 글을 종합해볼 때 '상생'은 선천의 모든 문제를 야기하였던 '상극'과 대조를 이루는 개념으로 새로운 패러다임으로의 전환을 이끌고 있다. '상생'은 그러한 새로운 시대를 주도하는 진리로서 후천세계를 이해하는 주된 방식이 될 수 있으며, 새로운 사고방식의 전형으로 등장한다. 상생이 지배하는 세계에서는 어떠한 원한도 발생할 수 없으며 오로지 화해와 공존의 분위기에서 지상선경地上仙境을 누리게 됨을 밝히고 있는 것이다.

■ 해원解冤과 보은報恩 그리고 상생相生의 역학적 관계

후천의 '상생'이념이 지배하기 위해서는 그 전제조건으로서 '해원'이 수반되지 않으면 안된다. 즉 상생은 어떤 대립물의 갈등도 발생하지 않고 상호 적극적인 도움과 성취만이 주어지는 관계인데 선천에서 노정하였던 원한의 역사는 또한 그 관계성으로서의 상극에 기인한 것이므로 해원의 과정을 거치지 않으면 후천으로의 전환이 불가능하다. 말하자면 해원을 통한 앞선 역사의 정리가 곧 뒤이을 역사의 가치를 새롭게 정초시켜줄 수 있다는 것이다. 선천의 상극시대가 해원에 의해 정리된다는 것은

---

[209] 『전경』 예시 9절.

후천에서 그러한 원한이 다시는 발생하지 않도록 하는 새로운 패러다임을 예고하는 것이기도 하다. 여기에 '해원'과 '상생'은 이상세계로서의 후천을 위한 동일한 맥락에 놓여있다고 본다. 선천의 관계성을 규정한 상극에서 양편의 원한이 풀리는 것이 해원이고, 해원이 되어야 상생이 된다는 것으로 해원과 상생의 연계성을 발견하며 또한 상생을 실천함으로써 해원이 될 수 있는 역학적 관계가 성립하고 있는 것이다.[210]

그렇다면 해원을 위해 어떤 실천이 가능할 것인가. 무엇보다도 상호관계성에 있어서 서로에 대한 가치를 인정하고 자기 위치에서의 도리를 다하는 것이 되어야 한다. 자신의 존재를 긍정하기 위해서는 반드시 상대의 존재 또한 긍정하지 않으면 안 되며, 상대방을 부정함이 곧 자신의 부정이 된다는 '대대'관념의 연장선상에서 그 윤리적 실천이 요구되고 있는 것이다. 『전경』에서 언급되고 있는 다음의 성구는 이와 같은 내용을 잘 뒷받침해주고 있다.

> 원하는 바는 사람의 도리이니, 임금이 되고자 하나 임금이 될 수 없고, 부모가 되고자 하나 부모가 될 수 없고, 스승이 되고자 하나 스승이 될 수 없다. 임금이 있으나 신하가 없으면 그 임금이 어디에 설 수가 있겠으며, 부모만 있고 자식이 없으면 그 부모가 어디에 설 수 있으며, 스승이 있으나 배우는 자가

---

[210] 『대순지침』에서도 이와 같은 해원과 상생의 관계를 다음과 같이 명시하고 있다. "해원解寃은 척感을 푸는 일이며 척을 맺는 것도 나요 푸는 것도 나라는 것을 깨닫고 내가 먼저 풀므로써 상대는 스스로 풀리게 되니, 양편이 척이 풀려 해원이 되고 해원이 되어야 상생이 된다는 것을 깊이 깨달아야 할 것이다."(p.27)

없으면 그 스승이 어디에 설 수 있겠는가. 아주 큰 곳에서부터 아주 작은데 이르기까지 천지의 귀신이 살피고 있다.[211]

이 글에서 알 수 있듯이, 임금과 신하, 부모와 자식, 스승과 제자라는 명칭은 서로의 존재가 없이는 성립될 수 없는 개념이다. 모든 자리는 상대의 자리에 의해서 긍정되므로 서로가 서로를 적극적으로 필요로 하고 있다는 말이다. 신하 없는 임금, 자식 없는 부모, 제자 없는 스승은 이미 그 이름이 지니는 본질로 인해 성립할 수가 없으므로 설 곳이 없다고 하였다. 이로써 양자兩者는 서로 독립된 실체로서 존재할 수 없고 오직 상대와의 본질적인 연관성을 전제로 하여 성립되는 적극적인 관계개념으로 이해되어야만 한다.[212] 양자의 관계에 있어서 제시되는 윤리적 당위성은 이러한 본질적 대대관계에 대한 자각에서 도출되어질 수 있다. 임금이 임금 되기 위해서는 자신의 자리를 있게 해준 신하들에 대해 적극적인 조력과 성취에 힘을 써야 할 것이며, 부모가 자식에 대해, 스승이 제자에 대해서도 역시 상대적 성취를 위해 도리를 다하는 것이 되어야 한다. 이렇게 상대적 긍정을 전제로 한 자기 도리의 실천을 한마디로 말한다면 '보은報恩', 즉 '은의恩義에 보답하는 행위'라고 할 수 있으며 이것은 나아가 '상생'의 실현과 직결될 수 있다. 상생은 상호간의 근원적 일체감을

---

[211] 『전경』 공사 3장 40절, "所願人道, 願君不君, 願父不父, 願師不師, 有君無臣其君何立, 有父無子其父何立, 有師無學其師何立, 大大細細天地鬼神垂察"
[212] 이 같은 관계개념은 동양철학의 '음양'에 관한 이해에서도 익히 주지되어 온 바이다. 음양은 어떤 실체개념이 아닌 '상함적 관계' 또는 세계이해를 위한 하나의 범주로 설명되어진다.(최영진, 上揭論文, pp.34-35)

전제로 하므로 상호 은의로써 대할 때 자기 존재가 비로소 긍정되는 것과 같다.

이처럼 해원과 보은 그리고 상생은 상호 역학적인 관계에 의해서 다 같이 후천세계의 가치를 지향하고 있다. 선천의 한계와 모순은 해원에 의해서 극복되고 이러한 해원이 전제가 된 상태에서 상생의 이념이 실현될 수 있다. 반대로 상생은 그 실천적 해석에 의해 해원을 가져다주는 역기능도 가진다. 이때 보은은 상호관계성에 대한 의식전환을 통해 나타나는 대타적對他的 실천으로 볼 수 있는데, 해원을 가능하게 하고 나아가 상생을 실현하는 방안으로 자리매김 될 수 있다. 따라서 해원은 보은을 필요로 하고 해원과 보은은 다시 상생을 지향하는 것으로 그 관계성이 드러나며, 이로써 상생은 해원 · 보은과 결합된 가치로서 새롭게 그 의미를 드러내고 있는 것이다.

■ 인류평화의 지도이념

오늘날 문명의 흐름을 반영하는 '세계화'라는 구호 속에 인류가 보다 나은 미래를 성취하기 위해서 반드시 달성해야만 하는 과제가 있다면 그것은 바로 '평화'이며 여기에 요구되는 일차적 문제는 인류 스스로가 지녀야만 하는 공통의 가치관이다. 소위 문명의 충돌론도 그 충돌을 증빙하기 위한 사례들은 충분히 제시하지만 어떻게 문명충돌을 넘어 문명 간의 이해와 교류 그리고 문명 간의 융합을 이루어낼 것인가에 관한 고민은 박약했다고 본다.[213] 설령 다원적 문화나 종교가치관이 함께 공존하더라도

---

213 김명섭, 「상생의 국제질서와 세계정부」, 『국제이해교육』 통관7호, 아시아 · 태평

갈등이나 충돌이 없이 조화로운 공동사회를 지향하려면 역시 함께 신뢰하고 존중하는 보편적 가치와 윤리적 규범이 있어야만 한다. 윤리적인 기준이나 가치관마저 이질적이며 대립적이 된다면 한 사회나 공동체 안에서 결코 평화롭게 살 수 없기 때문이다.[214] 칸트도 말한 바 있듯이, 평화란 전쟁이 일시적으로 중단된 상태를 의미하는 것이 아니라 모든 적대감이 제거되고 보편적인 이성의 법이 실현된 상태에서만 비로소 경험될 수 있는 '영구적 평화(Pax Perpetua)'를 의미한다고 하였다.[215] 오늘날 '상생'이 지닌 이념적 가치는 바로 이러한 현대문명이 지향하는 평화적 세계에 요구되는 인류 공통의 가치관으로 제시된다는 데 있다 하겠다.

인류평화와 관련하여 『전경』의 성구에서 말하고 있는 내용을 살펴보면 다음과 같이 '상생'을 언급한 구절이 나온다.

> 제생 의세濟生醫世는 성인의 도요 재민 혁세災民革世는 웅패의 술이라. 벌써 천하가 웅패가 끼친 괴로움을 받은 지 오래되었도다. 그러므로 이제 내가 상생相生의 도로써 화민 정세하리라. 너는 이제부터 마음을 바로 잡으라. 대인을 공부하는 자는 항상 호생의 덕을 쌓아야 하느니라. 어찌 억조 창생을 죽

양 국제이해교육원,2002, p.45.
214 이삼열, 「상생의 세계와 세계시민의 윤리」, 『국제이해교육』 통권7호, 아시아 · 태평양 국제이해교육원,2002, p.43.
215 엄정식, 「칸트와 현대의 평화사상」, 『평화의 철학』, 철학과 현실사, 1995, pp.172-173. (칸트의 경우 평화란 역사성과 사회성을 넘어서는 "영구적 평화"를 의미하며 그것을 보장하는 장치는 어느 시대나 어느 지역에 사는 인류에 의해서가 아니라 인간이라는 이성적 존재에 의해서 구성되는 세계시민적 기구이어야 하는 것이다. 이를 위해서 칸트는 모든 민족과 국가와 사회를 초월하는 이른바 '국제법'이 존재해야 된다고 보았다.)

이고 살기를 바라는 것이 합당하리오.²¹⁶

윗글에서 '제생의세'와 '재민혁세'는 서로 대조를 이루고 있다. 특히 재민혁세는 웅패雄覇의 술術로서 힘의 논리가 지배된 전쟁의 역사를 대변하는 개념으로 볼 수 있다. 선천의 역사는 상극에 지배되어 원한이 쌓인 세계이므로 끊임없는 전쟁이 야기되고 그 결과 인류에게 수많은 재앙을 가져다주었다. 하지만 후천은 더 이상 전쟁이 없는 평화의 세계로서 인류에게 낙원의 이상을 실현시켜주기 위해 상제께서 예비한 역사이다. '상생'은 이러한 후천을 주도하는 원리로서 거론되고 있는데, 곧 위기에 처한 인류를 구제하고 치료하는 성인의 도道이다. 성인의 도는 '호생好生의 덕德'을 그 내용으로 삼는다. '천지의 대덕大德'에 해당하는 '생'을 존중하고 나아가 모든 만물의 자기 성취를 가능하게 하는 것이 바로 성인의 도이다. 모든 개체가 지닌 생명 또한 존중되고 보호되어야 하며, 어떠한 경우에라도 자기 의지에 반하는 죽임을 당해서는 안 된다는 것이 성인의 관점이다. 이로써 '상생'은 타인의 생명을 적극적으로 긍정하고 성취시켜 나가며 아울러 자기 생명을 인정받는 길이 되므로 영원한 평화를 이룰 수 있는 원리로 작용한다.

4. 해원상생과 천지공사

대순진리회 종지로서의 해원상생은 구천상제께서 행하신 천지

---
216 『전경』 교운 1장 16절.

공사의 대역사를 통해 이미 실현된 바 있다. 해원상생이 진리가 될 수 있음은 상제께서 행하신 모든 천지공사의 기본 방향이었으며 그 결과 오늘날의 인류가 맞이하는 후천의 실상이기 때문이다. 그 구체적인 공사의 전거典據를 『전경』에서 찾아보면 다음과 같다.

1) 신명해원

천지공사에서 행해진 해원상생의 공사는 모든 분야에 걸쳐 행해졌지만 특히 신명계에서의 해원이 가장 우선시되어야 함을 강조하고 이에 수반된 공사들이 집행되었다. 즉 상제께서는 '지금은 신명해원시대'[217]라고 말씀하시고 삼계공사를 착수하시어 먼저 신명의 해원공사를 행하였다.

> "그러므로 내가 천지의 도수를 정리하고 신명을 조화하여 만고의 원한을 풀고 상생相生의 도로 후천의 선경을 세워서 세계의 민생을 건지려 하노라. 무릇 크고 작은 일을 가리지 않고 신도로부터 원을 풀어야 하느니라. 먼저 도수를 굳건히 하여 조화하면 그것이 기틀이 되어 인사가 저절로 이룩될 것이니라. 이것이 곧 삼계공사三界公事이니라"고 김형렬에게 말씀하시고 그 중의 명부공사冥府公事의 일부를 착수하셨도다.[218]

---

217 『전경』 교운 1장 20절.
218 『전경』 공사 1장 3절.

상제께서 가라사대 "명부의 착란에 따라 온 세상이 착란하였으니 명부공사가 종결되면 온 세상 일이 해결되느니라." 이 말씀을 하신 뒤부터 상제께서 날마다 종이에 글을 쓰시고는 그것을 불사르셨도다.[219]

상제께서 삼계가 착란하는 까닭은 명부의 착란에 있으므로 명부에서의 상극 도수를 뜯어고치셨도다. 이로써 비겁에 쌓인 신명과 창생이 서로 상생하게 되었으니 대세가 돌려 잡히리라.[220]

위의 구절들을 살펴보면 모든 천지공사의 방법은 우선 신도로부터 원을 풀어야 된다고 한다. 무엇보다 신도는 인사人事를 이룩하는 기틀이 되기 때문이다. 따라서 명부의 착란으로 온 세상이 착란하였으므로 명부에서의 상극도수를 뜯어고침으로써 비겁에 쌓인 신명과 창생이 서로 상생하게 만드는 것이 천지공사의 주된 방법이다.[221] 이와 같은 신명해원공사에 거론된 역사적 인물로는 신농씨, 단주, 진묵으로부터 전명숙, 최수운 등을 들 수 있다.

---

219 『전경』 공사 1장 5절.
220 『전경』 예시 10절.
221 『전경』 공사 1장 5, 7절, 예시 10절.

2) 국가, 민족해원

해원상생의 공사 범위에는 하나의 국가와 민족단위도 포함된다. 전경에는 조선, 중국, 일본 등에 대한 해원공사가 나온다. 이를 살펴보면 다음과 같다.

첫째, 조선의 국운을 회복하는 공사이다.

> 또 상제께서 장근으로 하여금 식혜 한동이를 빚게 하고 이날 밤 초경에 식혜를 큰 그릇에 담아서 인경 밑에 놓으신 후에 "바둑의 시조 단주丹朱의 해원도수를 회문산回文山 오선위기혈五仙圍碁穴에 붙여 조선 국운을 돌리려 함이라.…"[222]

상제께서 하신 말씀 중에는 천하를 대순하시다가 조선에 강세하신 것이 참화 중에 묻힌 무명의 약소민족을 도와서 만고에 쌓인 원을 풀어주려는 데 뜻이 있다고 하였다.[223] 또한 '조선처럼 신명을 잘 대접하는 곳이 이 세상에 없다.'[224]고 하였으며, 조선은 약소민족으로 수많은 원한이 쌓여있는 나라이지만 신명을 어느 나라보다도 잘 대접하였기에 신명들이 그 은혜를 갚고자 한다고 하였다. 이로써 상제께서는 단주의 해원도수를 오선위기혈에 붙여 조선의 국운을 돌리는 것으로 조선국의 원을 풀어주고자 하시었다.

---

222 『전경』 공사 2장 3절.
223 『전경』 권지 1장 11절.
224 『전경』 교법 3장 22절.

둘째는 일본의 원을 풀어주시었다.

상제께서 어느날 가라사대 "조선을 서양으로 넘기면 인종의 차별로 학대가 심하여 살아날 수가 없고 청국으로 넘겨도 그 민족이 우둔하여 뒤 감당을 못할 것이라. 일본은 임진란 이후 도술 신명사이에 척이 맺혀 있으니 그들에게 맡겨주어야 척이 풀릴지라. 그러므로 그들에게 일시 천하 통일지기一時天下統一之氣와 일월대명지기日月大明之氣를 붙여주어서 역사케 하고자 하나 한 가지 못 줄 것이 있으니 곧 인仁이니라."[225]

한편 일본은 임진란에서 세 가지의 한을 맺었다. 서울에 들어오지 못한 점, 인명이 많이 살해된 점, 모 심는 법을 가르친 것이 그것이다.[226] 따라서 해원시대를 맞아 삼한三恨을 풀어주었고 일시천하통일지기와 일월대명지기를 붙여주어서 역사케 하였다.

셋째는 중국의 해원공사이다.

상제께서 원일과 덕겸에게 "너희 두 사람이 덕겸의 작은 방에서 이레를 한 도수로 삼고 문밖에 나오지 말고 중국 일을 가장 공평하게 재판하라. 너희의 처결로써 중국 일을 결정하리라" 이르시니 두 사람이 명하신 곳에서 성심 성의를 다하여 생각하였도다. 이렛날에 원일이 불려가서 상제께 "청국은 정치를 그릇되게 하므로 열국의 침략을 면치 못하며 백성이 의

---

225 『전경』 공사 2장 4절.
226 『전경』 예시 74절.

지할 곳을 잃었나이다. 고서古書에 천여불취 반수기앙天與不取 反受其殃이라 하였으니 상제의 무소불능하신 권능으로 중국의 제위에 오르셔서 백성을 건지소서. 지금이 기회인 줄 아나이다"고 여쭈어도 상제께서 대답이 없으셨도다. 덕겸은 이레 동안 아무런 요령조차 얻지 못하였도다. 상제께서 "너는 어떠하뇨" 하고 물으시는 말씀에 별안간 생각이 떠올라 여쭈는지라. "세계에 비할 수 없는 물중지대物衆地大와 예악문물禮樂文物의 대중화大中華의 산하山河와 백성이 이적夷狄(오랑캐)의 칭호를 받는 청淸에게 정복되었으니 대중화에 어찌 원한이 없겠나이까. 이제 그 국토를 회복하게 하심이 옳으리라 생각하나이다." 상제께서 무릎을 치시며 칭찬하시기를 "네가 재판을 올바르게 하였도다. 이 처결로써 중국이 회복하리라" 하시니라. 원일은 중국의 해원 공사에만 치중하시는가 하여 불평을 품기에 상제께서 가라사대 "순망즉치한脣亡則齒寒이라 하듯이 중국이 편안함으로써 우리는 부흥하리라. 중국은 예로부터 우리의 조공을 받아 왔으므로 이제 보은신은 우리에게 쫓아와서 영원한 복록을 주리니 소중화小中華가 곧 대중화大中華가 되리라" 일러 주셨도다.[227]

윗글에서 중국은 천하의 대국으로서 대중화大中華의 칭호를 들었으나 청淸에 정복되어 원한을 갖고 있었다. 상제께서 행한 천지공사로 인해 중국은 장차 국토를 회복하고 또한 우리 민족이 보은을 받아서 부흥하게 될 것을 말하고 있다.

---

227 『전경』 공사 3장 18절.

3) 제도, 관습으로부터의 해원

인간이 원한을 맺는 여러 가지 환경적인 요인 중 하나가 제도와 관습이다. 불공정한 제도와 관습으로부터 차별과 억압, 대립과 투쟁 및 불평등이 심화되므로 여기에서 또한 많은 사람들의 원한이 생겨나게 된다. 상제께서 천지공사를 행하시기 전까지 세계적으로 민족, 국가 간, 계급, 계층 간, 남·여 간의 차별과 모순들이 급격히 심화되어 있었다. 특히 조선은 반상과 적서의 차별 그리고 남존여비의 제도와 관습이 뿌리 깊은 나라였다. 이에 대한 천지공사의 내용을 살펴보면 다음과 같다.

첫째는 반상의 구별과 적서의 차별에 대한 공사이다. 반상과 적서의 차별은 그 사회의 구성원들로 하여금 불화를 조장하는 대표적인 제도이다. 이로 인해 수많은 사람들의 불만과 갈등이 야기되었고, 당대에는 동학농민혁명으로 대표되는 민란도 발생하였다. 따라서 천지공사에는 사회적으로 그 차별을 없애는 과정이 필요하다.

> 상제께서 비천한 사람에게노 반느시 존댓날을 쓰셨노나. 김형렬은 자기 머슴 지 남식을 대하실 때마다 존댓말을 쓰시는 상제를 대하기에 매우 민망스러워 "이 사람은 저의 머슴이오니 말씀을 낮추시옵소서" 하고 청하니라. 이에 상제께서 "그 사람은 그대의 머슴이지 나와 무슨 관계가 있나뇨. 이 시골에서는 어려서부터 습관이 되어 말을 고치기 어려울 것이로되 다른 고을에 가서는 어떤 사람을 대하더라도 다 존경하라. 이후로는 적서의 명분과 반상의 구별이 없느니라" 일러 주셨도다.[228]

둘째는 남존여비의 관습에 대한 철폐이다.

상제께서 "이제는 해원시대니라. 남녀의 분별을 틔워 제각기 하고 싶은 대로 하도록 풀어놓았으나 이후에는 건곤의 위치를 바로잡아 예법을 다시 세우리라"고 박공우에게 말씀하시니라. 이때 공우가 상제를 모시고 태인읍을 지나는데 두 노파가 상제의 앞을 가로질러 지나가기에 상제께서 길을 비켜 외면하셨도다.[229]

당시에 내려오던 남존여비의 관습은 여자들에게 복종과 불평등을 강요하였다. 그리하여 상대적으로 여성이 가지는 남성에 대한 원한이 아주 뿌리 깊었다고 본다. 상제께서는 이러한 선천의 도수를 뜯어고쳐 후천의 정음정양으로 음양도수를 조정하는 공사를 행하였고 '대장부大丈夫 대장부大丈婦'라 하여 여성의 지위를 높여주었다.[230]

4) 땅과 금수의 해원

상제의 천지공사는 비단 인간사회에만 적용되는 것이 아니라 자연사물과 동물까지도 포함하는 전 우주적인 역사이다. 이에 따라 공사 내용에는 하늘과 땅 그리고 자연동물에 관한 해원이 포함되어 있다.

---

228 『전경』 교법 1장 10절.
229 『전경』 공사 1장 32절.
230 『전경』 공사 2장 16, 17절 참조.

선천에서는 하늘만 높이고 땅은 높이지 아니하였으되 이것은 지덕地德이 큰 것을 모름이라. 이 뒤로는 하늘과 땅을 일체로 받들어야 하느니라.[231]

이제 해원시대를 맞이하였으니 사람도 명색이 없던 사람이 기세를 얻고 땅도 버림을 받던 땅에 기운이 돌아오리라.[232]

상제께서 대원사에서의 공부를 마치고 옷을 갈아입고 방에서 나오시니 대원사 골짜기에 각색의 새와 각종의 짐승이 갑자기 모여들어 반기면서 무엇을 애원하는 듯하니라. 이것을 보시고 상제께서 가라사대 「너희 무리들도 후천 해원을 구하려 함인가」 하시니 금수들이 알아들은 듯이 머리를 숙이는도다. 상제께서 「알았으니 물러들 가 있거라」고 타이르시니 수많은 금수들이 그 이르심을 좇는도다.[233]

위의 『전경』구절들을 살펴볼 때 해원상생의 천지공사는 하늘과 땅이라는 대국大局적인 범위에 걸쳐 진행된 것임을 알 수 있다. 특히 땅은 하늘에 비해 상대적으로 천시되었던 것을 지적하고 해원시대에는 하늘과 땅을 일체로 받들어야 함을 강조하고 있다. 또한 상제께서 천지공사를 행하시고자 할 때 각종의 새와 짐승들이 먼저 알고 상제님 앞에 모여들었다고 하니 이는

---

231 『전경』 교법 1장 62절.
232 『전경』 교법 1장 67절.
233 『전경』 행록 2장 15절.

짐승들에 대해서도 후천 해원의 진리가 적용되는 것을 말한다.

이상으로 해원상생의 진리와 천지공사의 내용을 상호 연계하여 살펴보았다. 대표적으로 신명계, 국가와 민족, 제도와 관습, 자연사물과 동물 등을 대상으로 행해진 해원상생의 공사들을 예로 들었으나 이는 모두 천지공사의 전체적인 방향을 가늠하는 실례임을 알 수 있다. 즉 천지공사의 모든 방향은 해원상생의 진리에 입각해서 진행되었으며, 그 범위는 전 우주적인 영역에 걸쳐있음을 보여주고 있다 하겠다.

5. 해원상생의 실천방법론

해원상생의 진리를 현실에서 실천하기 위해서는 그 주된 방법에 대한 이해를 필요로 한다. 여기에는 신앙체계 내에서 하나의 신앙적 표현 형태로 나타나는 실천이 있을 수 있고, 하나의 사회생활 속에서의 실천도 있다. 전자의 형태를 규정하는 것이 바로 수도생활이며 그 구체적인 방법은 '신조信條'의 형태로 나타난다. 후자는 대對사회적 모범을 보이는 것으로써 곧 종단의 '훈회訓誨'와 '수칙守則'을 생활화하는 것이 된다. 이 양자兩者고루 겸비하여 수도생활에 만전을 기하고 또한 타인과 사회에 대한 책임의식으로 모든 생활을 해 나갈 때 비로소 해원상생을 실천한다고 할 수 있을 것이다.

1) 신조에 의한 수도생활

대순진리회의 신조는 종단의 교리체계에 있어서 종지宗旨, 목적目的과 더불어 그 중심을 이루는 항목이다. 즉 신조는 교리적으로 규정된 하나의 신앙적 실천방법에 대한 조항으로 볼 수 있다. 종지에서 표현된 진리적인 이념을 통해 이상적 인간상을 이루기 위해서는 신조에 나타난 교훈을 철저하게 지켜나가야 한다. 아무리 진리가 위대하다 할지라도 그것을 현실에서 실현할 수 없다면 공허하다. 종단의 목적에서 명시된 인간과 세계의 궁극적인 목적을 이루기 위해서는 반드시 신조의 실천을 통해서만이 도달 가능함을 명시한 것이다.

대순진리회 신조는 크게 두 가지 영역으로 나뉜다. 하나는 사강령四綱領이며, 또 하나는 삼요체三要諦이다. 이 중에서 사강령은 다시 안심安心·안신安身과 경천敬天·수도修道로 나눌 수 있으며, 삼요체는 성誠·경敬·신信의 세 가지로 구성된다. 사강령四綱領에서의 '강령'이란 신앙을 같이하는 모든 사람들의 행동 전체를 통솔하는 공통된 행동지침을 말한다. 삼요체에서의 '요체'는 신앙인 각자에게 요구되는 필수적인 생활자세가 있음을 말한 것이다. 이처럼 하나의 신앙실천을 위해서는 전체를 통솔하는 지침도 필요하고 또 개별적인 자아로부터 우러나오는 자세도 필요하다. 이 두 가지는 새의 양 날개와 같이 상호 불가분의 관계에서 고루 갖추어졌을 때 비로소 그 목적하는 바의 이념을 달성할 수 있게 된다고 본다.

2) 훈회와 수칙의 생활화

해원상생의 방법에 있어서 훈회와 수칙은 대순종단의 수도인으로서 갖추어야할 가장 기본적인 생활 자세를 규정하고 있다. 특히 해원상생의 진리와 관련하여 그 이념을 구현하기 위한 구체적인 조목이요 대사회적 실천이라는 점에서 훈회와 수칙의 중요성은 더욱 강조된다. 훈회와 수칙을 생활화함으로써 수도인은 곧 수도의 목적을 달성할 수 있고 또한 사회적 귀감이 되어 상제님의 덕화를 선양하게 되는 것이다.[234] 이에 훈회와 수칙에 대한 심도있는 이해가 필요하다.

대순진리회의 훈회는 다음과 같이 총 5가지의 조목으로 구성되어 있다. "첫째, 마음을 속이지 말라. 둘째, 언덕을 잘 가지라. 셋째, 척을 짓지 말라. 넷째, 은혜를 저버리지 말라. 다섯째, 남을 잘 되게 하라." 이상의 훈회내용은 모두 신앙대상이신 구천상제님의 가르침에 입각한 것이다. 또한 훈회에는 근본적으로 해원상생의 원리가 담겨있다고 본다. 훈회를 실천한다 함은 곧 구천상제님을 신앙하고 그 가르침에 따른다는 것을 뜻한다. 따라서 대순진리회 신앙인이라면 누구나 준수하고 항상 상기해야만 하는 사항이 바로 훈회라고 할 수 있다.

수칙은 앞에서 언급한 훈회의 가르침을 보다 구체적이고 사회적으로 실천하기 위한 세목細目이다. 이러한 수칙은 훈회와 더불어 해원상생을 근본원리로 삼는다. 수칙의 내용은 다음과 같다. "첫째, 국법國法을 준수遵守하며 사회도덕社會道德을 준행遵行하여

---

234 『대순지침』 pp.43-44 참조.

국리민복國利民福에 기여寄與하여야 함. 둘째, 삼강오륜三綱五倫은 음양합덕陰陽合德·만유조화萬有造化 차제次第 도덕道德의 근원根源이라, 부모父母에게 효도孝道하고, 나라에 충성忠誠하며, 부부화목夫婦和睦하여 평화平和로운 가정家庭을 이룰 것이며, 존장尊丈을 경례敬禮로써 섬기고 수하手下를 애휼愛恤 지도指導하고, 친우간親友間에 신의信義로써 할 것. 셋째, 무자기無自欺는 도인道人의 옥조玉條니, 양심良心을 속임과 혹세무민惑世誣民하는 언행言行과 비리괴려非理乖戾를 엄금함. 넷째, 언동言動으로써 남의 척感을 짓지 말며, 후의厚意로써 남의 호감好感을 얻을 것이요. 남이 나의 덕德을 모름을 괘의掛意치 말 것. 다섯째, 일상日常 자신自身을 반성反省하여 과부족過不足이 없는가를 살펴 고쳐 나갈 것." 이상으로 살펴본 수칙들은 모두 훈회의 연장선상에서 고찰된 것이다. 훈회와 수칙은 수도인의 신앙은 물론 일상생활에서의 삶의 자세를 규정하므로 무엇보다도 생활화하는 것이 필요하다. 그 근본원리는 해원상생에 있으므로 훈회와 수칙이야말로 수도의 목적달성을 위한 필수적인 실천방법임을 알 수 있다.

6. 맺음말

이상으로 대순진리회의 종지 해원상생에 대해서 살펴보았다. 여기에는 먼저 해원의 개념과 그 이념적 특징 그리고 상생의 개념과 특징을 각각 구분하여 이해하고, 이어서 해원상생이 천지공사에서 각각 어떻게 실현되었는가를 『전경』의 근거를 들어서 설명하고자 하였다. 끝으로 해원상생의 실천방법론에 대해서 훈회와 수칙을 중심으로 간략히 그 의의를 들어서 밝히고자 하였다.

　해원상생은 대순진리회 종지에 있어서 가장 실천적인 성격이 강한 것으로 오늘날 종단활동의 주된 이념이라고 할 수 있다. 물론 해원상생에는 대사회적 계몽의 성격도 있지만, 이 우주에 존재하는 모든 사물들 사이에서 그 바람직한 관계성을 규정짓고 있으므로 비단 사회적인 성격에만 그치는 것은 아니라고 하겠다. 이미 대순진리는 구천의 상제께서 강세하시어 선포하신 대우주적인 사상이므로 해원상생 또한 그 무한한 범위에 두루 적용되는 이념으로 보아야 한다. 이런 점에서 해원상생은 오늘날의 인류가 새로운 세계를 살아가기 위해 반드시 실천하고 생활화해야 하는 대강령으로서의 가치를 지니고 있는 것이다.

5장
도통진경론

1. 머리말

대순진리회 종지의 마지막 주제로서 도통진경道通眞境은 앞서 논의해왔던 세 가지 주제의 종지에 대해 총괄적이면서도 귀결적인 가치를 지닌다고 본다. 음양합덕陰陽合德과 신인조화神人調化 그리고 해원상생解冤相生은 모두 도통진경에 대한 묘사이자 구체적 실상에 속한다. 도통진경은 곧 음양합덕이 되고 신인조화를 이루며 해원상생하는 세계를 한마디로 압축하고 있는 것이다. 이와 같이 도통진경은 문자 그대로 '도道가 통한 참된[眞] 세계[境]'를 가리키고 있다.

도道는 곧 '진리'를 뜻하므로 '도통'은 그 진리로서의 도가 모든 사물과 인간 그리고 세계 전체에 두루 관통하는 것을 말한다. '진경'에서의 '진眞'은 거짓되거나 어떤 결함이 있어서는 안 된다. 즉 표면에만 그치지 않고 내면까지 일관되어야 하며, 어느 부분에만 머물지 않고 전체적으로 확산되어야만 '참되다'라고 할 수 있을 것이다. 이렇게 도통진경은 참된 진리의 구현이요 이 세계의 완전함에 도달되는 것을 지향하는 이념이라고 할 수 있다.

도통진경에 관한 이해는 '도' 또는 '진'이라는 단어가 지닌 추상성으로 인해 별도의 분석적 연구가 용이하지 않다. 하지만 사상적 특성에서 바라볼 때 그 사고방식의 문제나 이론적인 지향점에 대해서는 충분히 논의할 수 있다고 본다. 즉 '대순진리'라고 할 때의 '진리'가 지니고 있는 그 진리성에 대해서는 대체적인 방향성이 있다고 보고 그 특성을 언급하고자 하는 것이다. 이어서 천지공사의 기록에 입각하여 도통진경을 가능하게 하는 공사의 구체적인 내용을 찾아보고 나아가 그러한 도통진경의 실현과 후천선경의 실상에 대해 살펴보는 것으로 본문을 전개하고자 한다.

2. 도통진경의 이론적 특성

도통진경의 진리성은 대체로 다음의 네 가지 선상에서 탐구할 수 있다. 첫째는 근원성根源性이며 둘째는 다원성多元性, 셋째는 창의성創意性, 넷째는 통일성統一性이다. 이 네 가지는 모두 대순진리의 이론적 특성을 나타내며, 또한 도통진경이 지향하는 사상적 방향성을 함축한다. 본문에서는 이에 관해서 자세히 살펴보기로 하겠다.

1) 근원성根源性

도통진경이 지향하는 이론적 특성 가운데 가장 먼저 언급할 수 있는 것으로 근원성을 들 수 있다. 여기서 말하는 근원성이란 오늘날의 종교가 수없이 많은 갈래로 나누어진 양상에서 그 사상적 분파를 따라가기보다는 모든 종교의 근원을 궁리하는 태도를 일컫는다. 얼마든지 다양한 분열이 있다 하더라도 그 근원을 따져 나가면 모두 단일한 것에서부터 시작되었다고 본다. 이를 바탕으로 종교 간에도 상호간의 대화를 유도하고 그 근원적인 모습을 찾는데 주력해야 할 것이다.

그렇다면 이러한 근원성의 문제는 대순진리에서 어떻게 말하고 있는가. 다음의 전경구절에 그 단초를 엿볼 수 있다.

> 류찬명이 어느 날 상제를 모시고 있을 때 상제로부터 요堯·순舜의 도가 다시 나타나리라는 말씀을 들었다고 전하는도다.[235]

> 상제께서 하루는 공우에게 말씀하시길 "동학 신자는 최수운의 갱생을 기다리고, 불교 신자는 미륵의 출세를 기다리고, 예수 신자는 예수의 재림을 기다리나, 누구 한 사람만 오면 다 저의 스승이라 따르리라"고 하셨도다.[236]

첫 번째 구절에서 살펴보면 먼저 요·순의 도를 일컫고 있다. 요堯와 순舜은 모두 고대의 성군聖君으로서 정치와 교화를 함께 통제 관장한 것으로 알려져 있다. 이 때 요순의 도는 지금과

---

235 『전경』 교운 1장 46절.
236 『전경』 예시 79절.

같은 종교의 난립을 불러일으키지 않는 근원적 일치의 모습을 내포하고 있으며, 이러한 사상적 방향성은 도통진경에서 구현하고자 하는 것과 궤도를 같이 하고 있다. 두 번째 구절에 입각해서 보면, 오늘날의 종교적 현실을 말한다면 저마다 신봉하고 있는 교리의 특수성을 내세우고 각각의 신앙체계 내에서 고대하는 절대자의 위상을 나름대로 정립하고 있다. 즉 궁극적인 신앙의 완성은 그 신앙의 대상이 자신에게 현현顯現하는 것을 최종적인 목표로 삼고 있는 것만큼 그러한 궁극자의 존재가 종교마다 서로 다른 것으로 보는 데에서 서로간의 불협화음을 내고 있다고 본다. 이에 도통진경의 교의敎義에서는 모든 신앙의 근원이 하나로 귀일歸一한다는 데 근거하여 그 하나의 존재가 현현하는 데 따라 근원적 일치성을 회복할 수 있게 됨을 강조하고 있는 것이다.

여기서 근원성과 관련하여 또 한 가지 살펴볼 것은 '원시반본原始返本'에 대한 이론이다. 그 근거는 다음의 전경내용에서 찾아볼 수 있다.

> 옛적에 신성神聖이 입극立極하여 성聖·웅雄을 겸비해 정치와 교화를 통제 관장統制管掌하였으되 중고 이래로 성과 웅이 바탕을 달리하여 정치와 교화가 갈렸으므로 마침내 여러 가지로 분파되어 진법眞法을 보지 못하게 되었느니라. 이제 원시반본原始返本이 되어 군사위君師位가 한 갈래로 되리라.[237]

---

[237] 『전경』 교법 3장 26절.

무신년 四月 어느 날 또 종도들에게 가라사대 "이 세상에 성으로는 풍風성이 먼저 있었으나 전하여 오지 못하고 다만 풍채風采・풍신風身・풍골風骨 등으로 몸의 생김새의 칭호만으로 남아올 뿐이오. 그 다음은 강姜성이 나왔으니 곧 성의 원시가 되느니라. 그러므로 개벽시대를 당하여 원시반본이 되므로 강姜성이 일을 맡게 되었나니라" 하셨도다.[238]

즉 '원시반본'이란 본래의 근본적인 기준을 찾아서 거슬러 올라가 이념이나 사상에 있어서 분열이 없는 단일성을 회복하는 것을 말한다. 특별히 고대의 종교현상을 통해서 그 이념적인 특징을 찾는다면 일상의 정치적 생활과 관련되어 종교적 교화가 아울러 펼쳐졌다고 본다. 즉 위대한 신성神聖이 출현하였을 때 본래 성聖과 웅雄이 겸비되었으나, 중고 이래로 바탕을 달리하여 정치와 교화가 나뉘어져서 진법이 사라졌으므로 그것이 나눠지기 전의 모습이야말로 진법眞法이라고 표현할 수 있는 것이다. 이에 도통진경의 이론적 특성은 이러한 분리를 지양하는 의미에서 하나의 근원성을 회복하는 데 있으며, 그 세계의 변화 방향을 또한 원시반본이라는 말로 나타내고 있다. 이러한 원시반본의 의미는 모든 분야에 적용될 수 있으며, 특히 위의 전경구절에서는 새로운 시대의 창조역사를 주도해 나가는 인물이 인류 성씨의 처음인 강姜성으로 태어나게 됨을 밝히고 있다. 상제의 인신강세人身降世는 원시반본의 때를 당하여 이루어진 것이므로 인간의 성씨를 취할 때에도 그러한 이념에 입각하여 이루어

---

[238] 『전경』 행록 4장 17절.

지게 됨을 보여주고 있다.

이상에서 살펴본 바와 같이 근원성에 대한 것은 도통진경이 지향하는 하나의 이론적 특성이 되고 있음을 알 수 있다.

2) 다원성多元性

다원성이라 하는 것은 모든 종교사상을 두루 포괄할 수 있는 포용성과도 통한다. 오늘날 종교현상을 대변하는 커다란 조류 가운데 하나가 다원주의多元主義인데, 이는 분열된 종교 간의 대화를 유도하는데 목적이 있는 것으로 각자의 종교적 입장을 전제하고 나아가 상호 회통會通할 수 있는 여지를 모색하는 데 그 의의가 있다. 종교 다원세계에 처한 각 종교 공동체는 어떻게 하면 자신의 신앙을 타종교와 타협하거나 희생시키지 않으면서도 동시에 타인의 신앙을 존중하며 살 수 있는가 하는 문제에 부딪친다. 남녀노소, 언어, 민족, 문화의 장벽까지도 초월하는 종교적 신앙이라 할지라도 타종교와의 관계에 이르러서는 그 한계를 끝내 극복하지 못하고 인류공동체를 분열시키는 마지막 장벽으로 등장하는 것이다. 종교 간의 이해와 사랑은 바로 그 사랑을 담고 있는 종교적 메시지들의 도덕적 신뢰를 시험하는 최후의 시금석이라 해도 과언이 아니다. 종교다원사회에서 신앙인들 상호간의 이해와 사랑은 한 사회 공동체의 평화스러운 존립뿐만 아니라 신앙인들 자신의 도덕성, 나아가서 그들이 전하는 종교적 메시지 자체의 신빙성에 직결된 문제인 것이다.

도통진경이 지향하는 이론적 특성의 문제는 이상과 같은 문제에 있어서도 일정한 역할을 담당하여야 한다고 보고, 다원성의 요소를 내포하는 방향으로 그 이론이 전개되어 나가야 한다. 그 주요내용을 살펴볼 수 있는 근거로는 다음의 전경구절을 통해 확인해 볼 수 있다.

> 상제께서 "이후로는 천지가 성공하는 때라. 서신西神이 사명하여 만유를 재제하므로 모든 이치를 모아 크게 이루나니 이것이 곧 개벽이니라. 만물이 가을 바람에 따라 떨어지기도 하고 혹은 성숙도 되는 것과 같이 참된 자는 큰 열매를 얻고 그 수명이 길이 창성할 것이오. 거짓된 자는 말라 떨어져 길이 멸망하리라. 그러므로 신의 위엄을 떨쳐 불의를 숙청하기도 하며 혹은 인애를 베풀어 의로운 사람을 돕나니 복을 구하는 자와 삶을 구하는 자는 힘쓸지어다"라고 말씀하셨도다.[239]

위의 구절에서 언급된 바를 살펴볼 때 천지가 성공하는 때라 함은 곧 도통진경의 세계를 가리키고 있다. 이 때 모든 이치를 모아 크게 이룬다 함은 도통진경에서 지향하는 이론적 특성이 일종의 다원성 체계 속에서 이루어진다는 점을 드러낸 것이라 볼 수 있다. 각각의 사상이 나름대로의 논리와 특수성 혹은 진리성을 지니고 있는 만큼 그 입지를 충분히 살려주면서 전체적으로 어우러지게끔 하는 것이 도통진경의 세계에서 지향하는 목표이다.

상제께서 인세에 강세하시어 하나의 진리적 다원성을 시사하기 위해 하신 말씀으로 다음과 같은 구절이 주목된다.

---

[239] 『전경』 예시 30절.

"훼동도자毁東道者는 무동거지로無東去之路하고 훼서도자毁西道者는 무서거지로無西去之路하니라"고 류찬명柳贊明에게 이르셨도다.[240]

佛之形體仙之造化儒之凡節[241]

四월 어느 날 김보경의 집에서 공사를 행하시는데 백지 넉 장을 펼치시고 종이 귀마다 '천곡泉谷'이라 쓰시기에 그 뜻을 치복이 여쭈어 물으니 상제께서 "옛날에 절사한 원의 이름이라"고 가르쳐 주시고 치복과 송환으로 하여금 글을 쓴 종이를 마주 잡게 하고 "그 모양이 상여의 호방신護防傘과 같도다"고 말씀하시니라.

그리고 갑칠은 상제의 말씀이 계셔서 바깥에 나갔다 들어와서 서편 하늘에 한 점의 구름이 있는 것을 아뢰니 다시 명하시기에 또 나가서 하늘을 보고 들어와서 한 점의 구름이 온 하늘을 덮은 것을 여쭈었더니 상제께서 백지 한 장의 복판에 사명당四明堂이라 쓰시고 치복에게 가라사대 "궁을가에 있는 사명당 갱생이란 말은 중 사명당이 아니라 밝을 명 자를 쓴 사명당이니 조화는 불법佛法에 있으므로 호승예불형胡僧禮佛穴이오. 무병장수無病長壽는 선술仙術에 있으니 오선위기혈五仙圍碁穴이오. 국태민안國泰民安은 군신봉조혈群臣奉詔穴이오. 선녀직금혈仙女織錦穴로 창생에게 비단옷을 입히리니 六월 十五일 신농씨神農氏의 제사를 지내고 공사를 행하리라. 금년이 천지의

---

240 『전경』 교법 2장 30절.
241 『전경』 공사 3장 39절.

한문捍門이라. 지금 일을 하지 않으면 일을 이루지 못하나리라" 하셨도다.²⁴²

위 글의 첫 번째 인용문을 보면 "동쪽으로 가는 길을 방해하는 자는 동쪽으로 가는 길이 없고 서쪽으로 가는 길을 방해하는 자는 서쪽으로 가는 길이 없다"고 한 것은 동양과 서양의 다양한 사상적 갈래를 놓고 하나의 전체적 융화를 이루기 위한 교훈으로 볼 수 있다. 즉 동·서양의 종교는 상호 공존할 수 있는 다원적 시각에서 서로를 바라볼 것을 가리키고 있다. 이러한 다양한 사상적 갈래를 상호 인정하기 위해서는 사상적 본질과 입장에 대해서 이해할 것이 요구되는데, 이를 단적으로 설명한 내용이 그 다음의 인용문에서 설명되어 있다. 불교의 진리라는 것은 '형체形體'라고 하는 개념으로 압축되고 이는 사명당四明堂에서 조화를 부려나가는 영역을 담당하며, 선도仙道의 진리는 조화造化를 주장하며 이는 실질적으로 무병장수를 실현시키는 결과를 가져오고, 유도儒道는 많은 예법의 진리를 주장하면서 실질적으로는 국태민안國泰民安의 결과를 가져오는 것이다. 따라서 불교와 유교와 선도는 나름대로의 종교적 진리성을 담고 있으면서 그 실질적인 공효功效를 이루는 데 있어서도 일정한 역할을 담당하고 있는 것이다. 도통진경의 교의敎義를 이야기 할 때에도 이러한 유儒·불佛·선仙의 종교를 하나의 다원적 시각에서 바라보는 것을 전제하고 그것이 서로 회통會通할 수 있는 근거를 제시하는데 사상적 의의를 두어야 한다.

---

242 『전경』 행록 5장 15절.

그렇다면 이상의 다원성이 전제되어야만 하는 이유는 어디에 있으며 대순진리의 역할은 또 어디에서 찾을 수 있는가. 그것은 다음의 전경구절을 통해 볼 때 잘 알 수 있다.

신도神道로써 크고 작은 일을 다스리면 현묘 불측한 공이 이룩되나니 이것이 곧 무위화니라. 신도를 바로잡아 모든 일을 도의에 맞추어서 한량없는 선경의 운수를 정하리니 제 도수가 돌아 닿는 대로 새 기틀이 열리리라.
지나간 임진란을 최풍헌崔風憲이 맡았으면 사흘에 불과하고, 진묵震默이 당하였으면 석 달이 넘지 않고, 송구봉宋龜峰이 맡았으면 여덟 달에 평란하였으리라. 이것은 다만 선·불·유의 법술이 다른 까닭이니라. 옛적에는 판이 좁고 일이 간단하므로 한 가지만 써도 능히 광란을 바로잡을 수 있었으되 오늘날은 동서가 교류하여 판이 넓어지고 일이 복잡하여져서 모든 법을 합하여 쓰지 않고는 혼란을 능히 바로잡지 못하리라.[243]

상제께서 모든 도통신과 문명신을 거느리고 각 민족들 사이에 나타난 여러 갈래 문화文化의 정수精髓를 뽑아 통일하시고 물샐틈없이 도수를 짜 놓으시니라.[244]

세계의 모든 족속들은 각기 자기들의 생활 경험의 전승傳承에 따라 특수한 사상을 토대로 색다른 문화를 이룩하였으되 그

---

243 『전경』 예시 73절.
244 『전경』 예시 12절.

것을 발휘하게 되자 마침내 큰 시비가 일어났도다. 그러므로 상제께서 이제 민족들의 제각기 문화의 정수를 걷어 후천에 이룩할 문명의 기초를 정하셨도다.[245]

위의 첫 번째 예문에서 볼 때 오늘날은 동·서가 교류하여 판이 넓어지고 일이 복잡하여진 상황이며, 이 때 발생한 위기문제를 해결하기 위해서는 모든 법을 합하여 쓰지 않으면 혼란을 바로 잡을 수 없다는 것을 말한다. 이는 도통진경에서 다원성이 전제되어야만 하는 이유가 된다. 복잡다단해진 현실사회에서 상호 공존의 길을 택하기 위해서는 먼저 사상적 교류를 위한 열린 마음 자세가 요구되는 것이다. 그리하여 대순진리에서는 다양한 문화의 정수를 가려 뽑아서 하나의 전체 세계를 이루고, 이것이 곧 만인이 화평하게 어우러져 사는 이상세계가 될 수 있다고 본다. 이것을 설명한 내용이 바로 그 다음의 구절들에서 가리키고 있는 바다.

이상에서 살펴본 바와 같이 도통진경은 하나의 다원성속에서 그 교의敎義가 설명되고 있음을 알 수 있다.

3) 창의성創意性

도통진경의 이론은 그 자체가 지니고 있는 근원성·다원성의 특성과 관련하여 단순히 전대前代 사상의 장점을 인위적으로 융합하고자 하는데 목적이 있는 것이 아니다. 오히려 독창적인 안

---
245 『전경』 교법 3장 23절.

목과 탁월한 식견으로 정립되는 새로운 이념의 성격을 지닌다. 이러한 사상적 특질은 대순진리가 구천상제의 강림에 의해서 이루어졌다는 점에 기반하고, 상제의 권능에 의해 실현되어지는 신천지를 이끌어가는 사상이기 때문이다. 여기에 도통진경의 이론적 특성을 규정하는 또 하나의 관점을 말한다면 창의성을 들 수 있다. 다음과 같은 전경의 구절은 이를 잘 뒷받침하고 있다.

> 하루는 상제께서 가라사대 "대범 판 안에 있는 법을 써서 일하면 세상 사람의 이목의 저해가 있을 터이니 판 밖에서 일하는 것이 완전하리라"고 이르셨도다.[246]

> 상제께서 광구천하하심에 있어서 "판 안에 있는 법으로써가 아니라 판 밖에서 새로운 법으로써 삼계공사를 하여야 완전하니라" 하셨도다.[247]

즉 기존의 종교와 사상은 모두 판 안의 법에 해당하며, 이러한 판 안의 법을 놓고 서로 시비를 가린다면 많은 사람들로부터 비난을 받게 될 것이다. 이에 상제께서는 아예 판 밖의 법으로 모든 일을 꾸미게 된다. 하지만 판 밖이라고 해서 전혀 알 수 없는 말을 가지고 하는 것이 아니라 기존의 말을 가지고 표현하며 그것을 종합적으로 승화시킬 수 있는 지혜를 요구한다는 것이

---

246 『전경』 행록 2장 14절.
247 『전경』 예시 4절.

그 특징이다. 이는 상제께서 하신 말씀 가운데 "모든 일을 있는 말로 만들면 아무리 천지가 부수려고 할지라도 부수지 못할 것이고 없는 말로 꾸미면 부서질 때 여지가 없나니라"248고 한 데서 잘 드러난다. 기존의 종교사상을 인정하고 또 그것을 바탕으로 하되 그 자체의 연장이 아니라 승화 극복하는 면이 있음을 시사하는 것이다. 또 '고견원려왈지高見遠慮曰智'라고 하고 '大智 與天地同 有春夏秋冬之氣'249이라고 한 것은 그 지혜가 여타 사상의 단순한 조합이 아니라 이미 근본이 되고 또 만유를 이끌어 갈 수 있는 주체성이 있음을 표현한 말이다. "나는 생生·장長·염斂·장藏의 사의四義를 쓰나니 이것이 곧 무위이화無爲而化니라."250라고 하신 말씀도 같은 맥락에서 볼 수 있다. 이렇게 사상적 창의성을 발휘해 나가는 것이야 말로 새로운 사상의 진가를 드러낼 수 있는 부분이라 하겠다.

> 그 삼계공사는 곧 천·지·인의 삼계를 개벽함이요 이 개벽은 남이 만들어 놓은 것을 따라 하는 일이 아니고 새로 만들어지는 것이니 예전에도 없었고 이제도 없으며 남에게서 이어받은 것도 아니요 운수에 있는 일도 아니요 다만 상제에 의해 지어져야 되는 일이로다.251

---

248 『전경』 교운 1장 36절.
249 『전경』 제생 43절.
250 『전경』 교법 3장 27절.
251 『전경』 예시 5절.

근본적으로 상제의 천지공사는 인간세계는 물론이고 나아가 천지 우주에까지 이르는 새로운 세계의 창조에 그 목적이 있다. 이것은 개벽이라는 과정을 거쳐서 나타나는 신천지에 해당되므로 단순히 관념에만 머무는 것이 아닌 실제적인 일이다. 이 일은 인위적인 노력에 의존하는 것이 아니라 무소불위無所不爲의 권능을 지닌 절대자 구천상제의 권능에 해당하는 영역이다. 그리하여 상제의 권능이 유일한 만큼 그 사상적 경지도 유일하게 인식되어 "남이 만들어 놓은 것을 따라 하는 일이 아니고 새로 만들어지며 예전에도 없고 이제도 없으며 이어받은 것도 아니며 운수에 있는 일도 아닌, 오직 상제에 의해 지어지는" 유일한 독창성을 지닌다고 표현한 것이다.

4) 통일성統一性

도통진경의 이론적 특성에는 또한 통일성이 있다. 모든 종교적 분파가 하나의 근원 속에서 이해되어 질 수 있다면 나아가 다시 하나의 진리로 합쳐짐으로써 이념적 통일을 이룰 수 있는 것이다. 말하자면 도통진경의 시대는 진리로서의 도道가 온 천하에 두루 통하는 세상이므로 이념과 사상에 있어서도 그 통일적 모습을 기대해 볼 수 있는 것이다. 이런 점에서 도통진경의 이론적 특성은 모든 사상적 갈래를 하나로 모으는 통일적 성향을 가진다고 본다.

　여기서는 도통진경이 지향하는 통일적 성향으로서의 구체적인 내용을 살펴보기로 한다. 다음의 전경구절을 보자.

옛적부터 상통천문上通天文과 하달지리下達地理는 있었으나 중찰인의中察人義는 없었나니 이제 나오리라.252

위에서 언급하고 있는 내용의 핵심은 바로 대순사상에서 도통진경이 추구하는 그 궁극적인 사상의 내용을 가리키고 있다. 바로 중찰인의中察人義라고 하는 것으로 이는 도통진경의 창의성과 더불어 그 구체적 내용을 말하는 것이다. 여기서 '중찰인의'란 인간의 행위와 상호관계에서 발생하는 모든 문제에 대한 지혜를 말하는데, 천문天文과 지리地理를 익히는 것보다 훨씬 근본적이며 최종적인 것이 된다. 그렇다면 인간의 문제를 해결하는 근본적인 근거는 어디에서 찾을 수 있는가. 그것은 곧 인간의 '마음[心]'에 있다고 본다.

六월 어느 날 신경원辛京元이 태인에서 사람을 급히 보내어 순검이 날마다 저의 집에 와서 상제의 계신 곳을 묻는다는 소식을 전하게 하였도다. 상제께서 그 사람을 보고 "급한 일로 오는 사람이 도중에서 지체하다가 늦어진 것은 무슨 일이뇨" 꾸짖으시니 그 사람이 대답하기를 "오는 길에 당화주역으로 운명을 비판하는 자가 있으므로 잠깐 지체되었사오니 용서하소서" 하니 상제께서 곧 글을 써 주시며 "이 글을 경원에게 주고 보고 난 후에 곧 불사르라" 이르시니 그 글은 이러하니라.

---

252 『전경』 교법 3장 31절.

> 天用雨露之薄則必有萬方之怨
> 地用水土之薄則必有萬物之怨
> 人用德化之薄則必有萬事之怨
> 天用地用人用統在於心
>
> 心也者鬼神之樞機也門戶也道路也
> 開閉樞機出入門戶往來道路神
> 或有善或有惡
> 善者師之惡者改之
> 吾心之樞機門戶道路大於天地253

위의 구절에서 살펴볼 수 있는 심心은 신명神明과 인간이 서로 교감하고 만날 수 있는 하나의 우주적인 장場이라고 할 수 있다. 그래서 사람과 사람이 만난다는 것은 그 마음과 마음이 만나는 것이므로 이 마음을 서로 통할 때 '중찰인의'를 이룩할 수 있다. 도통진경에서 말하는 사상적 핵심은 인간의 마음을 통하는 것으로 축약될 수 있으며, 종교사상에서도 그러한 인간의 마음과 관련된 내용을 들어서 그 사상적 대체를 짐작할 수 있다. 왜냐하면 마음의 본질은 본래 단일한 것으로 어떠한 사상적 갈래도 있을 수 없는 본체이므로 사상적 통일을 이야기하는 부분에서는 반드시 하나의 마음에 대한 해석에서부터 시작되는 것이다.254

---

253 『전경』 행록 3장 44절.
254 예를 들면 한국의 불교사상에서 나타나는 특징이 하나의 회통會通적인 성격을

상제께서는 이러한 마음에 대한 공부를 강조하기 위해서 자주 언급한 글귀가 있는데, 대학大學 상장上章과 서전書傳 서문序文에 대한 것이다.

상제께서 항상 말씀하시기를 "서전書傳 서문序文을 많이 읽으면 도에 통하고 대학大學 상장上章을 되풀이 읽으면 활연 관통한다" 하셨느니라. 상제의 부친께서는 말씀하신 대로 많이 읽지는 못하였으나 끊임없이 읽었으므로 지혜가 밝아져서 마을 사람들의 화난을 덜어 준 일이 많았도다.[255]

그 후에 상제께서 종도들의 지혜를 깊게 하는 일에 골몰하시더니 어느 날 종도들에게 "대학大學 우경일장右經一章을 많이 외우라. 거기에 대운이 있나니라"고 말씀하셨도다.[256]

어느날 상제께서 형렬에게 대학에 있는 우경 一장을 외워주시니 그 글은 다음과 같도다.

蓋孔子之言而曾子述之　其餘十章　則曾子之意而門人記之也
舊傳 頗有錯簡 今因程子所定而更考經文 別有序次如左 [257]

발견할 수 있는데 이는 모두 인간의 일심一心에 기인해서 설명하는 이론이라고 할 수 있다. 신라 원효의 일심사상은 중관中觀학과 유식唯識학을 통일시키는 매개가 되며, 고려 지눌의 공적영지심空寂靈知心은 정혜定慧쌍수雙修로서 깨치고 닦음이 동시에 이루어지게끔 한다. (황준연, 『한국사상의 이해』, 박영사, 1996, pp.77~98참조)

255 『전경』 교법 2장 26절.
256 『전경』 교운 1장 55절.
257 『전경』 교운 1장 56절.

대학大學과 서전書傳 서문序文의 글은 비록 유교사상을 담고 있는 것이지만 그 내용은 인간의 마음을 통하는 것을 핵심으로 삼고 있으므로 상제께서 이를 인용하신 것이다. 그리고 특히 서전 서문에서는 채침이 "천년 뒤에 태어나서 천 년 전의 일을 밝히고자 하니 또한 어렵다, 그러나 이제삼왕二帝三王의 치세治世는 도道에 근본하고 이제삼왕의 도는 마음에 근본하니 그 마음을 얻으면 도道와 치세治世를 진실로 말할 수 있을 것이다."258라고 하여 마음에 대한 공부가 우선하고 있음을 알 수 있다. 위의 인용문에서 보이는 대학 상장上章의 내용도 이러한 맥락에서 살펴볼 수 있으니 공자孔子와 증자曾子와 그 문인門人은 서로 간에 마음을 전함으로 인해 그 뜻을 조술祖述할 수 있었던 것이다.

이상의 내용에서 알 수 있듯이 도통진경에서 추구하는 통일성이란 모든 종교나 이념의 갈래에도 불구하고 그것을 한데 모을 수 있는 사상적 근거를 찾는다는 데 있다. 이는 다름 아닌 인간의 마음을 회복하는 데서 확인될 수 있다. 즉 말이나 글로 표현된 다양한 사상들은 그 표면적인 차이에 의해서 모든 시비가 발생했으며, 이것이 모두 인간 보편의 한 마음에 기반을 두고 파생되어 나온 것이라면 그 마음을 서로 통하는 공부를 했을 때 모든 종교와 이념은 통일될 수 있다고 보는 것이다. 그리하여 도통진경에서 언급되는 '도통道通'의 경지는 사상적으로 볼 때 인간의 마음을 통하는 것이 관건이며, 이것이 또한 '중찰인의'로 표현되는 최종적인 결과라고 할 수 있다.

---

258 『書傳』序文, "且生於數千載之下而欲講明於數千載之前, 亦已難矣, 然二帝三王之治, 本於道, 二帝三王之道, 本於心, 得其心則, 道與治固可得而言矣."

3. 천지공사와 도통진경의 실현

1) 도통진경을 위한 천지공사

앞에서 도통진경의 이론적 특성을 논하였던 바 이 장에서는 도통진경의 실현을 위한 천지공사의 주된 내용을 살펴보기로 한다. 상제께서는 도통진경을 이루기 위하여 천지를 개벽하는 개벽공사를 단행하였다. 그 대표적인 구절을 언급하면 다음과 같다.

> 또 상제께서 가라사대 "지기가 통일되지 못함으로 인하여 그 속에서 살고 있는 인류는 제각기 사상이 엇갈려 제각기 생각하여 반목 쟁투하느니라. 이를 없애려면 해원으로써 만고의 신명을 조화하고 천지의 도수를 조정하여야 하고 이것이 이룩되면 천지는 개벽되고 선경이 세워지리라" 하셨도다.[259]

즉 상제께서 행하신 천지공사의 본령은 해원을 위주로 하여 위기에 빠진 인류와 신명계의 겁액을 해소하는 데 있으며 그럼으로써 화평한 이상세계를 건설할 수 있다. 여기에 천지공사의 주요 방법이라고 하면 위 구절에서도 알 수 있듯이 만고의 신명을 조화調和하고 천지의 도수를 조정하는 것으로 대표할 수 있는데, 이를 토대로 하여 세계가 진행되어 나갈 때 일정한 단계에 이르게 되면 천지개벽이 이루어져 후천선경이 건설된다는 것이

---

[259] 『전경』 공사 3장 5절.

다. 이와 같은 내용은 어떠한 인간적인 노력을 넘어서는 상제의 초월적인 권능을 내포하고 있다. 상제가 아니면 할 수 없는 유일무이한 능력을 행사하여 새로운 천지를 이끌어 낸다는 것은 오늘날 대순신앙의 핵심적인 부분이라 할 수 있다. 그렇다면 위에서 말하고 있는 '신명을 조화'하는 구체적인 사례는 어떠한가. 다음의 전경구절에서 찾아볼 수 있다.

> 상제께서 하루는 종도들에게 "진묵震默이 천상에 올라가서 온갖 묘법을 배워 내려 인세에 그것을 베풀고자 하였으나 김봉곡金鳳谷에게 참혹히 죽은 후에 원冤을 품고 동양의 도통신道通神을 거느리고 서양에 가서 문화 계발에 역사하였나니라. 이제 그를 해원시켜 고국故國으로 데려와서 선경仙境 건설에 역사케 하리라"고 말씀하셨도다.[260]

> 상제께서 이런 말씀을 종도들 앞에서 하신 적이 있느니라. "내가 출세할 때에는 하루 저녁에 주루 보각珠樓寶閣 十만 간을 지어 각자가 닦은 공덕에 따라 앉을 자리에 앉혀서 신명으로 하여금 각자의 옷과 밥을 마련하게 하리라. 못 앉을 자리에 앉은 자는 신명들이 그 목을 끌어 내리라."[261]

위의 첫 번째 예문에서는 선경仙境건설建設을 이루기 위해서 서양으로 건너간 동양의 도통신들을 불러오는 내용을 담고 있

---

[260] 『전경』 권지 2장 37절.
[261] 『전경』 교법 3장 44절.

다. 이 도통신은 서양의 문명을 일으킨 신명을 말하며 인간의 지혜를 열어주기 위해서 인간과 교감하는 신을 일컫는다. 그런데 그 신명들이 역사적으로 동양에 존재하다가 진묵의 원寃으로 인해 서양으로 건너가게 되었으므로 새로운 세계 창조를 위해서는 그 신명들을 불러와서 새로운 문명을 일으켜야만 되는 것이다. 이러한 이동을 가능하게 하고 구체적으로 실현시킬 수 있는 조화의 능력은 바로 구천상제의 권능에 의해서만이 가능한 일로써 평범한 인간의 사고로서는 헤아릴 수 없는 부분이다. 그리고 두 번째 예문에서 말하고 있는 것은 상제께서 신명을 조화하는 내용으로서 후천선경의 인간 삶을 위해 의식주를 무한정 풍요롭게 베풀어주는 것을 말하고 있다. 이것이 가능하기 위해서는 모두 신명의 조화로서만이 실현될 수 있음을 알 수 있다.

한편 상제께서는 후천선경 건설을 위해 신명을 조화하는 것 외에도 직접 인류의 고통을 대속代贖하는 것에 의해서 그 구체적인 실현을 가능하게 하고 있다.

> 이제 너희들이 지금은 고생이 있을지라도 내가 단식하여 식록을 붙여 주고 여름에는 겹옷을 겨울에는 홑옷을 입어 뒷날 빈궁에 빠진 중생으로 하여금 옷을 얻게 함이니 고생을 참을 지어다. 장차 천하 만국을 주유하며 중생을 가르칠 때 그 영화는 비길 데가 없으리라.[262]

---

262 『전경』 예시 82절.

이처럼 상제께서 단식하고 여름에는 겹옷을 겨울에는 홑옷을 입으며 인류의 고통을 선도적으로 겪으시는 것은 장차 인류로 하여금 더 이상의 고통이 없는 도화낙원을 이루어주려는 상제 의지의 표명이다. 도통진경에서 강조하고 있는 바는 이 자체에 담겨진 상징성보다는 그 구체적인 실현을 가능하게 하는 근거를 종교적이면서 역사적인 근거로 제시하는 데 그 목적이 있다고 본다. 천지공사의 기록은 이런 점에서 오늘날 신앙의 근거가 될 수 있을 것이다.

2) 도통진경의 실상實相

도통진경은 모든 분야의 진리가 하나로 통하여 어우러진 이상세계를 표현한 말이다. 단지 이상에만 그치는 것이 아니라 우리 인류에게 현실적으로 다가오는 구체적인 내용을 지니고 있는 개념이다. 이런 의미에서 인간이 누리는 지상선경으로서의 도통진경은 어떤 모습을 담고 있는지 그 모습을 한번 살펴보기로 한다. 먼저 다음의 전경구절을 검토해보자.

> 후천에는 또 천하가 한 집안이 되어 위무와 형벌을 쓰지 않고도 조화로써 창생을 법리에 맞도록 다스리리라. 벼슬하는 자는 화권이 열려 분에 넘치는 법이 없고 백성은 원울과 탐음의 모든 번뇌가 없을 것이며 병들어 괴롭고 죽어 장사하는 것을 면하여 불로불사하며 빈부의 차별이 없고 마음대로 왕래하고 하늘이 낮아서 오르고 내리는 것이 뜻대로 되며 지혜가 밝아져 과거와 현재와 미래와 시방 세계에 통달하고

세상에 수水·화火·풍風의 삼재가 없어져서 상서가 무르녹는 지상선경으로 화하리라.[263]

위의 내용은 도통진경 즉 후천의 모습을 전체적으로 조망한 것이라 할 수 있다. 천하가 한 집안이 된다는 점은 인류문화의 통일적인 양상을 가리키며, 위무와 형벌을 쓰지 않고 조화로써 창생을 법리에 맞도록 다스린다함과 벼슬하는 자는 화권이 열려 분에 넘치는 법이 없다고 한 것은 정치적 이상이 실현된 모습이다. 백성은 원울과 탐음의 모든 번뇌가 없다고 한 것은 모든 인간이 정신적 해탈을 이룬 경지를 말하며, 병들어 괴롭고 죽어 장사하는 것을 면하여 불로불사한다함은 곧 육체적 해탈의 경지를 말한다. 빈부의 차별이 없음은 경제적 이상이 실현된 것이며, 마음대로 왕래하고 하늘이 낮아서 오르고 내리는 것이 뜻대로 됨은 지역적 경계가 없는 단일 문화권과 우주공간으로의 자유로운 여행이 가능함을 말한다. 지혜가 밝아져 과거와 현재와 미래와 시방세계에 통달하는 것은 인간의 경지가 초월적 신의 경지에 합일하고 있음을 말하며, 수화풍의 삼재가 없어져 상서가 무르녹는 지상선경이 된다함은 자연환경의 이상적理想的인 변화를 말한다. 이상의 내용을 토대로 살펴볼 때 후천선경의 실상은 인간의 문화적 환경, 정치적 환경, 경제적 환경, 과학문명의 성숙, 인간의 정신적·육체적 경지, 그리고 자연 환경 등에서 고루 볼 수 있는 모습이며, 이를 토대로 인간은 무한한 풍요를 누려나가게 된다고 본다. 이를 좀 더 구체적으로 살펴보자. 먼저 인간의 문화적 환경을 언급한 구절로서는 다음과 같은 내용이 있다.

---

263 『전경』 예시 81절.

상제께서 어떤 사람이 계룡산鷄龍山 건국의 비결을 물으니 "동서양이 통일하게 될 터인데 계룡산에 건국하여 무슨 일을 하리오." 그자가 다시 "언어言語가 같지 아니하니 어찌 하오리까"고 묻기에 "언어도 장차 통일되리라"고 다시 대답하셨도다.[264]

인간의 문화가 국제적인 현실에서 부딪히는 장벽이 있다면 그것은 언어의 차이라고 할 수 있다. 후천에서는 이러한 언어의 문제도 깨끗이 해결되어 통일되는 양상을 보여주게 된다는 것이다.

후천에서는 종자를 한 번 심으면 해마다 뿌리에서 새 싹이 돋아 추수하게 되고 땅도 가꾸지 않아도 옥토가 되리라. 이것은 땅을 석 자 세 치를 태우는 까닭이니라.[265]

이 구절은 자연환경의 변화가 이상적으로 이루어져서 인간의 편리한 생활에 아주 적합하게끔 되는 면을 보여주고 있다.

후천에는 사람마다 불로불사하여 장생을 얻으며 궤합을 열면 옷과 밥이 나오며 만국이 화평하여 시기 질투와 전쟁이 끊어지리라.[266]

이 구절은 인간을 둘러싼 외부환경의 물질적 풍요로움과 평화로운 세계를 설명하고 있다.

---

264 『전경』 교법 3장 40절.
265 『전경』 교법 3장 41절.
266 『전경』 예시 80절.

또 가라사대 "앞으로 오는 좋은 세상에서는 불을 때지 않고서도 밥을 지을 것이고 손에 흙을 묻히지 않고서도 농사를 지을 것이며 도인의 집집마다 등대 한 개씩 세워지리니 온 동리가 햇빛과 같이 밝아지리라. 전등은 그 표본에 지나지 않도다. 문고리나 옷걸이도 황금으로 만들어질 것이고 금당혜를 신으리라" 하셨도다. [267]

상제께서 어느 날 경석에게 가라사대 "전에 네가 나의 말을 좇았으나 오늘은 내가 너의 말을 좇아서 공사를 처결하게 될 것인바 묻는 대로 잘 생각하여 대답하라" 이르시고 "서양 사람이 발명한 문명이기를 그대로 두어야 옳으냐 걷어야 옳으냐"고 다시 물으시니 경석이 "그대로 두어 이용함이 창생의 편의가 될까 하나이다"고 대답하니라. 그 말을 옳다고 이르시면서 "그들의 기계는 천국의 것을 본 딴 것이니라"고 말씀하시고 또 상제께서 여러 가지를 물으신 다음 공사로 결정하셨도다. [268]

용력술을 배우지 말지어다. 기차와 윤선으로 百만 근을 운반하리라. 축지술을 배우지 말라. 운거雲車를 타고 바람을 제어하여 만 리 길을 경각에 왕래하리라. [269]

---

267 『전경』 공사 1장 31절.
268 『전경』 공사 1장 35절.
269 『전경』 예시 75절.

위의 구절들은 과학문명이 고도로 성숙되어서 인간에게 지극한 편리를 가져다주는 것을 말하며, 통신수단이나 교통수단에 있어서도 최고의 성숙단계를 지니고 있는 것이 곧 도통진경임을 말해주고 있다.

또 상제께서 말씀을 계속하시기를 "공자孔子는 七十二명만 통예시켰고 석가는 五百명을 통케 하였으나 도통을 얻지 못한 자는 다 원을 품었도다. 나는 마음을 닦은 바에 따라 누구에게나 마음을 밝혀 주리니 상재는 七일이요, 중재는 十四일이요, 하재는 二十一일이면 각기 성도하리니 상등은 만사를 임의로 행하게 되고 중등은 용사에 제한이 있고 하등은 알기만 하고 용사를 뜻대로 못하므로 모든 일을 행하지 못하느니라" 하셨도다.[270]

그리고 "내가 도통줄을 대두목에게 보내리라. 도통하는 방법만 일러 주면 되려니와 도통될 때에는 유 불 선의 도통신들이 모두 모여 각자가 심신으로 닦은 바에 따라 도에 통하게 하느니라. 그러므로 어찌 내가 홀로 도통을 맡아 행하리오"라고 상제께서 말씀하셨도다.[271]

위의 구절들은 인간의 정신적 육체적 경지가 또한 현재와는 다른 이상적 경지가 있음을 시사해주는 내용이다. 즉 도통진경에서는 인간이 그 존재의 가치를 한껏 드러내게 되며, 이는 도통

---

270 『전경』 교운 1장 34절.
271 『전경』 교운 1장 41절.

이라고 하는 경지를 획득하여 진정한 인간의 가치를 실현하게 된다는 것이다. 이미 대순진리회 종지에 있어서 신인조화神人調化의 이념이 있으므로 이를 누구나가 달성하는 것이 곧 도통인 것이다. 이러한 인간의 모습을 두고 그 가치를 극대화하여 표현한 말이 바로 인존人尊이며, 이러한 인존의 의미는 대순사상에 있어서 주요한 특징으로 자리 잡고 있다.

　이상에서 본 바와 같이 도통진경은 하나의 구체적인 세계의 실상이며 다각적인 분야에서 이상적인 형태를 보이고 있음을 알 수 있다.

4. 맺음말

도통진경은 대순진리회의 종지를 구성하는 내용 가운데 결론적이며 가장 포괄적인 내용을 담고 있다고 해도 과언이 아니다. 도통진경은 상제께서 강세하시어 이 땅에서 선포하신 진리가 세계적으로 구현되는 경지를 말하는 것이므로 이 속에는 음양합덕과 신인조화 그리고 해원상생이 모두 포함되어 있다. 물론 종지는 열여섯 자로서 각각 그 개별적인 의의를 엿볼 수 있지만 순서상에서 놓고 볼 때 하나의 포괄적인 가치가 충분히 있다고 본다.

　오늘날의 인류는 오랜 역사 동안에 이상사회를 이루기 위해 노력해 왔지만 한 번도 그러한 사회를 이루어 내지 못하고 시련의 과정을 밟아 왔다. 이는 무엇보다도 인류 상호간의 반목과 투쟁을 불러일으키는 이념과 사상의 대립이 주원인이라고 할 수 있다. 따라서 진정한 이상세계는 인류의 다양한 이념과 사상을 통일할 수 있는 절대사상의 출현과 이를 현실적으로 이룩해 낼 수 있는 절대권능자의 등장이 있어야만 가능한 것으로 본다.

대순진리는 최고신격을 지닌 구천상제의 강림에 의해 선포되었고, 또 구천상제의 권능으로 인해 '천지공사'라고 하는 삼계개벽三界開闢의 역사를 현실적으로 단행하였다. 이것이 오늘날 이념적 토대가 되어 신앙인들의 실천수도가 이루어지고 있으니 지금은 그 구체적인 실현의 과정에 놓여 있다고 본다. 대순진리회 종지에서 언급되는 도통진경의 이념은 바로 이러한 상제의 역사가 현실적으로 이루어진 세계를 설명하므로 그 이해는 오늘날 대순사상의 가치를 자각하는 것과 깊은 연관을 지닌다고 할 것이다.

제2부
신조론信條論

1장
안심·안신론

1. 머리말

대순진리회의 교리개요에 있어서 신조信條는 종지宗旨, 목적目的과 더불어 그 중심을 이루는 항목이다. 종지가 대순진리회 신앙에서 진리적인 요체를 이룬다면 신조는 그러한 신앙적 진리를 실천적으로 표현하는 조목條目이 된다고 할 수 있다. 종지의 가르침을 심신으로 받아들이고 나아가 천도天道에 합치된 이상적 인간상을 이루기 위해서는 신조에 나타난 교훈을 철저하게 지켜나가야 할 것이다. 종지의 진리를 몸체로 하여 궁극적 목적에 도달하기 위해서는 마치 새의 양날개와 같이 신조의 중요성은 아무리 강조해도 지나치지 않다. 이에 본고는 대순진리회 신조에서 표명된 주요항목을 이해하고 고찰함으로써 그 주된 의미체계를 밝히는데 역점을 두고자 한다.

　본래 '신조'라는 말의 의미는 사전적으로 '①신앙의 개조箇條, 교의敎義, ②굳게 믿고 있는 생각, 도그마(dogma), 신념信念' 등을 말한다.[272] 보다 전문적으로는 기독교 사상 전통으로부터 유래한 것으로 하나의 '신앙고백' 또는 어느 특정 종교에서의 본질적인 믿음 내용을 요약한 것을 가리킨다.[273] 이때 신조의 영어단어 '크리드(creed)'는 믿음보다 앞서는 것이 아니라 믿음을 전제로 하고, 언제나 내적인 삶 속에서 나온다고 한다.[274] 또한 인간이 만든 신조 중 최상의 것은 계시된 진리에 가장 가깝고 진리를 올바르게 해설한 것으로 받아들여진다.[275] 이처럼 기독교 전통에서의 신조는 '신앙의 규범'을 가리키고 있다.

한편 대순진리회 교리내에서의 신조의 의미는 기독교 전통과 정확히 일치하지는 않는다. 오히려 종지와 목적 사이에서 진리적인 본체를 현실에 구현하기 위한 방법론 혹은 교훈, 훈계 등의 의미가 강하다. 이때의 영어단어는 'creed' 보다는 'precept'에 가깝다. 따라서 신조에 관한 이해는 지적인 측면도 물론 포함하고 있지만 행위적인 측면이 보다 강조된다는 점에서 실천학의 관점에서의 해석이 중요하다고 본다. 진리의 인식도 중요하지만 이를 어떻게 체험하고 표현할 것인가 하는 점이 신조 이해의 관건이 된다는 말이다. 이하 본고에서는 이와 같은 신조 이해의 첫 걸음으로서 '안심 · 안신'에 관한 문제를 살펴보고자 한다.

---

272 『국어대사전』민중서림, 1997 참조.
273 *The Encyclopedia of Religion*, Vol. 4, Mircea Eliade, Macmillan Publishing Company. 1987.
274 필립 샤프 저, 박일민 역 『신조학』기독교문서선교회, 2000, p.8. 영어단어 creed는 라틴어 'Credo'(I believe)에서 유래하였다.
275 위의 책, p.11.

2. 안심·안신의 의미

대순진리회 신조는 크게 두 가지 영역으로 나뉜다. 하나는 사강령四綱領이며, 또 하나는 삼요체三要諦이다. 이 중에서 사강령은 다시 안심安心·안신安身과 경천敬天·수도修道로 나눌 수 있으며, 삼요체는 성誠·경敬·신信의 세 가지로 구성된다. 본고에서 다루고자 하는 그 첫 번째 항목은 바로 안심·안신으로서 신조에서는 특히 이율령二律令의 위상을 지니고 있다. 그 기본적인 의미구조를 살펴보면 다음과 같다.

안심·안신은 모두 문법적으로 "마음[心]과 몸[身]을 안[安]한다"고 하는 구조로 되어 있다. 여기서 마음과 몸에 대한 기본적인 이해와 함께 '안[安]한다'고 할 때의 '안'의 의미를 심층적으로 이해할 필요가 있다. 그 사상체계에 대한 해석은 다음 장에서 다루기로 하고 우선 대순종단의 공식간행물인『대순진리회 요람』에서의 기본설명을 분석해보기로 한다.

'안심'에 대한 설명은 다음과 같다.

> 사람의 행동行動 기능機能을 주관主管함은 마음이니 편벽偏僻됨이 없고 사사私邪됨이 없이 진실眞實하고 순결純潔한 본연本然의 양심良心으로 돌아가서 허무虛無한 남의 꾀임에 움직이지 말고 당치 않는 허욕虛慾에 정신精神과 마음을 팔리지 말고 기대企待하는 바의 목적目的을 달성達成하도록 항상恒常 마음을 안정安定케 한다.[276]

---

[276] 대순진리회 교무부,『대순진리회요람』, 2003, p.15.

윗글에서 '안심'은 먼저 '마음'에 대한 이해에서부터 출발한다. 마음이란 사람의 행동 기능을 주관하는 특별한 내적 기관이다. 이어서 이러한 마음은 항상 정상적인 상태를 유지하여야 하는데, 그 주된 모습이 바로 '양심良心'이라는 것이다. 양심의 실질적인 상태에 대해서는 허무한 남의 꾀임에 움직이지 않고, 당치 않는 허욕에 함부로 사로잡히지 않는 것을 말한다. 그리하여 궁극적으로는 기대하는 바의 목적을 달성하게 하는 것으로서 '안심'의 중요성을 강조한다. 여기서 '안安'의 의미는 주로 '안정安定'으로 풀이하고 있다.

요약하면 안심이란 '모든 행동의 주관자인 마음이 양심의 상태를 지님으로써 기대하는 바의 목적을 달성하도록 항상 마음을 안정케 하는 것'이다. 이에 대한 심층적인 이해를 위해서는 사람의 마음과 양심의 문제 그리고 지향하는 목적의 내용, 마음을 안정케 하는 방법 등이 하나의 사상체계 내에서 다루어져야 한다. 이는 다음 장에서 서술할 것이다.

다음으로 안신에 대해서는 다음과 같이 설명하고 있다.

> 마음의 현상現象을 나타내는 것은 몸이니 모든 행동行動을 법례法禮에 합당케 하며 도리道理에 알맞게 하고 의리義理와 예법禮法에 맞지 않는 허영虛榮에 함부로 행동行動하지 말아야 한다.

윗글을 보면 먼저 몸에 대한 정의가 나온다. 즉 몸은 '마음의 현상을 나타내는 것'이다. 이어서 이 몸은 행동으로 드러나는데, 모든 행동을 법례와 도리에 알맞게(합당) 함으로써 역시 몸을 안정케 하는 데 그 핵심요지가 있다. 여기서 '안安'의 의미는 설명 상

'(법례에) 합당함' 혹은 '(도리에) 알맞음' 등으로 풀이할 수 있을 것이다.

위의 인용문을 토대로 안신을 요약하면, '마음의 현상에 해당하는 몸이 그 모든 행동을 도리와 예법에 합당케 하는 것'이 된다. 안신을 심층적으로 이해하기 위해서는 '몸이 사람의 마음과 관련하여 어떤 위상을 지니는가'와 '법례와 도리 혹은 의리와 예법의 구체적 내용은 무엇인가' 그리고 윗글에서 나타나지는 않았지만 안심에서와 같이 안신을 통해 궁극적으로 도달하고자 하는 목적은 무엇인가 등의 문제를 생각해 볼 수 있을 것이다. 이 또한 다음 장에서 자세히 다루기로 한다.

이상에서 안심과 안신은 종단자료를 통해 1차적으로 해석되고 있음을 알 수 있다. 더욱 압축해서 요약하면 안심은 곧 '마음을 안정케 하는 것'이며, 안신은 '몸(행동)을 알맞게 하는 것'이 된다. 그러한 안정의 문제와 알맞음의 문제를 체계적으로 탐구하는 것이 바로 안심 안신에 대한 이해를 넓히는 길이 될 것이다.

3. 안심 · 안신의 사상체계

1) '안安'의 의미

안심 안신에서의 '안安'은 한자의 본래 의미를 살펴볼 때 '조용함' '고요함' '편안함' 등의 뜻을 지니는 '정婷' 혹은 '정靜'자로 풀이된다.[277] 그 자형은 조용한 방 안에 한 여인이 가슴에 두 손을 올려

놓은 채 방석 위에 차분히 앉아 있는 모습이다.[278] 글자의 용례로서는 '안정安靜' '안전安全' '안착安着' '안존安存' '편안便安' 등의 다양한 쓰임이 있다. 대체로 '안'의 의미는 그것이 '안安'하지 못한 상태, 즉 '불안不安'을 지양止揚하고 모든 분란紛亂이 잠재워진 절대 경지를 지향指向하고 있음을 알 수 있다. 특히 불교전통에서 유래된 '안심'은 '신심信心'과도 같다.[279]

앞서 살펴본 바 있듯이 대순진리회 교리 내에서 '안安'의 의미는 크게 두 가지로 나누어서 이해될 수 있다. 하나는 '안정됨[安定]'의 의미이며, 또 하나는 '합당함[合當]'의 의미이다. 이를 구체적으로 살펴보기로 한다.

■ 안정安定됨

'마음을 안정安定케 한다'에서의 '안安'은 '안정'으로 풀이되고 있다. '안정安定'의 국어사전적 의미는 ①흔들림이 없이 안전하게 자리 잡음, ②물리에서 물체나 물질에 변화를 주었을 때 원래의 상태로 돌아가려고 하는 일, ③화학에서 화합물이 쉽게 분해되지 않는 일 등으로 설명하고 있다.[280] 이러한 설명의 공통된 특

---

277 허신, 『설문해자說文解字』 참조.
278 이낙의, 『한자정해』3, 비봉출판사, 1994, p.541.
279 안심安心의 법은 종宗마다 다른 설이 있다. 천태종天台宗에서는 '삼제三諦를 떠나서는 안심할 곳이 없다' 하고 '지관止觀을 떠나서는 안심할 법이 없다' 하며, 선종禪宗에서는 불가득不可得으로써 안심의 곳이라 하니 달마가 혜가慧可를 인가한 것은 안심을 료了 하였다함이 그 예다. 특히 정토문淨土門설에 안심이 매우 성하였다. 정토종淨土宗에서는 염흔厭欣의 마음을 총안심總安心이라 하며, 지성심至誠心 심심深心 회향심廻向心의 삼심三心은 별안심別安心이 되어 모두 행자가 일으켜야 할 마음이다. 진종眞宗에서는 신락信樂개발開發의 일념이 삼신三信을 갖추어 대신大信대행大行은 모두 여래본원력의 회향廻向으로 말미암아 얻어진 것이라 함.(이상은 『불교대사전』 명문당, 1995 참조함).
280 『새국어사전』, 동아출판사, 1997 참조.

징은 어떤 외부적인 자극에 의해 본래적인 상태가 동요될 때 그 본래의 상태를 회복하고자 하는 것 혹은 회복된 상태를 가리킨다. 이때의 본래적인 상태는 사물의 정상적正常的인 것을 말하며, 어떤 비정상적인 것을 거부하는 의미를 내포한다. 따라서 '안정安定됨'은 본래적이고 정상적인 상태를 중심으로 비본래적이고 비정상적인 자극에 맞서 끊임없는 긴장관계를 조성하고 나아가 궁극적으로 그 본래의 상태를 잃어버리지 않았을 때 비로소 할 수 있는 말이다.

'안심'에서 이러한 안정의 주체는 바로 마음이다. 마음은 그 본래의 상태가 있으니 이를 양심良心이라 하고, 양심에 저해되는 사심私心 또는 외부적인 유혹에 맞서 그 본래의 상태를 잃어버리지 않았을 때 '안심'이 된다는 것이다. 양심은 언제나 '비양심'에 도전받고 있으며 그 상대적인 관계 속에 '본래성'을 잃어버리지 않는 것이 인간의 마음이 지닌 과제라 할 수 있다.

■ 합당合當함

'안신安身'에서 정의된 '법례에 합당合當케 함'에서의 '합당'은 '안安'의 또 다른 의미로 볼 수 있다. 이 '합당'은 몸의 행동을 법례 혹은 도리에 부합되어 마땅하게끔 한다는 것이므로 어떤 외적인 기준에 몸의 행동을 맞춘다는 의미이다. 국어사전에서 풀이되는 합당은 곧 '알맞음'이다. 따라서 합당함과 알맞음은 같은 뜻이다.

'안'의 의미를 '합당함'으로 풀이할 수 있는 것은 몸이 지닌 특성상 정상적인 행동을 판단하기 위한 방법이 필요하다는데 있다. 몸의 존재는 가시적인 행동으로 구체화되며 그러한 행동의 정상은 어떤 원리적인 준칙에 입각해서 가치를 판단할 수 있다. 몸은 형이하形而下적인 것이므로 그 자체로 원리가 될 수 없으며 어떤 형이상形而上적인 것과의 관계 하에서 존재가치를 지닌다. 따라서 모든 행동이 설정된 준칙에 부합되고 따를 수 있어야만 비로소 그 행동의 정당성을 보장받을 수 있는 것이다.

'안신'에서의 '안'은 이와 같이 '합당함'의 의미로 해석될 수 있으며 '안정'의 뜻과 함께 보다 실천적인 노력을 필요로 하고 있다. 특히 안심에서의 '안'이 인간 내적인 평정과 동요하지 않는 확고한 믿음을 강조하는 반면, 안신에서의 '안'은 외적인 실천과 행동적인 측면에서 요구되는 예의생활을 강조하고 있다. 이런 점에서 '안'은 총체적으로 내외內外겸수兼修의 특징을 지니고 있다고 지적할 수 있다.

2) 마음과 몸에 대한 해석

'안安'의 대상이 되는 마음과 몸은 각각 인간을 구성하는 두 가지 축이다. 마음은 내면적인 것으로 모든 사고와 판단 그리고 욕구가 이로부터 나온다. 몸은 주로 외형적인 것으로 가시화된 인간의 행동을 구성하고 있다. 대순사상에 있어서 이러한 마음과 몸에 대한 해석은 안심과 안신을 이해하기 위해서 필수불가결한 작업이다. 이에 그 주된 사상을 『전경典經』을 통해 살펴보기로 하겠다.

■ 마음[心]의 문제

대순진리회 사상에 입각해서 바라본 인간의 마음은 무형적이고 내재적이나 모든 인간 행위의 근원적인 실체로 일컬어진다. 특히 마음은 인간행위 뿐만이 아니라 인간을 에워싸고 있는 천지天地의 환경에까지도 작용을 미치는 것으로 그 위대한 특성이 강조되고 있다. 다음의 『전경』구절은 이를 잘 나타내주고 있다.

> 하늘이 비와 이슬을 박하게 쓰면 반드시 만방에 원한이 있게 되고, 땅이 물과 흙을 박하게 쓰면 만물에 원한이 있게 되고, 사람이 덕화를 박하게 쓰면 만사에 원한이 있게 된다. 하늘의 작용[天用]과 땅의 작용[地用] 사람의 작용[人用]이 모두 마음에 달려있다.[281]

> 마음이란 귀신의 추기이며 문호이며 도로이다. 추기樞機를 열고 닫고 문호門戶를 들락날락하며 도로를 오고가는 신에는 혹 선한 것도 있고 혹은 악한 것도 있다. 선한 것은 스승으로 삼고 악한 것은 고쳐 쓴다. 내 마음의 추기와 문호와 도로는 천지보다도 크다.[282]

위의 구절에서 알 수 있듯이 마음이란 하늘과 땅 그리고 인간행위 모두에 걸친 작용의 주체이다. 하늘의 기후, 땅의 수분, 인간 만사의 변화가 마음의 작용에 의해서 결정되고 또한 모든 가치를 창출해 낸다는 것이다. 이어서 이러한 마음은 신적인 존재와의 교통이 이루어지는 기관으로서 선신善神과 악신惡神을 접

---

[281] 『전경』 행록 3장 44절, "… 天用雨露之薄則必有萬方之怨, 地用水土之薄則必有萬物之怨, 人用德化之薄則必有萬事之怨, 天用地用人用統在於心…"
[282] 『전경』 행록 3장 44절, "… 心也者鬼神之樞機也門戶也道路也, 開閉樞機出入門戶往來道路神, 或有善或有惡, 善者師之惡者改之, 吾心之樞機門戶道路大於天地"

하며, 선악판단의 주체가 된다. 따라서 마음은 어떤 물리적 크기로도 측정할 수 없는 형이상적인 것으로 모든 형이하적인 현상계를 결정짓는 역할을 할 수 있다.

이처럼 대순진리회 교리에서 바라본 마음의 존재는 그 어떤 형상보다도 상위에 있는 본체로서의 특징을 지닌다. 마음의 본체가 있음으로 인해 모든 현상이 가능하게 되며 인간행동뿐만이 아닌 자연세계도 마음의 본체에 의해서 규정된다. 마음은 만물을 주재할 수 있고 나아가 만신萬神을 주재할 수 있는 심체心體인 것이다.

마음의 위상이 그만큼 높다면 마음이 정상正常에서 이탈되었을 때 그 부작용 또한 막심하다 할 수 있다. 인간의 만사와 자연의 운행도 마음의 정상으로 인해 순조롭고 올바르게 되는 것인데 비정상의 상태를 보인다면 그 작용에 해당하는 모든 현상이 비정상이 될 수밖에 없을 것이다. 이런 때는 무엇보다도 마음에 대한 수정이 필요하며 즉각 정상으로 회복되도록 관찰과 반성이 요구된다 할 것이다.

> 어느 날 상제께서 식사 시간이 지나서 최 창조의 집에 이르셨도다. 그의 아내는 상제께서 드나드시는 것을 못마땅하게 여겼노라. 이날도 밥상 차리기를 싫어하는지라. 상제께서 창조에게 가라사대 "도가에서는 반드시 아내의 마음을 잘 돌려 모든 일에 어긋남이 없게 하고 순종하여야 복되나니라" 하시니라. 이 말씀을 아내가 문밖에서 엿듣고 보이지 않는 사람의 속마음을 보신 듯이 살피심에 놀라 마음을 바로 잡으니라.[283]

공사를 행하실 때나 또 어느 곳에 자리를 정하시고 머무르실 때에는 반드시 종도들에게 정심을 명하시고 혹 방심하는 자가 있을 때에는 보신 듯이 마음을 거두라고 명하셨도다.[284]

윗글에서 보면 최창조의 아내는 상제의 출입을 마음으로 못마땅하게 여겨 상제를 공경할 줄을 몰랐다. 여기서 한 사람의 마음이 잘못되어 있으면 곧바로 외관에 나타나게 되어 있으며 그 비정상적인 마음이 모든 것에 지오지밀至奧至密하신 상제의 눈에 띈 것이다. 이내 상제께서는 그 마음을 알아차리고 마음을 바로잡게 하셨으므로 여인은 곧 마음의 정상을 회복하였다. 즉 상제의 가르침은 언제나 마음의 정상을 회복하게 하고 모든 경우에 바른 마음[正心]을 가지는 것이 관건임을 강조하고 있는 것이다.

이상의 내용에서 살펴볼 때 인간의 마음은 그 위대한 본체로서의 가치를 지님과 동시에 언제라도 방심하거나 흐트러질 수 있는 불안정한 상태를 동반한다. 따라서 불안정한 마음을 안정시키고 정상화하였을 때 비로소 인간의 모습도 정상화되었다할 것이고 이 세계의 활동도 정상이 된다고 본다. 여기에 '안심安心'의 교의가 지닌 가치가 드러난다. 즉 "…편벽됨이 없고 사사됨이 없이 진실하고 순결한 본연의 양심으로 돌아가서 허무한 남의 꾀임에 움직이지 말고 당치 않는 허욕에 정신과 마음을 팔리지 말고 기대하는 바의 목적을 달성하도록 항상 마음을 안정케한다."

---

283 『전경』 행록 4장 7절.
284 『전경』 교법 3장 8절.

고 하였으므로 안심은 곧 양심을 회복하는 것이며 양심은 곧 안심하는 것임을 알 수 있다. 앞에서 '안'의 의미는 '안정'으로 정의되었으므로 안심은 마음을 안정시키는 것이다. 안정된 마음이란 무엇보다도 외부의 유혹에 흔들리지 않고 오직 정상의 마음을 굳게 간직하는 것으로 나아가 지상포上의 목적을 실현하는 데 있어서 필수전제가 된다고 하겠다.

■ 몸[身]의 문제

인간의 몸은 마음과 관련하여 상호 유기적인 연관성을 지닌다. '몸'이라는 단어는 원래 한국어 '모으다'에서 유래한 것으로 엄밀히 말하면 육체와 정확히 일치하지는 않는다. 본래 '몸 신身'자의 자형은 '임신한 사람'을 가리킨다.[285] 즉 옆으로 서있는 여자의 배가 불룩 튀어나온 모습이다. 배 안에는 태아가 있으므로 눈에 보이는 사람이 있으면 보이지 않는 사람도 있다는 말이다. 이 두 종류의 사람이 결합되어 있는 것이 몸이다. 보이지 않는 사람이란 모든 사람이 지니고 있는 무형의 존재 즉 마음을 말하며 이것이 육체적인 혹은 가시적인 요소와 결합하여 몸을 이룬다. 따라서 몸은 언제나 마음의 요소를 내포하여 그 지배를 받고 있으며 마음의 명령에 따라 하나의 행위가 이루어진다. 인간의 모든 행위는 마음의 현상인 것이다.

> 상제께서 김갑칠이 항상 응석하여 고집을 부리나 상제께서
> 잘 달래여 웃으실 뿐이고 한 번도 꾸짖지 아니하시니 그는 더

---

[285] 이낙의, 『한자정해』 3, p.523 참조.

욱 심하여 고치지 않는도다. 형렬이 참지 못해 "저런 못된 놈이 어디 있느냐"고 꾸짖으니 상제께서 형렬에게 이르시기를 "그대의 언행이 아직 덜 풀려 독기가 있느니라. 악장제거 무비초 호취간래 총시화惡將除去無非草 好取看來總是花라 말은 마음의 외침이고 행실은 마음의 자취로다. 남을 잘 말하면 덕이 되어 잘 되고 그 남은 덕이 밀려서 점점 큰 복이 되어 내 몸에 이르나 남을 헐뜯는 말은 그에게 해가 되고 남은 해가 밀려서 점점 큰 화가 되어 내 몸에 이르나니라" 하셨도다.[286]

위의 전경구절에서 엿볼 수 있듯이 말과 행실은 몸의 모습을 대변한다. 즉 몸은 말과 행실로써 움직이며 그 구체적인 양상을 드러낸다. 그런데 이러한 몸의 움직임은 근원적으로 마음에서부터 우러나온 것이므로 "말은 마음의 외침이고 행실은 마음의 자취"이다. 이로써 볼 때 몸은 마음에 의해 규정되고 있다고 할 수 있다. 또한 "천지의 중앙은 마음이다. 그러므로 동서남북과 몸은 마음에 의존한다."[287]고 하였다. 마음이 삿되지 않고 바름으로써 몸의 행동이 바르게 되며, 마음의 안정이 곧 몸의 안정으로 이어진다 하겠다.[288]

'안신安身'의 교의에서 강조된 몸의 문제는 바로 행동의 올바름이다. 아무런 행동이 없는 몸은 그저 육체 덩어리에 불과하다. 하지만 '몸'이라고 말할 때는 반드시 행동으로 나타나는 현

---

286 『전경』 교법 1장 11절.
287 『전경』 교운 1장 66절, "天地之中央心也, 故東西南北身依於心"
288 『전경』 교법 3장 47절의 다음구절은 이를 잘 뒷받침해주고 있다. "상제께서 종도들에게 때때로 시를 읽어 주시므로써 그들로 하여금 깨우치게 하셨도다. 一身收拾重千金 頃刻安危在處心"

상을 말하며 그러한 행동의 올바름 여부는 일정한 기준에 의해서 판단되지 않으면 안된다. 그 기준에 해당되는 것이 원리적인 것으로서의 도리道理 혹은 의리義理이며, 실천적인 것으로서의 법례法禮 혹은 예법禮法이 있다. 원리와 실천은 무형과 유형의 기준이며 형상形上과 형하形下의 관계에 놓여있다. 이 가운데 원리적인 측면은 무형의 마음에 합치되므로 '안심'의 교의에 입각해 있다. 이에 비해 실천적인 측면은 '예禮'에 관한 것으로 외적인 형식을 지닌다. 몸의 행동은 바로 이러한 '예'에 부합될 때 비로소 '알맞다'고 하며 그 정상으로서의 '안신安身'에 도달되는 것이라고 본다.

그렇다면 '예禮'는 무엇인가? 『예기禮記』에 따르면 "전대의 성인聖人이 하늘의 명을 이어 표준을 세운 원리는 예禮보다 더 위대한 것이 없고, 후대의 성인이 세상에 가르침을 펼친 책으로서는 또한 예禮만큼 먼저 이루어진 것이 없다."라고 하였다.[289] 또 예기 총론에서 연평주씨의 말에 "예라는 것은 성명性命이 실체를 이룬 것이다. 대개 도덕道德인의仁義는 모두 성명에서 나오며, 이른바 예라는 것도 도덕인의에서 나와서 절문節文을 이룬 것이다. 바야흐로 그것이 도덕인의에서 나왔다면 도덕인의라는 것은 예의 근본이다."[290]라고 말하였다. 여기서 예는 인간에게 부여된 성명性命의 가시적 결정체임을 알 수 있다. 즉 도덕과 인의가 모두 성명에서 나온 윤리적 규범을 가리키고 있는데, 그 형식적 행위절차와

---

289 禮記集說序, "前聖繼天立極之道, 莫大於禮, 後聖垂世立敎之書, 亦莫先於禮…"
290 禮記集說大全總論, "夫禮者, 性命之成體者也, 蓋道德仁義, 同出於性命, 而所謂禮者, 又出乎道德仁義而爲之節文也. 方其出於道德仁義, 則道德仁義者, 禮之本也"

항목을 표시한 것이 바로 예라는 말이다. 따라서 예는 도덕인의의 표현이며 성명에 합치된 행동 기준이라고 할 것이다.

안신安身의 교의에서 몸이 도리와 예법에 합당하다함은 곧 도덕인의가 바탕하고 있는 성명性命에 합치됨을 말하는 것이다. 성명은 마음에 있으므로 안심安心이라야 정상적인 성명이 드러난다. 따라서 '안신'을 위한 예의의 실천은 '안심'에 직결되는 것이요, 안심이 됨으로써 또한 진정한 안신이 된다 하겠다.

3) 이율령二律令으로서의 위상

■ 대병지약大病之藥으로서의 안심 · 안신

신조에서 안심과 안신은 심신心身의 유기적 관계에 입각하여 모든 수도행위의 근본이 된다는 뜻에서 이율령二律令으로 일컬어진다. 즉 대순진리회 교리개요에 따르면. "안심 안신 이율령으로 수행修行의 훈전訓典을 삼아…"[291]라고 하였으므로 특히 두 가지의 항목이 결합되어 하나의 율령으로서의 가치를 지니고 있다는 말이다. 율律은 형률刑律 혹은 형법刑法을 말하며, 령令은 공사 제반의 제도에 관한 규정이다. 고대에 율령격식律令格式이라는 말이 있으나 흔히 이를 줄여서 율령이라고 하였다. 하나의 국가에서 율령을 반포하면 모든 국민은 반드시 준수하여야 하며, 이를 어길 시에는 사회적 안위安危와 관계되므로 형벌이 뒤따른다. 이처럼 율령이란 그 법제가 엄격함을 나타내며 모든 구성원이 반드시 지키지 않으면 안되는 것이다.

---

291 『대순진리회 요람』, 대순진리회 교무부, 1969, p.14 참조.

수도생활에서 안심·안신 이율령은 심신이 그 정상의 상태를 벗어나서는 결코 평화로울 수 없음을 나타낸다. 몸과 마음은 서로 직결되어 있으며, 몸의 비정상은 곧 마음의 비정상에서 비롯된다. 몸의 비정상을 일컬어 병病이라고 하며, 이는 다름 아닌 마음의 불안심에 원인이 있다. 몸에 병이 없고 태평한 상태가 바로 마음의 안심에서 비롯되며, 안심과 안신의 경지에서 인간은 비로소 진정한 평화를 얻게 되는 것이다.
　　『전경』에 언급된 다음의 구절은 시사하는 바가 크다.

> 병病에는 큰 흐름이 있고, 작은 흐름이 있다.
> 큰 병에는 약이 없고 작은 병에는 간혹 약이 있다.
> 그러나 큰 병에 약이 있으니 안심 안신이다.
> 작은 병의 약은 사물탕 팔십첩이다.[292]

　　위의 구절에서 보면 안심·안신은 대병大病의 약藥이다. 대병大病은 본래 약이 없으나 굳이 약을 구한다면 안심·안신이라는 것이다. 여기서 병은 몸의 비정상적인 상태를 말한다. 물질적인 약으로 치유될 수 있는 병이라면 소병小病이라 할 수 있고 대병은 그러한 일반적인 약으로 치유될 수 없다. 대병은 바로 마음의 병으로부터 생긴 것이므로 그 마음을 안정시키지 않으면 몸의 병이 치유될 수 없는 것과 같은 이치이다. 즉 안심이 됨으로써 안신이 되고 이로써 모든 병이 물러가므로 진정한 심안신태心安身泰를 이룬다.[293]

---

292 『전경』 행록 5장 38절, "病有大勢, 病有小勢, 大病無藥, 小病或有藥, 然而大病之藥, 安心安身, 小病之藥, 四物湯八十貼"

안심과 안신이 이율령으로서 모든 수도인이 지켜야할 엄격한 법령이라면 그것을 어겼을 때 발생하는 모든 형벌이 바로 몸의 고통을 동반하는 병이다. '병은 걸리는 것이 아니라 자기에게서 일어난다[病自己而發]'고 하였으므로 자기 마음의 정상 여부를 살피는 것이 병을 치유하는 첩경임을 알 수 있다.[294] 마음은 일신을 주관하여 만기萬機를 통솔한다. 마음이 몸의 주로서 제병제악諸病諸惡을 낡아 들이는 것이라고 하였다.[295] 이처럼 이율령은 수행의 목적을 이루기 위해 가장 기본이 되며 철저한 준법정신으로 이에 벗어나는 일이 없게끔 자신을 단속하고 지켜나갈 때 그 참된 신조의 가치가 발휘된다 할 것이다.

■ 안심 · 안신의 목적으로서의 도통

대순진리회 신조는 수도의 방법이며 모든 생활의 규범이 되는 것이다. 안심 안신 이율령을 수행의 훈전訓典으로 삼는다고 하였으므로 이러한 수행의 교훈과 전형典型이 되는 것을 철저하게 지켜나갈 때 궁극적인 목적에 도달할 수 있다. 여기서 수도의 목적은 바로 도통道通이다.

> 수도의 목적은 도통이니 수도를 바르게 하지 못했을 때는 도통을 받을 수 없다는 것을 알아야 한다.[296]

---

293 『대순지침』, 대순진리회 교무부, p.49 참조.
294 위의 책, 같은 페이지.
295 위의 책, p.48.
296 위의 책, p.37.

즉 수도생활은 신조에 의해 행동하는 것을 말하는데, 생활 속에 이율령으로서의 안심 안신을 지켜나가는 것을 말하며 그 결과로서 얻게 되는 것이 바로 목적인 도통이라는 말이다. 도통이란 내 마음을 거울과 같이 닦아서 진실하고 정직한 인간의 본질을 회복했을 때 도통에 이른다.[297] 이와 같은 도통에 이르기 위해 수도한다고 할 때 안심 안신의 이율령은 그 주된 방법이 되며 자기 행위의 준칙이 되어야 한다. 수행의 기본은 이렇게 마음으로 닦고 몸으로 행하여 심신心身이 일치가 되도록 하여야 한다.[298] 안심과 안신이 이율령이 될 수 있는 것은 심신일치의 수행관에 입각해서 그 출발점이 되고 자기 주체성을 확립하는 근본원리가 되기 때문이다. 따라서 안심 안신은 그 궁극적 목적으로서의 도통과 직결된다는 점에서 이율령으로서의 위상을 지닌다고 할 수 있다.

4. 안심·안신의 실천

1) 대자적對自的 차원

안심 안신의 실천방법은 그것이 지닌 신조로서의 의미와 함께 대자적對自的인 것과 대타적對他的인 것의 두 차원으로 나누어 생각해 볼 수 있다. 먼저 대자적인 것을 살펴보면 이는 개인적 차

---

297 위의 책, p.38.
298 위의 책, p.45.

원에서 이루어질 수 있는 것으로 마음과 몸의 안정을 추구하는 것이다. 마음의 문제는 이미 앞에서 살펴본 바대로 인간의 행동 기능을 주관하는 내적 기관이다. 이러한 마음을 안정시키는 노력을 하는 것이 곧 안심의 실천이요, 또한 안신하는 길이다. 그렇다면 구체적으로 어떻게 하는 것이 안심인가. 이는 정심正心과 일심一心으로 나누어 생각해 볼 수 있다.

정심正心은 마음을 바르게 하는 것 또는 마음을 바로잡는 것으로 이해된다. 우리의 마음은 언제나 일탈을 꿈꾸고 외적인 유혹에 의해 방심하기 쉽다. 마음이 안정된 상태에 놓여있더라도 주의를 게을리 하면 마음이 흐트러지므로 항상 긴장을 늦추지 않고 깨어 있는 것이 필요하다. 여기에 정심의 가치가 드러나는데, 『전경』에는 다음과 같은 가르침이 있다.

> 상제께서 공사를 행하실 때나 어느 곳을 정하고 머무실 때에 반드시 종도들에게 정심할 것을 이르셨도다. 방심하는 자에게 마음을 꿰뚫어 보신 듯이 일깨우고 때로는 상제께서 주무시는 틈을 타서 방심하는 자에게 마음을 통찰하신 듯이 깨우쳐 주고 방심을 거두게 하시니라.[299]

즉 정심은 방심하지 않는 것이다. 항상 마음을 집중하고 흐트러짐이 없이 자신의 마음을 일깨우는 것이 바로 정심이다. 자신의 마음이 외물外物에 사로잡히거나 육체적인 욕구에 빠지거나 잡생각에 의해 방심되면 이는 곧 불안심이 되는 것이다. 이

---

[299] 『전경』 권지 2장 22절.

를 깨우치고 꾸짖어 마음을 바로잡았을 때 정심이 되는 것이니 곧 안심 안신의 길이라 할 수 있다.

진심眞心은 참된 마음을 가지는 것이다. '진심견수眞心堅守 복선래福先來'[300]라고 하였듯이 그 마음에 편벽됨이 없고 사사私邪됨이 없이 진실하고 순결한 본연의 양심良心을 회복하는 것이 바로 진심에 해당한다. 다음의 『전경』 구절은 이에 대한 가르침을 담고 있다.

"마음을 깨끗이 가져야 복이 이르나니 남의 것을 탐내는 자는 도적의 기운이 따라들어 복을 이루지 못하나니라" 하셨도다.[301]

신명은 탐내어 부당한 자리에 앉거나 일들을 편벽되게 처사하는 자들의 덜미를 쳐서 물리치나니라. 자리를 탐내지 말며 편벽된 처사를 삼가하고 덕을 닦기에 힘쓰고 마음을 올바르게 가지라. 신명들이 자리를 정하여 서로 받들어 앉히리라.[302]

위의 구절에서 알 수 있듯이 진심은 삿된 마음을 가지지 않는 것이다. 마음을 깨끗이 가지고 남의 것을 탐내지 않으며, 편벽된 처사를 하지 않아야 진심이라고 할 수 있다. 「사곡한 것은 모든 죄의 근본이요. 진실은 만복의 근원이 되나라.」[303]고 하였

---

300 『전경』 교법 2장 3절.
301 『전경』 교법 1장 21절.
302 『전경』 교법 1장 29절.
303 『전경』 교법 3장 24절.

듯이 진심이라야 안심이 될 수 있고 또한 안신하는 길이 된다.

일심一心은 곧 신심信心이다. 상제에 대한 신앙을 굳건히 하여 그 믿음을 유지하며, 신심으로 모든 고난과 역경을 이기고 마침내 수도의 목적을 달성할 수 있을 때 이를 일심이라 한다. 다음의 『전경』구절은 이를 설명하고 있다.

> 이제 범사에 성공이 없음은 한마음을 가진 자가 없는 까닭이라. 한마음만을 가지면 안 되는 일이 없느니라. 그러므로 무슨 일을 대하든지 한마음을 갖지 못한 것을 한할 것이로다. 안 되리라는 생각을 품지 말라.304

> 나를 믿고 마음을 정직히 하는 자는 하늘도 두려워하느니라.305

위의 구절에 나타난 바대로 한 마음 즉 일심一心은 성공을 가져다주는 근본적인 마음자세에 해당한다. 일의 목적을 달성하지 못했다면 그 이유는 일심이 없었기 때문이다. 마찬가지로 수도의 목적을 달성하기 위해서는 무엇보다도 일심이 필요하다. 일심은 오직 상제를 향한 믿음을 간직하는 것이며 어떤 외압과 위협에도 포기하지 않는 굳건한 신심인 것이다. "진실로 마음을 간직하기란 죽기보다 어려우니라."306라고 하였듯이 마음을 간직하고 정직하게 함으로써 궁극적인 목적에 도달할 수 있다. 이

---

304 『전경』 교법 2장 5절.
305 『전경』 교법 2장 7절.
306 『전경』 교법 2장 6절.

러한 일심은 바로 안심의 참된 모습이며 또한 안신을 위한 길임을 알 수 있다.

2) 대타적對他的 차원

안심 안신의 실천은 개인적 차원에서뿐만 아니라 사회적 차원 즉 대타적인 차원에서 더욱 중요하게 다루어진다. 왜냐하면 개인적 차원에서는 그 가치를 자신만이 느낄 수 있는 반면 타인과의 관계에서 행하는 실천은 자신뿐만이 아니라 타인에게 영향을 미칠 수 있기 때문이다. 따라서 안심 안신의 대타적 차원의 실천은 사회를 건전하게 만들고 나아가 세계적인 차원에서 진리를 실현한다는 측면에서 그 실천의 의의를 지닌다고 하겠다.

대타적 차원에서 바라본 안심 안신의 실천은 크게 두 가지로 나누어 생각해볼 수 있다. 하나는 언덕言德의 문제이며, 또 하나는 예의범절의 실천이다. 말은 마음의 외침이고 행실은 마음의 자취라고 하였다.[307] 언덕은 마음으로부터 생겨나서 남에게 영향을 미치고, 행실 또한 마음에서부터 우러나온 것이나. 따라서 그 말을 선하게 하고 행실을 올바르게 하는 것은 안심과 안신의 표현이라는 점에서 그 주된 실천방법이 되는 것이다.

첫째, 언덕言德은 곧 남에 대해 말을 선善하게 하는 것을 말한다. 다음의 『전경』 구절은 이에 대한 가르침을 전하고 있다.

---

307 『전경』 교법 1장 11절.

상제께서 정미년 정월에 형렬에게 가라사대 "나의 말이 곧 약이라. 말로써 사람의 마음을 위안하기도 하며 말로써 죄에 걸린 자를 풀어주기도 하니 이것은 나의 말이 곧 약인 까닭이니라. 충언이 역이로되 이어행忠言逆耳利於行이라. 나는 허망한 말을 아니하나니 내 말을 믿으라" 하셨도다.[308]

"한 고조는 소하蕭何의 덕으로 천하를 얻었나니 너희들은 아무것도 베풀 것이 없는지라. 다만 언덕言德을 잘 가져 남에게 말을 선하게 하면 그가 잘 되고 그 여음이 밀려서 점점 큰 복이 되어 내 몸에 이르고 남의 말을 악하게 하면 그에게 해를 입히고 그 여음이 밀려와서 점점 큰 화가 되어 내 몸에 이르나니 삼가할지니라" 하셨도다.[309]

위의 인용문에 나타난 언덕의 문제는 말이 지닌 효용과 그 가치를 설명하고 있다. 말로써 사람을 위안하기도 하고 죄에 걸린 자를 풀어주기도 한다고 하였으므로 말이 지닌 힘을 보여준다. 이어서 남의 말을 선하게 하면 타인이 잘 되고 그 여음이 밀려서 점점 큰 복이 되어 내 몸에 이른다고 하고 그 반대는 점점 큰 화를 불러일으킨다고 하므로 말이 미치는 효과는 실로 위대하다고 할 수 있다. 이와 같은 말을 선하게 하는 것은 그 마음의 선함에서 비롯되고 마음의 선은 곧 안심의 경지에서 우러나오는 것이다. 따라서 안심 안신의 대타적 실천은 우선 언덕을 잘 가

---

[308] 『전경』 교법 2장 1절.
[309] 『전경』 교법 2장 50절.

지는 것에서부터 시작된다고 하겠다.

둘째로 안심 안신의 주요한 실천방법은 예의범절을 행하는 것이다. 앞 장에서도 언급한 바 있듯이 '예禮'라는 것은 '도덕인의道德仁義의 절문節文'이다. 모든 도리와 의리에 합당한 절차와 행위가 바로 예라는 것이다. 이러한 예의를 행하는 것은 다름아닌 안심 안신의 대타적 표현이며 곧 진리에 합치되는 행동이다. 따라서 예를 행하는 실천을 하므로써 안심 안신을 실천하는 길이 된다고 할 수 있다. 『대순지침』에 있는 다음의 구절은 예가 지닌 의미를 잘 나타내주고 있다.

> 예라는 것은 사람으로서 일생동안 움직일 때나, 정지할 때나, 앉아 있을 때나, 누워 있을 때[起居動靜]를 가리지 않고 항상 정도를 넘는 일이 없이, 공경심으로 자기를 낮추고 남을 높여주는 인도人道를 갖추는 것을 이른다.[310]

즉 예란 항상 정도에 부합하는 것으로 인도人道를 실현하는 길이다. 그 마음에는 언제나 공경심이 있으며, 예는 행위로써 우러나오는 모든 기거동정을 바르게 하는 방법이다. 이러한 예가 아니면 도덕과 인의도 이루어지지 않으며, 풍속도 갖출 수 없고 윤리도 정립되지 않는다. 학문에 힘쓰는 일이나 관직에서 법을 행하는 일, 조상을 받들고 신명 앞에 치성을 드리는 일 등에도 모두 예가 아니면 바른 것이 될 수 없다고 본다.[311] 이러한 예를 행

---

310 『대순지침』 p.68.
311 위의 책, 같은 페이지.

하기 위해서는 안심·안신이 되어야 하고 또한 안심·안신이 되기 위해서 그 행동 가짐에 예의를 다하여야 한다. 『전경』에 보면 상제께서도 "대신명大神明이 들어설 때마다 손을 머리 위에 올려 예를 갖추셨도다."³¹²라고 하였으며, "…당신에 대하여 심히 비방하고 능욕하는 사람에게도 예로써 대하셨도다."³¹³라고 하고, "고부古阜는 예절을 찾는 구례求禮이니라."³¹⁴라고 한 것 등은 예의적 실천의 중요성을 강조한 것으로 볼 수 있다.

　이상에서와 같이 안심 안신의 실천은 대타적으로 볼 때 언덕을 잘 가지는 것과 모든 행동을 예의범절에 입각하여 행하는 것에 주안점이 있다.

5. 맺음말

본고에서 다룬 안심 안신에 관한 연구는 대순진리회의 기본 교리인 신조에 관해서 서술된 것이다. 대순진리회 신조에서 나타난 기본적인 특징은 종지와 목적을 연계하는 가교로서 중요시된다는 점을 지적하였고, 나아가 그 사상적 체계와 실천방법을 통하여 기본적인 이해를 도모하였다. 특히 안심 안신에 관한 주제는 '안安'의 분석을 중심으로 구체적인 의미규정을 시도하였으며, 한편 마음과 몸에 대한 해석에서 심신이 일관되어 있음을 확인한 바 있다. 이로써 안심 안신은 이율령으로서의 가치를 지

---

312 『전경』 공사 2장 5절.
313 『전경』 교법 1장 12절.
314 『전경』 교법 2장 47절.

니고 대자·대타적인 실천을 행해나갈 때 진정한 위상이 드러난다고 보았다.

안심·안신은 그 사상적 전통에서 볼 때 동양의 전통적인 심신일치 사상의 연장선상에 놓여있다고 본다. 마음과 몸은 유기적 관련 하에 일체를 이루고 있으며 마음의 근본이 몸의 행위로 이어짐을 강조한다. 이러한 사상은 유·불·도 삼교의 전통에서 맥락을 같이하는 사고방식이다. 다만 대순진리에서 강조하는 신조로서의 안심·안신은 심신의 연관성만을 밝히는 것이 아니라 그 주된 기관으로서의 마음의 본체를 더욱 강조하고 나아가서 인간 행위의 통일적인 규범을 제시한다는 점에서 인존人尊사상의 맥락과 더욱 가깝다. 이는 나아가 대순진리회 수도의 목적에서 제시된 도통道通을 향한 실천방법이 된다는 점에서 그 목적의 본질과 연관되어 있음을 간과해서는 안 될 것이다.

2장
경천·수도론

1. 머리말

대순진리회 신조는 종단의 교리체계에 있어서 종지의 이념을 구현하기 위한 실천적인 방법으로 거론된다. 이와 같은 신조는 사강령四綱領과 삼요체三要諦라고 하는 두 축으로 구성되어 있는 바, 앞 장에서는 먼저 사강령의 안심安心·안신安身에 관해서 다루었다. 본 장에서는 역시 사강령에 속하면서 신조의 주된 항목이 되고 있는 것으로 경천敬天·수도修道에 관해서 그 의미와 사상체계를 집중적으로 고찰해보고자 한다.

    안심·안신과 경천·수도는 다 같이 사강령의 항목으로서 앞의 두 가지 개념과 뒤의 두 가지는 각각 서로 표리일체가 되고 상보적인 관계를 이룬다고 본다. 안심·안신이 인간주체에 있어서 몸과 마음의 안정된 자세와 합당한 행위를 뜻한다면 경천·수도는 각각 인간의 행위에 있어서 외경하고 추구해야만 하는 진리의 세계를 나타내고 있다. 인간은 자기의 주체를 확보한 뒤에 보다 차원 높은 의식의 고양을 위해 각각 '천天'과 '도道'라고 하는 궁극적 실재와의 만남을 필요로 한다. 이에 경천·수도는 신조를 통한 수행의 방법으로서 교리체계의 중요한 축을 이루고 있다. 본고는 신조연구의 일환으로 경천·수도의 개념을 중심으로 그 사상체계를 일괄하고 또한 그 실천적인 의미를 논구해보기로 하겠다.

2. 경천·수도의 의미

경천과 수도는 그 문법적인 의미에서 볼 때 각각 "천天(하늘)을 경敬한다"와 "도道를 수修(닦는다)한다"의 구조로 되어 있다. 이때 사상적으로는 '경'과 '천'의 의미 그리고 '수'와 '도'의 의미 등을 심층적으로 이해할 필요가 있다. 그 구체적인 고찰은 다음 절에서 다루기로 하고 여기서는 종단의 공식문헌을 통해 설명한 내용을 근거로 그 기본적인 의미를 살펴보기로 한다. 『대순진리회요람』에서 설명된 '경천'은 다음과 같다.

> 모든 행동行動에 조심하여 상제님上帝任 받드는 마음을 자나 깨나 잊지 말고 항상恒常 상제上帝께서 가까이 계심을 마음속에 새겨 두고 공경恭敬하고 정성精誠을 다하는 마음을 잊지 말아야 한다.[315]

여기서 '경천'의 주된 내용은 우선 최고신으로서의 '상제님'에 대한 존재를 전제하고 그 권위에 대한 신앙을 위주로 공경과 정

---

315 대순진리회 교무부, 『대순진리회요람』, p.15.

성을 다하는 태도를 일컫고 있다. '상제님'은 대순진리회 신앙의 대상으로서 우주 삼라만상을 삼계三界대권大權으로 주재主宰관령管領하시며 관감觀鑑만천萬天하시는 전지전능한 하느님의 존칭을 뜻한다.316 신앙인은 모름지기 이와 같은 하느님의 존재 앞에서 자신의 행동을 조심하지 않을 수 없고 또한 항상 가까이 계심을 느낄 수 있어야 된다는 것이다. 그렇다면 평소의 행동은 언제나 상제님 앞에 선 인간의 모습으로 그 마음에 공경과 정성이 가득해야만 하므로 '경천'은 그와 같은 '공경'과 '정성'으로 상제님을 섬기는 자세를 강조한 것이다.

요약하면 '경천'이란 곧 상제님에 대한 공경과 정성의 태도를 일컫는다. 여기에서 '경敬'은 공경과 정성을 함축한 단어이며, 천天은 최고의 신격神格을 나타내는 말로써 이해해볼 수 있겠다.

다음으로 '수도'에 관한 설명을 살펴보면 다음과 같다.

> 마음과 몸을 침착沈着하고 잠심潛心하여 상제님上帝任을 가까이 모시고 있는 정신精神을 모아서 단전丹田에 연마鍊磨하여 영통靈通의 통일統一을 목적目的으로 공경恭敬하고 정성精誠을 다하는 일념一念을 스스로 생각生覺하여 끊임없이 잊지 않고 지성至誠으로 봉축奉祝하여야 한다.

윗글에서 수도는 우선 '경천'과의 관련 속에서 이해될 수 있다. 경천에서 언급된 공경과 정성의 자세는 곧 내면의 침착沈着과 잠심潛心으로 돌아와서 끊임없이 자신의 몸과 마음을 단속하

---

316 위의 책, p.7 참조.

고 통제하여 상제님을 향한 일념이 생활화되도록 하여야 한다는 것이다. 경천에서는 신앙의 향외적(向外的)인 특성이 강조된다면 수도에서는 신앙의 향내적(向內的)인 특성이 드러나고 있다. 향외적인 특성 하에서는 신앙대상으로서의 상제님에 대한 인식을 전제로 하나의 관계 속에 놓여있는 인간주체의 공경과 정성의 자세를 강조하고 있으며, 향내적인 특성 하에서는 인간 내면의 영적인 가치를 근거로 하여 자기완성의 길로 향해 나아가는 수행의 면모를 밝히고자 한다.

여기서 '수도'의 의미를 요약하면 "상제님 모시는 정신을 연마하여 영통을 하기 위한 마음과 몸의 활동"을 뜻하고 있다. 이와 같은 수도의 의미를 심층적으로 이해하기 위해서는 '천'과 '도'의 관계, 인간의 '수행' 활동이 가져다주는 공효로서의 영통의 의미, 자신과 타인의 관계 속에서 드러나는 수도의 가치 등에 관해서 자세히 다루어져야 한다. 이는 다음 절에서 언급하기로 하겠다.

이상으로 경천과 수도의 의미에 관해서 『대순진리회 요람』을 중심으로 살펴보았다. 경천과 수도에서 각각 강조된 자세는 '공경'과 '정성'이다. 신앙인이 마주내하고 있는 '상제님'의 존재에 대해서 언제나 엄숙하고 외경하는 마음을 지닌다면 그와 같은 정신을 자신의 내면에 연마함으로써 영통을 통일하는 경지에까지 이르게 된다. 이로써 수도의 목적이 달성되었다고 하므로 경천과 수도는 신조의 주된 강령을 이루고 있다 하겠다. 다음 절에서는 이상의 의미에 입각하여 경천과 수도의 사상체계에 관해서 살펴보기로 하겠다.

3. 경천 · 수도의 사상체계

1) 경천에서의 '경敬'과 '천天'

경천敬天의 사상에서 각각 주목해야할 개념은 곧 '경敬'과 '천天'에 관한 것이다. '경'은 인간의 실천적 자세에 관한 것으로 앞 절에서 '공경'과 '정성'을 다하는 마음으로 설명된 바 있다. '공경'한다함은 사전적으로 '몸가짐을 공손히 하고 존경함'을 뜻한다. 또한 '정성'을 다한다 함은 '온갖 성의를 다하려는 참되고 거짓이 없는 마음'을 일컫고 있다.[317] 이처럼 '경'은 몸과 마음에 걸쳐 언제나 공손하며 참된 마음을 가지는 것을 말한다. 이와 같은 '경'의 태도를 중심으로 그 주된 대상을 '천'으로 삼는 것이 바로 '경천'이다. '천'은 공경과 정성의 지극한 대상으로서 그 존재에 대한 심도있는 이해를 필요로 한다.

전통적으로 천에 관한 이해는 다양하게 이루어졌다고 본다. 본래 '천'이라는 글자는 고대 주周문화에서부터 형성된 것으로 알려져 있으며, 글자의 형상은 인간의 머리 정수리를 나타낸다.(天) 춘추전국시대의 공자와 맹자에 있어서는 천의 도덕적이고 인격적인 특색이 조화롭게 발휘되었다고 볼 수 있으며, 한 · 당 시대에는 음양오행의 근원적인 원리로서 이해되기도 하였다. 송 · 명 시대에는 모든 만물의 형이상학적 근거를 추구하면서 그 최종적이고도 궁극적인 실재로서 강조된 바 있다. 또한 근대 이후에는 과학적 연구성과의 결과로 기氣와 관련된 에너지

---

317 『동아새국어사전』, 동아출판사, 1990 참조.

혹은 물리적인 천체로서 탐구되기도 하였다. 이렇게 보면 천은 인격적인 면, 자연, 운명, 형이상학적인 면 등으로 구분하여 볼 수 있다.[318]

이상의 '천'에 관한 다양한 이해에도 불구하고 대순진리회 신조에서 강조되고 있는 천의 의미는 그 고유한 사상적 맥락에서 이해할 필요가 있다.

먼저 대순진리의 기원은 구천상제의 강세에서부터 비롯된다. 구천상제는 신명계神明界에서의 최고신격에 대한 호칭으로서 여러 신성, 불, 보살의 하소연에 의해 대순大巡하여 인세人世에 강세하셨다.[319] 따라서 대순사상은 기본적으로 종교적 신관을 바탕으로 교리가 형성되었으며, 경천의 의미도 이러한 신관의 범주 내에서 이해되어야 할 것이다.

경천에 있어서 '천'은 곧 신적 존재를 일컫는다. 이러한 천에 대한 내용은 어떤 자연적인 의미보다는 하나의 인격성을 가진 천天이라는 점에서 그 특징을 말할 수 있다. 또한 '천'은 위계적으로도 구분이 된다. 그 근거로서 다음의 『전경』 내용을 참고해 볼 수 있다.

---

[318] 풍우란은 그의 저서에서 天의 뜻을 크게 다섯가지로 분류한 바 있다. 첫째는 땅과 상대되는 개념으로서의 物質之天, 둘째는 인격적 상제개념으로서의 主宰之天, 셋째로 인간의 힘으로 어찌할 수 없는 運命之天, 넷째로 자연의 운행과도 같은 自然之天, 다섯째로 우주의 최고원리로서의 義理之天이 그것이다. (馮友蘭『中國哲學史』上, 三聯書店有限公司, 1992, p.43)

[319] 『전경』 예시 1절. "상제께서 九천에 계시자 신성·불·보살 등이 상제가 아니면 혼란에 빠진 천지를 바로잡을 수 없다고 호소하므로 서양西洋 대법국 천계탑에 내려오셔서 삼계를 둘러보고 천하를 대순하시다가 동토에 그쳐 모악산 금산사 미륵금상에 임하여 三十년을 지내시면서 최수운에게 천명과 신교를 내려 대도를 세우게 하셨다가 갑자년에 천명과 신교를 거두고 신미년에 스스로 세상에 내리기로 정하셨도다."

하루는 김송환金松煥이 상제께 여쭈기를 "하늘 위에 또 하늘이 있나이까." 상제께서 "있느니라"고 대답하시니라. 또 그가 묻기를 "그 위에 또 있나이까." 상제께서 "또 있느니라"고 대답하셨도다. 이와 같이 아홉 번을 대답하시고 "그만 알아두라"고 이르셨도다. 상제께서 후일에 그를 만사불성萬事不成이라 평하셨나니라.[320]

즉 천天은 이미 현상적인 의미를 넘어서 '하늘 위의 하늘'을 말하고 있다. 인간의 감각을 초월한 드넓은 우주공간에서 초감각적인 세계로서의 위계적인 공간을 전제하고 있는 것이다. 이와 같은 하늘은 고차원의 공간이 있는가 하면 저차원의 공간도 같이 존재함으로 중층적인 구조로 파악되는 하늘이라고 할 수 있다. 하늘의 본질을 말한다면 먼저 그 공간에 가득 차 있는 신神이다. '신'은 인간의 일상적인 감각으로 포착될 수 없는 초감각적인 존재이다. 그와 같은 신적인 존재들이 하나의 체계와 단계를 이루어 공존하고 있다는 것이 천天에 대한 개괄적 이해이다. 대순진리회 신관神觀에 따르면 신은 천지에 가득 차 있고 모든 만물에 깃들어 그 사물을 지탱하는 존재라서 어떤 사물도 신을 떠나서는 존립할 수 없다고 한다.[321] 그리하여 이 세계는 신으로 가득 차 있으며 모든 만물의 본체를 이루고 있다고 본다.

한편 대순사상의 신관념에 있어서는 수많은 신이 등장하고 있지만 궁극적으로 '상제上帝'라고 하는 최고신의 권능權能과 주

---

320 『전경』 행록 4장 4절.
321 『전경』 교법 3장 2절, "천지에 신명이 가득차 있으니 비록 풀잎 하나라도 신이 떠나면 마를 것이며 흙바른 벽이라도 신이 옮겨가면 무너지나니라."

재主宰에 의해 체계적인 통일의 모습을 이루고 있음에 주목해야 한다. 신명계의 질서에 따른 그 통일된 원리를 궁구하기 위해서는 여러 신들 간의 관계 속에 존재하는 최고신으로서의 '상제'를 이해하지 않으면 안 된다. 신에 대한 관념이 사회적인 분화와 더불어 더욱 상세해지고 오늘날 단순한 국가의식이나 민족의식을 넘어서서 세계적인 큰 신격神格이 요청되는 것을 볼 때, 대순신앙에서는 다양한 신들 간의 관계를 넘어서 이를 통일된 체계에 의해 구축한다는 것으로 최고신 상제의 존재를 전제하고 있다. 이렇게 '천'은 궁극적으로 상제님의 존재로 귀결된다.

대순진리회 신앙의 체계를 정립한 도주 조정산께서는 이러한 '천'의 내용에 대해서 다음과 같이 설법한 바 있다.

> "…하늘은 삼십 육천三十六天이 있어 상제께서 통솔하시며 전기를 맡으셔서 천지 만물을 지배 자양하시니 뇌성 보화 천존 상제 雷聲普化天尊上帝이시니라. 천상의 전기가 바닷물에 있었으니 바닷물의 전기로써 만물을 포장하느니라"고 말씀하셨도다.[322]

즉 위계적으로 나뉘어져 있는 천天이 구천상제의 가르침에 있어서는 아홉을 말하였으나 도주에 이르러서는 삼십육천을 말하고 있다. 보다 세분화된 의미라고 하겠지만 역시 하나의 천을 그만큼 나누어 자세히 설명하였다는 데 의의를 둘 수 있다. 또 하나 주목되는 점은 다양한 신의 존재 내에서 최고 통솔자의 위격에 있는 분이 곧 구천상제이시며 전기를 맡으셔서 천지만물을

---

322 『전경』 교운 2장 55절.

지배자양하므로 뇌성보화천존상제이심을 밝히고 있는 것이다.

　구천상제의 존재를 인간사회에 대비하면 최고 통수권자와도 같으며 우주세계의 최고 통수권자로서 최고의 신격을 지닌 존재이다. 따라서 상제의 권능은 우주변화의 과정에 있어서도 그 운행을 자유롭게 조정할 수 있으며 기후의 변화와도 같은 자연현상을 주재하는 능력을 지니고 있다. 여기에 인간은 그 초월적 권능 앞에서 경건하지 않을 수 없으며 외경해야만 하는 대상으로 '천'을 받아들이게 된다. 『전경』에는 이러한 상제의 절대권능을 여러 사실적 기록들을 통해 전하고 있으며 인간의 생사화복과 상선벌악을 담당하는 것으로 믿어진다.[323]

　최고신격을 지닌 구천상제로서의 천天은 또한 그 원리로서 생장염장生長斂藏을 지닌다. "나는 생生·장長·염斂·장藏의 사의四義를 쓰나니 이것이 곧 무위이화無爲而化니라."[324]고 한 것은 천이 현현하는 원리를 단적으로 드러낸 구절이다. 천天은 생겨나고, 자라고, 거두어 수렴하며, 감추는 과정을 통해 모든 사물을 존재하게끔 한다. 천지 만물을 지배자양한다 함은 바로 이러한 전 과정을 담당하는 분이 상제이심을 말한 것이다. 그래서 외경하지 않을 수 없으므로 경천의 자세가 나온다.

　'천'의 의미는 이러한 최고신격을 포함해서 나아가 모든 신의 다양한 존재를 총칭하는 것으로 발전하였다. 말하자면 구천상제의 휘하에서 각각의 역할을 담당하고 있는 제신諸神들의 존재가 하나의 질서 속에 놓여있다는 것이다.

---

323 『전경』 공사 1장 4절. "상제께서 삼계三界의 대권大權을 수시수의로 행하셨느니라. 쏟아지는 큰 비를 걷히게 하시려면 종도들에 명하여 화로에 불덩이를 두르게도 하시고 술잔을 두르게도 하시며 말씀으로도 하시고 그 밖에 풍우상설뇌전을 일으키는 천계대권을 행하실 때나 그 외에서도 일정한 법이 없었도다."
324 『전경』 교법 3장 27절.

상제께서 어느 날 김형렬에게 가라사대 "서양인 이마두利瑪竇가 동양에 와서 지상 천국을 세우려 하였으되 오랫동안 뿌리를 박은 유교의 폐습으로 쉽사리 개혁할 수 없어 그 뜻을 이루지 못하였도다. 다만 천상과 지하의 경계를 개방하여 제각기의 지역을 굳게 지켜 서로 넘나들지 못하던 신명을 서로 왕래케 하고 그가 사후에 동양의 문명신文明神을 거느리고 서양에 가서 문운文運을 열었느니라. 이로부터 지하신은 천상의 모든 묘법을 본받아 인세에 그것을 베풀었노라."[325]

윗글에서 보면 모든 신[神明]은 제각기의 지역을 굳게 지켜 서로 넘나들지 못하는 특성을 지니고 있음을 알 수 있다. 그리고 인간사회의 문명이 창출되어 나오는 것은 모두 문명신의 역사役事로 인한 것임을 볼 때 인간 활동을 계도하는 근원적인 존재가 바로 여러 신들임을 알 수 있다. 이러한 신들의 양상에 대해 인간은 언제나 경건하고 외경하는 자세를 잊어서는 안된다. "귀신은 진리에 지극하니 귀신과 함께 천지공사를 판단하노라"[326]고 하신 말씀에서도 알 수 있듯이 새로운 천지의 질서를 갖추는 데에도 신의 질서가 근원적으로 자리잡아야 한다. 인간 사회의 진리를 구현하기 위해서는 먼저 신의 세계로부터 계도 되어지고 따라서 인간은 경천의 자세에서부터 모든 실천의 실마리를 갖추게 된다고 하겠다.

---

325 교운 1장 9절.
326 교운 1장 19절.

2) 수도修道에서의 '수修' 와 '도道'

수도에서의 '수修'는 의미상 '닦는다' '깨끗이 한다' '다스린다' 등의 뜻을 지니고 있다. 즉 몸에 묻은 때를 벗기는 것도 닦는다고 하겠지만 특히 마음의 정화를 위해 온갖 잡념 또는 사욕私慾을 제거하는 것도 닦는 것이다. 이와 같은 '닦음'의 행위는 그 본래적인 청정함을 회복한다는 뜻에서 이미 인간의 본성 속에 선천적으로 간직하고 있는 것, 본연의 것이 있음을 전제하고 있다. 본래는 생래生來적으로 깨끗한 것인데 어떤 계기에 의해 또는 장애에 의해 오염되어 있으므로 그 오염된 것을 제거하면 자연히 본래적인 것이 드러날 수 있다는 것이다. 이런 점에서 '닦음'의 행위는 무엇보다도 인간의 주체성이 강조되고 있다 하겠다.

수도에서의 도道는 '만물이 마땅히 가야만 하는 길'을 의미한다.327 이러한 '도'는 인간의 행위에 있어 당위當爲의 기준으로 받아들여지는 개념이다. 특히 대순사상에 있어서 '도'는 인간으로 하여금 수도를 하는 데 있어서 하나의 규범으로 작용한다. 곧 '도를 닦는다'는 의미에서 수도인으로서 마땅히 지켜야하고 가야 할 길을 어김없이 가기 위한 노력을 하는 것이다. 수도인으로서 양심에 어긋나고 법도에 맞지 않는 행동을 하지 않으며 언제나 정당하고 진리에 맞는 행동을 하고자 할 때 비로소 수도의 가치가 드러난다 하겠다.

『전경』에 등장하는 '도'에 대한 개념은 크게 세 가지로 나누

---

327 『中庸章句』 1장, 朱子注, "人物各循其性之自然, 則其日用事物之間, 莫不各有當行之路, 是則所謂道也"

어 볼 수 있는데 천도天道와 신도神道 그리고 상도常道가 그것이다. 모두 도道라고 하는 글자를 담고 있어 인간이 따라야만 하는 규범임을 짐작할 수 있다. 하지만 그 용어의 개별적 의미에 있어서는 조금씩 차이를 지닌다고 보아야 한다. 먼저 천도天道에 대해서는 다음의 전경구절에서 그 용례를 찾아볼 수 있다.

> 또 상제께서 용두치龍頭峙에 가서 계실 때 하루는 마당에 촛불을 밝히고 '천유 일월지명天有日月之明 지유 초목지위地有草木之爲 천도 재명 고天道在明故 인행 어일월人行於日月 지도 재위 고地道在 爲故 인생 어초목人生於草木'이라 써서 불사르셨도다. 이때 구름이 하늘을 덮고 비바람이 크게 일어도 촛불이 요동하지 않았도다. 상제께서 찬명의 서북 하늘의 구름 사이에 별 하나가 반짝이고 동남 하늘에 구름이 흩어져 별이 많이 반짝인다는 복명을 들으시고 "서북西北에서 살아날 사람이 적고 동남東南 쪽에서 많으리라"고 이르셨도다.[328]

윗글에서 보면 하늘에는 일월의 밝음이 있어 천도 또한 밝음[明]에 있다고 하였다. 명명은 본래 하늘이 지니는 허령불매虛靈不昧함을 가리키는 것으로 만물에 품부稟賦하여 주는 이법과도 같다.[329] '천도재명天道在明'이란 천도는 곧 밝음을 본질로 하고 있다는 말이므로 하나의 가치개념으로 이해될 수 있다. 여기서 인간 행위의 준칙이 되는 것으로 말하면 천도를 일컫게 되므로 '인행

---

328 『전경』 예시 68절.
329 『大學章句』 1장 朱子注 「明德者, 人之所得乎天而虛靈不昧, 以具衆理而應萬事者也」

어 일월시行於日月'이라 함은 인간행위의 규범으로서 천도를 지칭한 것이라 하겠다. 인도人道를 낳게 하는 것이 곧 천도이므로 인도를 어겼을 때 천도를 어기는 것이 되어 천天으로부터 응보를 받게 된다는 것도 하나의 천도관념으로 받아들여질 수 있다.[330]

신도神道와 상도常道에 대해서는 다음의 구절에서 그 용례가 발견된다.

> 상제께서 "선천에서는 인간 사물이 모두 상극에 지배되어 세상이 원한이 쌓이고 맺혀 삼계를 채웠으니 천지가 상도常道를 잃어 갖가지의 재화가 일어나고 세상은 참혹하게 되었도다. 그러므로 내가 천지의 도수를 정리하고 신명을 조화하여 만고의 원한을 풀고 상생相生의 도로 후천의 선경을 세워서 세계의 민생을 건지려 하노라. 무릇 크고 작은 일을 가리지 않고 신도로부터 원을 풀어야 하느니라. 먼저 도수를 굳건히 하여 조화하면 그것이 기틀이 되어 인사가 저절로 이룩될 것이니라. 이것이 곧 삼계공사三界公事이니라"고 김형렬에게 말씀하시고 그 중의 명부공사冥府公事의 일부를 착수하셨도다.[331]

윗글에서 보면 먼저 신도는 신의 세계를 구성하는 엄격한 원리임을 알 수 있으며 인사를 결정짓는 일대一大 근거가 되고 있다. 다만 천도와 의미를 달리 하는 점은 신도가 추상적 의미

---

330 『전경』 행록 3장 36절 "…그들에게 「대저 부모가 정하여 준 배필은 인연이오. 저희끼리 작배한 것은 천연이라. 천연을 무시하여 인도를 패하려 하니 어찌 천노를 받지 아니하랴. 그러므로 오늘 내가 벽력으로써 응징하였노라」고 하셨도다. 그 며느리는 벽력에 죽었노라고 전하는도다."
331 『전경』 공사 1장 3절.

의 천을 보다 인격화·구체화하였다는 것이며, 따라서 인간사와 관련하여 끊임없이 영향을 미치고 결정짓는 규범으로 강조될 수 있다. 인간세계와 신의 세계를 이분화시켜 동시에 인정할 때 인간사회의 모든 긍정적인 결과는 이렇게 신도神道의 예정된 작용임을 말하는 것이 또한 대순사상의 특징으로 볼 수 있다.[332]

한편 상도는 '항상' '떳떳함' '일정함'의 의미를 강조하여 규범으로서의 도가 천·지·인 삼계에 걸쳐 두루 적용되고 있음을 표현한 용어이다. 천지가 처음 생겨난 때부터 존재한 상도는 항상 천지의 운행이 고르게 이루어지게끔 역할해 왔던 것이고 인간도 이러한 상도의 규범에 맞게끔 사는 것이 미덕으로 알려져 왔다. 하지만 인간은 유독 이러한 상도를 망각하고 상극이 지배된 선천의 세계에서 원한을 쌓아왔으니 이로 인해 일정하게 흘러가야만 하는 상도가 어그러지게 되었던 것이다. 상제의 천지공사는 이렇게 무너진 상도를 바로 잡기 위한 데서부터 시작하여 다시는 상도가 무너지지 않게끔 상생相生이라고 하는 원리로 새 세상을 만드시게 되었으니 이것이 바로 '천지공사' 또는 '삼계공사'라고 하는 대역사이다. 이렇게 볼 때 상도는 천지와 인간에 걸쳐 삼계三界의 질서를 유지한다는 의미에서 사용되는 개념이라고 하겠다.

수도는 위에서 언급한 도의 규범을 자각하고 이를 준수하며 시행해 나가는 인간의 모든 활동을 지칭한다고 할 것이다. 즉 도는 천도로서 밝게 존재하고 있으므로 인간이 본받아서 일상

---

[332] 『전경』 예시 73절, "신도神道로써 크고 작은 일을 다스리면 현묘 불칙한 공이 이룩되나니 이것이 곧 무위화니라. 신도를 바로잡아 모든 일을 도의에 맞추어서 한량없는 선경의 운수를 정하리니 제 도수가 돌아닿는 대로 새 기틀이 열리리라.···"

생활을 밝게 하여야 함을 알 수 있고, 또한 신도로서 엄격하고 자세하므로 인간이 어떤 행위를 하더라도 항상 신명이 굽어보고 있음을 알아 언행에 조심을 기하여야 한다는 것을 알 수 있다. 한편 상도가 있음을 알아 항상 변하지 않고 일정한 준칙을 끝까지 지켜나가는 생활을 해야 함을 알 수 있다. 그리하여 수도란 교학적 의미에서 볼 때 위와 같은 천도와 신도 그리고 상도의 규범을 체득하여 일상생활의 규범으로 삼아야 한다는 것이 하나의 신조를 이룬 것으로 본다.

3) 경천과 수도의 관계

대순사상의 신조 조목에 해당하는 경천敬天과 수도修道는 상관성을 지니고 파악되어야 한다. 기본적으로 '천天'은 신앙의 대상을 지칭하기 위한 것이고 '도道'는 인간의 실천을 유도하기 위한 것이다. 천天과 인人이 서로 떠날 수 없는 것은 천과 도의 관계와도 같다. '도'는 '천'으로부터 주어지며 이 도를 닦아 나가는 것은 인간의 몫이다. 그리하여 수도를 한다 함은 반드시 경천에 입각해야 하고 경천은 곧 수도를 통해서 확인된다.

    앞서 밝힌 바와 같이 경천에서의 천은 모든 신격을 대변하는 개념으로 보았다. 수도는 또한 인간의 주체적 행위와 관련되므로 경천에 입각한 수도란 신의 존재에 대한 확고한 인식과 실천공부를 뜻한다. 그리하여 구천상제께서 널리 감찰監察하고 계시는 것을 자각하여 잠시도 게을리 하지 않는 수도를 필요로 하고 있다.

상제께서 하루는 종도들에게 말씀하시기를 "내가 부안 지방 신명을 불러도 응하지 않으므로 사정을 알고자 부득이 그 지방에 가서 보니 원일이 공부할 때에 그 지방신地方神들이 호위하여 떠나지 못하였던 까닭이니라. 이런 일을 볼진대 공부함을 어찌 등한히 하겠느냐" 하셨도다.[333]

사람마다 그 닦은 바와 기국에 따라 그 사람의 임무를 감당할 신명의 호위를 받느니라. 남의 자격과 공부만 추앙하고 부러워하고 자기 일에 해태한 마음을 품으면 나의 신명이 그에게 옮겨 가느니라.[334]

윗글에서 보면 모든 사람은 그 사람의 임무를 감당할 신명의 호위를 받고 있으며 공부를 할 때는 항상 그 지방신들이 호위하여 떠나지 못한다는 것을 말해주고 있다. 경천하지 않을 수 없음은 이렇게 천지에 가득 찬 신명으로부터 인간이 호위받고 있다는 데서 느낄 수 있는 심정이다. 자신이 해야 되는 일에 해태하지 않고 성실히 수행해 나가는 것은 곧 신명을 공경하고 그 도를 존숭해 나가는 것을 말한다. 이렇게 "도를 닦은 자는 그 정혼이 굳게 뭉치기에 죽어도 흩어지지 않고 천상에 오르려니와 그렇지 못한 자는 그 정혼이 희미하여 연기와 물거품이 삭듯"[335]한다고 한 것은 바로 수도의 필요성을 절감하게 해주는 내용이라고 본다.

---

333 『전경』 교운 1장 63절.
334 『전경』 교법 2장 17절.
335 『전경』 교법 2장 22절.

경천과 수도의 관계는 신과 인간의 관계와도 일맥상통한다. 신관에 있어서 신의 존재는 항상 인간과 관련되어 현현한다. 신의 작용이 인간사에 영향을 미치기도 하고 인간의 행위가 또한 신의 세계에 영향을 미치기도 한다. 그 사례에 대해서 전경에서는 다음과 같이 기술하고 있다.

> 전쟁사를 읽지 마라. 전승자의 신은 춤을 추되 패전자의 신은 이를 가나니 이것은 도를 닦는 사람의 주문 읽는 소리에 신응神應되는 까닭이니라.[336]

> 인망을 얻어야 신망에 오르고 내 밥을 먹는 자라야 내 일을 하여 주느니라.[337]

> 사람들끼리의 싸움은 천상에서 선령신들 사이의 싸움을 일으키나니 천상 싸움이 끝난 뒤에 인간 싸움이 결정되나니라.[338]

도를 닦는 사람의 주문 읽는 소리에 신응된다 함은 곧 인간의 수도는 경천에 바탕을 두고 있음을 말한다. '인망을 얻어야 신망에 오른다'함은 수도를 통해 경천이 확립된다는 뜻으로 보인다. '사람들끼리의 싸움이 선령신들 사이의 싸움을 일으키고 천상싸움이 결정된 뒤 인간싸움이 결정 된다'함은 신과 인간의

---

336 『전경』 교법 2장 23절.
337 『전경』 교법 1장 25절.
338 『전경』 교법 1장 54절.

상호교류관계를 말하는 것으로 경천과 수도의 밀접한 상관성을 드러내는 말이다.

경천과 수도의 관계가 신과 인간의 관계로 해석된다면 그렇게 교류할 수 있는 매개체에 해당하는 기관은 바로 인간의 마음이다.

> 마음이란 것은 귀신에게 있어 추기요 문호요 도로이다. 추기를 열고 닫으며 문호를 들락날락하며 도로를 오고 가고 하는 것은 신이다. 혹은 선한 것도 있고 혹은 악한 것도 있다. 선한 것은 스승으로 삼고 악한 것은 고쳐 쓰게 되니 내 마음의 추기와 문호와 도로는 천지보다도 크다.[339]

이렇게 인간의 마음은 천지보다도 크다고 하였으므로 수도한다 함은 바로 이러한 마음을 잘 닦아 나가는 것을 말한다. 그리하여 신의 질서와 가치를 담고 있는 신도를 현실 속에서 실현하는 것은 다름 아닌 인간의 사명으로 남게 된다. "선천에는 모사謀事가 재인在人하고 성사成事는 재천在天이라」 하였으되 이제는 모사는 재천하고 성사는 재인이니라. 또 너희가 아무리 죽고자 하여도 죽지 못할 것이오. 내가 놓아주어야 죽느니라"[340]고 한 것은 이와 같이 경천과 수도를 통해 도의 가치를 넓혀 나가는 존재가 바로 인간임을 시사한 구절이다.

---

339 『전경』 행록 3장 44절, "心也者鬼神之樞機也門戶也道路也, 開閉樞機出入門戶往來道路神, 或有善或有惡, 善者師之惡者改之, 吾心之樞機門戶道路大於天地"
340 『전경』 교법 3장 35절.

4. 경천 · 수도의 실천

1) 대자적對自的 차원 : 무자기無自欺

일상 속에서 경천 · 수도를 실천하기 위해서는 무엇보다도 신명神明을 대하는 마음자세와 법도에 어긋나지 않는 행동을 위주로 해야 할 것이다. 여기에 실천적인 분야는 크게 대자적對自的인 것과 대타적對他的인 것으로 나누어 이해해볼 수 있다. 먼저 대자적인 차원에서 보면 자신의 마음가짐에 대한 것을 문제로 삼아 이것이 경천 · 수도를 실천하는 데 어떠해야하는가를 다룬다. 그 핵심적인 용어를 여기서는 '무자기無自欺'로 보고 그 개념을 중심으로 실천의 문제를 살펴보기로 하겠다.

'무자기'의 문자적인 해석은 자신의 '마음을 속이지 말라'이다. 이 내용은 대순종단의 훈회가운데 첫 번째 항목이기도 하다. 어떻게 하는 것이 마음을 속이지 않는 것인가? 또 이와 같은 무자기는 경천 · 수도와 어떤 관련이 있는가? 이처럼 '무자기'의 본질적인 내용은 훈회에 대한 설명을 참조로 하여 그 이해의 단초를 발견할 수 있다.

> 마음은 일신一身의 주主이니 사람의 모든 언어言語 행동行動은 마음의 표현表現이다. 그 마음에는 양심良心 사심私心의 두 가지가 있다. 양심良心은 천성天性 그대로의 본심本心이요. 사심私心은 물욕物慾에 의依하여 발동發動하는 욕심慾心이다. 원래原來 인성人性의 본질本質은 양심良心인데 사심私心에 사로잡혀 도리道理에 어긋나는 언동言動을 감행敢行하게 됨이니 사심私心을 버

리고 양심良心인 천성天性을 되찾기에 전념專念하라. 인간人間의 모든 죄악罪惡의 근원根源은 마음을 속이는데서 비롯하여 일어나는 것인즉 인성人性의 본질本質인 정직正直과 진실眞實로써 일체一切의 죄악罪惡을 근절根絶하라.[341]

윗글을 근거로 하여 무자기의 의미를 고찰하면 다음과 같다. 먼저 '마음을 속이지 않는다'고 할 때의 마음은 곧 천성 그대로의 본심이자 양심을 말한다. 물욕에 의해 이기적으로 발동되는 사심은 욕심으로서 속이지 말아야 할 대상이 아니다. 오히려 양심을 저해하고 그러한 양심을 속이게끔 압력을 넣는 것이 사심이므로 이것은 극복의 대상이다. 경천·수도를 한다는 것은 이와 같이 사심을 이기고 양심을 되찾아서 인간 본성인 천성을 회복하는 것이 관건이다.

경천·수도의 의미에서 중요시 여긴 것은 바로 천지신명 앞에 선 인간이 항상 경건하고 공경하는 태도를 지니는 것이다. 또한 인간이 주체성을 지니고 진리의 길을 걸어가서 그와 같은 진리를 현실에서 구현한다는 점에서 '수도修道'의 의미가 빛난다. 그렇다면 경천·수도는 대자적인 차원에서 먼저 인간 자신의 내적 성실성을 담보하고 자신의 마음으로부터 우러나는 일체의 양심을 좇아서 모든 행동을 해 나가는 것이 되어야 한다. 이 때 양심은 천성이므로 천지신명과 감통感通할 수 있는 마음을 말한다. 따라서 모든 일을 양심에 입각해서 행한다면 곧 '마음을 속이지 않는 것'이 된다. 경천·수도의 대타적인 실천을 위해서는

---

341 『대순진리회 요람』, 대순진리회 교무부, 1969, pp.18-19.

이렇게 먼저 자신의 마음을 속이지 않는 것이 기본이 되어야 할 것이다.

2) 대타적對他的 차원 : 윤리도덕의 실천

경천·수도의 실천에는 다시 대타적인 차원에서 논의될 수 있는 여지가 있다. 즉 윤리도덕을 실천하는 것이 바로 경천·수도하는 길이다. 윤리도덕을 행하기 위해서는 먼저 그 절대 가치기준이 되는 천天과 도道에 관한 이해가 필요하다. 여기서 천天은 주로 인격적인 신명계와 최고위의 상제님으로 이해될 수 있으며, 도道는 이치 혹은 법으로서의 비인격적인 실재에 관한 것이다. 둘 다 궁극적인 실재가 될 수 있으므로 이같은 실재에 근거지어진 행위를 윤리도덕적 실천이라고 부를 수 있다. 다음의 『전경』 구절은 이와 같은 윤리도덕의 실천과 관련한 구절로 보여진다.

> 상제께서 장익모張益模의 집에 가셨을 때 그가 자기 어린 아들을 지극히 귀여워하는 것을 보시고 그에게 교훈하시기를 "복은 위로부터 내려오는 것이요 아래로부터 올라오는 것이 아니니 사람의 도의로서 부모를 잘 공양하라" 하셨도다.[342]

복이 위로부터 내려온다 함은 신도神道의 질서가 인간계에 이르러 시행되고 있다는 말이므로 부모를 공양함은 곧 하늘을 공양함과 같다. 왜냐하면 자식 된 도리로 효孝를 다한다는 것은

---

342 『전경』 교법 1장 41절.

경천을 통해 수도하는 일과 같기 때문이다. "속담에 '무척 잘 산다' 이르나니 이는 척이 없어야 잘 된다는 말이라. 남에게 억울한 원한을 짓지 말라. 이것이 척이 되어 보복하나니라. 또 남을 미워하지 말라. 사람은 몰라도 신명은 먼저 알고 척이 되어 갚나니라."343고 하신 말씀은 상생의 정신으로 사람을 사랑하고 나아가 윤리적 실천에 이르기까지 수도의 의미를 확충시켜야 함을 강조한 구절로 볼 수 있다.

경천·수도에 따른 실천은 종합해볼 때 신도神道의 위엄을 자각하고 허물이 없는 양심적인 생활을 해나가는 것이 요지가 된다. 신명의 감시와 수찰이 있음을 알고 법도에 조금도 어긋남이 없는 생활을 해나갈 것이 요구한다.

> 지금은 신명시대니 삼가 힘써 닦고 죄를 짓지 말라. 새 기운이 돌아 닥칠 때에 신명들이 불칼을 들고 죄지은 것을 밝히려 할 때에 죄지은 자는 정신을 잃으리라.344

> 번개가 번쩍이고 천둥이 요란하게 치는 어느 날 상제께서 종도들에게 가라사대 "뒷날 출세할 때는 어찌 이러할 뿐이리오. 뇌성 벽력이 천지를 진동하리라. 잘못 닦은 자는 앞을 자리에 갈 때에 나를 따르지 못하고 엎드려지리라. 부디 마음을 부지런히 닦고 나를 깊이 생각하라" 하셨도다.345

---

343 『전경』 교법 2장 44절.
344 『전경』 교법 3장 5절.
345 『전경』 교법 3장 25절.

윗글에서 신명시대는 신도神道가 지배하는 시대를 뜻한다고 본다. 따라서 신명의 수찰을 생각한다면 인간은 조금의 잘못도 저지를 수가 없다. 허물을 짓지 않기 위해서는 마음을 부지런히 닦고 상제님에 대한 신앙을 돈독히 하여야 할 것을 강조한다. 여기에 경천과 수도는 신앙의 방법으로서 주요한 강령이 되고 있는 것이다.

5. 맺음말

이상으로 경천·수도에 관하여 그 사상체계를 일괄해 보았다. 경천과 수도는 각각 천天과 도道라는 두 가지 개념을 중심으로 신조의 기본사상을 보여주고 있다. 즉 천天은 천지신명을 포함한 최고신 상제님의 위상을 나타내는 단어이며, 도道는 불변의 법칙, 진리성 그 자체를 나타낸다. 여기에 대해 경敬자는 공경하고 외경하는 마음의 태도를 말하며, 수修자는 인간 주체성의 발로이자 인간 본연의 가치를 드러내는데 역점을 둔 단어이다. 이와 같이 경천과 수도의 자의字意를 통해 신조에 담겨있는 사상은 그 위상을 드러내고 있다.

대순진리회 신조는 크게 안심·안신의 이율령과 경천·수도가 결합된 사강령 그리고 성·경·신의 삼요체로 구성되어 있다. 본문에서 고찰한 경천·수도의 의미는 여타 신조의 항목과 관련하여 그 고유한 논리를 지니고 있다고 볼 수 있으며, 자신의 내면적인 자세와 대타적인 실천에 이르기까지 일관된 태도를 견지한다는 점에서 신앙적 실천의 주요한 방법으로 자리잡고 있다.

3장
성론

1. 머리말

대순진리회의 신조는 크게 두 가지 범주로 나누어지는데 하나는 사강령四綱領이며 다른 하나는 삼요체三要諦이다. 이 두 가지는 다 같이 교리상의 신조라고 하는 영역에서 논의될 수 있는바 궁극적 진리로서의 종지宗旨를 실현하기 위한 실천방법론에 해당하는 것이다. 굳이 강령과 요체를 구분한다면 전자는 수도인 전체의 정체성을 규정하는 포괄적 행동강령을 가리킨다고 할 수 있을 것이고, 후자는 수도인 개개인의 모든 삶의 실천 원리가 되는 것을 말한다. 하나의 실천을 위해서는 강령도 필요하고 요체도 있어야만 한다. 이와 같이 신조란 새의 양 날개와 같이 몸통에 해당하는 종지의 진리를 이끄는 수단으로 작용한다는 점에서 결코 간과해서는 안 될 교리임을 알 수 있다. 이에 그 심도 있는 이해를 필요로 한다.

신조에 있어서 삼요체는 곧 성誠 · 경敬 · 신信의 석자로 이루어져 있다. 이 가운데에서 성誠은 그 첫 번째 항목으로서 삼요체

이해의 출발점이 되고 있다. 대체로 삼요체의 항목들은 모두 동양 고전의 전통에서 강조되어온 수양론의 주요 개념을 나타내고 있다. 특히 성誠과 경敬은 유교사상에서 많은 논의가 있었고, 신信은 유교뿐만 아니라 불교 고전에서도 강조된 항목이다. 하나의 종교전통은 저마다의 사상적 맥락을 지니고 있으므로 대순진리회의 삼요체를 특정 종교전통과 동일시하는 것은 바람직하지 못하다. 다만 그 개별 사상적 전통에 대한 이해를 기초로 하여 오늘날 대순진리회의 신조가 지니는 근본 취지와 가치를 밝히는 데서 신조연구의 의의가 있다고 본다. 따라서 본문에서는 성誠에 대한 연구를 기조로 하되 먼저 그 사상적 전통을 살펴보고 이어서 대순진리회 교리로서의 성誠에 대한 의미를 체계적으로 고찰해 보기로 하겠다.

2. 성誠사상의 역사적 전개

1) 성誠의 자의字義

허신許愼의 『설문해자說文解字』에 의하면 '성誠 신야信也 종언성성從言成聲'이라고 하였다. 여기서 성誠이란 글자는 언言과 성成이 합성된 글자로서 말씀[言]에 의미를 두고 성成은 음부音符로만 취한 것이다. 하지만 『설문』에 의하면 이룰 '성成'자는 무戊자와 정丁자가 결합된 것으로 무戊는 무茂자와 상통한다'라고 하였다. 무茂자는 '초목이 무성하다'는 뜻을 내포하며 정丁자도 '초목의 싹이 돋아나다'는 뜻을 의미한다. 즉 성成자는 음부音符로만 쓰인 것이 아니라 성취成就, 성수成遂의 뜻도 내포한다. 따라서 성誠이라는 글자에는 말씀[言]과 이룸[成]의 양쪽 의미가 함축되어 있다고 볼 수 있다.[346]

이와 같이 문자 상의 어의語義로 볼 때 성誠은 일상생활 속에서 말을 하는 사람은 타인에게 믿음과 신뢰를 줄 수 있어야 한다는 것이다. 그러기 위해서는 먼저 자신의 마음가짐에서부터 외적인 행동에 이르기까지 진실되지 않으면 안 된다. 한번 말한 것은 꼭 지키고 그대로 실천함으로써 그 사람에 대한 믿음이 생긴다고 할 수 있다. 이로써 타인의 신뢰를 얻고 또한 원하는 바를 이룰 수 있다는 것이다.

성誠자가 고전 중에 가장 먼저 보이는 것으로는 『상서商書』 「태갑편太甲篇」의 '鬼神無常享 享于克誠'이라든가, 『주역周易』 「건괘乾卦 문언文言」에 '閑邪在其誠'이라는 글귀에서 찾아볼 수 있는데, 여기서 성誠은 주로 '允' '信' '敬'의 뜻으로 쓰였으며 모두 '진실되다'의 뜻을 내포하고 있다. 이러한 성誠은 원시유가에서 더욱 심화되어 『중용』의 성誠으로 발전하게 되었다.

2) 중국유학에서의 성誠

■ 공자孔子의 성誠

공자는 천명을 지극히 외경畏敬하고 그것을 본받아서 인사人事가 완성된다는 관념을 발견하였다. 『논어論語』에 보이는 '오십이지천명五十而知天命'이라든지 '천생덕어여天生德於予'라든지 '군자유삼외君子有三畏… 외천명畏天命…' 등은 공자의 천명사상을 발휘한

---

346 유승국, 『도원철학산고』, 성균관대학교 유교문화연구소, 2010, p.40 참조.

것으로 볼 수 있다. 그것은 천天 자체의 성격을 표현한 것이 아니라 천명天命으로써 인간 자신의 신념 내지 사명으로 자각된다는 점이다. 이러한 천명의 특징은 객관적으로 연역되는 것이 아니라 인간의 내면화된 심성을 통해서 우러나오는 것으로 보고 있다는 점이다. 여기서 천명은 어떤 초월적인 것에 대한 표상이지만 인간에 의하여 명명되고 또 인간의 내면세계에 잠재됨으로써 인간과 합일을 이룰 수 있다. 인간은 자기 내면의 천명을 발견하고 드러냄으로써 진정한 인간상을 회복하게 된다고 본다. 이처럼 공자의 사상체계는 천도론과 인도론의 조화에 있다고 보고 성誠은 그러한 천명의 내재적인 것이 된다. 공자의 천명으로서의 성誠은 이후 『중용』의 성誠 사상에 지대한 영향을 미쳤다.

■ 맹자의 성誠

『맹자』에는 성誠자가 22군데 있는데 그 중에서 14군데는 조사로 쓰였고 8군데만이 철학적 의미가 담겨진 형태로 쓰였다. 맹자는 천인합일의 관점에서 성誠의 철학을 주장하였다. 성誠을 중요한 철학범주로 삼아 천도天道와 인도人道로 구분하고 인도人道의 형이상학적 근거를 천도天道에 정초시켰다. 그래서 성誠은 인성人性의 최고 구현이고 인성의 근원으로서 천도天道이다.

> 그러므로 성誠이란 하늘의 도이고 성誠하고자 생각하는 것은 사람의 도이다. 지극히 참되면서 다른 사람을 감동시키지 못하는 자는 없으니 참되지 못하면 절대로 다른 사람을 감동시킬 수 없다.[347]

라고 한 것은 이를 잘 말해주고 있다. 『설문』에 따르면 성誠과 신信은 서로 동일하게 해석되는데 본래는 사람을 가리켜서 말한 것이다. 맹자는 성이 천도를 이루는 것이라고 말하였으므로 분명히 초월성을 가진다고 보았다. 성誠은 자연계의 진실한 존재로 '천天이 나에게 부여한 것'이므로 인성의 근본적인 지표가 된다. 사성思誠(성을 생각함)이란 바로 자아반사自我反思(주체의 내면을 향한 사유)이고 자아초월을 실현해서 천인합일의 경지에 도달하게 하는 것이다.

> 만물이 모두 나에게 갖추어져 있으니 자신을 반성하여 참되면 즐거움이 이보다 더 클 수 없고 서도恕道(자기의 마음으로 미루어 다른 사람을 헤아리는 도리)를 힘써 행하면 인仁을 구하는 것이 이보다 더 가까울 수 없다.[348]

윗글은 자기반성으로 도달할 수 있는 성의 가치를 밝힌 것으로 볼 수 있다. 성誠과 인仁이 무슨 관계인지 그는 더 이상 해석하지 않았지만 성誠은 천인합일의 최고 경지이다. 인仁은 비록 인성의 핵심으로서 초월성을 갖추고 있지만 후대의 송명이학자들이 말한 바와 같이 아직 전체는 아니다. '만물이 모두 나에게 갖추어져 있다'라는 말은 결코 인식론認識論의 문제만은 아니다. 사람들은 이전에 늘 이 말을 맹자의 인식론認識論 사상으로 생각

---

347 『孟子』離婁章(上), "是故誠者, 天之道也, 思誠者, 人之道也, 至誠而不動者, 未之有也, 不誠, 未有能動者也."
348 『孟子』盡心章(上), "萬物皆備於我矣, 反身而誠, 樂莫大焉, 強恕而行, 求仁莫近焉"

것으로 볼 수 있다. 그것은 천天 자체의 성격을 표현한 것이 아니라 천명天命으로써 인간 자신의 신념 내지 사명으로 자각된다는 점이다. 이러한 천명의 특징은 객관적으로 연역되는 것이 아니라 인간의 내면화된 심성을 통해서 우러나오는 것으로 보고 있다는 점이다. 여기서 천명은 어떤 초월적인 것에 대한 표상이지만 인간에 의하여 명명되고 또 인간의 내면세계에 잠재됨으로써 인간과 합일을 이룰 수 있다. 인간은 자기 내면의 천명을 발견하고 드러냄으로써 진정한 인간상을 회복하게 된다고 본다. 이처럼 공자의 사상체계는 천도론과 인도론의 조화에 있다고 보고 성誠은 그러한 천명의 내재적인 것이 된다. 공자의 천명으로서의 성誠은 이후 『중용』의 성誠 사상에 지대한 영향을 미쳤다.

■ 맹자의 성誠

『맹자』에는 성誠자가 22군데 있는데 그 중에서 14군데는 조사로 쓰였고 8군데만이 철학적 의미가 담겨진 형태로 쓰였다. 맹자는 천인합일의 관점에서 성誠의 철학을 주장하였다. 성誠을 중요한 철학범주로 삼아 천도天道와 인도人道로 구분하고 인도人道의 형이상학적 근거를 천도天道에 정초시켰다. 그래서 성誠은 인성人性의 최고 구현이고 인성의 근원으로서 천도天道이다.

> 그러므로 성誠이란 하늘의 도이고 성誠하고자 생각하는 것은 사람의 도이다. 지극히 참되면서 다른 사람을 감동시키지 못하는 자는 없으니 참되지 못하면 절대로 다른 사람을 감동시킬 수 없다.[347]

성誠은 만사만물이 스스로 이루어지는 것이고 도는 사람이 마땅히 스스로 행해야 하는 것이다. 성誠은 만사만물의 시작과 끝, 본과 말이니 성誠하지 못하면 만사만물도 없게 된다. 그러므로 군자는 성誠을 특히 귀중하게 여긴다. 성誠은 자기만을 완성시키는 것이 아니라 그것은 만사만물을 완성시키는 것이다. 자기 인격을 완성하는 것을 인仁이라 하고 만사만물을 성취시키는 것을 지智라고 한다. 이것은 성性의 덕이니 내외內外를 합한 도道이다. 그러므로 수시로 시행해도 모두가 마땅하다.[354]

윗글에서 성誠은 천도天道이자 인도人道로서 이른바 천인합일의 도이다. '성誠이 없으면 만사만물도 없다'라는 것은 자연계의 천도 쪽에서만 말한 것이 아니라 반드시 사람의 주체적인 활동에 의해서 실현되어야 하고 자기의 인격을 완성成己해야만 비로소 만사만물을 성취할 수 있다는 의미이다.

■ 성리학性理學에서의 성誠
주렴계周廉溪의 성誠
주렴계의 성誠사상은 그의 『통서通書』에 집약적으로 나타나 있다. 『통서』는 모두 40장으로 나뉘어져 있다. 성誠을 논하는 것에서 시작하여 몽蒙괘와 간艮괘를 논하는 것으로 끝맺고 있다. 이 책은 대개 『역경』 『중용』에 의하여 자신의 사상을 전개해 나가고 있는 작품이다. 『통서』에서는 제일 먼저 성誠의 개념을 제

---

[354] 『中庸』 25章, "誠者自成也, 而道自道也, 誠者, 物之始終, 不誠無物, 是故君子誠之爲貴, 誠者, 非自成己而已也, 所以成物也, 成己仁也, 成物知(智)也, 性之德也, 合內外之道也, 故時措之宜也"

라고 할 때의 바로 그 성誠이다. 수양론적 차원에서의 성은 이것과는 다르다. 그것은 의지의 성으로서 후천적으로 획득되는 것이며 그것을 가지고 행위와 생각을 조종하고 감독하는 성으로 반드시 굳게 잡은 뒤에야 몸을 성誠하게 할 수 있다는 것이다.[352]

『중용』에서는 자연계의 객관적 질서를 인정하는 형이상학적인 본체론을 제기하였을 뿐 아니라 자신을 돌이켜 내재적인 것에서 구하는[反身內求] 심성수양론을 제기하여 천天과 사람을 하나로 연결하는 천인합일天人合一을 구축하였다. 그것은 본체론에서는 『역전易傳』의 사상을 발전시켰고,[353] 심성수양론에서는 맹자의 학설을 발전시켰다. 그리하여 성誠을 핵심으로 하는 심성학 체계를 완성하였던 것이다.

성誠은 선천적인 진리이고 이 성誠을 실천하는 것이 인간의 도리이다. 성誠은 천天이 부여한 본성[天命之性]이고 성誠하는 것은 본성에 따라 처세하고 일하며 본성에 따라 도道를 닦아 일체의 사물로 하여금 도道에 부합하도록 하는 것[率性之道 修道之敎]을 말한다. 이른바 '하늘[天]이 명命한 것을 성性이라 한다'는 것은 자연계의 본체인 성誠을 사람에게 부여하여 인성이 되게 하는 것이고 인성은 곧 사람의 본체이다. 이러한 인성을 참되게 발휘하는 것을 일러 '타고난 본성을 따르는 것을 도라고 한다'라고 하였다. 이것이 곧 천도에서 인도로의 이행인 것이다.

---

351 『中庸』20章, "誠者, 不勉而中, 不思而得, 從容中道, 聖人也"
352 『中庸』20章, "誠之者, 擇善而固執之者也."
353 『易傳』의 '窮理盡性以至於命'은 주체의 인식과 수양의 시각에서 제기된 것이다.

성誠은 만사만물이 스스로 이루어지는 것이고 도는 사람이 마땅히 스스로 행해야 하는 것이다. 성誠은 만사만물의 시작과 끝, 본과 말이니 성誠하지 못하면 만사만물도 없게 된다. 그러므로 군자는 성誠을 특히 귀중하게 여긴다. 성誠은 자기만을 완성시키는 것이 아니라 그것은 만사만물을 완성시키는 것이다. 자기 인격을 완성하는 것을 인仁이라 하고 만사만물을 성취시키는 것을 지智라고 한다. 이것은 성性의 덕이니 내외內外를 합한 도道이다. 그러므로 수시로 시행해도 모두가 마땅하다.[354]

윗글에서 성誠은 천도天道이자 인도人道로서 이른바 천인합일의 도이다. '성誠이 없으면 만사만물도 없다'라는 것은 자연계의 천도 쪽에서만 말한 것이 아니라 반드시 사람의 주체적인 활동에 의해서 실현되어야 하고 자기의 인격을 완성成己해야만 비로소 만사만물을 성취할 수 있다는 의미이다.

■ 성리학性理學에서의 성誠
주렴계周廉溪의 성誠
주렴계의 성誠사상은 그의 『통서通書』에 십약석으로 나타나 있다. 『통서』는 모두 40장으로 나뉘어져 있다. 성誠을 논하는 것에서 시작하여 몽蒙괘와 간艮괘를 논하는 것으로 끝맺고 있다. 이 책은 대개 『역경』 『중용』에 의하여 자신의 사상을 전개해 나가고 있는 작품이다. 『통서』에서는 제일 먼저 성誠의 개념을 제

---

[354] 『中庸』25章, "誠者自成也, 而道自道也, 誠者, 物之始終, 不誠無物, 是故君子誠之爲貴, 誠者, 非自成己而已也, 所以成物也, 成己仁也, 成物知(智)也, 性之德也, 合內外之道也, 故時措之宜也"

기한다. 『주역』「계사전」 속에는 성誠의 개념이 없고 비록 「문언
文言전」 속에 '사특함을 버리고 그 성誠을 간직한다'라는 글귀는
있으나 여기에서의 성誠자는 핵심개념이 아니다. 그러므로 『역
전』에서의 성誠은 그렇게 비중이 큰 개념으로 볼 수 없다. 성誠
이 중요한 개념으로 다루어지기 시작한 것은 『중용』에서이다.
그러므로 주렴계가 『중용』의 영향을 받아 『통서』에서 성誠을 중
요한 개념으로 삼았다는 것은 의심할 여지가 없다. 『중용』에서
의 성誠 개념은 공부의 뜻과 형이상학적 원리로서의 본체의 뜻
을 동시에 갖는다. 그러나 『통서』에서 주렴계가 말하는 성誠이
란 본체에 더 가깝다. 주렴계는 성誠을 건도乾道 혹은 천도天道의
내용으로 삼는다.

> 성誠은 성인의 근본이다. 위대하구나 건원乾元이여! 만물이 이
> 를 바탕으로 하여 시작되었구나! 이 (건원乾元이) 성誠의 근원
> 이다. 건도乾道가 변화하여 각각의 성명性命을 바르게 하니 성誠
> 이 이에 세워진다. 순수하고 지극히 선하기 때문에 '한번 음하
> 고 한번 양하게 하는 것을 도道라 하고 그것을 계속 잇는 것을
> 선善이라 하고 그것을 이루는 것을 성性이라 한다'라고 말하였
> 다. 원元과 형亨은 성誠이 통하는 것이고 리利와 정貞은 성誠이
> 회복하는 것이다. 위대하구나 역易이여! 성명性命의 근원이로
> 다.[355]

---

355 『通書』「誠上第一」, "誠者聖人之本, 大哉乾元, 萬物資始, 誠之源也, 乾道
變化, 各正性命, 誠斯立焉, 純粹至善者也, 故曰一陰一陽之謂道, 繼之者善
也, 成之者性也, 元亨誠之通, 利貞誠之復, 大哉易也, 性命之源乎"

윗글에서 주렴계는 모든 덕성이 성誠을 근간으로 하고 있으며 성誠의 실현을 최고의 경지로 삼고 있음을 말하고 있다. 또

> 적연부동한 것은 성誠이고 감이수통感而遂通한 것은 신神이다. 움직이지만 아직 형체가 없으니 유무의 사이가 기幾이다. 성誠은 정미하기 때문에 밝고 신은 감응하기 때문에 묘하며 기미는 미미하기 때문에 그윽하다. 성誠·신神·기幾를 갖춘 사람을 성인이라 한다.[356]

라고 한데서 알 수 있듯이 주렴계의 성誠은 하나의 본체론적인 입장에서 이해하고 있음을 알 수 있다.

주자朱子의 성誠
주자는 주렴계의 성誠사상을 바탕으로 본체론뿐 아니라 인성론人性論에 입각하여 성誠을 해석하고 있다.

"성誠은 다만 진실할 뿐이다."[357] "성誠은 이치이다."[358] "성誠은 이 이치를 실제로 가지고 있는 것이다."[359] "성誠이 만사만물에 있는 것을 천天이라 한다."[360] "성誠이 노에 있어서는 실세로 존재하는 이치가 되고 사람에 있어서는 저절로 그러한 마음이 된다."[361] "성誠이란 참된 이치[實理]이며 또한 참된 마음[誠慤]이다.

---

[356] 『通書』「聖第四」, "寂然不同者誠也, 感而遂通者神也, 動而未形, 有無之間者幾也, 誠精故明, 神應故妙, 幾微故幽, 誠神幾曰聖人"
[357] 『朱子語類』6, "誠只是實"
[358] 『朱子語類』6, "誠是理"
[359] 『朱子語類』140, "誠是實有此理"
[360] 『朱子全書』권42, 答林擇之, "誠之在物謂之天"

한漢 이래로 참된 마음으로만 성誠을 말하였으나 정이천程伊川에 이르러 참된 이치[實理]의 뜻으로 성誠을 말하자 그 뒤 학자들은 모두 참된 마음이란 뜻은 버리고 돌아보지 않게 되었다. 『중용』에서는 참된 이치가 성誠이라고 말한 곳이 있고 참된 마음이 성誠이라고 말한 곳도 있다. 그러므로 참된 이치만이 성誠의 뜻이고 참된 마음은 성誠의 뜻이 아니라고 해서는 안 된다."362라고 한데서 알 수 있듯이 형이상학적인 본체론의 입장에서 말하면 리理가 주가 되지만 인성론人性論의 입장에서 말하면 마음이 주가 된다는 것이다. 그러므로 주자는 "성誠은 안팎의 도를 합한 것이니 겉과 속이 한결같다. 안이 진실로 이와 같으면 밖도 진실로 이와 같다."363 라고 하여 성誠을 통한 천인합일의 경지를 강조한다. 즉 주자는 우주와 인생을 아울러 살피고 마음과 이치를 다 같이 중시하고 있음을 알 수 있다. 언제나 두 가지를 아울러 드러내니 성誠은 지극히 세밀하면서도 원만하다. 시종과 본말을 하나로 관통하는 것이다. 그러므로 생각을 참되게 하는 것에서부터 이치를 궁구하는 것까지를 살펴보면 주자의 사상 전모를 엿볼 수 있다.

한편 주자에 있어서 성誠과 경敬의 관계를 살펴보면 다음과 같다. "성誠은 하늘의 도이고 경敬은 인사의 근본이다."364 "성誠 이후에 경敬할 수 있다는 것은 생각이 참된 이후에야 마음을 바

---

361 『朱子全書』 권46, 答曾致虛.
362 『朱子語類』 6, "誠實理也亦誠慤也, 有漢以來, 專以誠慤言誠, 至程子乃以實理言, 後學皆棄誠慤之說不觀, 中庸亦有言實理爲誠處, 亦有言誠慤爲誠處, 不可只以實爲誠, 而以誠慤爲非誠也"
363 『朱子語類』 23, "誠者, 合內外之道, 便是表裏如一, 內實如此, 外也實如此"
364 『心經發揮』 卷1, "誠者天之道, 敬者人事之本"

르게 할 수 있기 때문이다. 경敬 이후에 성성誠할 수 있다는 것은 생각이 비록 참되진 않더라도 항상 두려움을 간직할 수 있으면 마땅히 감히 자신을 속여서 성성誠에 나아갈 수는 없는 것이다."[365] 여기서 경敬은 인사의 일 가운데 가장 근본이 되며 성성誠은 인간이 추구하는 것 중에서 최고의 원리이자 덕목인 천리이며 천덕天德이다. 그리고 경敬은 '계신공구戒愼恐懼'를 말하며 성성誠은 '진실眞實무망無妄'을 말한다. 천도의 성성誠은 인도의 성지誠之가 지향하는 바의 목표라고 한다면 이때 성지誠之는 성성誠에 이르는 방법이다. 그런데 경敬은 바로 성지誠之하는 것이기 때문에 결국 경敬 공부의 최후 목표는 성성誠에 이르는 것이며 여기에 이르는 것이 수양의 궁극적 목표라 할 수 있다.

3) 한국유학에서의 성誠

■ 퇴계의 성誠

퇴계는 성성誠보다 경敬을 더 중시한다. 퇴계에 있어서 경敬은 학문의 궁극처에서 획득되는 것이다. 경敬을 통해서 학문하는 역정이 시작되고 경敬의 확보와 구현을 통해서 학문의 목적이 이루어진다는 말이다.

인간은 리기理氣의 묘합妙合으로 이루어진 존재이다. 인간을 구성하는 리理는 천지의 리理와 같다. 인간 속에 천지의 이치가 들어와 있다는 것이다. 그러한 천지의 이치는 구체적으로 인간

---

[365] 『心經發揮』 卷1, "誠而後能敬者, 意誠而後心正也, 敬而後能誠者, 意雖未誠而能常若有畏則當不敢自欺而進於誠矣"

의 심성 속에 내재되어 있다. 인간의 심성 속에 내재되어 있는 천지의 이치는 『중용』에서는 총체적으로 성性이라 하였고, 맹자는 사단으로서의 성性이라 하였으며 이천·주자는 리理라고 하였다. 퇴계는 정程·주朱의 입장을 따르는 성리학자이므로 당연히 그것을 리理(천리)라고 하였다. 유학의 목적은 이러한 천리를 궁구하고 그것을 심성화 또는 실체화하여 실제의 삶 속에서 구현해내는 데 있다. 유학에 있어서의 천리는 객관적으로 존재하는 원리이다. 그것은 도덕의 객관적 근거이며 인간이 마침내 그것과 원리상 하나가 되지 않으면 안 되는 그 무엇이다. 그러한 객관적 원리, 궁극적 이치를 본래적으로 내재하면서 인간은 태어난다는 말이다.

퇴계에 있어서의 심心은 천리를 내재하고 있는 심이다. 그러나 천리가 심성 속에 내재한다고 해서 그것이 그대로 구현된다는 말은 아니다. 그러한 천리가 구현될 수 있도록 하여주는 그 무엇, 즉 공부가 필요하다. 퇴계는 그러한 공부를 경敬이라고 말한다. 내적으로 그리고 외적으로 경敬을 갖추고 또 경敬에 의거하여 행함으로써만이 내재한 천리를 실체화할 수 있고 그 천리를 실제적으로 구현할 수 있는 것이다.

그런데 왜 퇴계는 굳이 경敬이라는 개념을 고집하고 성誠 개념을 경敬 개념의 전제로 삼는가. 그것은 퇴계에 있어서 성誠과 경敬이 어느 정도 의미의 차이를 갖기 때문이라고 말할 수밖에 없다. 성誠과 경敬은 어떠한 차이가 있는가. 성誠보다는 경敬이 의미상 보다 철저하고 보다 엄격하다는 것이 아마도 이들 양자 사이에서 나타나는 차이라면 차이라 할 수 있을 것이다. 퇴계는 성誠에 대해서 이렇게 말한다.

성誠이라고 하는 글자는 단지 진실眞實무망無妄을 일컫는 것으로서 조화造化의 차원에서는 실리實理가 되고 사람에게 있어서는 실심實心이 된다.³⁶⁶

여기서 성誠은 '성실함' '진실함' '거짓되지 않음'의 의미를 지니는 것이다. 이것은 우주론宇宙論적인 차원에서는 실리實理를 의미하고 인성론적인 차원에서는 실심實心과 연결된다. 물론 이 말은 성誠이 곧 실리實理이고 실심實心이라는 것은 아니다. 이 말은 다만 실리는 성을 통해서만 드러나고 '실심은 성誠을 통해서만 구현될 수 있다' 또는 '실리나 실심의 본질은 성誠이다'라는 말에 다름 아니다.

퇴계는 성誠에 바탕을 둔 경敬을 통하여 내면을 순일純一하게 유지하고 외면적 태도를 공손하고 경건하게 유지하여 생활의 전 영역에 있어서 한 순간도 법도에서 벗어나는 일이 없도록 철저하게 자신을 감독하고 다스리기를 소원하였다. 이 점에서 우리는 퇴계를 엄숙주의자 혹은 경건주의자라고 말할 수 있을 것이다.³⁶⁷

■ 율곡栗谷의 성誠

율곡도 퇴계와 마찬가지로 주자의 성리학체계를 그 학문의 구심점으로 삼는다. 율곡은 "성誠이란 하늘의 실리實理요 마음의 본체本體이다"³⁶⁸라고 하여 성誠을 천天과 사람의 근원적 본체로

---

366 『退溪全書』卷3, "誠字當訓眞實無妄之謂, 而在造化則爲實理, 在人則爲實心."
367 尹天根, 「퇴계의 敬」, 『退溪哲學을 어떻게 볼 것인가』, 온누리, 1995, 참조.
368 『栗谷全書(1)』, 「聖學輯要」卷3, "誠者, 天之實理, 心之本體."

서 파악하고 있다. 이것은 초월적 천天을 인간에 내재화하여 파악하고 있는 것으로서 『중용』의 '천명지위성天命之謂性'에서 성性을 천명으로 보고 있는 점과 같다. 이와 같은 성성誠사상은 『율곡전서』「성책誠策」「화책化策」「사자언성의四子言誠疑」 등에서 집중적으로 나타나있다.

「성책誠策」에서는 주로 성誠이 천天의 실리實理와 사람의 실심實心이 됨을 말하고 있다. 실리實理는 본체론적인 것으로 천도 자체로서 화육化育할 수 있는 체體와 용用을 겸비하였으니 천도요 성인인 것이다. 실심實心은 나의 현상계에서 기품과 기질의 편벽됨을 극기하고 수신하여 천리, 즉 인도로 회복하려는 현자賢者와 같은 것이다. 그러므로 성인은 천도의 경지에 도달하였음으로 전체의 성性이 아님이 없다. 생지안행生知安行하여 수양을 하지 않아도 종용從容히 중도한다. 그러나 학지이행學知利行하는 현인·군자는 전체의 성性이 없으므로 수양에 의하여 택선고집擇善固執하여야 비로소 천도에 도달할 수 있다. 따라서 현인·군자는 성지誠之하는 수양이 요청된다. 율곡은 다음과 같이 말한다.

> 하늘은 실리實理로서 화육의 공이 있고 사람은 실심實心으로써 감통感通하는 효험을 이룬다. 실리와 실심이라는 것은 성誠에 불과하다. 천리에 순수하여 성誠의 온전함을 얻는 자는 성인이고 그 일단一端에만 진실하여 성誠의 치우침을 얻는 자는 현자이다."369

---

369 『栗谷全書(2)』, 拾遺卷6 雜著3, p.570, "天以實理而有化育之功, 人以實心而致感通之效, 所謂實理實心者, 不過曰誠而已矣, 純乎天理而得誠之全者聖人也, 實其一端而得誠之偏者賢者也."

여기서 성인과 현자의 구별은 성성誠의 온전함을 얻음과 성誠의 치우침을 얻음에 있다. 성인聖人이 이 성誠을 성품으로 한다는 것은 '자성명自誠明'한 경지이며 군자는 이 성誠으로 돌아간다는 것은 '자명성自明誠'한 경지이다. 「화책化策」에서는 말하기를,

> 성인은 자기의 본성을 다하고 다른 사람의 본성을 다하게 하는 자이다. 자기의 본성을 다하기 때문에 명덕明德이 일신一身에 밝아지고 다른 사람의 본성을 다하기 때문에 명덕明德이 천하에 밝아진다. 천하에 어찌 감화시킬 수 없는 사람이 있겠는가. 비록 그러하나 다른 사람을 감화시키는 덕은 있으면서 다른 사람을 감화시키는 지위가 없다면 천하를 감화시킬 수 없다. 다른 사람을 감화시키는 덕은 성인의 덕이며 다른 사람을 감화시키는 지위는 군사君師의 지위이다. 반드시 성인의 덕으로 군사의 지위에 처한 이후에 천하를 감화시킬 수 있다.[370]

라고 하였다. 여기서는 타인을 감화시키는 덕德의 출발점이 성誠이 된다. 또 「사자언성의四子言誠疑」에서는 성誠을 실리와 실심으로 구분하여 설명하고 있다. "성誠은 진실무망을 말하는 것으로 실리實理의 성誠과 실심實心의 성誠이 있는데 이것을 알아야 성誠을 논할 수 있다"[371]라고 하였다.

---

[370] 『栗谷全書(2)』, 化策, p.572, "聖人者能盡己之性, 而能盡人之性者也. 盡己之性, 故明德明於一身矣. 盡人之性, 故明德明於天下矣, 天下安有不可化之人乎, 雖然有化人之德, 而無化人之位, 則天下不被其化矣, 何謂化人之德, 聖人之德是也, 何謂化人之位, 君師之位是也, 必也以聖人之德處君師之位, 然後天下可化矣."
[371] 『栗谷全書(2)』, 四子言誠疑, p.581, "誠者眞實無妄之謂, 而有實理之誠, 有實其心之誠, 知乎此則, 可以論乎誠矣"

한편 퇴계는 경敬을 주로 하여 덕을 닦음을 중시하였으나 율곡은 성誠을 주로 하여 본체를 정립하는 것을 중시하였다. 율곡은 성誠을 주로 하였으니 주성主誠은 성誠으로써 마음을 보존하는 데 있다. 성誠은 본체이니 성誠을 보존하는 것은 먼저 대체大體를 세우는 일이다. 성誠을 보존하고 마음을 바르게 한 뒤에 입지를 할 수 있으며 격물格物을 할 수 있고 기질을 변화시킬 수 있다. 성誠으로써 마음을 참되게 하면 심체心體가 성체誠體가 되는데 이 성체가 바로 도심道心이다. 이 심을 도심되게 하는 것이 율곡 심성론이 목표하는 바이다. 도심으로 인심을 제재하면 발하는 바가 모두 의리에 합당할 것이다. 도심으로 제재하면 능히 기질의 치우침을 바로잡을 수 있고 리가 기를 거느릴 수 있어서 기가 리의 명령을 받아들이게 된다. 여기에 다시 양기養氣의 공功을 더한다면, 즉 기가 발할 때 리가 기를 타고 주재한다면 이 기의 드러나는 바가 의기義氣가 되고 호연지기가 되어서 의연毅然하고 잡음이 있기 때문에 능히 성기成己성물成物할 수 있다. 그러므로 성誠으로 마음을 보존하는 것이 일에 있어서 발하면 비교적 적극적이고 박력이 있게 된다. 이 마음이 이미 서 있으면 발용發用에 있어서 또한 활발하게 되고 사물의 이치에 있어서도 때마다 중도를 얻고 접하는 일마다 마땅함을 얻는다. 그러므로 율곡의 주성정심主誠正心이 드러나서 '때에 따라 알맞으며 바로 본체이면서 효용이다'라고 하는 활발하고 원융한 마음의 상태가 된다.[372]

---

[372] 채무송, 『퇴계·율곡철학의 비교연구』, 성균관대학교 출판부, 1995, 참조.

4) 한국근대 동학에서의 성誠

구한말의 종교가로서 최수운崔水雲(1824-1864)은 그의 동학사상에서 인격적 최고신인 하늘님에 대한 신앙을 강조한 것으로 잘 알려져 있다. 그의 독특한 종교체험에서 만난 하늘님은 최수운에게 주문과 부적符籍을 내려주었으며 이를 통해 최수운은 그 가르침을 전하는 전도자로서의 역할을 자임하였다. 이 과정에서 수운은 그가 전한 주문과 부적으로 인해 많은 사람들로 하여금 치병의 기적을 불러 일으켰는데, 한편으로는 그 효험이 발휘되다가도 어떤 사람에 있어서는 전혀 효험이 없는 것을 보고 그 이유에 대해 궁금하게 생각하였다.

> 나도 또한 그 말씀에 느끼어 그 영부를 받아써서 물에 타서 마셔 본 즉 몸이 윤택해지고 병이 낫는지라, 바야흐로 선약인줄 알았더니 이것을 병에 써봄에 이른 즉 혹 낫기도 하고 낫지 않기도 하므로 그 까닭을 알 수 없어 그러한 이유를 살펴본 즉 정성드리고 또 정성을 드리어 지극히 하늘님을 위하는 사람은 매번 들어맞고 도덕을 순종치 않는 사람은 하나도 효험이 없었으니 이것은 받는 사람의 정성과 공경이 아니겠는가.[373]

즉 영부와 주문을 외우더라도 이를 받는 사람이 얼마나 도덕을 순종하고 정성에 또 정성을 들이느냐에 따라 효과를 볼 수

---

[373] 『天道敎經典』, 「布德文」, "吾亦感其言, 受其符, 書以呑服則, 潤身差病, 方乃知仙藥矣, 到此用病則 或有差不差故, 莫知其端, 察其所然則, 誠之又誠, 至爲天主者, 每每有中, 不順道德者, 一一無驗, 此非受人之誠敬耶"

도 있고 전혀 보지 않을 수도 있다는 것이다. 여기서 어떤 인격적인 신에 대한 신앙을 하더라도 최수운의 사상에 있어서는 반드시 인간의 수양적 실천이 필수적으로 뒤따라야만 그 목적을 달성할 수 있음을 강조한다. 그 수양의 내용으로서 중요하게 다루어지는 개념이 바로 성誠·경敬·신信이다. 그 올바른 이해와 실천은 최수운에게 있어서 수양론의 골격을 이루고 있다.

수운에 있어서 주문이 주로 기운과 관련하여 인간과 하늘님과의 접령接靈을 가져다주는 매개적 개념이라면 성·경·신은 하늘님을 모시는 인간의 심적 자세를 강조하는 개념으로 일컬어진다. 본래 성과 경의 개념은 유학에서 강조되어 온 수양의 덕목으로서 조선 중기 율곡과 퇴계에 의해 그 사상이 더욱 심화된 것이다.374 수운은 이러한 유학적 덕목에 해당하는 성과 경의 개념을 그의 사상에서 원용援用하고 거기다가 '신信'자를 덧붙여 그 자신의 독특한 수양론을 성립시키고 있다. 말하자면 인격천으로서의 하늘님을 섬기는 자세로서 성·경·신의 의미가 강조되고 있는 것이다.

우리 도는 넓고도 간략하니 많은 말을 할 것이 아니라, 별로 다른 도리가 없고 성·경·신 석자이니라.375

---

374 水雲은 자신의 사상 가운데 수양론적 개념에 해당하는 誠과 敬에 대해서는 유학적 전통에 의해 전래된 것임을 다음과 같이 밝히고 있다. ;「龍潭遺詞」, 道德歌 p.216, "대학大學에 이른 도道는 명명기덕明明其德 하여내어 지어지선止於至善 아닐런가 중용中庸에 이른 말은 천명지위성天命之謂性이오 솔성지위도率性之謂道요 수도지위교修道之謂敎라하여 성경이자誠敬二字 밝혀두고 아동방我東方 현인달사賢人達士 도덕군자道德君子 이름하나 무지無知한 세상사람 아는바 천지天地라도 경외지심敬畏之心 없었으니 아는 것이 무엇이며…"

375 『天道敎經典』, 座箴, p.74, "吾道博而約, 不用多言義, 別無他道理, 誠敬信

성경誠敬이자二字 지켜내어 한울님을 공경하면

자아시 있던 신병身病 물약자효勿藥自效 아닐런가

가중차제家中次第 우환憂患없어 일년삼백 육십일을

일조一朝같이 지내가니 천우신조天佑神助 아닐런가.³⁷⁶

윗글에서 보면 수운의 성과 경은 비록 종래의 유교적인 용어를 인용하고 있지만 유교의 그것과는 성격을 달리한다고 볼 수 있다. 어떤 윤리적 자각에 의한 성·경보다는 하늘님의 엄위로운 존재앞에 그 조화의 능력을 청원하기 위한 소박한 심정의 성·경을 말하며, 자유방만한 인간의 태도를 하늘님의 의지에 합치되게 규율해 나가는 신앙적 자세로서의 성·경이라고 해야 할 것이다. 그렇다면 수운이 강조하고 있는 성誠의 구체적 의미는 어떤 것인가. 다음의 글에서 그 내용을 살펴볼 수 있다.

성誠이 이루어지는 바를 알지 못하거든 내 마음을 잃지 않았나 헤아리라.³⁷⁷

성誠이 이루어지는 바를 알지 못하거든 이에 스스로 자기 게으름을 알라.³⁷⁸

三字"
376 『天道敎經典』「龍潭遺詞」,「勸學歌」, p.212.
377 『天道敎經典』, 前八節, "不知誠之所致, 數吾心之不失, 不知敬之所爲, 暫不弛於慕仰"
378 『天道敎經典』, 後八節, "不知誠之所致, 是自知而自怠, 不知敬之所爲, 恐吾心之窈昧"

윗글에서 보면 성성은 곧 정성으로서 자신의 마음을 잃지 않고 또 게으름을 피우지 않는 것으로 이해될 수 있다. 여기서 '마음을 잃지 않는다'고 할 때의 마음이란 수운의 주문에서도 볼 수 있듯이 하늘님을 모시는[侍天主] 인간의 순결한 마음을 가리킨다고 할 수 있다. 다시 말해서 "한번 입도식을 지내는 것은 (天主를) 길이 모시겠다는 중한 맹세요, 모든 의심을 깨쳐버리는 것은 정성을 지키는 까닭이니라."379라고 하여 모든 의혹을 떨쳐버리고 하늘님을 모시고자 하는 마음을 영원토록 잊지 않는[永世不忘]것이 성성이라는 것이다. 여기에 게으르지 않다는 것은 끊임없이 쉬지 않고 하늘님의 가르침에 입각하여 생활해 나가는 것을 말한다.380 그리하여 일상생활이 항상 하늘님과의 합일적 경지에서 영위해 나갈 때 성의 본질이 달성될 수 있다는 말이다.

3. 대순진리에서의 성론誠論

앞 장에서 살펴본 성성의 개념은 이미 동양의 철학적 전통 속에서 충분히 강조되어지고 심도 있게 다루어 왔음을 알 수 있다. 대순진리에서의 성성은 기본적으로 이와 같은 성의 의미를 이어

---

379 『天道敎經典』, 修德文, pp.51-52, "一番致祭, 永侍之重盟, 萬惑罷去, 守誠之故也"
380 水雲은 修養을 위한 日常의 守則에 대해서 말하기를, 의관을 바로 갖추고 길에서 먹지 않으며, 뒷짐지지 않으며, 나쁜 짐승의 고기를 먹지 않으며, 유부녀를 범하지 않으며, 찬물 속에 갑자기 앉지 않으며, 누워서 주문을 외지 않는 것 등은 모두 한울님에 대한 정성을 요구하는 내용이다. (『天道敎經典』, 修德文 pp.52~53, "衣冠正齊, 君子之行, 路食手後, 賤夫之事, 道家不食, 一四足之惡肉, 陽身所害, 又寒泉之急坐, 有夫女之防塞, 國大典之所禁, 臥高聲之誦呪, 我誠道之太慢, 然而肆之, 是爲之則")

받으면서도 그 고유한 종교적 맥락 속에서 하나의 신조를 이루고 있다. 즉 성誠은 대순진리로서의 종지宗旨를 구현하기 위한 기본적인 실천원리로서 어떤 마음가짐 하에 수도修道해나가야 하는지를 밝히고 있다. 『대순진리회 요람』에서는 다음과 같이 성誠의 개념을 규정하고 있다.

> 도道가 곧 나요, 나가 곧 도道라는 경지에서 심령心靈을 통일하여 만화도제萬化度濟에 이바지할지니 마음은 일신一身을 주관하며 전체를 통솔統率 이용理用하나니, 그러므로 일신一身을 생각하고 염려하고 움직이고 가만히 있게 하는 것은 오직 마음에 있는 바라 모든 것이 마음에 있다면 있고 없다면 없는 것이니 정성精誠이란 늘 끊임이 없이 조밀하고 틈과 쉼이 없이 오직 부족함을 두려워하는 마음을 이름이다.[381]

위의 설명에 따르면 성誠은 정성精誠으로서 '늘 끊임이 없이 조밀하고 틈과 쉼이 없이 오직 부족함을 두려워하는 마음'을 말한다. 이러한 마음은 신체의 활동을 주관하고 전체를 통솔 이용하는 심령心靈에 해당하므로 이것을 어떻게 다스리고 발휘하느냐가 수도의 관건이 된다. 따라서 성誠을 실천한다 함은 먼저 그 개념을 이해하고 그에 합당한 노력을 해 나가는 것이 필요하다 하겠다. 이와 관련하여 『대순지침』에서는 다음과 같이 성誠에 대해 설명하고 있다.[382]

---

[381] 『대순진리회 요람』, 대순진리회 교무부, 1969, p.16.
[382] 『대순지침』, 대순진리회 교무부, 1984, p.51.

(가) 성경은 사람의 정精·기氣·신神의 합일의 진성眞誠이다.
(나) 천도의 운행이 차착差錯이 없으므로 남이 모름에 괘의치 말아야 한다.
(다) 불일이이不一而二의 본심인 인선仁善의 자성自誠이 도성道誠의 정석定石이 되므로 성이 아니면 만물도 존재하지 못한다.
(라) 전경에 "성을 지극히 하라"하셨으니 성의 소귀所貴함을 깨달아 봉행하여야 한다.
(마) 성은 거짓이 없고 꾸밈이 없이 한결같이 상제님을 받드는 일이다.

이상에서 언급한 대순지침의 내용은 모두 성경에 대한 실천원리로서의 의미를 담고 있다. 대체로 성경은 인간의 마음상태로부터 비롯되어 행동으로 이어지는 전 과정에 걸쳐 그 가치가 드러나고 있다. 성경은 진성眞誠, 자성自誠, 도성道誠 등으로 표현되기도 하며 한결같이 상제님을 받드는 자세이기도 하다. 이와 같은 성경에 대하여 다음 본 장에서는 그 구체적인 개념을 살펴보기로 하겠다.

1) 진실眞實로서의 성경

대순진리에 있어서 성경의 개념은 먼저 '진실眞實'이라는 관점에서 그 뜻을 살펴볼 수 있다. 여기서 '진실'은 성경의 자전字典적인 의미에 해당하며, 이와 같은 용어가 『전경』에 사용된 경우를 통해 그 의미를 유추해 볼 수 있다. 『전경』에는 다음과 같은 글이 나온다.

七月에 상제께서 본댁에 돌아와 계시므로 김형렬은 상제를 배알하고자 그곳으로 가다가 문득 소퇴원 마을 사람들의 이목을 꺼려 좁은 골목길에 들어서 가다가 본댁에서 하운동으로 향하시는 상제를 만나 뵈옵고 기뻐하였도다. 형렬은 반기면서 좁은 길에 들어선 것을 아뢰고 "이 길에 들어서 오지 않았더라면 뵈옵지 못하였겠나이다"고 여쭈니라. 상제께서 가라사대 "우리가 서로 동 서로 멀리 나뉘어 있을지라도 반드시 서로 만나리라. 네가 마음에서 우러나와서 나를 좇고 금전과 권세를 얻고자 좇지 아니하는도다. 시속에 있는 망량의 사귐이 좋다고 하는 말은 귀여운 물건을 늘 구하여 주는 연고라. 네가 망량을 사귀려면 진실로 망량을 사귀라"고 이르셨도다. 형렬은 말씀을 듣고 종도들의 틈에 끼어서도 남달리 진정으로 끝까지 상제를 좇았도다.[383]

위의 구절에 나타난 '진실'이란 곧 성誠을 말하고 있으며, 이는 사람의 행동에 따른 마음자세와 관련이 있음을 알 수 있다. 즉 '진실'이란 마음에서 우러나오는 것이며 어떤 사리私利 사욕私慾을 위해 외면外面가식假飾하는 것이 아니다. 여기서 김형렬은 오직 마음에서 우러나온 존경심으로 상제를 신앙하고 좇았으므로 상제께서는 이러한 형렬의 마음을 치하하고 있다. 이어서 김형렬의 진실한 태도로 인해 어떤 험난한 경우에라도 상제와의 만남이 가능한 것은 그와 같은 진실만이 상제와 통하기 때문인 것으로 파악된다.

---

383 『전경』 교운 1장 7절.

오늘날 대순진리회 신앙인으로서 수도의 자세는 더욱 '진실'이 요구된다. 하나의 신앙이 자신의 영리를 목적으로 하지 않으며 명예나 권력을 얻기 위함도 아닌, 오직 참된 수도의 결실을 위해 신앙을 택한 것이라 할 수 있다. 이렇게 진실된 신앙이라야 신앙대상이신 구천상제의 덕화德化를 받을 수 있다고 본다. 이와 관련하여 말씀하시기를 "최수운의 가사에 '도기장존 사불입道氣長存邪不入'이라 하였으나 상제께서는 '진심견수 복선래眞心堅守福先來'라 하셨도다."(교법 2장 3절)라고 하여 진심을 강조한 바 있다. 여기서 말하는 진심은 곧 진실한 마음을 말하며, 이것이 곧 진정한 성誠의 내용임을 밝히고 있는 것이다.

2) 정성精誠으로서의 성

대순진리회 신조로서의 성誠은 '정성精誠'이라는 개념에서 또한 그 중요한 의미를 발견한다. 여기서 정성은 '진실'의 연장선상에서 논의될 수 있으며 나아가 이러한 진실이 자신의 실천양식에 있어서의 일관된 태도를 나타내고 있다. '정성' 또한 성誠의 자의字義기도 하며 이 뜻이 사용된 용례를 찾아보면 전경의 다음 내용을 대표로 들 수 있다.

> 상제의 신성하심이 하운동夏雲洞에도 알려졌도다. 이곳에 이선경李善慶이란 자의 빙모가 살고 있었도다. 상제께서 주인을 찾고 "그대의 아내가 四十九일 동안 정성을 들일 수 있느냐를 잘 상의하라" 분부하시니라. 주인은 명을 받은 대로 아내와 상의하니 아내도 일찍부터 상제의 신성하심을 들은 바가 있

어 굳게 결심하고 허락하니라. 상제께서 다시 주인에게 어김없는 다짐을 받게 하신 뒤에 공사를 보셨도다. 그 여인은 날마다 머리를 빗고 목욕재계한 뒤에 떡 한 시루씩 쪄서 공사 일에 준비하니라. 이렇게 여러 날을 거듭하니 아내가 심히 괴로워하여 불평을 품었도다. 이날 한 짐 나무를 다 때어도 떡이 익지 않아 아내가 매우 당황하여 어찌할 바를 모르고 있노라니 상제께서 주인을 불러 "그대 아내는 성심이 풀려서 떡이 익지 않아 매우 걱정하고 있으니 내 앞에 와서 사과하게 하라. 나는 용서하고자 하나 신명들이 듣지 아니하는도다"고 이르시니라. 주인이 아내에게 이 분부를 전하니 아내가 깜짝 놀라면서 사랑방에 나와 상제께 사과하고 부엌에 들어가서 시루를 열어보니 떡이 잘 익어 있었도다. 부인은 이로부터 한결같이 정성을 들여 四十九일을 마치니 상제께서 친히 부엌에 들어가셔서 그 정성을 치하하시므로 부인은 정성의 부족을 송구히 여기니 상제께서 부인을 위로하고 "그대의 성심이 신명에게 사무쳤으니 오색 채운이 달을 끼고 있는 그 증거를 보라"고 하셨도다.[384]

위의 구절을 토대로 하여 성誠의 개념을 살펴보면 먼저 성은 '정성精誠'으로 해석된다. 정성은 곧 일정한 행동양식을 기저로 하여 하나의 목적을 달성하기 위한 지속적인 노력과 변함없는 성실한 자세를 나타내고 있다. 위의 실화에서 이선경의 아내는 계속되는 공사에 지쳐서 스스로 불평을 품고 자신의 일에 태만

---

[384] 『전경』 행록 1장 29절.

하였다. 이로써 떡이 익지 않게 되었으므로 상제께서는 이를 성심誠心이 풀린 탓이라고 지적하였다. 성심은 정성을 드리는 마음으로서 변함없이 지속되는 것을 말한다. 『대순진리회요람』에서 "정성精誠이란 늘 끊임이 없이 조밀하고 틈과 쉼이 없이 오직 부족함을 두려워하는 마음을 이름이다."라고 하였듯이 정성은 곧 끊임없고 부족함이 없는 마음 그대로를 말한다. 이러한 마음에서 우러나온 행동이라야 신명을 감동시키고 또한 소원하는바 목적도 달성할 수 있다고 본다. 전경에서 상제께서 행하신 공사는 모두 신명과 더불어 이루어졌으므로 공사를 받드는 종도들은 오직 정성어린 자세가 요구되었던 것이다. 결국 이선경의 아내는 마음을 돌리고 한결같은 정성을 드림으로써 무사히 공사를 마칠 수 있었다. 정성으로서의 성誠 개념은 이와 같이 실천의 지속성을 담보하는 것으로 오늘날 수도인의 실천원리가 되고 있다.

3) 일심一心으로서의 성誠

진실과 정성으로서의 성誠 외에 또 하나 주요한 성誠 개념에 해당하는 것이 있다면 그것은 『대순지침』에서도 언급한 바와 같이 '한결같이 상제님을 받드는 일'이다. 여기서 성誠의 마음은 바로 일심一心의 자세와 통하고 있다. 일심一心은 오직 상제에 대한 신앙과 그 가르침만으로 살아가고자 하는 변함없는 자세를 지칭하는데 이러한 마음자세가 또한 성誠의 개념과 상통한다는 것이다. 일심一心에 관해서는 다음의 전경구절들을 참고해 볼 수 있다.

이제 범사에 성공이 없음은 한마음을 가진 자가 없는 까닭이라. 한마음만을 가지면 안 되는 일이 없느니라. 그러므로 무슨 일을 대하든지 한마음을 갖지 못한 것을 한할 것이로다. 안 되리라는 생각을 품지 말라.[385]

상제께서 화천하시기 전해 섣달 어느 날 백지에 二十四방위를 돌려 쓰고 복판에 혈식천추 도덕군자血食千秋道德君子를 쓰시고 "천지가 간방艮方으로부터 시작되었다고 하나 二十四방위에서 한꺼번에 이루워졌느니라"고 하시고, "이것이 남조선 뱃길이니라. 혈식 천추 도덕 군자가 배를 몰고 전명숙全明淑이 도사공이 되니라. 그 군자신君子神이 천추 혈식하여 만인의 추앙을 받음은 모두 일심에 있나니라. 그러므로 일심을 가진 자가 아니면 이 배를 타지 못하리라"고 이르셨도다.[386]

윗글에서 보면 한 마음을 가지면 안 되는 일이 없고 이루지 못할 일이 없는데 원하는 목적을 달성하기 위해서는 이러한 일심一心의 자세가 요구된다. 특히 상제님에 대한 신앙을 가진 경우에 어떠한 유혹에도 흔들리지 않고 자기의 사심을 내세우지 않으며 지속적으로 상제의 가르침을 따르는 마음자세는 일심이면서 곧 성誠의 표현이 되고 있다.

　이상에서 성誠의 의미를 종합하면 진실된 마음과 정성스러운 마음 그리고 한결같은 마음 등으로 설명될 수 있다. 이 세 가

---

385 『전경』 교법 2장 5절.
386 『전경』 예시 50절.

지의 의미는 서로가 연결되어 있으며 하나의 마음이 발휘되기 위한 세 가지 유형으로 이해되기도 한다. 무엇보다도 성誠의 의미는 수도인으로서 지녀야할 바람직한 마음자세라는 점에서 대순진리회 신조로서의 가치를 지닌다. 나아가서 이러한 성誠의 의미는 올바른 실천으로 이어질 때 그 참된 공효功效를 거두게 된다고 할 것이다. 다음 장에서는 이와 같은 성誠의 실천방안에 대해서 논해보기로 하겠다.

4. 성誠의 실천방안

1) 마음을 속이지 않음

앞장에서 다룬 성誠의 개념에 입각하여 본 장에서는 성의 실천방안에 대해서 논해보기로 하겠다. 먼저 성의 첫 번째 개념에 해당한 '진실로서의 성'은 그 실천적인 면에서 보면 그 마음에 거짓이 없고 꾸밈이 없는 상태를 유지하는 것이므로 대순진리회 훈회의 "마음을 속이지 말라"에 해당한다고 볼 수 있다. 마음의 문제는 무엇보다도 진실을 드러내는 주요한 원천이 되므로 이것을 어떻게 다스리고 발휘하느냐가 관건이 될 것이다. 이러한 훈회의 가르침에 대한 해설을 살펴보면 다음과 같다.

> 마음은 일신一身의 주主이니 사람의 모든 언어言語 행동行動은 마음의 표현表現이다. 그 마음에는 양심良心 사심私心의 두 가지가 있다. 양심良心은 천성天性 그대로의 본심本心이요, 사

사심私心은 물욕物慾에 의依하여 발동發動하는 욕심慾心이다. 원래原來 인성人性의 본질本質은 양심良心인데 사심私心에 사로잡혀 도리道理에 어긋나는 언동言動을 감행敢行하게 됨이니 사심私心을 버리고 양심良心인 천성天性을 되찾기에 전념專念하라. 인간人間의 모든 죄악罪惡의 근원根源은 마음을 속이는데서 비롯하여 일어나는 것인즉 인성人性의 본질本質인 정직正直과 진실眞實로써 일체一切의 죄악罪惡을 근절根絶하라.

즉 마음을 속이지 않는다고 할 때의 그 마음이란 천성天性 그대로의 본심本心이자 양심良心이다. 반대로 이러한 마음을 속인다 함은 자신의 사심私心 혹은 욕심으로 인해 도리에 어긋나는 언동言動을 감행하게 되는 것을 말한다. 양심良心은 곧 천성이자 인성人性의 본질에 해당한다. 따라서 정직과 진실이야말로 이와 같은 마음을 드러내는 순수 본연의 상태임을 알 수 있다.

마음을 속이지 않기 위해서는 무엇보다도 언동言動에 있어서 정직과 진실이 드러나게끔 하는 것이 중요하다. 언동은 언어 행동으로서 그 사람의 마음을 표현하는 일차적인 수단이다. 동양고전 『주역周易』에서도 "언행이란 군자에게 있어 추기樞機와 같으니 그 추기가 발동하여 영욕榮辱의 주主가 되며 그러한 언행은 군자가 천지를 움직이는 까닭이니 삼가지 않을 수 있겠는가?"[387]라고 하여 언행의 중요성을 강조하였다. 일찍이 상제께서는 "…말은 마음의 외침이고 행실은 마음의 자취로다."[388]라고 하여

---

387 『周易』, 繫辭傳 上, 8절. "言行君子之樞機, 樞機之發榮辱之主也, 言行君子之所以動天地也, 可不愼乎"
388 『전경』 교법 1장 11절.

말과 행실이 모두 마음에서부터 나온다고 하였다. 그 말에 있어 정직하고 진실되며 모든 행동이 도리에 합당할 때 비로소 그 성誠이 드러났다고 할 수 있을 것이다. 이러한 언어와 행동의 올바른 수양에 대해서는 『대순지침』에 다음과 같이 언급하고 있다.[389]

   ▶ 언어言語
(가) 말은 마음의 소리이다. 말을 좋게 하여 덕이 되게 하여야 한다.
(나) 말을 나쁘게 하면 그 여앙餘殃이 나에게 미쳐 온다.
(다) 말은 공명정대公明正大하게 하여야 한다.
   ▶ 행동行動
(가) 전경에 "잘 가면 행幸이 되고 못 가면 불행不幸이라" 하셨으니 깊이 명심하라.
(나) 행동은 마음의 자취다. 신중을 기하여야 한다.
(다) 일거일동을 도리道理에 합당케 하여야 한다.

이상에서 알 수 있듯이 모든 말을 공명정대하게 하고 일거일동을 도리에 합당케 함으로써 그 언행이 정직하고 진실하다고 할 것이며, 이로써 성誠의 참된 실천이 이루어진다고 할 것이다.

---

389 『대순지침』 pp. 46-47.

2) 부단不斷한 노력

성誠의 실천방안에 있어서 또 하나 거론할 수 있는 문제는 매사에 '부단한 노력'을 하는 것이다. 이러한 노력의 배경에는 성誠의 주요 개념 중에 하나인 '정성精誠'과 관련되어 있다. 즉 '정성'이란 '늘 끊임이 없이 조밀하고 틈과 쉼이 없이 오직 부족함을 두려워'하므로 이러한 행동양식을 가장 잘 대변하고 있는 모습이 바로 끊임없는 노력이다. 하나의 진실된 마음을 발휘하여 그 도리를 다하고자 할 때에는 잠시도 태만해서는 안되며 어떤 불평불만도 있어서는 안 된다. 한결같은 마음으로 지속적으로 노력하고 또 노력해나갈 때 그 행동이 신명을 감동시키고 나아가 타인에게 신뢰를 주어서 만사를 성취하게 되는 것이다. 『주역』에서도 말하기를 "군자가 종일토록 굳세고 굳세어서 저녁에 두려워하면 위태로우나 허물은 없으리라"[390]라고 하여 항상 노력하고 반성하는 자세야말로 군자의 길임을 강조하고 있다. 이와 같이 항상 노력하고 조심하며 또한 부족함이 없는지를 반성해나갈 때 참된 성의 실천이 이루어졌다 할 것이다.

성誠이 부단한 노력이라 할 때 노력의 결실은 바로 그 과정에서 야기되는 어려움을 이겨내는데 있다고 할 수 있다. 대부분의 노력이 중도에서 포기되는 이유는 난관을 극복하지 못하기 때문이다. 정성精誠의 노력이 보다 빛을 발휘하게 되는 순간은 이와 같은 난관을 헤쳐 나가는데 있다 할 것이다. 다음의 전경 구절은 그 참된 노력의 의미를 일깨우는 좋은 교훈이 되고 있다.

---

[390] 『周易』乾卦, "九三, 君子終日乾乾, 夕惕若, 厲, 无咎"

일에 뜻을 둔 자는 넘어오는 간닢을 잘 삭혀 넘겨야 하리라.³⁹¹

남이 나에게 비소하는 것을 비수로 알고 또 조소하는 것을 조수로 알아라. 대장이 비수를 얻어야 적진을 헤칠 것이고 용이 조수를 얻어야 천문에 오르나니라.³⁹²

상제께서 어느 날 종도들에게 맹자孟子 한 절을 일러주시면서 그 책에 더 볼 것이 없노라고 말씀하셨도다.
天將降大任於斯人也 必先勞其心志 苦其筋骨 餓其體膚 窮乏其贐行 拂亂其所爲 是故 動心忍性 增益其所不能³⁹³

위의 구절들은 모두 하나의 노력을 하는 데 있어서 뒤따르는 어려움을 묘사하고 있으며, 궁극적으로는 그러한 노력의 결실이 맺어지기까지 극복해 나가야만 하는 과정이 있음을 암시하고 있다. 여기에 지속적으로 작용하는 실천원리가 바로 성誠이며 이와 같은 성은 부단한 노력과 극기의 과정으로 그 참된 가치를 획득하게 되는 것이다.

3) 변함없는 신앙

성誠의 실천방안에서 마지막으로 제시할 수 있는 것은 한결같은

---

391 『전경』 교법 1장 3절.
392 『전경』 교법 2장 19절.
393 『전경』 행록 3장 50절.

상제신앙을 확립하는 것에 있다. 여기서 신앙의 문제는 궁극적으로 신앙대상이신 구천상제를 향한 마음을 나타내고 있는데 이것은 성경(誠敬)의 개념에 있어서 언급한 일심一心과도 통하는 것이다. 일심은 곧 변함없는 마음이며 어떤 유혹이나 고행에도 굴하지 않는 지속적인 신앙심을 가리키고 있다. 『대순지침』의 성경(誠敬)에 관한 정의에 있어서도 "성은 거짓이 없고 꾸밈이 없이 한결같이 상제님을 받드는 일이다."라고 하였듯이 상제님에 대한 신앙은 진실되어야 하며 또한 변함이 없어야 한다. 여기에 성경(誠敬)의 가치가 드러난다고 하겠는데, 성경(誠敬)은 이와 같은 신앙생활을 하는 데 있어서 요구되는 지속적이고도 부단한 가치를 나타내고 있다. 『전경』에서는 다음과 같은 내용에서 변함없는 신앙의 중요성이 드러나고 있다.

> 상제께서 어느 날 차경석 · 김광찬 · 황응종을 앞에 세우고 공우에게 몽치를 들게 하고 윤경에게 칼을 들리고 「너희가 이 이후에도 지금의 스승을 모시고 있듯이 변함이 없겠느냐. 변함이 있으면 이 몽치로 더수구니를 칠 것이오. 이 칼로 배를 가를 것이니라」고 꾸짖기도 하고 타이르시기도 하셨다.[394]

> 상제께서 모든 종도를 꿇어앉히고 "나를 믿느냐"고 다짐하시는지라. 종도들이 믿는다고 아뢰니 상제께서 다시 "내가 죽어도 나를 따르겠느냐"고 물으시는지라. 종도들이 그래도 따르겠나이다고 맹세하니 또 다시 말씀하시기를 "내가 궁벽한 곳

---

394 『전경』 행록 4장 41절.

에 숨으면 너희들이 반드시 나를 찾겠느냐"고 다그치시니 역시 종도들이 찾겠다고 말하는지라. 상제께서 "그리 못하나라. 내가 너희를 찾을 것이오. 너희들은 나를 찾지 못하리라"고 말씀하셨도다.[395]

인간의 복록은 내가 맡았으나 맡겨 줄 곳이 없어 한이로다. 이는 일심을 가진 자가 없는 까닭이라. 일심을 가진 자에게는 지체 없이 베풀어 주리라.[396]

위의 글에서 볼 때 하나의 신앙은 일시적인 것이 되어서는 안되며 또 목전의 이익만을 앞세워도 안된다는 것을 알 수 있다. 특히 상제님에 대한 신앙을 하는 사람이 상제님을 볼 수 있을 때에만 믿고, 볼 수 없다고 하여 그 신앙을 포기하는 것은 진정한 신앙이 될 수 없다. 오직 일심으로 변함없이 상제님에 대한 신앙을 간직할 때 비로소 상제님으로부터의 복록을 받을 수 있으며 또한 상제님을 다시 만날 수 있게 된다. 상제께서 약속하신바 모든 복록은 오직 일심을 가진 자에게만 베풀어주는 것으로 이와 같은 일심은 바로 상제님에 대한 변함없는 신앙을 간직하는 것이며 이를 또한 실천해나가는 데 있어서 지속적인 자세를 말하고 있는 것이다.

---

395 『전경』 행록 5장 22절.
396 『전경』 교법 2장 4절.

5. 맺음말

이상으로 대순진리회 신조 가운데 성誠에 관해서 살펴보았다. 성誠은 신조의 삼요체三要諦 중 가장 먼저 언급되는 개념으로서 실천수도의 자세와 방법을 핵심적으로 표현한 것이다. 대순진리는 그 가치를 구현하기 위해서 신조의 교리를 필요로 하며 여기에 성誠은 수도와 관련된 마음자세와 행동의 방식을 규정하고 있다. 먼저 성誠의 개념은 기본적으로 세 가지 선상에서 논의하였는데, 진실과 정성 그리고 일심 등이 그것이다. 이와 같은 성의 개념은 그 본체가 되는 마음의 양심 혹은 천성天性의 측면을 갖추고 이를 지속적으로 발휘하며 나아가 상제님에 대한 신앙을 확고부동하게 가지는 것으로 이루어져 있다. 이를 실천하기 위해서 첫째로 마음을 속이지 않으며, 둘째로 부단한 노력을 하며, 셋째로 변함없는 상제신앙을 가지는 것이 그 주요한 방법이 되고 있다.

성誠에 대한 이해는 대순진리회 신앙의 실천적 자세에서 요구되는 가장 기본적인 신조라고 할 수 있다. 이미 동양의 고전적인 개념도 갖고 있지만 오늘날 대순종단의 교리로서 다루어질 때는 그 근본신앙의 맥락을 잘 따져서 이해할 필요가 있다. 대순신앙은 구천상제께서 이 땅에 오셔서 내놓으신 전무후무한 진리를 받아들이고 이것이 또한 후천선경을 건설하는 토대가 됨을 이해하는 것이다. 따라서 이러한 신앙의 목적을 달성하기 위하여 그 방법론을 거론할 때 신조의 항목이 가장 기본이 될 수 있으며, 이에 따라 성誠의 개념을 숙지하고 실천해나가는 것이야말로 신앙인으로서의 도리를 다하는 것이 될 것이다. 향후 이에 대한 연구와 적용이 보다 더 활발해질 수 있기를 기대해본다.

4장
경론

1. 머리말

대순진리회의 신조信條로서 삼요체三要諦에 해당하는 성誠·경敬·신信은 모든 실천의 원리가 되는 것이다. 하나의 종교적 실천을 행할 때에나 사회생활 또는 가정생활에 있어서도 그 기본적인 자세는 모두 성·경·신이 되어야 한다. 이처럼 삼요체는 수도인의 자세를 규정하는 필수적인 요소임을 주지하면서 그 개별적인 이해를 심화할 필요가 있다.

본 장에서 다루고자하는 경敬은 앞선 글에서 다룬 성誠에 이어서 그 두 번째 항목에 해당하는 것이다. 성誠과 마찬가지로 경敬은 동양고전 특히 유교경전에서의 출전出典이 많은 비중을 차지하고 있다. 고대유학에서부터 송末·명明 리학理學에 이르기까지 수양론修養論의 주된 개념을 담고 있는 것이 경敬이다. 또한 경敬은 한국 근대 동학의 신종교사상에도 수용되었다. 한마디로 경은 인간의 내면적 자세와 외향적 실천을 관통하는 전통적인 덕목이었음을 상기할 필요가 있다.

오늘날 대순진리회의 신조 특히 삼요체로서의 경敬을 이해하기 위해서는 이러한 경敬 개념의 역사적인 맥락을 짚어보지 않을 수 없다. 그 전통적인 의미와 무관할 수 없지만 특히 대순진리에서 주목하고자 하는 바가 무엇이며, 이것이 나아가 하나의 종교적 실천을 이끄는 데 어떻게 기능할 수 있는지를 살펴보는 것이 본고의 과제가 된다. 아울러 경敬에 관한 이해가 삼요체의 실천적 가치를 파악하는 데에도 도움이 되리라 본다.

2. 경敬사상의 역사적 전개

1) 경敬의 자의字義

경敬자는 '구苟'와 '복攵'의 결합으로 이루어진 회의자會意字이다. 그 뜻은 기본적으로 이 두 글자의 관계에서 나타난다. 『설문說文』에 따르면 "敬 肅也, 從攵苟"라고 하여 경敬의 1차적인 뜻이 엄숙함을 뜻하며, 그렇게 의미가 성립된 경위는 攵 + 苟의 결합에서 찾을 수 있다. 즉 복攵은 채찍질하거나 톡톡 누드림이요, 구苟는 '구차함' 혹은 '진실로'의 양면을 나타내니 예의에 벗어난 행동이나 흐트러진 몸가짐을 바로 가질 수 있도록 자극하고 깨우친다는 의미이다. 이 때 복攵은 박迫과 같아서 '다그친다' '타이른다'의 의미로 쓰인다. 그리하여 항상 엄숙한 자세를 잃지 않는 것이 곧 경敬의 원의原義가 된 것으로 본다.

자전字典에서 경敬은 다양한 의미를 내포하고 있는데, 그 주요한 뜻으로는 첫째 '공경' 또는 '존경'의 의미가 있으며(『孟子』,

"君臣主敬"; 임금과 신하는 敬을 위주로 한다.), 둘째 '삼감' '조심함'의 의미가 있다.(『國語』, "敬者 禮之本也"; 敬은 예를 갖추는 근본이 된다. 『論語』 "執事敬" 일을 할 때는 조심스럽게 한다.) 이 두 가지 즉 '공경함' '삼감'의 뜻은 경敬자가 지닌 의미의 대표적인 것으로 인간행위의 내외內外를 아우르는 것으로 볼 수 있다. 공경함이란 윗사람에 대한 향외적向外的 실천양식을 뜻하며, '삼가함'이란 자신의 내면적 수양을 위한 향내적向內的 성찰을 뜻한다. 경의 본질적인 뜻은 이 두 가지가 고루 겸비된 것이라야 하며 자신의 인격수양과 함께 대타적인 실천이 조화를 이룰 때 진정한 경敬의 의미가 드러난다고 본다.

2) 중국유학에서의 경敬

■ 원시原始유학儒學에 있어서의 경敬

고대 유학에 있어서의 경敬 개념은 먼저 그 출전出典에 따라 본래의 의미를 궁구해볼 수 있다. 경敬사상을 살펴볼 수 있는 고대 유교문헌으로서는 『주역周易』을 대표적으로 들 수 있다. 주역의 곤괘坤卦 문언文言에는 다음과 같은 구절이 보인다.

> 군자는 경敬으로써 내면을 곧게 하고, 의義로써 외부를 바르게 하나니, 경과 의가 정립됨에 덕德이 외롭지 않다.[397]

위 구절은 "곧고 바르고 크니, 익히지 않아도 이롭지 아니함

---

[397] 『周易』 坤卦 文言傳, "君子 敬以直內, 義以方外, 敬義立而德不孤"

이 없다."[直方大, 不習无不利]라는 곤괘坤卦 이효二爻의 효사爻辭에 대한 「문언」의 해석이다. 여기서 직내直內란 대자적對自的인 수양 내지 자기완성을 뜻하고, '방외方外'란 대타적인 사회교화를 통한 가치실현이며 '덕불고德不孤'는 두 가지 방향의 통일이라고 본다.398

주역사상에 나타난 경敬은 주로 직내直內를 위한 방법으로 설명되며, 그 내면의 세계를 어떻게 구현하려는 것인가가 관건이 된다 하겠다. 유학사상에 따르면 '인간의 내심內心은 본래가 직直한 존재인데 비본래적 자아, 즉 사심·사욕이 마음을 왜곡시켰으므로 이것을 제거하여 본연지심本然之心을 회복시킴으로써 본성의 절대선絶對善을 확보하는 것이 직내直內'임을 말한다.399 이것은 또한 『논어』의 극기克己400와 『맹자』의 구방심求放心401과도 같은 맥락으로 보고 있다.

공자孔子는 일찍이 경敬에 대하여 '공경'과 '외경'의 뜻을 담고 있는 것으로 말하였다. 모든 일을 행하는데 있어서 행동의 조심스러움 또는 윗사람을 받드는 자세가 경敬이 된다고 보았다.

> 번지가 인仁에 대해서 물었다. 공자가 대답하기를, '거처할 때 공손히 하고 일을 행함에 공경히 하며 뭇 사람들과 더불어 충성스럽게 하는 것은 비록 오랑캐 땅에 가더라도 버릴 수 없다.402

---

398 최영진, 「주역에 있어서의 대자對自와 대타對他의 문제」, 『중국철학』 제3집, 중국철학회, 1992, p.205.
399 최영진, 위의 논문 p.207 참조.
400 『論語』 顔淵篇, "顔淵問仁, 子曰, 克己復禮爲仁, 一日克己復禮, 天下歸仁焉, 爲仁由己而由人乎哉"
401 『孟子』 告子 上, "學問之道, 無他, 求其放心而已矣"

모든 일을 행할 때에 항상 공경스럽게 한다 함은 하나의 질서체계를 엄격히 지키고자 하는 자세를 말하며, 이는 윗사람을 섬길 때에 중점적으로 드러난다. 경敬은 주로 윗사람에 대한 아랫사람의 자세를 가리키는 덕목으로 일컬어진다.[403] 이때 경敬이 표출된 총체적인 행동양식은 예禮가 된다. 따라서 경敬은 모든 예禮를 갖추는 근본이라고 할 수 있다.[404]

경敬은 또한 초월적 존재에 대한 외경畏敬의 뜻을 지닌다.

> 번지가 지혜에 대해서 물었다. 공자가 대답하기를 백성의 의義에 힘쓰고 귀신을 공경하되 멀리하면 지혜롭다고 이를 만하다.[405]

귀신은 인간에 대하여 초월적(종교적) 존재이다. 그 존재를 부정하지 않고 귀의歸依하는 자세는 외경畏敬으로 나타난다. 하지만 인간의 나약한 심정에서 우러나오는 자세는 인간의 참된 주체성을 상실하기 쉽다. 따라서 귀신의 존재에 대해서는 외경하지만 멀리하여야 한다고 경계한 것이다. 이와 같은 공자의 외경畏敬사상이 표출되는 주요한 의례행위는 바로 제사祭祀이다.[406] 제사는 초월적 존재인 귀신에 대한 섬김의 예인데 거기에 극진한 예를 다하는 것이 또한 경敬이 된다.

---

402 "樊遲問仁, 子曰, 居處恭, 執事敬, 與人忠, 雖之夷狄, 不可棄也"
403 "其事上也敬, 其養民也惠, 其使民也矣"
404 "子曰, 居上不寬, 爲禮不敬, 臨喪不哀, 吾何以觀之哉…"
405 "樊遲問知, 子曰, 務民之義, 敬鬼神而遠之, 可謂知矣"
406 "子張曰, 士見危致命, 見得思義, 祭思敬, 喪思哀, 其可已矣"

맹자는 공자의 사상을 이은 인물이므로 경敬에 대해서도 독창적인 면보다는 전승적인 면이 대부분을 차지한다고 볼 수 있다. 다만 공자가 강조한 사상이 '인仁'이라면 맹자는 여기에 부연하여 '의義'를 같이 강조하였다는 데 특징을 두고, 보다 보편적인 관점에서 그 사상을 확대 해석하였다.[407] 따라서 경敬은 의義의 의미와 관련하여 이해되어진다.

> 어버이를 친하게 여기는 것은 인仁이다. 어른을 공경하는 것은 의義이다. 다른 것이 없으니 그것을 천하에 통달하는 것이다.[408]

경敬의 의미에 있어서 맹자가 공자와 다른 점이 있다면 꼭 윗사람뿐만이 아니라 '위아래의 모든 사람을 대하는 보편적인 자세'를 말하고 있다는 것이다.[409] 한편 이러한 자세에 있어서 그 주요한 표현방식이 되는 것은 맹자에 있어서도 변함없이 예禮이다.[410]

이상으로 원시유가에 있어서 경敬의 사상을 살펴보았다. 다음으로는 유교가 철학화되었던 시기의 경敬사상을 살펴보기로 하겠다.

■ 송宋 · 명明 이학理學에서의 경敬

송 · 명 성리학에 나타난 경敬에 관해서 진래陳來가 정리한 내용을 참고해보면 다음과 같다.[411]

---

407 "孟子對曰, 王何必曰利, 亦有仁義而已矣"
408 『孟子』盡心 上, "親親仁也, 敬長義也, 無他, 達之天下也"
409 "用下敬上, 謂之貴貴, 用上敬下, 謂之尊賢, 貴貴尊賢, 其義一也"
410 "仁者愛人, 有禮者敬人", "恭敬之心禮也"

정호程顥의 '식인識仁편'에서 볼 때, 그의 주된 수양방법은 성誠과 경敬이다. 정이程頤와 비교하자면 정호가 경敬을 긍정하고 있지만 경에 대한 그의 이해는 정이와 다르다. 정이가 주장하는 경은 주로 경외심과 외적인 엄숙이다. 그러나 정호가 볼 때 단지 근엄과 엄숙만을 강조한다면 융통성 없이 고지식해지며 자유롭고 생동적인 정신 경지에 도달할 수 없게 된다. 따라서 정호는 한편으로 성誠을 적극적으로 함양할 것을 강조하면서 성과 경을 보존하고 함양해야지 모든 것을 방비할 필요는 없다고 생각하였다. 다른 한편으로 그는 경을 사용할 때 '잊지도 말고 조장하지도 말라[勿忘勿助]'는 말에 주의하되, 너무 집착하지는 말아야 한다고 주장하였다.

정호는 경이라는 구속이 안락을 방해하는 상태를 없애고자 주의했기 때문에, 개방할 것을 주장하였다. 그는 제자인 사량좌에게 "이미 얻었으면 반드시 놓아주어야 한다. 그렇지 않으면 오히려 지키는 것일 뿐이다."[412] 라고 말했다.

경敬은 정이가 제시하는 주요 수양방법이다. 일찍이 『주역』에서 "경으로 안을 곧게 하고 의로움으로 밖을 바르게 한다.[敬以直內,義以方外]고 하였다. 이정은 모두 유가전통 가운데서 '경'에 관한 사상을 중시하였다. 그러나 '경'의 문제에 대한 정호와 정이의 견해는 약간 다르다. 대체로 정호는 '성'과 '경'을 함께 제시했는데, 그가 말하는 '경'이란 '성'의 의미에 가깝다. 또 정호는 반드시 마음의 자유로운 화락和樂을 해치지 않는 범위 안에서만 '경'을 수

---

411 진래 著, 안재호 譯, 『송명성리학』, 예문서원, 1997.
412 『二程集』「遺書」권3 上, p.59, "既得後, 便須放開, 不然, 却只是守"

양해야 함을 애써 강조하였다. 그러나 정이는 온 힘을 다하여 '경'을 강조했다. 정이가 말하는 '주경主敬'의 주요내용은 '정재엄숙整齊嚴肅'과 '주일무적主一無適'이다. 이는 사람들에게 외재적인 용모와 행동거지뿐만 아니라 내재적인 사려와 감정까지 두 측면을 통틀어서 동시에 자신을 제어하도록 요구하는 것이다.

정이가 말하는 정제엄숙은 이렇다. 주경을 위해서는 마음속의 각종 욕망을 억제해야 할 뿐만 아니라 동시에 자기의 외면적인 행동거지와 용모를 단속하는 일에도 주의해야 한다. 의관은 단정해야 하며, 표정은 공경스러워야 하고, 보고 듣고 행동하는 모든 것이 하나하나 규범[禮]에 들어맞아야 하며, 시시각각 자기의 용모와 행동거지를 조심스럽게 살펴보아야 한다. 정이는 일찍이 '보고 듣고 말하고 행동하는 데' 조심해야 할 잠언을 지었는데, 자기 자신과 학자들에게 '보고 듣고 말하고 행동하는' 각 방면에서 전면적이면서도 엄격하게 자신을 경계하고 반성하도록 권면하는 내용이었다.

외면이 장중하면 내면은 자연히 '경'의 상태가 될 것이고, 외면이 장중하지 못하면 내면은 태만해질 것이다. 물론 반대의 경우도 마찬가지다. 이러한 생각 때문에 그는 "말이 장중하지 못하고 경건하지 못하면, 비루하고 야비한 마음이 생길 것이다. 그리고 용모가 장중하지 못하고 경건하지 못하면 태만한 마음이 생길 것이다."413라고 말했던 것이다. 신체적 게으름, 용모와 말씨의 경솔함, 의관의 바르지 못함 등은 모두 산만한 마음가짐

---

413 『二程集』「遺書」권1, p.7, "言不莊不敬, 則鄙詐之心生矣; 貌不莊不敬, 則怠慢之心生矣"

을 드러내는 것이며, 자신에 대한 요구가 엄격하지 못함을 표현하는 것이다.

또한 "이른바 경이란 한 곳에만 집중하는 것을 말한다. 이른바 한 곳이란 다른 곳으로 가지 못하는 것을 말한다. 오직 한 곳에만 집중한다는 의미를 깊이 깨달아야 한다. 한 곳이라면 둘이나 셋은 없다."414고 말했다. 한 곳에만 집중한다는 말은 한 곳에만 마음을 쏟는다는 뜻이고 다른 곳으로 가지 않는다는 말은 한 곳에만 마음을 기울일 뿐이지, 동시에 다른 곳에다가 주의를 분산시키지 않는다는 뜻이다. 정이가 말하는 주일主一이 일정한 사물에다가 마음을 기울이는 상태를 가리킨 말이 아닐 것임은 당연하다. 여기에서 주일이란 그림 그리는 일에 전념한다든지 장사에 전념하는 활동 따위를 가리키는 말이 아니라 '오로지 내부만'을 가리키는 말이다. 다시 말해서 허튼 생각을 해서는 안 되며, 자신의 마음에 생각을 집중시켜서 생각이 이리저리로 뻗쳐 나가지 못하도록 하라는 말이다. 이러한 방식으로 수양을 지속해 나가면 저절로 천리에 밝아질 것이다.

정이와 제자와의 문답에 있어서 "경敬도 역시 의식적인 것인가"라고 묻자 "시작할 때 어떻게 의식적이지 않을 수 있겠는가? 만일 처음부터 의식적이지 않을 수 있다면야 전혀 아무런 일도 없을 것이다"라고 답변했다. 또 "경敬은 정靜이 아닌가?"라고 묻자, "정을 말하자마자 곧바로 불교의 교리에 빠져들고 만다. '정'이란 글자는 사용하지 않고, '경'이란 글자만을 사용한다. '정'이

---

414 『二程集』「遺書」권15, p.169, "所謂敬者, 主一之謂敬, 所謂一者, 無適之謂一, 且欲涵泳主一之義, 一則無二三矣."

란 글자를 말하기만 해도 이미 망각한 것이다"라고 답변했다.[415] 의식적이란 말은 행하려는 일이나 도달하려는 목적에 대한 사람의 강렬한 의향을 가리킨다. 불교에서는 이러한 강렬한 의향을 집착에 속하는 것으로 여기며 모든 번뇌의 근원으로 생각한다. 정호는 불교의 영향을 받았으므로 "일이란 없을 수 없겠지만 마음으로 헤아리면 어긋날 것이다."[416]라고 말했다. 그러나 정이는 '주경'의 시작단계에서는 반드시 주의하고 힘써야 한다고 생각했다. 그가 볼 때 주의하지 말 것을 강조하거나 '주정'을 강조하는 일은 모두 불교 수양 방법의 특징이다. 그는 "경하면 저절로 허정虛靜해지겠지만, 허정을 경으로 부를 수는 없다."[417]고 생각했다. '주경'하면 자연스럽게 마음의 청정에 이르며 혼란스럽지 않게 된다. 하지만 '정' 자체가 '경'은 아니며, 더욱이 '경'의 유일한 내용일 수도 없다.

오하마 아키라가 정리한 『주자의 철학』에서 주자가 말한 경敬 사상을 정리해보면 다음과 같다.[418]

마음이 동쪽으로 향하지 않고 서쪽으로도 향하지 않으며 외물에 이끌려 치우치지 않을 때가 '중中'이다. 그때 마음의 본래성은 그 안에 현존한다. 마음의 본래성이 안에 현존하는 한 천리는 마음 안에 분명히 나타난다. 이와 같이 '경'이란 마음의 본래성을 보존하고 주체성을 세우는 것이다. 또 정이는 다음과 같이

---

415 『二程集』, 「遺書」 권18, p.189, "問: 敬還用意否? 曰: 其始安得不用意? 若能不用意, 却是都無事了, 又問: 敬莫是靜否? 曰: 纔說靜, 便入於釋氏之說也, 不用靜字, 只用敬字, 纔說著靜字, 便是忘也"
416 『二程集』, 「遺書」 권1, p.12, "事則不無, 擬心則差"
417 『二程集』 「遺書」 권15 p.157, "敬則自虛靜, 不可把虛靜喚做敬"
418 오하마아키라 著, 이형성 譯, 『범주로 보는 주자학』, 예문서원, 1997.

말하기도 한다.

경은 사사로운 것을 막는 도이다. 사특한 것을 막고 그 진실 무망함[誠]을 보존하는 것은 비록 두 가지 일 같지만 실은 단지 하나의 일이다. 사특한 것을 막으면 '성'은 저절로 보존된다.[419]

주희의 미발공부未發工夫(수련의 방법)에 대해서도 정이의 '경' 사상에 찬동하여 "희노애락의 미발은 정자程子의 '경하여 잃지 말라[敬而無失]'고 하는 설說이 심히 좋다."[420]고 한다. 주희는 "주일무적, '예가 아니면 움직이지 않는다'라고 하면 중심에 주장하는 바가 있어 심心이 저절로 존재할 뿐이다."[421]라고 말한다.

사람이 경을 보존할 수 있으면 나의 심이 담연하고 천리가 찬연하여 조금이라도 힘쓸 곳이 없으며, 또 조금이라도 힘쓰지 않을 곳이 없다.[422] 사람이 계속 '경'해 나간다면 그 심은 아주 고요하여져 거기에 천리가 나타나게 된다. 거기에는 한 조각의 '영위營爲'도 없고 또 한조각의 불영위不營爲도 없다. '경'에 의한 존심은 '영위' '불영위'를 초월한 자연·필연이라고 하는 것이다. 미발의 심을 중시하는 것은 유교윤리의 제일의第一義이다. 따라서 미발의 심과 본래의 심을 보존하기 위하여 '경'을 존중하는 것은 바로 성인 문하의 제일의第一義이다. 철두철미하여 한 순간이라도 간단히 해서는 안 된다.[423] 그렇다면 어떻게 하면 좋겠는

---

419 『二程全書』,「劉元承手編」권18 p.127, 상단 5, 2-3행, "敬是閑邪之道, 閑邪存其誠, 雖是兩事, 然亦只是一事, 閑邪則誠自存矣"
420 『朱子語類』上, 권62, 「中庸1·第1章」, p.746 하단 27 11행(閎祖錄), "喜怒哀樂未發, 程子敬而無失之說, 甚好"
421 『朱子大全』中, 권47, 「答呂子約」, p.98, 상단25, 4-5행, "主一無適, 非禮不動, 則中有主而心自存耳"
422 『朱子語類』上, 권12, 「學6持守」, p.230, 하단10, 13-14행 (方錄), "人能存得敬, 則吾心湛然, 天理粲然, 無一分着力處, 亦無一分不着力處"

가? 주희는 '자성自省'이 필요하니 '자성'하기만 하면 '경'은 거기
에 존재한다고 말한다. '자성'은 지극히 어렵지만 어떻게 하면
좋은가? 주희는 다음과 같이 대답한다.

> 단지 성찰하지 않는 것이 문제이지 '경'의 단절을 자각하기만
> 한다면 그것은 이미 단절을 이은 것이니 무슨 어려움이 있을
> 것인가? 맹자는 '잡으면 있게 되고 놓으면 없어진다'고 한다.
> 본래의 심을 유지하는 것은 오직 조操와 사舍라는 두 글자 사
> 이에서 결정된다. 요점은 단지 하나의 '조'라는 글자를 철저히
> 새겨 긴요한 곳에 도달하는 것이다. 장황하고 번거롭게 말할
> 필요가 없다. 만약 이 의미를 완전히 알았다면 '조'라는 글자
> 조차도 필요가 없다.[424]

경은 단순한 지적 반성이 아니다. 거기에는 성찰을 반복하
는 것에 의하여 '조'라는 글자조차도 필요가 없다는 말이 이것이
다. 자연스럽게 성찰하는 무의식의 세계이다. 즉 영위·불영위를
초월한 자연스러움이다. '경'이라면 허정하여 자연히 통달한다
고 하는 것도 같은 의미이다. 이와 같은 경지에 본래의 심은 필
연적으로 존립한다.

주희의 주경사상의 선구로서는 주돈이와 정이의 사상을 거

---

[423] 『朱子語類』上, 권12, 「學·持守」 230쪽, 하단10, 2행(無名), "敬字工夫, 乃聖門第一義, 徹頭徹尾, 不可頃刻間斷"
[424] 『朱子語類』上, 권12, 「學6持守」 232쪽, 상단13, 21-25행 (謨錄) "或問; 持敬易間斷, 如何? 曰: 常要自省得, 才省得, 便在此, 或以爲此事最難, 曰: 患不省察爾, 覺得間斷, 便已接續, 何難之有! 操則存 舍則亡, 只在操舍兩字之間, 要之, 只消一箇操字, 至緊要處, 全不消許多文字言語, 若此意成熟, 雖操字亦不須用"

론하였다. 세 사람이 똑같이 주정主靜・주경主敬을 주장하는데 거기에는 주정・심기・신동이라는 세 가지 요소가 있음을 알았다. '주정'의 '정'은 동과 정을 초월한 절대의 왕정이라는 것, '주정'은 '동을 포함한 동도 아니고 정도 아니다'라는 그 기미를 인식하지 않으면 안 된다는 것, '주정'은 그 기미를 인식한 '동'을 신중히 함으로써 충분하게 된다는 것을 알았다. 주정・심기・신동 이 세 가지 요소는 병렬 관계가 아니라 서로 역동적으로 전개된다. 본래성에 대한 즉각적인 인식에서 은미한 심리에 대한 반성적 인식으로 더욱더 그것을 매개로 한 행위에 대한 동적 규제로 전개된다.

다음으로 노사광이 정리한 중국철학사에서 경敬의 이론을 살펴보면 다음과 같다.[425]

정이천은 경과 치지致知의 공부강령이 학문의 큰 요점이 됨을 밝혔다. 그러므로 경과 치지를 합한 것이 공부이론이 됨은 의심할 나위 없다. 경은 사특함을 물리치는 방법[道]이다. 사특함을 물리치는 것은 참誠을 간직하는 것이다. 비록 두 가지 일이지만 그러나 역시 단지 하나의 일일 뿐이다. 사특함을 물리치면 참은 저절로 간직된다.[426]

'경'을 직접 말해보면 '사특함을 물리치는 것'에 근거를 두고 있는 것 같다. '경'은 바로 '게으르지 않고 구차하지 않다.'는 뜻이지만 '사특함을 물리침'은 바로 참됨을 간직할 수 있다.

일단 경을 말하면 사특함을 물리침과 참을 간직함의 양면을

---

425 노사광 著, 정인재 譯, 『중국철학사』 탐구당, 1987.
426 『二程集』遺書 권18, "敬是閑邪之道, 閑邪存其誠, 雖是兩事, 然亦只是一事, 閑邪則誠自存矣"

포괄한다. 정이천이 이와 같이 경을 말할 때 뚜렷이 가리킨 것은 의지의 상태 또는 방향 문제이다. 의지는 그 방향이 이치에 따르거나 따르지 않거나이지 중간 입장을 말할 수 없으므로 방향에 대해서 말한 것이다. 이것을 경이 함양한 일이기 때문이며 이 함양은 다시 의지 상의 존양存養 공부工夫를 가리키므로 순수하게 내부의 세계를 말한 것이니 대상이 있는 곳까지 끌고 갈 필요는 없다. 이것이 '경'과 '치지'의 다른 점이다.

그러나 '경'이 비록 내부세계의 공부에 속한다 해도 우리들이 다만 '경敬으로 내 속을 올바르게'할 수 있으면 저절로 '올바름으로 밖의 일을 반듯하게'할 수 있다. 대개 방향에 대해서만 보면 마음이 '경'으로 인해서 이치에 따를 수 있다면 밖으로 발동할 때에도 역시 반드시 이치의 방향 위에서 따르도록 해야 한다. 이것은 다른 면에서의 '궁리'문제와 관계가 없다. 이치를 얼마나 파악하느냐 하는 것과, 의지 방향이 이치에 따름을 추구하느냐 혹은 추구하지 않느냐 하는 것은 전혀 별개의 일이기 때문이다. 정이천은 이 뜻을 문답으로 설명하였는데 다음과 같다.

'경'은 마음이 이치에 합치되는 것을 가리키므로 '경하면 극복될 자기가 없다'고 하였다. 그러나 이른바 '주일主一'이란 것은 단지 방향에 대해서 말했을 뿐이므로 만약 의지의 내용을 말한다면 모름지기 나타나는 이치의 결정을 받아야 한다. 밖으로 나타나는 행위의 내용에까지 추측하여 말해도 역시 이와 같다. 이것으로 '경敬'과 '집의集義'가 서로 같지 않음을 알 수 있다.

맹자는 '호연지기'가 '집의'에서 생긴 것이라고 하였는데, 이 '집의'의 공부는 자연히 '경'과는 다르다. 왜냐하면 '집의'는 이미 내용까지 언급하였으나 '경'은 단지 하나의 형식의 방향만을 결정했을 뿐이기 때문이다. 경은 단지 함양涵養공부工夫에 속할 뿐이라고 말한다면 위에서 인용한 말과 같으므로 오로지 내부세계의 존양存養만을 가리키고, 발휘되어 작용하는 것을 언급하지 못한 것이다. 그런데 맹자의 '양기養氣'는 '기'위에서 발휘되어 작용하므로 반드시 '집의'하여야지 오로지 하나의 '경'에 의해서는 성립될 수 없다. '경'은 이미 주일主一을 가리킨 것이라면 외물에 이끌림을 받지 않은 것을 위주로 한다. 이것은 '허정虛靜'과 서로 섞여 있기 쉬우므로 정이천은 그것을 가려내어 이렇게 말했다. "경하면 스스로 텅비고 고요하지만, 텅비고 고요함을 불러 잡아서 경을 만들 수는 없다."427

어록 중에서 정이천이 논한 경敬과 주일主一의 자료를 골라 인용하여 결론을 지으면 다음과 같다.

> 배우는 사람이 먼저 힘써야 하는 것은 본래 마음과 뜻[心志]에 있다. 듣고, 보고, 알고, 생각함을 물리쳐 버리겠다고 말하면 이것은 거룩함을 끊고 지혜를 버리는 것이다. 생각과 걱정을 물리쳐 버리고자 하면서 번잡하고 어지러움을 근심한다면 반드시 좌선坐禪하여 선정禪定에 들어가야 한다. 예컨대 맑은 거울이 여기에 있으면 만물이 모두 비추인다. 이것은 거울의 본질이다. 그것으로 하여금 비추이지 않게 하기가 어렵다. 사람의 마음은 만물을 만나 느끼지 않을 수 없으므로 역시 그것으로 하여금 생각하고 걱정하지 않게 하기가 어렵다. 만약 이것을 면하려고 한다면 오직 이 마음이 주인이 되어야 한다. 어떻게 주인이 되는가? 경敬뿐이다.428

---

427 『二程集』, 遺書 권15, "敬則自虛靜, 不可把虛靜喚作敬"

정이천은 경과 치지致知를 곧 두 가지 중요한 공부로 인정했고 치지는 더욱이 처음 시작할 때 힘쓰는 곳이 된다고 생각했음을 알 수 있다. 경은 수시로 의지 위에 공을 들이는 법문이다. 그러므로 '치지'는 시작이며 '경'은 '학문의 대요大要'가 된다.

궁리란 관념이 주희의 학설 중에서 중요한 위치를 차지하고 있다. 그 실정은 정이천의 학설에서와 서로 비슷하다. 주희의 이러한 문제에 대한 견해와 논법은 역시 대체로 정이천을 직접 이어받았다. 또 '거경居敬'의 관념은 다시 정이천의 이른바 '함양은 모름지기 경을 사용해야 된다.'에서 나온 것임은 말할 필요도 없다. 격물과 치지에 대하여는 주희의 설이 비록 정이천의 근본 취지와 같다고 하지만 이것은 역시 주희가 후세에 영향을 끼친 중요한 이론 가운데 하나이다.

'경'자는 움직임과 고요함을 관통한다. 그러나 아직 발동되지 않았을 때에 한데 뒤섞여 있는 이것이 경의 본체이다. 그것이 아직 발동되지 않았음을 알면 바야흐로 경의 공부를 하라는 것이 아니다. 이미 발동하면 일에 따라서 반성하고 살펴보게 되는데, 경의 작용이 거기에서 행해진다. 그러나 본체가 평소 세워지지 않으면 그 작용이 역시 저절로 베풀어지는 것이 없다. 그러므로 경과 의는 두 가지의 일이 아니다. 반드시 어떤 일이 있으면 기필코 하려 하지도 말고, 잊지도 말고, 조장하지도 말라. 그렇게 되면 이 마음은 우뚝하게 움직임과 고요함을 관통하

---

428 『二程集』, 遺書 권15, "學者先務, 固在心志, 有謂欲屛去聞見知思, 則是絶聖棄智, 有欲屛去思慮, 惡其紛亂, 則是須坐禪入定, 如明鑑在此, 萬物畢照, 是鑑之常, 難爲使之不照, 人心不能不交感萬物, 亦難爲使之不思慮, 若欲免此, 唯是心有主, 如何爲主, 敬而已矣"

여 경이 세워지고 의가 시행되니 나아가서 천리의 올바름이 아닌 것이 없게 된다.429 본래 이른바 경이란 의지 상태의 공부를 가리켜말한 것이며, 정이천의 이른바 '함양'의 일이다. 주희의 이와 같은 논법은 경을 체용體用으로 나누어, 아직 발동하지 않고 함양된 것을 본체로 하고 그것을 이미 발동하여 성찰하는 것을 작용으로 삼았다. 이리하여 경은 만 리 밖을 관통하는 공부로 되었다. 또 격물, 치지 등 공부의 동력조건이 되기도 하였다.

주일主一은 마음속의 존양에 대하여 말할 뿐만 아니라 바로 사물에 응하는 것의 효과를 본 것이다. '경'은 의지의 일면의 공부에 치우쳐 있다. 만약 인식적인 면에 대하여 말하면, 궁리窮理, 격물格物, 치지致知가 있다.

이상으로 중국 성리학에 나타난 경敬 사상을 살펴보았다. 다음으로는 한국 성리학자들에게서 나타난 경敬의 이론을 살펴보기로 하겠다.

3) 한국유학에서의 경敬

■ 회재 이언적의 경敬 사상

회재晦齋 이언적李彦迪(1491-1553)은 경북 경주 출생이다. 조선 중기의 성리학자로서 성리학의 '리설理說'을 정립하여 이황李滉의 사상에 커다란 영향을 주었다. 본관은 여주驪州, 초명은 적迪, 자

---

429 『朱子文集』 권43, 答林擇之, "敬字通貫動靜, 但未發時渾然是敬之體, 非是知其未發, 方下敬底工夫 既發則隨事省察, 而敬之用行焉, 然非體素立, 則其用亦無自而施也, 故敬義非兩截事, 必有事焉而勿正 勿忘勿助長, 則此心卓然貫通動靜, 敬立義行, 無適而非天理之正矣"

는 복고復古, 호는 회재晦齋, 자계옹紫溪翁이다. 그의 경敬사상을 살펴보면 다음과 같다.430

그는 정·주의 입장을 그대로 이어 받아 궁리窮理와 거경居敬을 병행할 것을 강조한다. 그는 「중용구경연의」에서 수신의 첫 번째 공부로서 강학講學·명리明理를 제시하고 그 다음으로 성의誠意·정심正心을 배열하고 있다. 전자가 궁리라면 후자는 거경에 해당할 것이다. 이제 거경을 확인해 봄으로써 이언적의 수양론을 정리해 보자. 『대학』 팔조목의 공부단계를 정·주의 견해에 의한다면 궁리가 거경보다 우선하는 것이지만 이언적은 여기에 대해 다른 입장을 제시한다. 즉 경으로써 처음과 끝을 이루고 동動과 정靜을 일관하는 것이다. 다음을 보자

> 성학聖學의 가르침은 경에 전념하여, 그 근본을 세우고 이치를 궁구하여 그 앎에 이르게 되고 자신을 반성함으로써 그 진실을 실천하게 되는데 경이라는 것이 이 세 가지로 관통하여 처음과 끝을 이루게 된다. 그러므로 경에 전념한다는 것은 그 안을 한결같이 함으로써 밖을 제어하고 그 밖을 가지런히 하게 함으로써 그 안을 기르는 것이다.431

여기서 이언적은 경을 가지고 모든 공부와 수양을 일관할 것을 강조한다. 즉 궁리와 같은 지적인 면의 공부만이 아니라

---

430 정대환, 『조선조 성리학 연구』, 강원대 출판부, 1992 참조.
431 『晦齋全書』 文集 5권, 答忘機堂 第四書, "聖門之敎, 主敬以立其本窮理以致其知, 反躬以踐其實 而敬者, 又貫通乎三者之間, 所以成始而成終也, 故其主敬也, 一其內以制乎外, 齊其外, 以養其內"

모든 행위는 물론 마음가짐까지도 다시 말해서 내·외, 동·정을 한결같이 경敬으로 일관해야 한다는 것이다.432 이렇게 보면 이언적의 수양론은 결국 경을 근본으로 하는 것이라는 것을 알 수 있다. 이처럼 모든 경우를 경으로 일관해야 한다는 입장은 다음 구절에서도 확인된다.

> 이치는 은밀하고 드러남의 차이가 없으나 마음은 동정의 다름이 있으니, 고요할 때 잠시라도 보존하지 않으면 도를 떠나게 되어 사사로움이 만 갈래가 될 것이며, 움직일 때 그 은미한 순간을 살피지 않으면 사욕에 빠져서 천양지차로 달라질 것입니다. 그러므로 군자는 도를 체득함에 어느 때 어느 장소에서도 경을 위주로 하지 않음이 없게 되니 이것이 동정을 관통하고 현미顯微를 통찰하여 순일 무간無間하게 되는 까닭입니다.433

결국 이언적의 수양론은 정·주의 입장을 그대로 계승하는 것이다. 그럼에도 그가 수양과 공부에 있어서 '하학이상달下學而上達'의 정신을 여러 측면에서 발휘하여 모든 공부와 수양에 이를 적용할 것을 유난히 강조했던 점에서 그의 진지한 학자로서의 태도와 강한 실천성을 겸비한 선비의 면모를 동시에 확인하게 된다. 그의 수양이나 공부에 대한 입장은 이처럼 성성誠과 경敬

---

432 이렇게 敬으로써 內外竝進의 공부를 일관해야 한다는 생각은 그가 젊었을 때 [元朝五歲]중의 '양심잠'과 '경신잠'등에서도 확인할 수 있다. 『晦齋全書』 문집 권6 참조.
433 위의 책, 中庸九經衍義, 卷五 修身四 "理無隱顯之間, 以心有動靜之殊, 靜而不存於斯須之頃, 則離乎道而私意萬端矣, 動而不察於隱微之際, 則流於欲而天壤易處矣, 是故君子之體道也, 無時無處而不主於敬, 此所以貫動靜徹顯微, 而純一無間也"

을 바탕으로 내외병진內外竝進, 학수병진學修竝進, 지행겸전知行兼全, 지덕겸수知德兼修의 태도를 한결같이 유지해 나가는 것이라고 할 수 있다. 다음으로는 이러한 이언적의 사상을 이어받은 퇴계 이황의 경敬사상을 살펴보기로 하겠다.

■ 퇴계 이황의 경敬 사상

퇴계退溪 이황李滉(1501-1570)은 경북 안동출생이다. 조선 중기의 문신이며 성리학자의 대표이다. 리동설理動說, 리기호발설理氣互發說 등 주리론적 사상을 형성하여 주자성리학을 심화·발전시켰으며 조선 후기 영남학파의 이론적 토대를 마련했다. 본관은 진보眞寶, 자는 경호景浩, 호는 퇴계退溪, 퇴도退陶, 도수陶叟이다. 그의 경사상을 살펴보면 다음과 같다.434

경敬으로써 안[內]을 곧게 한다는 것은 곧 경으로써 마음을 다스려서 마음이 전일專一하게 하는 것이다. 전일하면 왜곡됨이 없다. 성性이 발해서 정情이 되므로 천리의 유행이 직접 드러날 수 있다. 그러므로 경으로써 안을 곧게 한다는 것은 내부에서 천리가 직접 드러나서 밖으로 나오게 하는 것이다. 퇴계는 이 본심을 존양存養하는 공부를 매우 중시하여 '다만 경으로써 안을 곧게 하는 것으로 일상생활의 제일의第一義를 삼아라435'고 강조하고 한편으로는 '장경將敬(경을 지님)'으로 본원을 함양하라고 하였다.

---

434 채무송 著, 『퇴계 율곡 철학의 비교 연구』, 성대출판부, 1985; 이상익 著 『기호성리학 연구』, 한울아카데미, 1998, 참조.
435 『退溪全書』上 p.680, 答金而精, "只將敬以直內爲日用第一義"

평소 일이 없을 때에는 본원을 함양하는 경우로서 밖으로 엄숙하기를 마치 마음 가운데 오직 하나를 위주로 생각하는 것처럼 하여 성성惺惺하게 하는 때이다. 한 생각이 싹트면 다만 그 사악함을 막고 그 리를 보존할 뿐이요, 모든 것을 떨쳐버리려고 해서는 안 된다. 대개 일이 없을 때에는 진실로 마땅히 고요히 해서 존양해야 한다. 그러나 만일 마땅히 생각하여야 할 것이 있으면 생각을 하되 능히 하나를 위주로 하여 도망가지 못하게 하는 것이 바로 고요한 가운데의 움직임이니, 아마도 마음을 간직하는 데 해로움이 없을 것이다.[436]

퇴계에 의하면 천리와 인욕, 인심과 도심이 나누어지는 일심一心의 기미를 살피는 것도 지경持敬에 의해 가능하며, 천리를 보존하고 인욕을 막는 것도 지경에 의해 가능한 것이다. 그러면 왜 경이 아니면 이러한 것들이 불가능한가? 그것은 인간의 마음이 크고도 넓으며, 미미하면서도 위태롭기 때문이다.

이 마음의 이치는 매우 방대하여 본떠서 잡을 수 없으며 매우 넓어서 끝을 볼 수 없으니, 진실로 경으로 일관하지 않는다면 어찌 성을 보존하여 체體를 확립할 수 있겠는가? 마음의 발동은 터럭 끝을 살피기 어려운 것처럼 미미하고, 구덩이를 밟기 어려운 것처럼 위태로우니, 진실로 경으로 일관하지 않는다

---

[436] 『退溪全書』上 p.663, 答金惇敍, "平居無事是涵養本原地頭, 外儼若思中心主一惺惺然時也, 一念之萌但遏其邪而存其理爾, 一切排遣不得, 蓋無事時, 固當靜以存養, 然如有所當思而思能主一無走作是乃靜中之動, 恐無害於指心也"

면 또 어찌 기미를 바르게 하여 용用에 통달하게 하겠는가. 그리하여 군자의 학문은 이 마음이 아직 발하지 않았을 때에 경을 주로 하여 성찰공부를 한다. 이것이 바로 경이 학문의 처음과 끝이 되고 체와 용을 관통하는 까닭이다.[437]

경으로 마음을 잘 다스린다면 일신의 주재자로서의 심이 바르게 되어 물욕에 유혹됨이 없이 한결같이 천리를 실천할 수 있게 될 것이다. 따라서 퇴계에게 있어서의 경이란 일신一身의 주재이며 만사의 근본이요 성학의 처음과 끝이다.[438]

그러면 경이란 무엇인가. 경이란 외경畏敬, 주일무적主一無適, 정제엄숙整齊嚴肅 등을 뜻한다. 주일무적이란 마음을 한 곳에 집중하여 다른 데로 달아나지 않도록 하는 것을 말하며, 정제엄숙이란 몸가짐을 단정하게 하고 마음가짐을 엄숙하게 하는 것을 말한다. 주자는 "경이란 두려워해야할 대상이 있는 것처럼 무서워하는 것"이라고 하였으며, 『심경』에서는 "진실로 근심하고 두려워하기를 위로는 귀신·부모·스승이 임해 계신 듯이 하고 아래로는 깊은 못과 얇은 얼음에 처해 있는 듯이 한다면 마음의 허령시각이 스스로 혼란해지는 것을 용납하지 않을 것이나. 이것은 두려워함이 경의 의미에 가장 부합하는 이유이다."[439]라고

---

437 『退溪全書』三, p.144, "此心之理, 浩浩然不可模捉, 渾渾然不可涯涘, 苟非敬以一之, 安能保其性而立其體哉, 此心之發, 微而爲毫釐之難察, 危而爲坑塹之難蹈, 苟非敬以一之, 又安能正幾而達其用哉, 是以 君子之學, 當此心未發之時, 必主於敬以加存養工夫, 當此心已發之際, 亦必主於敬而加省察工夫, 此敬學之所以成始終 而通貫體用者也"
438 『退溪全書』一, p.203, "敬者 一心之主宰, 而萬事之根本也, …敬之一字, 豈非聖學始終之要也哉"
439 『心經附註』卷一, "苟能惕然悚然, 常若鬼神父師之臨其上, 深淵薄冰之處其下則虛靈知覺者, 自不容於昏且亂矣, 此敬字之義所以惟畏爲近之"

하였다. 이와 같이 '외경'은 경의 가장 본질적 내용이다. 외경은 종교적 경천敬天을 뜻하는 바, 이는 인격적 주재자의 존재를 전제로 한다. 만일 인간의 행위를 나날이 감시하고 그에 대해 심판하여 화복을 내려주는 상제上帝의 존재를 확신한다면 누가 감히 패륜을 자행할 수 있겠는가? 퇴계는 진성학십도차進聖學十圖箚에서 "외경이 일상생활에서 떠나지 않음에 중화위육中和位育의 공을 이룰 수 있다"고 하여 외경을 통해 '천지가 제자리를 잡고 만물이 자란다[天地位萬物育]'라는 최고의 이상을 실현할 수 있다고 말한다. 『성학십도聖學十圖』는 퇴계학의 정수精髓인바, 퇴계는 "이 십도十圖는 모두 경敬을 위주로 한다."라고 하여 경으로 성학십도를 일관시키고 있다. 퇴계가 성학聖學시종始終의 요법으로 경敬을 강조함은 앞에서 살펴본 그의 인격적 주재자에 대한 관념과 밀접한 연관 속에서 주장되는 것이라 하겠다.

이상에서 살펴본 퇴계의 경사상은 주로 수양론적 개념으로 이해된다고 볼 수 있다. 수양론에 입각한 퇴계의 경敬을 좀 더 살펴보면 다음과 같다.[440]

수양론은 퇴계의 사상적 중추요, 특성을 이루는 것으로서 수양론의 핵심개념인 '경敬(居敬·持敬)을 중심으로 제시된다. '경'의 문제는 주렴계의 '태극도설太極圖說'에서 언급한 '주정主靜'에 대해 정이천이 '주경主敬'을 제시하고 주자가 이를 계승함으로써 송대 도학의 학문방법론의 중심개념으로 확립된 것이다.

경은 마음을 주재하는 것으로 마음과 분리되어 따로 존재하는 것이 아니다. 경은 다만 흩어지기 쉬운 마음이 스스로 자신을 통

---

440 금장태, 『퇴계의 삶과 철학』, 서울대출판부, 1998.

제하고 수렴하는 원리라 할 수 있다. 이 경은 본체로서 활동하기 이전의 정靜과, 작용으로서 활동한 이후의 동動을 포괄하여 인간의 마음이 일치되어 분산되지 않게 하는 것이요, 또한 마음을 수렴하여 한 사물도 마음에 용납하지 않는 마음의 집이며, '항상 깨어있는 심법'의 각성상태요, '안으로 엄숙한 마음가짐과 밖으로 가지런한 모습'을 지키는 다양한 실천방법으로 제시되고 있다.

퇴계는 경의 개념적 구조를 동정動靜, 체용體用, 내외內外, 시종始終, 거경居敬, 궁리窮理 등의 상응관계 내지 일치관계로 분석하여 해명하고 있다.

① 정제·엄숙과 동·정의 체용구조는 고요할 때 엄숙한 마음을 본체로 하고 활동할 때 가지런한 모습을 작용으로 파악하는 것이다. 퇴계는 이때 경의 실현으로서 동정 내지 체용의 양쪽을 오랫동안 지속적으로 실천함으로써 원숙하게 되면 동과 정이 하나가 되고 체와 용이 서로 합하는 구경究竟의 단계, 곧 마음과 몸이 일치하는 수양론적 완성의 단계에 이르게 되는 것으로 파악한다.

② 조존操存·성찰省察의 동정구조로서 퇴계는 "고요한 데서 마음을 간직하면 어둡지 않고 활동하는 데서 살피면 섞이지 않는다"고 하여 경의 실천방법으로서 소존操存이 성시靜時의 공부요, 성찰이 동시動時의 공부로 대응되는 것임을 밝히고 있다. 나아가 그는 사려가 일어나기 이전의 고요함은 마음이 발동되기 이전[未發]의 상태로 보고, 사려가 일어나고 사물에 대응하는 활동함[感動]은 발동한 이후[己發]의 상태로 보며 그 미발의 경우에는 '경계하여 삼가며 두려워할 자리'라 하고, 이발己發의 경우는 '자신에게서 살피고 정밀하게 살피는 때'라고 하여 동정에 따른 경의 구체적 실천과제를 제시하였다.

③ 경敬・의義와 내외內外의 대응구조는 주역에서 '경이직내敬以直內, 의이방외義以方外'의 구절에서 경敬-내內(靜)와 의義-외外(動)의 관계가 성립하며 경의협지敬義夾持를 강조한다. 그러나 경을 중심으로만 보면 경이 동정動靜 현미顯微 내외內外를 일관하는 것으로 파악하고 있다.

④ 거경과 궁리를 대언對言하는 경우와 경속에 거경・궁리를 겸언兼言하는 경우가 있다. "존심단좌存心端坐하는 때는 거경居敬이요, 독서에 의리를 사색하고 처사에 당부를 추구하는 것은 궁리이다"고 언급한 것은 거경과 궁리를 대언하여 경을 거경으로 본 것이요, 우성전이 "정靜중에 마땅히 존심단좌存心端坐하여야 하지만 동처에서도 더욱 이를 힘써야 마땅하다"고 한 것은 경으로 격물格物과 지경持敬의 지知・행行과 동정動靜을 겸하여 말한 것이라고 지적한다. 또한 퇴계는 격물과 지경의 "경을 처음부터 끝까지 꿰뚫어야 하는 것이니 진실로 지경하는 방법을 알게 되면 이치는 밝아지고 마음은 안정된다. 이로써 격물하면 만물이 나의 살펴봄을 벗어날 수 없고 이로써 사물에 대응하면 사물이 마음에 누가될 수 없다."고 하여 경으로써 지행을 관통할 수 있음을 강조한다. 곧 지知도 행行을 통하여 올바르게 실현될 수 있음을 제시한 것이다.

그는 성학십도에서도 마음에서 선善의 단초를 찾아 확충하여 근원으로 천도를 체득하고 실현하는[體天, 盡道] 천도를 향한 길과, 몸에서 선을 밝혀 진실하게 하여 안으로 덕을 높이고 밖으로 사업을 넓히는 인사人事를 향한 길을 수양방법의 기본과제로 제시하였다. 또한 그는 수양방법의 핵심개념을 경으로 제시하는데 경의 실천은 동정과 표리의 두 경우로 분석하고 있다.

먼저 그는 동정에서 경의 실천방법으로써 고요할 때 두려워하고 삼가며 성품[天理]을 함양함과 활동할 때 인욕을 분별할 것을 요구하고, 또한 정자程子가 제시한 경의 실천방법에서 옷과 갓을 반듯하게 함과 엄정하고 정돈하고 엄숙히 함은 정에서 말한 것이요, '생각을 하나로 모음'과 '속이지 않고 태만하지 않음'은 동에서 말한 것으로 분석하면서 동시와 정시의 수양이 분리된 것이 아니라 서로 소통하는 것임을 강조하였다. 특히 그는 정시의 경으로서 정좌에 깊은 관심을 보여주는데, 앉는 자세에 있어서도 몸과 마음을 수련하여 엄숙하고 가지런하게 할 것을 강조하여 고요한 몸의 자세와 엄숙한 마음의 수렴을 결합시키고 있다.

다음으로 표리에 걸친 경의 실천방법으로서 퇴계는 보고 듣고 말하고 움직이는 활동이나 용모와 말씀하는 기세 등 겉으로 나타나는 모습에서의 수양공부는 바깥에서 통제하여 마음속의 성품을 배양하는 방법임을 확인한다. 이처럼 경의 수양공부는 바깥의 모습과 속의 마음이 서로 작용하여 일치되어가는 것이며, 특히 겉으로 드러나서 '볼 수 있고 지키기 쉬운 방법'에 의해 속으로 '보이지 않고 묶어두기 어려운 마음'을 배양하는 방법을 제시한다. 여기서 동정과 표리를 관통하는 경의 수양공부는 모두 일회적으로 이루어지는 것이 아니라 진실하게 쌓아가며 오래도록 힘써서 순수하고 익숙한 데 이르러, 고요할 때 비고 활동할 때 곧은 마음을 확보하는 것이다. 또한 경 공부는 엄숙하게 함양함을 근본으로 삼고 깊이 침잠하여 연색研索 학문으로 삼아서 이 도리가 한 순간도 떨어지지 않는 곳에서 몸과 마음으로 친절하게 체인하여 그 사이에서 노닐고 젖어서 점차 쌓아 오래

가다보면 홀연히 녹아서 깨끗해지게 된다고 하여 이러한 경지를 참소식이라 밝히고 있다. 이처럼 경은 몸과 마음을 단속하는 데서 시작하여 마침내 도리와 일치하여 자유로운 완성의 경지에 이르는 수양의 실천과정임을 강조하고 있다.

나아가 퇴계는 수양의 과정에서 경의 올바른 실현을 상실한 데 따라 발생하게 되는 다양한 병증病症을 진단하고 그 치료방법을 친절하게 제시하고 있다. 그가 마음의 병증으로 가장 깊이 경계하고 있는 것은 마음이 분산하고 조급한 병과 고요함에 빠지는 병이다. 먼저 그는 마음이 분산하고 동요되는 증세에 대해서는 경을 지킴이 병을 치료하는 약이라 제시한다. 또한 그는 생각이 많은 해독이 배우는 이의 공통적 근심이라 지적하고 마음이 번잡하여 소란하며 특히 편안하지 못한 경우에는 정양靜養하는 공부가 이 병을 치료할 수 있는 것이라 본다. 다음으로 고요함에 빠지는 병으로서 그는 고요함이 한번 지나치면 선禪에 들어가는 것이므로 정靜보다 경敬을 강조하고 있다. 그것은 주정主靜이 잘못된 것이 아니라 박약博約의 번거로움을 싫어하여 동이 없이 정만 주장하는 것이 잘못된 것임을 제시한 것이다.

이상에서 퇴계의 학문과 삶을 관통하는 중심개념은 경으로 집약시킬 수 있다. 경은 우리의 마음을 주재하는 중심으로서 고요할 때 존양하고, 활동할 때 성찰함으로써 마음을 바르게 붙잡아 주고 지켜주는 것이다. 다음으로는 퇴계의 사상을 이은 한강 정구의 경 사상을 살펴보기로 하겠다.

■ 한강 정구의 경敬 사상

한강寒岡 정구鄭逑(1543-1620)는 조선 중기의 문신 · 학자이다. 경학經學을 비롯해 여러 분야에 통달했으며, 특히 예학禮學에 뛰어났다. 그의 문하에서 많은 제자가 배출되어 영남 남인학파의 한 줄기를 이루었다. 본관은 청주淸州, 자는 도가道可, 호는 한강寒岡, 아버지는 사중思中이다. 김굉필金宏弼의 외증손이다. 성주이씨星州李氏와 혼인하여 성주에 정착했다. 7세 때 〈논어〉 〈대학〉을 배워 뜻을 통했으며, 12세 때 그의 종이모부이며 조식曺植의 고제자였던 오건吳健이 성주향교의 교수로 부임하자 그 밑에서 공부했다. 1563년(명종 18)에 이황李滉, 조식曺植에게서 성리학을 배웠다.

한강의 경사상은 『심경발휘心經發揮』에 잘 나타나 있다. "요순이 되고 걸척桀跖이 되는 요체는 그 일심의 기미가 '경敬'이라는 한 글자를 넘지 않을 것이다."441 "유정유일惟精惟一, 윤집궐중允執厥中이란 말에서 정精하게 하고 일一하게 하는 것은 모두 경敬이다"442라고 하였다.

한강에 있어서도 경은 함양涵養 일사一事이다. 함양이란 무엇인가? 한강은 『독서첩讀書帖』에서 정자의 말을 인용하여 "함양은 스스로 마음을 한가지로 하여 정제整齊엄숙嚴肅하는 것으로서 오래 함양하면 천리가 서설로 밝아진다."라고 하였다.443 이어서 "경이직내敬以直內하면 마음을 하나로 하게 된다.[主一]"고 한다.

일반적으로 경은 주일무적으로 표현되며, 항상 깨어 있는

---

441 『心經發揮』心經發揮序, "人惟一心之微而爲堯爲舜者在是, 爲傑爲跖者在是, 上焉而參天地贊化育者在是, 下焉而同草木歸禽獸者亦在是, 吁其可警也, 夫要其幾不越乎敬之字而已"
442 『心經發揮』心經發揮序, "自堯舜精一之訓, 而所以精之一之者, 非敬矣乎"
443 『寒岡集』讀書帖, "又曰, 涵養吾一, 又曰, 一者無他, 只是整齊嚴肅, 則心則一, 一則自是無北僻之千 此意但涵養久之, 則天理自然明"

방법이 경이라는 것으로 '상성성常惺惺'이라고 한다. 이는 마음이 어둡지 않은 상태를 뜻한다. 그리고 이러한 내면의 상태와 대응하여 정제整齊엄숙嚴肅을 말하면서 경의 외면적인 표현을 설명한다. "하나를 위주로 하는 것을 경이라 하며, 옮겨가지 않는 것을 하나라고 한다. 한 곳으로 집중하면 이미 동쪽으로 가지 않고 또 서쪽으로 가지 않는다. 이와 같다면 가운데일 뿐이니, 여기에도 가지 않고 또 저기에도 가지 않으므로 단지 안에 있을 뿐이다. 이 안에 있으면 자연히 천리가 밝아진다."[444]라고 하였다. 이처럼 한강의 경사상은 퇴계의 사상을 이어서 내면의 깨어있음과 외면의 정제엄숙을 강조하는 것으로 그의 경사상의 특징을 드러내고 있다.

4) 한국 근대 동학에서의 경敬

한국 근대 동학東學의 창시자 최수운崔水雲(1824-1864)은 그의 종교사상에서 최고신 하늘님에 대한 성誠·경敬·신信의 신앙적 자세를 강조한 바 있다. 그는 고유한 신비체험에 입각하여 하늘님을 모시는 주문呪文을 지었으며, 인간이 천주 하늘님과 합일할 수 있는 길을 열어놓았다. 여기에 성·경·신은 천주 하늘님 앞에 선 인간의 참된 모습을 포괄적으로 나타낸 덕목이라고 할 수 있다. 수운이 겪었던 하늘님과의 합일적 체험은 수운에게 있어서 하늘님의 가르침을 따르고 또 그 자신의 사상으로 표출시켰

---

444 『心經發揮』 권1, 敬以直內章18 "程子曰 主一之謂敬, 無適之謂一, 主一則 旣不之東, 又不之西, 如此則只是中, 旣不之此又不之彼, 如此則只是內, 在 此則自然天理明"

던 바 이를 모든 사람이 실천궁행하게 하고 그 바람직한 종교적 경지를 획득하기 위한 요도要道는 오직 성·경·신 석자로 귀결된다는 것이다. 특히 수운이 자주 언급하고 있는 것은 성誠과 경敬의 두 글자이며, 이를 항상 지켜나가는 것에 의해 하늘님의 조화를 획득하게 된다고 한다. 성·경을 지켜내면 신병身病이 낫고 집안에 우환憂患도 없게 된다는 것이다.[445]

한편 경敬의 전통적 개념은 주로 언행에 있어서 자신을 단속하는 심신心身의 자세를 가리킨다.[446] 송대 유학에 이르러 그 사상적 심화를 이루었으며,[447] 퇴계는 특히 공부로서의 경 사상을 강조하였다.[448] 그렇다면 수운이 강조하고 있는 경은 구체적으로 어떠한 의미를 지니는가. 수운은 다음과 같이 설명하고 있다.

---

[445] 『天道教經典』 龍潭遺詞, 勸學歌, p.212, "誠敬二字 지켜내어 한울님을 공경하면 자아시 있던身病 勿藥自效 아닐런가 家中次第 憂患없어 일년삼백 육십일을 一朝같이 지내가니 天佑神助 아닐런가."

[446] 『論語』에서 "修己以敬"(憲問), "敬事而信"(學而), "久而敬之"(公冶長), "祭思敬"(子張), "其事上也敬"(公冶長), "敬鬼神而遠之 可謂知矣"(雍也)의 내용과 『孟子』에서 "仁者愛人 有禮者敬人"(離婁下), "親親仁也 敬長義也"(盡心上)등의 내용은 모두 일상생활에서 반드시 지켜야 할 '행위준칙'으로서의 의미를 지닌다.

[447] 程顥는 敬이 誠의 실제공부라고 보아 人事의 근본이며 곧 誠이라고 하였다. (『二程遺書』卷1 "誠者 天之道 敬者 人事之本 敬則誠") 程頤는 敬을 곧 '主一'로 규정하여 心身의 통일 혹은 집중상태등을 뜻한다고 하였다. (『二程粹言』卷1 「主一之謂敬」; 『二程遺書』卷15 「只是整齊嚴肅, 則心便一」) 朱子는 人慾을 제거하기 위하여 항상 吾心을 경각 또는 喚醒시켜야 한다고 하고 경건하고도 정성스러운 태도를 유지하여 畏謹하는 자세야 말로 敬의 內涵이라고 강조하였다. (『朱子語類』卷12 持守 참조)

[448] '持敬工夫' 또는 '主敬工夫'라고도 한다. 李東俊은 이러한 退溪의 敬사상에 대해서 말하기를 "退溪에 있어서 敬은 참된 主體로서 자기자신을 가눔하면서 동시에 진리에 나아가게끔 하는 힘인 것이니 持敬工夫라 한다. 敬은 진리(誠)에 이르는 길이라 하겠거니와 참을 쌓아 오래 힘쓰고 노력하는 군자의 敬으로부터 從容中道하는 聖人의 敬에 이르기까지 인간의 성장과 성숙을 가능하게 하는 힘이요, 仁을 실현하는 길잡이가 되는 것이라 하겠다"라고 하여 敬은 곧 仁을 주체적으로 함양하는 것으로 보았다. (李東俊 『16世紀 韓國性理學派의 歷史意識에 관한 연구』 성대박사논문, 1975, p.136)

경敬이 되는 바를 알지 못하거든 잠깐이라도 모앙慕仰함을 늦추지 말라.449

경敬이 되는 바를 알지 못하거든 내 마음이 거슬리고 어두움을 두려워하라.450

윗글에서 보면 경敬은 곧 외경畏敬 혹은 공경恭敬의 의미이다. 항상 하늘님을 사모하고 우러러보는 태도로서 그 절대적인 권위에 순종하여 밝은 조화의 힘을 얻는 것을 말한다. 수운은 말하기를 "무지한 세상사람 아는바 천지라도 경외지심敬畏之心 없었으니 아는 것이 무엇이며 천상에 상제님이 옥경대 계시다고 보는 듯이 말을 하니 음양이치 고사하고 허무지설 아닐런가"451라고 하고, "그 말 저 말 다 던지고 하늘님을 공경하면 아동방 삼년괴질 죽을 염려 있을소냐"452라고 하여 경이란 우러러 받든다는 점에서 '경외함'을 말한다. 그 결과로 어떠한 사지死地에서도 살아날 수 있는 조화의 힘을 얻게 되는 것을 가리키고 있다. 성誠이 오직 하늘님을 향한 진실된 마음을 가리킨다면, 경은 하늘님을 외경하고 공경하는 제반 태도를 말하고 있다.

---

449 『天道敎經典』 前八節, p.99 "不知誠之所致, 數吾心之不失, 不知敬之所爲, 暫不弛於慕仰"
450 『天道敎經典』 後八節, "不知誠之所致, 是自知而自怠, 不知敬之所爲, 恐吾心之窹昧"
451 『天道敎經典』「龍潭遺詞」,「道德歌」, pp.216~217.
452 『天道敎經典』「龍潭遺詞」,「勸學歌」, p.211.

3. 대순진리에서의 경론敬論

1) 경敬의 교리적 의미

앞 장에서 살펴본 경敬의 개념은 그 철학적 의미와 함께 실천적인 자세 또한 내포하고 있음을 알 수 있다. 대순진리회 신조로서의 경敬은 이와 같은 경 개념의 역사적인 배경을 전제로 하면서도 오늘날 신앙적 실천을 위한 요체로서의 의미를 강조하고 있다. 『대순진리회요람』에 나타난 경敬의 설명을 살펴보면 다음과 같다.

> 경敬은 심신의 움직임을 받아 일신상一身上 예의에 알맞게 행하여 나아가는 것을 경이라 한다.[453]

이 글에서 살펴볼 수 있는 경敬의 의미는 주로 예의바른 몸가짐을 가리키고 있다. 몸가짐은 곧 심신心身의 조화로써 이루어지며 이것이 천지신명과 타인을 향한 예의로써 표출될 때 올바른 경敬이 되었다고 할 수 있다는 말이다. 이에 대한 보다 자세한 내용을 살펴보기 위해서 『대순지침』에 언급되어 있는 사항을 참고하면 다음과 같다.[454]

> (가) 모든 일이 내심의 소정所定에 따라 몸으로 표현되는 법이다.

---

[453] 『대순진리회요람』, 대순진리회 교무부, 1969, p.16.
[454] 『대순지침』, 대순진리회 교무부, 1984, p.52.

(나) "사람은 누구나 마음을 먹는 대로 행동하게 되는데, 옳은 일도 마음에 두지 않으면 바로 행하지 못한다.[有其心 則有之 無其心 則無之]" 하였으니, 도인들은 대월상제對越上帝의 영시永侍의 정신을 권권복응拳拳服膺하여야 한다.

(다) 지성봉축至誠奉祝에 변함이 없고 양면이 없어야 경이라 하는 것이다.

(라) 경은 예의범절을 갖추어 처신 처세하는 것이다.

윗글에 나타난 경의 의미를 살펴보면 첫째, 경敬은 마음에서 비롯하여 몸으로 표현되는 일체의 행동거지를 단속하는 것을 말한다. 둘째, 경은 상제에 대한 신앙을 바탕으로 일상생활의 몸가짐을 바르게 가지는 것을 말한다. 셋째, 경의 몸가짐은 모든 예의를 실천하는 데서 시작된다. 이 같은 내용은 경의 의미가 대순진리의 신앙과 관련하여 그 실천적인 면에서 가치를 발휘하고 있음을 나타낸 것이다. 즉 모든 몸가짐의 근원은 마음에서부터 이루어지며 이 마음이 발휘된 것이 행동이다. 그 행동을 바르게 한다는 것은 마음을 바르게 가진 결과이며, 그 마음과 몸이 일치가 되어 우러나온 모든 행동이 경敬의 기준이 된다는 것이다. 모든 처세에 있어서 그 상황에 적합한 예의를 실천하는 것이 바로 경敬을 행하는 것이라 하겠는데, 그 예의를 실천하면서도 그 마음이 없이 행하는 것은 경敬이 될 수 없다. 『대순지침』에는 이와 같은 예禮의 중요성과 관련하여 다음과 같이 밝히고 있다.[455]

---

455 『대순지침』, 대순진리회 교무부, 1984, pp.68-70.

(가) 예라는 것은 사람으로서 일생동안 움직일 때나 정지할 때나 앉아있을 때나 누워있을 때[起居動靜]를 가리지 않고 항상 정도를 넘는 일이 없이, 공경심으로 자기를 낮추고 남을 높여주는 인도人道를 갖추는 것을 이른다. "도덕과 인의仁義도 예가 아니면 이루어지지 않는다. 풍속도 예가 바로 서지 않으면 갖추어지지 않는다. 부자 형제도 예가 아니면 윤리가 정립되지 않는다. 스승을 섬기고 학문에 힘쓰는 일도 예가 아니면 바른 수업受業이 될 수 없다. 군률軍律을 세우고 관직에 있어서 법을 행하는 것도 예가 아니면 위엄이 서지 않는다. 조상을 받들고 신명神明앞에 치성을 드리는 일에도 정성의 예를 갖추어야 하므로 사념邪念을 버리고 겸손한 마음으로 공경심을 가져야 한다."
(나) 예는 평범하면서 적중하여야 위의威儀가 서고 질서가 이루어져 화합의 바탕이 된다.
(다) 사람의 도가 예를 체로 삼기 때문에 그 체통體統을 바로 하여야 체계 질서가 정립定立된다.
(라) 윗사람은 매사에 예를 갖추어 공정을 기하고 아랫사람은 직책을 예법에 합당케 하여야 한다.
(마) 모든 임원들과 수반들은 부족한 일이 있을 때는 서로 한 발자국씩 물러서서 뉘우쳐 깨달아 체통을 바로 잡고 체계를 세워 연원에 욕급辱及됨이 없도록 하여야 한다.

윗글에서 수도인의 마음은 항상 '대월상제對越上帝' 즉 신앙대상이신 구천상제를 외경畏敬하고 받들어 모시는 자세를 기본으로 하며, 이와 같은 정신으로 웃어른을 존경尊敬하고 섬기며 타인을 경애敬愛하는 생활이 곧 경敬이 된다고 본다.

이상의 내용에서 볼 수 있는 바와 같이 경敬에 대한 교리적 이해는 기본적으로 그 몸가짐에 대한 것을 다루고 있으며, 몸가짐이 곧 마음의 자세와 연결되어 항상 일치된 모습을 갖추어 나가는 것이 경敬의 주된 의미로 받아들여진다.

2) 경敬의 실천방안

■ 외경畏敬과 신행愼行

대순진리에 나타난 경敬의 의미에서 그 근원은 종교적 신앙태도에 기인하는 외경畏敬의 심정에서 찾을 수 있다. 유한한 존재로서의 인간이 초월적인 신격 앞에 드러난 귀의歸依의 태도는 외경畏敬이외의 것이 될 수 없다. 대순진리회의 신앙대상은 인신人身으로 강세한 구천상제로서 그 초월적 권능權能과 위격 앞에 선 신앙인은 외경의 심정을 지닌다. 이와 같은 외경畏敬이 우러나오기 위해서는 먼저 구천상제의 권능에 대한 신앙이 선행되어야 할 것이다. 『전경典經』에서는 당시 구천상제를 좇은 종도의 체험적인 일화가 다음과 같이 소개되어 있다.

> 김덕찬이 상제를 대함이 항상 거만하나 상제께서는 개의치 않으시고 도리어 덕찬을 우대하시더니 하루는 여러 사람이 있는 데서 공사를 행하실 때 크게 우레와 번개를 발하니 덕찬이 두려워하여 그 자리를 피하려 하니 꾸짖어 말씀하시기를 "네가 죄 없거늘 어찌 두려워하느뇨." 덕찬이 더욱 황겁하여

벌벌 떨고 땀을 흘리면서 어찌 할 바를 모르더니 이후에는 상제를 천신과 같이 공경하고 받들었도다.[456]

윗글에서 상제의 초월적인 권능을 접한 종도는 곧 상제에 대한 외경의 심정을 지니게 되었고 이에 따라 참된 신앙의 태도를 갖추게 되었음을 알 수 있다.

외경畏敬의 심정은 나아가 일상의 언행에 있어서 항상 신중한 태도를 지닐 것을 요구한다. 그것은 자신의 종교적 체험으로 인해 양심의 소리를 듣게 되고 스스로의 행위를 규제하는 데 따른 결과이다. 남이 보지 않는 곳에서도 자신의 행위를 단속할 수 있는 것은 곧 신명의 관감觀鑑을 느끼기 때문에 가능하다. 따라서 외경의 심정은 자연히 '행동을 삼감' 즉 '신행愼行'으로 이어진다고 본다.

상제께서 전주 불가지佛可止 김성국金成國의 집에 가 계실 때의 어느 날 김덕찬을 불러 그에게 말씀하셨는데 그는 그 말씀을 귓가로 들었도다. 이것을 알아차리시고 상제께서 덕찬에게 "이제 용소리 김의관金議官의 집에 가서 자고 오너라"고 이르시니 그는 명을 좇아 용소리로 떠나느니라. 그가 김의관의 집 근처에서 취한으로부터 심한 곤욕을 당하고 불가지로 돌아오니라. 상제께서 문 바깥에 나와서 그가 오는 것을 보고 "왜 자지 않고 되돌아오느냐"고 물으시니라. 덕찬이 공연히 보내어 봉변만 당한 것을 못마땅하게 여기는도다. 상제께서 덕찬과

---

456 『전경』 교운 1장 23절.

함께 방안에 들어오셔서 술을 권하며 가라사대 "사람과 사귈 때 마음을 통할 것이어늘 어찌 마음을 속이느냐" 하시니 그는 상제를 두려워하니라. 그 후부터 덕찬은 지극히 작은 일에도 언행을 삼갔도다. 상제께서 두 달 동안 용소리 시목정龍巢里柿木亭에 계시면서 이곳저곳의 종도들의 집에 다니셨도다.[457]

위의 전경구절에서 알 수 있듯이 종도는 상제의 위격과 권능을 실감하고 비로소 외경의 심정이 생겼으며, 그 심정은 또한 행동의 삼감으로 이어지게 된다. 구천상제의 절대적 권능으로써 사람의 마음을 환히 들여다보게 되니 종도는 더 이상 마음을 속일 수 없게 되고 이것은 절로 외경의 심정을 자아낸다. 아울러 남이 보지 않는 곳에서도 자신의 행동을 조심하게 되니 곧 신행愼行의 몸가짐으로 이어진다고 하겠다. 이처럼 외경과 신행은 경敬을 실천하는 길이 되고 있다.

■ 예의禮儀바른 몸가짐

경敬의 심정이 근원적으로 초월적 존재에 대한 외경에서 출발하였다면 그 마음은 하나의 일정한 행동양식을 만들어낸다. 타인과의 관계에서나 보이지 않는 신명에 대해서도 이러한 행동양식은 그 마음을 최대한으로 드러내는 전형적 표현이라고 할 수 있다. 그 대표적인 표현양식이 되는 것이 바로 예의禮儀이다. 전통적으로 모든 예의는 역대 성인聖人들이 제정한 것으로 계천입극繼天立極하여 추상적인 하늘의 진리를 행동으로 나타내고 가르

---

[457] 『전경』 행록 4장 18절.

치기 위한 것이었다.⁴⁵⁸ 여기에는 당연히 외경의 심정이 개재되어 있으므로 인간 사회의 예의는 경敬이 본질적으로 내재되어 있다고 본다.

다음의 전경구절에서는 상제께서 행하신 예의의 의미를 경敬과 관련하여 이해해볼 수 있는 내용을 담고 있다.

> 상제께서 대신명大神明이 들어설 때마다 손을 머리 위에 올려 예를 갖추셨도다.⁴⁵⁹

> 상제께서 당신에 대하여 심히 비방하고 능욕하는 사람에게도 예로써 대하셨도다. 종도들이 불경한 자를 예우하시는 것을 좋지 않게 생각하기에 상제께서 말씀하시되 "저희들이 나에게 불손하는 것은 나를 모르는 탓이니라. 그들이 나를 안다면 너희가 나를 대하듯이 대하리라. 저희들이 나를 알지 못하고 비방하는 것을 내가 어찌 개의하리오" 하셨도다.⁴⁶⁰

윗글에서 볼 때 상제께서 갖춘 예의는 모두 신명神明을 대하는 방법이다. 즉 신명과 통하기 위한 행위로서 하나의 의식을 거행하는 것은 모두 예의에 속한다. 또한 사람 사이에서 서로 간에 예의로써 대하는 것은 상대를 존중하고 이해하는 데서 자연스럽게 우러나오는 것이다. 신명의 존재를 알지 못하고 상대

---

458 『禮記』 集說 序, "前聖繼天立極之道, 莫大於禮, 後聖垂世立敎之書, 亦莫先於禮…"
459 『전경』 공사 2장 5절.
460 『전경』 교법 1장 12절.

의 인격을 인정하지 않는다면 예의도 있을 수 없다. 따라서 경敬을 실천한다 함은 외적으로 모든 예의에 합당하게 행위하는 것을 전제로 하며 이러한 예의의 실천에는 반드시 경敬의 심정이 내재되어 있어야만 가능한 것임을 알 수 있다.

4. 맺음말

이상으로 대순진리회의 신조인 경敬에 관하여 그 사상적인 고찰을 해 보았다. 경敬의 의미에 있어서도 성誠과 마찬가지로 그 사상적 전통은 주로 동양의 유교사상에서 많은 자료를 찾을 수 있었다. 이것은 아무래도 동양의 한자문화권에서 표현된 개념인 만큼 동양종교의 전통을 벗어나 생각하기 어렵다는 데서 착안한 것이다. 그 자의字義에서도 살펴본 바와 같이 주로 공경恭敬 또는 외경畏敬의 의미에서 그 대체를 찾을 수 있었으므로 대순진리에서는 그 연장선상에서 참된 종교적 의미를 발견하는 것이 과제가 된다고 할 것이다.

대순진리회 신조 가운데 삼요체로서의 경敬이란 구천상제를 신앙하는 수도인으로서 필수적으로 갖추어야만 하는 자세임을 전제해야 한다. 그렇다면 이때 경敬의 기원은 상제에 대한 종교적 신앙의 태도에서 찾아야 하므로 외경畏敬의 심정이 우선된다 하겠다. 이어서 상제를 외경하는 심정이 자신의 행동을 규율하게 되고 이것이 몸에 배어서 실천이 이루어지면 대인관계에서나 의식행사에서도 언제나 예의바른 태도로 나타나기 마련이다. 따라서 외경하는 마음과 예의적 실천은 모두 경敬을 근거로 하고 있음을 알 수 있으며, 종교적 신앙과 도덕적 실천의 조화로써 경敬의 참된 가치를 실현하는 것이 대순진리회 신조의 특징이 되고 있다.

5장
신론

1. 머리말

신信은 앞서 성誠과 경敬에 관한 글에서 다루었던 것과는 달리 여러 종교의 전통에서 두루 통용되는 용어이다. 즉 성誠이나 경敬은 비교적 동양철학의 용어로서 유교적 전통에서 많이 언급되었으나 신信에 있어서는 종교 일반의 경우에서 폭넓게 강조된다. 오늘날 그 순수한 뜻풀이로서 '믿음'이라고 했을 때는 다양한 종교 전통에 있어서 그 바탕이 되는 정서를 형성하고 있다. 그리하여 '믿음'은 비단 동양종교의 전통뿐만이 아니라 특히 서양종교에 있어서도 그 초월적인 실재를 향한 인간의 순수한 자세를 지칭하고 있다. 동양종교는 우주의 이법에 대한 인간의 통찰을 근거로 하는 '현현적 특성'을 지니고 있으며, 기독교나 이슬람교를 모델로 하는 서양종교는 특정한 유일신의 계시에 입각한 신앙과 복종을 강조하는 '계시적 특성'을 지닌다.[461] 이 때

---

461 길희성, 『포스트모던 사회와 열린종교』, 민음사, 1994, p.14 참조.

'믿음'이라는 개념은 오히려 서양종교의 기반위에서 보다 더 잘 이해되어질 수도 있다. 따라서 '신信' 혹은 '믿음'에 대한 문제는 동·서양을 통틀어 그 개념을 이해할 필요가 있는 것이다.

이상과 같은 점에 착안해서 본문에서는 먼저 신信의 개념을 다종교多宗敎 전통에 입각하여 살펴보고, 이어서 대순진리에 나타난 신信의 의미를 차례로 고찰해보기로 하겠다.

2. 신信사상의 역사적 전개

1) 신信의 자의字義

신信의 자의字義에 대해서는 『설문說文』에서 "신信은 성실함[誠]이다. 인人과 언言으로 이루어진 회의자會意字이다."[462]고 했다. 단옥재의 주註에 보면 "사람이 말을 하면 믿지 않을 수 없는 것이다. 그러므로 사람[人]과 말[言]에서부터 글자가 이루어졌다."고 하고, 옛적에는 '굴신屈伸'의 신伸과도 혼용하여 썼다고 한다. 이 해석은 신信의 뜻이 인간행위의 진실되고 성실한 것을 가리키고 있다. 그 행위는 주로 말과 일치되어 나타나므로 고대 사람들의 말은 항상 믿을 만하고 성실한 것이 아니면 하지 말아야 함을 뜻한다. 회의자이므로 갑골문에는 그 원형을 찾아볼 수 없고 금문金文에는 인人과 구口로 이루어진 자형도 있다.[463] 본래의 뜻은

---

462 "信, 誠也, 從人言"
463 이낙의, 『漢子正解』 3책, p.517 참조.

'성실하다'인데, 그러한 성실함을 추구하고자 노력하는 데서 그 의미가 확장되어 '신뢰' '신임' '신앙' '소식' '실증' '진실로' 등의 의미를 나타낸다.

자의字義에서만 살펴볼 때 신信의 뜻은 일단 인간의 행위를 판단하는 하나의 덕목임을 확인할 수 있다. 그 행위가 특히 성실하고 진실된 모습을 보일 때 '신信'이라고 하였으므로 '성실' '진실' '신信' 등은 서로 통하는 개념임을 알 수 있다.

오늘날 신信의 일반적 의미를 '믿음'으로 풀이할 때는 크게 두 가지 선상에서 이해될 수 있다. 첫째는 어떤 초월적이고 절대적인 존재 또는 진리에 대해 인간이 귀의歸依하는 태도를 일컫는 '종교적 믿음'의 문제이며, 둘째는 인간 상호간의 관계에서 형성되는 '신의' '신뢰'와 같은 '인간적 믿음'의 문제이다. 전자는 '신앙'이라는 이름으로 대체될 수 있으며 이는 제종교의 전통에서 쉽게 발견될 수 있다. 후자는 '도리道理'의 이름으로 대체될 수 있으며 윤리적 전통에서 주로 발견된다.

신앙과 윤리는 서로 불가분의 관계로서 상호 조화를 이룰 때 하나의 원만한 덕으로 남을 수 있다. 하지만 절대자 유일신에 대한 신앙이 특히 강조된 종교는 윤리성이 결여되기 쉽고, 윤리적 실천이 강조되는 사상은 인격신에 대한 신앙이 결여되기 쉽다. 흔히 동양과 서양의 종교가 그 오류를 범한다고 보는 시각이 보편적으로 있어왔다. 그 변증법적 과정을 통해 오늘날의 종교사상은 새로이 거듭나야 한다는 시각도 있다. 대체적으로 신信의 의미를 파악하기 위해서는 동・서양의 종교에 나타난 신앙과 윤리의 측면을 두로 살펴보면서 그 조화의 길을 모색하는 것이 또한 본문의 관점이 된다. 다음 절에서 그 대체적인 의미를 고찰해보기로 하겠다.

2) 유교전통에서의 신信

유교는 중국의 춘추시대 공자(BC551-BC479)를 중심으로 형성된 교학체계를 말한다. 신信이 유교사상 내에서 하나의 주요한 덕목으로 자리를 잡게 된 것은 한대漢代의 동중서董仲舒에 이르러서라고 할 수 있다. 본래 유교, 특히 공자의 중심사상은 '인仁' 한 글자에 있다고 하겠는데 그 도통道統을 계승한 맹자는 인仁에 의義를 더하고 '예禮' '지智'와 함께 '인·의·예·지' 사덕四德을 말하였다. 동중서는 이것들에 신信의 덕목을 추가하고 '인의예지신'을 각각 목木·화火·토土·금金·수水에 상대시켜 '오상五常'의 개념을 안출案出해냈다. 동중서는 '대책對策'에서 "인·의·예·지·신 오상五常의 도道는 왕자가 마땅히 수식해야 할 바이다"라고 하였다. 이 때문에 오상은 오행五行과 같은 뜻으로도 사용된다. 이러한 동중서의 설說은 후한 반고班固의 『백호통白虎通』에 계승되어 정착되기 시작했다. 『백호통의白虎通義』「정성情性」에는 "오성五性은 무엇인가? 인의예지신을 말하는 것이다. 인은 차마하지 못하는 것이요, 의는 마땅한 것이요, 신信은 정성스러운 것이다."라고 되어 있다.

위와 같은 신信의 의미와 관련하여 『유교대사전』에서는 다음과 같이 정리하고 있다.

> 오상으로서의 신信은 나머지 사단과는 달리 구체적인 양상을 갖는 것이 아니라 사단을 사단이게 하는 터전이다. 즉 신은 사단을 그대로 드러나게 하는 진실성 자체를 뜻한다. 이와 같은 성실성으로서의 신信은 초기에 있어서는 속일 수 없는 대

상인 신神에 대한 인간의 자세를 지적한 것으로 『춘추좌씨전春秋左氏傳』 환공桓公 6년조에 "이른바 도道는 민民에게 충실하고 신神에게 신의信義있는 것이다. 윗사람이 백성을 이롭게 할 생각을 하는 것을 충忠이라 하고 축사祝史(제관)가 사실대로 신에게 고하는 것을 신信이라 한다."라고 한 것이 바로 이것이다. 이 신은 『주역周易』에서는 인간내면 속에서 서로의 믿음을 가능하게 하는 '부孚'로 표현되는데 정이程頤는 이를 '성신誠信이 속에 충실한 상태로 있는 것'이라 하였고, 주희朱熹는 '부孚는 신信이 속에 있는 것'이라 하였다. 신信개념의 이와 같은 심화는 공자의 충신忠信을 거쳐 『중용』의 성誠으로 계승되어, 유학사상의 중심개념으로 전개되었다. 특히 한대漢代에 이르러서는 오상五常과 오행五行 오색五色과 오방위五方位 등을 대비시켜 오상의 신信은 오행의 토土요 오색의 황黃이요, 오방위의 중앙과 같은 것으로 보고 있다. 신信에 대한 이와 같은 견해는 인간의 사회와 세계에 있어서의 인간과 인간, 인간과 자연의 상호합의를 전제로 이루어진 것이다. 이런 성격을 가장 잘 보여주는 것이 『여씨춘추呂氏春秋』「귀신貴信」인데 여기서는 "하늘의 운행이 믿음성이 없으면 해歲를 이룰 수 없으며 땅의 운행이 믿음성이 없으면 초목草木이 자라지 못하고, … 군신君臣이 신의가 없으면 백성이 비방하고 사회가 편안치 않으며 관직에 있으면서 일처리에 신의가 없으면 젊은 사람들이 어른을 두려워하지 않고 귀하고 천한 사람들이 서로 경시하며 상벌賞罰이 믿음성이 없으면 백성들이 법을 쉽게 어겨서 부릴 수가 없으며, 친구사이에 신의가 없으면 서로 갈라서고 원망하여 서로 친할 수가 없으며 공인工人들이 신의가 없으면 많은 인재들이 불량품이니 가짜가 많고 단청과 옷도 품질이 나쁘게 된다."고 하였다. 이러한 신개념은 성리학에서 인간과 자연을 일관하는 가치로 이해되어 『중용』의 성성誠과 같은 천인합일天人合一의 계기가 되는 덕목이 된 것이다.[464]

위의 설명에서 이해되어지는 유교의 신信은 주로 실천 윤리적인 덕목으로서의 개념을 지니고 있다. 공자의 사상은 어떤 초월적인 대상에 대한 신앙보다는 평이한 실천윤리를 강조한 것으로 요약된다. 유교자체에 대한 평가가 또한 그렇다고 볼 수 있겠는데, 경험할 수 있고 증명될 수 있는 것에만 관심을 쏟는 이른바 현세적인 특징을 지닌다고 지적한 것이 좋은 실례가 된다.[465] 바로 그 현세적인 생활의 주체가 되는 것이 인간이므로 인간관계 중심의 교리를 형성하였던 것이 또한 유교의 특징이 된다. 유교의 오륜五倫에 있어 등장하는 '붕우유신朋友有信'에서의 신信은 초월자에 대한 신앙이 아니라 친구지간의 신의信義를 가리키고 있다. 모든 인간관계에 있어서 그 자신의 도리를 다하는 것이 곧 공자가 강조한 '인仁'의 교의敎義라고 볼 때,[466] 신信은 인간 사이에서 형성되는 덕목으로 이해되어지는 것이 타당하다. 따라서 유교에서의 신信의 의미는 '신의信義'를 위주로 하여 이루어졌다고 하겠다.

신의信義를 강조한 공자의 사상은 『논어論語』 전편에 걸쳐 잘 나타나 있다.

---

464 『유교대사전』, 박영사, 1990, p.830.
465 『유학사상』, 성균관대학교 교재편찬위원회, 1999, p.10 참조.
466 『與猶堂全書』「論語古今註」권10, 2a "案, 仁者, 人人也, 人與人盡其分, 斯之謂仁, 心德 非仁也"

증자가 말하기를 "나는 하루에 세 번 나 자신을 반성한다. 남과 더불어 사귈 때 충성스럽지 않았는지? 친구와 더불어 사귈 때 신의롭지 않았는지? 배운 것을 익히지 않았는지 등이다."[467]

공자가 말하였다. "제자는 들어와서는 효도하고 나가서는 남을 공경하며 삼가고 신의로우며 뭇 사람들을 사랑하면서 인을 가까이 하며 행함에 여력이 있으면 곧 학문을 해야한다."[468]

공자가 말하였다. "사람으로서 신의가 없다면 과연 옳다고 할 수 있는지 모르겠다. 큰 수레에 마구리가 없고 작은 수레에 멍에막이가 없다면 어찌 갈 수가 있겠는가."[469]

위에서 살펴볼 수 있는 공자의 신信은 모두 신의를 기반으로 한 윤리적 실천을 강조한 내용이다. 위의 구절 외에도 논어論語에 나타난 신信은 모두 인간관계에서의 신의를 가리키고 있다고 볼 수 있다.[470]

신의는 벗 사이에서만이 아니라 사회적 제 관계에 있어서도 중요한 덕목이다. 특히 정치에 있어서 신의는 그 사회를 유지하

---

467 『논어論語』 학이學而편 "曾子曰, 吾日三省吾身, 爲人謀而不忠乎, 與朋友交而不信乎, 傳不習乎"

468 위의 책, "子曰, 弟子入則孝, 出則弟, 謹而信, 汎愛衆, 而親仁, 行有餘力, 則以學文"

469 위의 책, 위정爲政편, "子曰, 人而無信, 不知其可也, 大車無輗, 小車無軏, 其何以行之哉"

470 子路篇 "上好禮則民莫敢不敬, 上好義則民莫敢不服, 上好信則民莫敢不用情, 夫如是則四方之民, 襁負其子而至矣, 焉用稼", "曰敢問其次, 曰言必信, 行必果, 硜硜然小人哉, 抑亦可以爲次矣", 衛靈公篇, "子曰, 君子, 義以爲質, 禮以行之, 孫以出之, 信以成之, 君子哉"

는 힘이며 그 중에서도 치자治者의 신의는 더욱 중요하다. 공자는 국가를 유지하는 힘으로 '족식足食・족병足兵・민신지民信之'를 들고 그 중에서도 국민이 국가와 통치자를 믿는 것이 가장 중요한 것이라 하였다. 즉 통치자가 사회적 합의와 약속을 성실히 이행할 때 백성은 그 정치를 믿고 안정된 삶을 이루어 국가의 기반이 다져진다는 것이다.[471]

한국유교사상에 나타난 신信을 살펴보면 주로 성誠과 연관하여 언급한 학자들이 있다. 조선시대 양명학자로 알려진 하곡 정제두(1649-1736)는 그의 문집에서 말하기를

> 조리條理에서 능함이 있는 것을 지知라 하고 그 온전한 체를 온전하게 하는 것을 인仁이라 하며, 이것을 성실하게 하는 것을 신信이라 이르고 이것을 간직하는 것을 성誠이라고 이른다.[472]

라고 하여 신信과 성誠을 대비시키고 있다. 즉 자기 수양에 있어서 신信과 성誠이 서로 조화를 이루어 인격이 연마되어야 함을 말한다. 조선후기 실학자 성호 이익(1681-1763)은 이와 같은 신信과 성誠의 덕목을 익히기 위해서 반드시 연마하는 실천이 필요함을 다음과 같이 강조하고 있다.

---

471 『유교대사전』 참조, 『論語』顔淵篇, "子貢問政, 子曰, 足食, 足兵, 民信之矣, 子貢曰, 必不得已而去 於斯三者, 何先, 曰去兵, 子貢曰, 必不得已而去, 於斯二者, 何先, 曰去食, 自古皆有死, 民無信不立"
472 『霞谷集』 存言 下, "理者即禮也"

신信과 연련鍊은 호족互足이니 비록 성誠과 신信이 있다 할지라도 반드시 연마하는 것이 귀한 것이며, 비록 연마한다 할지라도 성誠·신信이 없으면 일은 허탕으로 돌아가는 것이다.[473]

성誠과 신信은 덕목으로서 겸비해야 할 조목이고 여기에 실천적인 노력이 가미되어서 그 결실을 보게 된다는 것이다. 역시 여기서도 신信은 신의라고 하는 덕목을 부연 설명한 것임을 알 수 있다.

한편 유교사상에 있어서 신信이 비단 신의의 뜻만을 지닌다고는 볼 수 없다. 모든 종교의 역사에는 일정정도 초월적 존재에 대한 신앙의 요소를 지니고 있으므로 유교전통에 있어서도 신앙적 의미의 신信은 간과되어서는 안되는 부분이다. 유교의 육경六經 가운데 『시경詩經』이나 『서경書經』은 원초적으로 인격적 초월자에 대한 신앙의 성격을 견지하고 있는 경전이다.[474] 따라서 신앙적 의미의 신信은 고대 유교를 거슬러 올라갈수록 보다 선명히 드러나는 개념이다. 다음의 논설은 이와 같은 내용을 잘 대변해주고 있다.

> 서구인의 종교개념에서 볼 때에 유교에서는 교회와 내세관과 인격신의 개념이 확실하지 않았으므로 다만 철학, 정치, 윤리 내지 교육사상으로서 이해하게 되었다. 또한 종교적 성격을 파악하고 구명하려고 노력하면서도 막스베버는 유교에 있어

---

473 『星湖僿說』 권30, 詩文門, '離騷解'.
474 졸고, 「서경書經에 나타난 상제·천관」, 『동양철학연구』 16집, 1996 참조.

서 "개인적인 기도자는 없으며 제관·관리 특히 군왕이 제사의 모든 것을 행하였다"고 말함으로써 정치적 계급을 떠난 신앙을 이해하려 하지 않았다.

중국인의 언어 속에 서구어의 'religion'을 의미하는 말은 없었으며 "종교"란 말은 일본인이 'religion'의 개념을 번역하기 위하여 채택한 근래에 발생한 용어이다. 중국인에 있어서 신앙의 문제는 몹시 관대하여 한 사람의 중국인이 동시에 불교인이며 도교인일 수 있다.

유교의 전통 속에는 정치제도에 따른 많은 관념과 규범이 포함되어 있다. 제례에 있어서도 사회 계급적 요소가 거의 모든 세부절차까지 규정하고 있는 것이다. 그러나 유교의 근본적 이념은 사회계급의 합리화가 아니며 제례의 본질적 신앙은 봉건 군주제도에 있는 것이 아니다. 본래의 문제는 유교가 끊임없이 관심을 기울여 논의해 왔던 것이며 유교의 근본 신앙 속에는 계급에 앞서 天으로부터 부여받은 덕의 내재와 조상을 통하여 天에까지 이르는 영혼의 신성이 전제되고 있다. 막스 베버가 "중국인의 영혼 의식은 선지자에 의해 개혁된 일이 없었다."고 말하는 의미는 관료적인 제례를 통한 영혼 의식이 개인의 내면적 신앙대상이 되지 못하였음을 말하고 있는 것이다. 그러나 베버의 견해와는 달리 유교의 이념 속에는 모든 인간 속에 천天의 내재화가 덕德·인仁·성性의 개념을 통하여 유교사상의 형성기에 이미 있었으며 부단히 논구되어 왔다. 인간의 본성 속에 천의 내재화는 궁극적으로 천인합일天人合一 사상에로 나아간다. 천인합일의 유교적 이념은 인본주의의 합리적인 철학체계가 아니라 유교의 가장 특징적인 경건한 신앙인 것이다. '중용'에서는 "誠者 天地道 敬者 人事之本 敬則誠"라 하여 성의 본체와 실현이라는 형식으로 천도와 인도를 구별함으로써 천인합일의 가능근거를 제시하였는데, 여기서 천도로서의 성을 실현하려는 인도로서의 '성지誠之'는 경敬을 통하여 추구하는 심오한 유교적 신앙의 이상이다.[475]

이상의 내용을 종합해본다면 유교사상의 전통에 나타난 신信이란 원칙적으로 윤리적 실천 덕목으로서의 신의信義를 기반으로 하고 있다. 하지만 오늘날 종교학적인 이해를 도모하기 위한 신앙적 의미의 신信이 전혀 내포되어 있지 않은 것이냐 하면 그렇지 않고, 보다 고대로 거슬러 올라가 원시사회에서의 종교적 생활상에서 찾아본다면 얼마든지 이끌어 낼 수 있는 개념이다. 다만 이러한 신앙적 의미의 신은 신의信義를 중심으로 하는 신信 개념에 비해서 유교사상 전반에서 차지하는 비중이 미약할 뿐이라는 것이다.

3) 불교와 도교전통에서의 신信

동양사상을 논하면서 중국을 중심으로 할 때는 유교를 위주로 하지만 인도로부터 수입된 불교와 민간신앙화 된 도교를 포함하게 되면 동양종교는 크게 유·불·도 삼교로 나눌 수 있다. 동양에서는 일찍이 종교라는 말을 쓰지 않고 고대로부터 삼교三敎로 일컬어왔으므로 유교와 불교 그리고 도교는 하나의 솥에

---

475 금장태, 『유교사상과 종교문화』, 서울대출판부, 1994, pp.230-231.

달린 세 다리처럼 전통적으로 자리를 잡아왔다.[476] 따라서 동양 종교의 대체는 이 세 가지 종교의 테두리 속에서 이해하는 것이 가장 일반적이라 하겠다.

불교는 BC 600-500여년 경 인도 가필라국에서 태어난 석가모니의 깨달음을 중심으로 형성된 교학사상이다. 초기의 불교는 불타의 삼법인三法印 사성제四聖諦 십이연기설十二緣起說의 교설을 강론하고 체득하는 것을 위주로 교리가 형성되었다. 이때의 신信은 단순히 불타의 가르침을 신봉信奉하는 마음상태를 가리켰다고 본다. 하지만 불교가 중국으로 전파되고 대중화되는 과정에서 신앙적인 요소를 강하게 띠게 되는데, 불교佛敎 교판敎判에서 정토부淨土部에 해당하는 교설은 그와 같은 신앙적 의미의 신信을 잘 표출하고 있다. 『불교대사전』에 소개되어 있는 신信의 의미를 요약해보면 대체로 다음과 같다.

① 범어 śradahā 의 번역. 심소心所(마음의 作用)의 이름. 마음을 청정하게 하는 작용. 구사종俱舍宗에서는 십대선지법十大善地法의 하나. 유식종唯識宗에서는 선善의 심소心所의 하나로 들고 있다. 그 반대를 불신不信이라 한다. 구사종에는 십대번뇌지법十大煩惱地法의 하나라 한다. 유식종에선 팔대수번뇌八大隨煩惱의 하나라고 한다. ② 신信은 도道에 들어가는 제일보인 까닭에 보살계위菩薩階位 52위 중에서 10신위信位가 최초의 자리이며 5근根이나 5력力 중에서 신근信根·신력信力은 최초의 위位가 된다. 구역 화엄경 권6 현수보살품賢首菩薩品에서는, 「

---

476 『三國史記』21, 寶藏王本紀 2年 條, 同49 蓋蘇文傳 참조.

신信은 도의 근원이며 공덕의 어머니」라 했고, 지도론智度論 권1에는 「불법佛法의 대해大海에서는 신信을 능입能入이요 지혜智를 능도能度로 한다」고 했다. ③ 신심信心. 진종眞宗에서 부처님을 믿는 것은 부처님의 원심願心으로 주어진 것이기 때문에 이것을 대신大信이라 한다.[477]

윗글에서 보면, 첫째는 마음을 청정하게 하는 작용을 말하며, 둘째는 도道에 들어가는 제일보이며, 셋째는 부처님을 믿는 신심信心의 마음을 말한다. 이들의 내용은 대체로 신信이 불교신앙을 가능하게 하는 마음작용이면서 귀의歸依의 대상을 믿어 나가는 심적 자세를 뜻하고 있다.

오늘날 활동하는 불교종파 가운데 정토종淨土宗은 불교의 신앙적 요소가 첨예하게 드러나는 대표적인 종단으로 볼 수 있다. 정토교淨土敎 교리연구의 성과에 있어서 다음의 불교학자의 논술은 신信의 의의를 살펴볼 수 있는 주요한 내용으로 보인다. 그 전문을 요약하여 인용해보기로 한다.

신信은 산스크리트어의 스랏다(śradahā)의 역어譯語이다. 오근五根(信·精進·念·定·慧)의 하나인 신근信根(三寶와 四諦를 信하는 일)으로 말할 수 있다. 또는 마음의 작용으로서 대선지법大善地法의 하나라고도 하며, 다음에 진리에 대한 확신, 설하신 도리道理에 복종하는 것이라고 하며, 또는 마음이 맑아져서 청정해지는 일, 명상瞑想의 과정에 있어서 생기는 육종六種의 결함欠陷의 경우 해태懈怠를 제거하는 요소 등이라고도 해

---

477 『불교학대사전』, 홍법원, 1993.

석되고 있다. 이들은 신信의 체성體性과 활동 등에 대하여 각각의 면에서 논하는 것으로서 신혜信慧, 신수信受, 신해信解, 신심信心, 신지信知 등이라고도 한다. 정토교에서는 불佛이 설하신 교법을 의심 없이 순종하는 마음이라고 하며, 또는 불佛을 신뢰하고 신용하는 마음이라고 한다.[478]

위의 저자는 신信의 의의를 설하면서 불교입문을 위한 기본적인 마음을 강조하고 있다. 그러면서 불교경전에 소개된 신信의 의의를 다음과 같이 인용하고 있다.

불법의 대해大海는 신信으로 능입能入하고, 지智로 능도能度한다. …또 그것에 대하여 경중經中에서 설한다. 신信을 손이라 하여 사람이 손이 있으면 보산寶山의 중中에 들어가서 자재自在로서 능히 취取한다. 만약 손이 없으면 취할 것이 있어도 취할 수 없다. 유신有信의 사람도 이와 같다. 불법佛法 무루無漏의 근력각도선정根力覺道禪定의 보산寶山 중에 들어가 자재自在로이 취할 수 있다.[479]

만약 일체중생이 처음으로 삼보해三寶海에 들어가는 데는 신信을 근본으로 삼는다. 불가佛家에 주재住在하는 것은 계戒를 근본으로 삼는다.[480]

---

478 坪井俊映, 『淨土敎槪論』 한보광 역, 홍법원, 1996, p.226.
479 龍樹, 『大智度論』 卷一 (正藏 권25 63항).
480 『菩薩本業瓔珞經』 卷下 (正藏 권24, 1020항).

즉 불교에 들어가는 데는 먼저 신신信하는 것이 처음이며 신신信하지 않고는 들어갈 수 없다는 것이다. 삼보해三寶海는 곧 불교를 말하며 『보살본업영락경菩薩本業瓔珞經』 및 『대지도론大智度論』에서 설하는 것은 불교의 진리를 알고자 하는 데는 먼저 불교를 신신信함으로부터 시작된다고 하며, 신신信함으로 인하여 처음으로 불교에 들어갈 수 있다고 한다. 다음에 불교 제 경론經論에서 설하고 있는 각종의 신신信을 밝히고 있다.

> 또 이종二種이 있다. 일一에는 정正을 신신信하고, 이二에는 사邪를 신신信한다. 인과因果가 있으며, 불법승佛法僧이 있다고 하는 것은 정正을 신신信한다고 말하며, 인과因果도 없으며 삼보三寶의 성性은 다르지 않다고 하면서 모든 사신邪信인 부란나富蘭那(六師外道의 一) 등을 신신信하는 것을 사邪를 신신信한다고 한다.[481]

> 일一에는 근본을 신신信함이니 소위 진여眞如의 법法을 락념樂念하는 까닭이다. 이二에는 불佛에게 무량無量의 공덕이 있음을 신신信함이니, 항상 념념念하여 친근親近하여 공양하며, 공경하여 선근善根을 발기發起하며, 일체지一切智를 원구願求하는 까닭이다. 삼三으로는 법法의 대이익大利益을 신신信하니 항상 념념念하기를 제바라밀諸波羅密을 수행하는 까닭이다. 사四로서는 승僧은 훌륭하고 바르게 자리이타自利利他를 수행한다고 신신信하나니, 항상 원願하여 제보보살중諸寶菩薩衆에게 친근親近하게 여실如實의 행行을 구학求學하는 까닭이다.[482]

---

481 『大般涅槃經』三十六 (正藏 12권 575항).

즉 대반열반경에서는 신信의 구족具足 불구족不具足을 설하면서 정신正信과 사신邪信을 밝혔다. 그리고 대승기신론에서는 사종四種의 신심信心을 밝히면서 진여眞如의 법法 및 불법승佛法僧의 삼보三寶를 신信할 것을 설하고 있다. 이외 제경론諸經論에서는 종종種種의 신信이 설설說해지고 있는데, 어느 것이나 모두 불도佛道를 수행함에 있어서 일으키는 입문入門의 초심初心이라고 할 뿐만 아니라, 혹은 불도佛道 수행修行의 기본 마음이라고 한다.

도교는 고대의 민간신앙을 기반으로 하여 신선神仙설을 그 중심에 두고, 거기에다 도가道家·역리易理·음양陰陽·오행五行·참위讖緯·의술醫術·점성占星 등의 논법 내지 이론과 무술巫術적인 신앙을 보태고, 그것을 불교의 체제와 조직을 모방하여 뭉뚱그려진, 불로장생不老長生을 주요한 목적으로 삼고 현세現世의 이익을 추구하는 것으로 특징지어진 종교이다.[483] 이와 같은 종교적 특징으로 인해 신信을 말하게 되면 주로 신앙적인 성격이 강하게 내포되어 있다고 할 수 있다.

『도교대사전』[484]에 소개되어 있는 신信의 용례用例는 '신사信士'·'신녀信女'·'신앙信仰'·'신수信受'·'신도信徒'·'신례信禮'·'신수봉행信受奉行' 등의 의미를 다루고 있다. 이 가운데 특히 도교적인 배경을 담고 있는 설명을 찾아보면, 신녀信女는 도교를 신봉하는 여자를 지칭한다.[485](남자는 선남善男) 신례信禮는 도가道家에서 지심志心 성신誠信으로 신명神明에 대해 공경히 절하는 의례를 가리킨

---

482 『大乘起信論』(正藏 32권 582항).
483 차주환, 『韓國道敎思想硏究』, 서울대학교출판부, 1978 p.22.
484 『道敎大辭典』, 臺灣 巨流圖書公司, 民國 68년.
485 "道家以信奉道敎者, 男稱善男, 女稱爲信女也."

다.⁴⁸⁶ 신수봉행信受奉行은 도가道家에서 천존天尊이 설한 법을 믿고 받아들여 받들어 행하되 태만하지 않는 것을 이르는 말이다. 도경道經의 끝에는 이 말이 많이 나온다.⁴⁸⁷

요약하자면 도교道教에서의 신信은 신앙적 의미에서 논의되는 믿음이라는 뜻을 지니고 있고 그 믿음의 대상은 중국 민간신앙을 기반으로 하여 등장하는 수많은 신들의 이름이 거기에 해당된다 하겠다.

4) 기독교전통에서의 신信

기독교 전통에 나타난 신信이란 그 '믿음'의 대상을 중심으로 형성된 인간의 삶의 모습을 총칭한 것으로 볼 수 있다. 그 믿음의 대상은 '신神(또는 god)'이라고 하는 초월적이고 절대적인 존재이며 그 신적존재의 역사와 권위 속에 인간이 취해야 할 전인적全人的인 태도가 믿음으로 나타난다고 본다. 인간은 신과의 관계 속에서 그 자신의 존재를 설명할 수 있으며 삶의 의미도 신의 의지로부터 찾아져야 한다. 그런데 '믿음'의 문제는 사실적으로 증명될 수 없는 초감각적인 것에 대한 태도이므로 어떤 객관적인 측면보다는 주관적인 고백의 형식에서 발견되는 인간의 본질에서 더욱 극명하게 드러난다. 인간의 삶에 있어서 이와 같은 믿음이 차지하는 중요성은 다음과 같은 종교학자의 언설에서 잘 나타나 있다.

---

486 "道家以志心誠信, 而頂禮神明, 謂曰信禮."
487 "道家以信仰領受天尊所說之法, 而奉行不怠, 謂之信受奉行, 道經之末 多有此語."

종교가 주장하는 그 주장내용의 사실성이란 일반적으로 운위하는 이른바 객체적 사실성과는 다른 독특한 사실성을 지닌다. 그것자체로 사실이기 때문에 사실인 그러한 사실이 아니라 사실이라고 고백되었기 때문에 사실이 된 그러한 사실인 것이다. 그렇지 않다면 예를 들어 '신이 존재한다'는 종교의 주장을 수용하지 않는 사람이 있다는 것은 설명되지 않는다. 마치 책상이 있다고 하는 분명한 사실을 부정하는 일은 있을 수 없는 것과 다르지 않다. 만약 그러한 부정적인 태도가 있을 수 있다면 그것은 무지의 탓이거나 아니면 의도적인 훼손을 감행하는 성숙하지 못한 데서 기인하는 태도일 것이다. 그렇지 않음에도 불구하고 여전히 신의 존재를 부정하는 사람이 있다고 하는 것은 이미 신의 존재여부가 일반적인 인식의 차원에서 주장되는 것이거나 감각적 지각의 차원에서 주장되는 것이 아니라는 것을 말해주고 있다. 그것은 그렇다고 여기는 실증이 낳은 사실이 아니라 그렇다고 여기는 고백이 낳은 사실이기 때문이다.

사실이 아닌데도 사실이라고 진술하는 이러한 경험의 독특한 삶의 모습을 우리는 '믿음'이라고 개념화하고 있다. 그러므로 믿음이란 결코 허구이거나 허위가 아니다. 그것은 물음정황인 삶을 물음 없음의 삶으로 살아가는 하나의 태도, 곧 종교적인 삶이라고 하는 하나의 현실을 지칭하는 것이다.[488]

---

488 정진홍, 『종교문화의 이해』, 청년사, 1995, pp.57-58.

윗글을 참고하면 기독교와 같은 유일신에 대한 신앙을 위주로 하는 종교는 신信이 당연히 신神에 대한 믿음의 태도를 지칭한다고 해도 무리는 아닐 것이다. 이때의 신信은 신神에 대한 믿음 즉 '신앙信仰(faith)'이라고 하는 말로 대체될 수 있다. 막스뮐러가 초기종교학에서 종교를 크게 계시종교와 자연종교로 구분하면서 모든 종교의 근거에 있는 무한한 것에 대한 인식의 능력인 '신앙의 능력'을 강조했던 것은 기독교 전통에 입각한 종교연구의 단초를 보여준 것이라 할 수 있다.[489] 여전히 '종교'에 해당하는 영어단어 '릴리젼(religion)'은 신의 품으로부터 이탈된 인간이 신과의 재결합을 시도한다는 데서 성립된 것임을 감안할 때, 오늘날 종교연구의 전통은 기독교계의 역사와 떼어놓고는 생각할 수 없다. 따라서 신信의 의미에 대한 기독교전통은 기독교 신학의 역사와 더불어 이해되어져야 하리라 보고 그 사전적인 내용을 살펴보면 다음과 같다.

> 신앙信仰: 주로 종교상 일반적으로는 초자연적인 창조재[神]에 대한 신자 자신의 태도를 말하고, 엄밀하게는 그 태도가 개인의 인격적인 신뢰信賴에까지 이르렀을 경우를 말한다. 《구약성경》에서는 신의 은혜와 연민憐憫을 내리는 데 대하여 사람들이 여호아의 계약을 충실히 지키는 것이 신앙이고, 공관복음서共觀福音書에서는 메시아(Messiah)와 그의 교에 따르는 것을 말하며, 바울(Paulos)은 인간이 신을 믿게 되는 것은 신이 그리스도를 통하여 죄인인 우리들에게 일러주고 구해주기 때문

---

489 F. 막스뮐러, 『종교학 입문』, 김구산 역, 동문선, 1995 참조.

이라고 주장하였다. 종교개혁자도 바울과 마찬가지로 신앙의 중심을 신 곁에 두고 신의 말(계시)인 그리스도와 연결하여 신앙을 생각하고 있다. 이에 대해서 근대 신학에서는 신앙을 주관적인 종교경험과 동일시하여 인간 곁에 그 중심이 놓여졌다. 슐라이에르마허(F.E.D. Schleiermacher)・리츨(A. Ritschel)・오토(R. Otto) 등에 이 경향이 있다. 그리고 포이에르바하(P.J. A.v. Feuerbach)는 이 주관적인 신앙관에서 한 걸음 더 나아가 "신앙의 대상으로서의 신이라는 것은 존재하지 않는다. 다만 인간의 염원念願의 산물에 지나지 않는다"고 까지 생각하고 있다. 바르트(K. Barth)는 이 위험을 예민하게 느껴 다시 바울의 신앙에 돌아가려 하고 있다. 따라서 《성경》에 있어서의 신앙은 인간이 신을 지적智的으로 이해하려는 주관적인 태도가 아니고 그리스도의 부르짖음에 따라 자기 몸을 완전히 던져 구세주救世主인 그리스도를 신뢰하는 것을 말한다.[490]

요약하자면 기독교 신앙에서의 믿음은 그 초월적인 대상에 대해 자신의 의지와 태도로 따르는 것이다. '믿는다'는 것은 곧 인간의 존엄성에 부합하는 의식적이고 자유로운 인간의 행위이다. 이와 같은 행위를 공동체적으로 표출해나가면 '믿는다는 것'은 곧 교회의 행위가 된다. 그리하여 신자信者는 문서와 구전으로 전해진, 또 교회가 거룩한 계시로 제시하는 유일신의 말씀에 포함된 모든 것을 믿는 것이다. 인간은 그러한 믿음의 과정을 통해 자신의 인생의 목적인 구원을 달성하게 되고 그러한 구원이란 내

---

[490] 『세계철학대사전』, 고려 출판사, 1992.

세의 삶을 담보하는 기독교 신앙의 목적이 되기도 한다.491

5) 한국 근대 동학에서의 신信

한국 근대 동학東學의 창시자인 수운水雲 최제우崔濟愚는 그 자신의 종교체험을 바탕으로 천주天主(하늘님)의 존재를 부각시키고, 나아가 독창적인 사상으로 당시 민중들의 종교적 심성을 일깨웠다. 그는 천주의 전지전능한 속성을 누구나 쉽게 접할 수 있도록 상징적인 글귀를 통해 하나의 신앙 형태를 갖추었으며 여기에는 그의 유학적 지식도 포함되어 있고 여러 종교적 요소가 다양하게 결합되어 있다.

    수운의 사상에서는 먼저 초월적이며 조화주인 하늘님을 상정하고, 이에 대해 인간은 현실의 한계상황을 극복하기 위한 힘을 청원한다고 하였다. 여기에 하늘님은 지기至氣로서 현현顯現하여 인간과 접응接應하고 인간은 이를 정성된 자세로 모셔서[侍] 그 자신의 몸에 기화氣化를 이룩하며, 마음으로 하늘님의 신령스러운 가르침을 받드는 데서 이상적인 합일을 이룩한다고 보았다. 이러한 관계를 단적으로 표현한 것이 바로 '시천주侍天主'이다. 여기서 강조되는 것은 무엇보다도 인간의 주체적이고도 정성스러운 자세에 해당하는 '시侍'자의 의미를 체득하는 것이다. 이는 수운에 있어서 하나의 수양론을 성립시키는 계기가 되며, 인간이 천주의 지기至氣를 제대로 접하기 위한 방법론이 요구되는 부분이다.

---

491 『카톨릭교회교리서』 제1편, 한국천주교 중앙협의회, 1994, pp.71-72 참조.

수운은 누구나 천주의 기운과 하나가 될 수 있고, 천주의 뜻과 서로 통할 수 있다고 한다. 그러기 위해서는 수양이 필요하다. 즉 수운은 말하기를 "운수야 좋거니와 닦아야 도덕이라 너희라 무슨 팔자 불로不勞자득自得 되단 말가 나는 도시 믿지 말고 하늘님만 믿었어라 네 몸에 모셨으니 사근취원捨近取遠 하단 말가"[492]라고 하여 개인적 수양이 곧 하늘님과의 합일을 가져다주는 길임을 말하고 있다. 이는 당시에 하늘님의 지기至氣를 접하여도 그 가르침을 알아듣는 사람이 없었으므로 자신의 내·외적인 수양을 통해 그 진정한 가르침을 알아듣게끔 한 것이다.[493] 따라서 수운은 수양법으로서 다음과 같이 제시하고 있다.

> 인의예지는 옛 성인의 가르친 바요, 수심정기修心正氣는 내가 다시 정한 것이니라. 한번 입도식을 지내는 것은 길이 모시겠다는 중한 맹세요, 모든 의심을 깨쳐버리는 것은 정성을 지키는 까닭이니라.[494]

윗글을 볼 때 수운이 강조하고 있는 수양법은 기본적으로 수심정기修心正氣임을 알 수 있다. 마음[心]은 닦아야 하며, 몸의 기氣에 대해서는 바르게 해야 한다는 것이다. 그러기 위해서 먼저 입도식을 통해 하늘님 앞에 맹세를 하며 정성을 다해 하늘님

---

492 『天道敎經典』, 龍潭遺詞, 敎訓歌, p.142.
493 水雲은 당시의 세태에 대해 다음과 같이 지적한바 있다. "급급한 제군들은 인사는 아니 닦고 천명을 바라오니 졸부귀 불상이라 만고유전 아닐런가 수인사 대천명은 자세히도 알지마는 어찌 그리 급급한고"(龍潭遺詞, 道修詞, pp.191-192)
494 『天道敎經典』, 修德文, pp.51-52, "仁義禮智, 先聖之所敎, 修心正氣, 惟我之更定, 一番致祭, 永侍之重盟, 萬惑罷去, 守誠之故也"

을 믿어 나가야 한다. 이 결과 사람의 기운은 하늘님의 기운과 하나가 되고, 마음은 천주의 뜻과 서로 통하는 경지가 되어 가장 바람직한 종교적 경지가 달성될 수 있다는 것이다. 그렇다면 이러한 수심정기를 위한 구체적인 방안은 어디에서 찾을 수 있는가. 그것은 바로 주문의 송독誦讀과 성誠·경敬·신信의 자세를 견지하는 것이라 할 수 있다.

주문은 수운이 하늘님과의 접령接靈상태에서 영부靈符와 함께 받은 영적靈的인 글을 말한다. 또한 하늘님으로부터 수운에게 주어진 신묘한 가르침에 해당한다. 나아가 주문은 그 가르침을 모든 사람들에게 알리기 위한 것으로 수운이 접한 하늘님의 의지를 담은 핵심적인 글이 된다. 이 주문을 외우게 되면 결과적으로는 장생하게 되고 하늘님의 덕을 천하에 펴게 된다고 하였다.

수운이 지은 글은 총 스물한자로 되어있는데, 하늘님과의 합일을 위한 모든 절차와 법이 여기에 다 담겨 있다고 한다. 수운은 이러한 주문의 의미에 대해서 다음과 같이 말하고 있다.

> 묻기를 "주문의 뜻은 무엇입니까" 대답하기를 "지극히 천주天主를 위하는 글이므로 주문이라 이르는 것이니, 지금 글에도 있고 옛 글에도 있느니라."[495]

즉 주문이란 지극히 천주天主(하늘님)를 위하는 글이다. 여기

---

495 『天道教經典』, 論學文, p.33, "曰呪文之意 何也 曰至爲天主之字故 以呪言之 今文有古文有"

서 지극히 천주를 위한다는 것은 하늘님의 놀라운 영력靈力을 받기 위한 방법이라는 것이다. 또 그렇게 주문을 외운다면 하늘님과의 합일을 통한 효력이 분명히 나타날 것을 전제하였다. 수운은 이러한 주문을 하늘님으로부터 받기도 하고 또 자신이 추고推敲를 거쳐 짓기도 함으로써 수도를 강조하였다.

수운이 지은 주문은 크게 두 가지로 구분된다.[496] 하나는 스승주문이고 또 하나는 제자주문이다. 스승주문은 수운 자신이 외웠던 주문을 말하며,[497] 제자주문은 수운을 찾아와 배우려는 사람에게 하늘님의 가르침을 전하기 위한 주문이다. 이 제자주문은 또 초학주문[498]과 강령주문[499] 그리고 본주문 등으로 나뉘며 본주문에 있어서는 초기에 썼던 것과 후기에 다시 확정된 것이 있다. 위의 인용문에서 '지금 글에도 있고 옛 글에도 있다'고 한 것은 이를 두고 한 말로 보여진다.[500] 여기서 수운 자신이 직접 해석을 내리고 있는 것은 제자주문 가운데 강령주문과 후기에 확정한 본주문에 관해서이다. 그 내용을 구체적으로 살펴보면 다음과 같다.

---

496 『天道敎經典』 pp.69~70 참조.
497 水雲 崔濟愚는 제사지낼 때 항상 스승주문을 외우고 劍舞를 쳤다고 기록되어 있다. (승정원일기 癸亥 12.20, 박창건 역, 『新人間』1983, p.6 참조) 스승주문의 내용은 降靈呪文이 '至氣今至 四月來'이며, 본 주문이 초기에 '侍天主令我長生, 無窮無窮萬事知'이다.
498 처음 배우는 사람이 외우는 주문을 말하며 이 주문을 외우고 나서 21자 주문을 받아 외운다. (승정원일기 上同 참조) 그 내용은 '爲天主 顧我情 永世不忘 萬事宜'이다.
499 지극한 기운을 내리게 하는 주문으로서 이것을 외우면 몸이 떨리면서 들을 바를 다 告한다고 하였다. (박창건 역, 崔濟愚關聯 日省錄 資料, 庚子 2.29, 『新人間』1983, pp.7-8) 그 내용은 '至氣今至 願爲大降'이다.
500 崔東熙, 『東學의 思想과 運動』, 성대출판부, 1980, p.84.

지기금지원위대강至氣今至願爲大降

시천주조화정侍天主造化定

영세불망만사지永世不忘萬事知501

지至라는 것은 지극한 것이요, 기氣라는 것은 허령虛靈이 창창하여 일에 간섭하지 아니함이 없고 일에 명령하지 아니함이 없으나, 그러나 모양이 있는 것 같으나 형상하기 어렵고 들리는 듯 하나 보기는 어려우니, 이것은 또한 혼원渾元한 한 기운이요, 금지今至라는 것은 도에 들어 처음으로 지기至氣에 접함을 안다는 것이요, 원위願爲라는 것은 청하여 비는 뜻이요, 대강大降이라는 것은 기화氣化를 원하는 것이니라. 시侍라는 것은 안에 신령이 있고 밖에 기화氣化가 있어 온 세상 사람이 각각 알아서 옮기지 않는 것이요, 주主라는 것은 존칭해서 부모와 더불어 같이 섬긴다는 것이요, 조화造化라는 것은 무위이화無爲而化요, 정定이라는 것은 그 덕에 합하고 그 마음을 정한다는 것이요, 영세永世라는 것은 사람의 평생이요, 불망不忘이라는 것은 생각을 보존한다는 뜻이요, 만사萬事라는 것은 수가 많은 것이요, 지知라는 것은 그 도를 알아서 그 지혜를 받는 것이니라.502

---

501 본래 주문이란 하나의 종교적 믿음을 가지고 읽는데서 효험을 발휘하는 것이므로 그 직접적인 해석을 굳이 필요로 하지 않는다. 하지만 편의상 이 주문에 대하여 직역을 한다면 다음과 같이 번역할 수 있다. "지극한 기운이 지금에 이르렀으니 바라옵건대 크게 내려 주시옵소서. 天主(하늘님)를 모시면 造化가 정해지고 天主를 길이 잊지 않으면 萬事를 알게 된다."

502 『天道敎經典』, 論學文 pp.34~35, "曰至者, 極焉之爲至, 氣者, 虛靈蒼蒼, 無事不涉, 無事不命, 然而如形而難狀, 如聞而難見, 是亦渾元之一氣也, 今至者, 於斯入道, 知其氣接者也, 願爲者, 請祝之意也 大降者, 氣化之願也, 侍者, 內有神靈, 外有氣化, 一世之人, 各知不移者也, 主者, 稱其尊而與父

윗글에서 앞의 여덟 자는 강령주문이며 뒤의 열 세자는 본 주문이다. 합해서 총 스물한 자가 곧 하늘님의 가르침인 정식 주문이 된다.

수운은 말하기를 '천지의 무궁한 수와 도의 무극한 이치가 다 이 글에 실려 있다'[503]고 하여 주문이 지니고 있는 가치를 무한한 것으로 보았다. 이 주문을 외우게 되면 무위이화無爲而化의 조화를 얻게 되며,[504] 수많은 책을 보지 않아도 환히 다 알 수 있게 된다고 하였다.[505] 이러한 결과를 얻기 위해 인간은 수양해야 하며 이는 결과적으로 하늘님과의 합일을 가져다주는 방편이 된다.[506] 이처럼 주문은 모든 사람이 소중하게 읽어야만 하는 것으로 이것을 사용하는 인간의 올바른 자세를 요구하고 있다.

수운에게 있어서 성誠·경敬·신信은 하늘님을 모시는 인간의 심적 자세를 강조하는 개념이다. 성誠이 오직 하늘님을 향한

母同事者也, 造化者, 無爲而化也, 定者, 合其德定其心也, 永世者, 人之平生也, 不忘者, 存想之意也, 萬事者 數之多也, 知者, 知其道而受知也"

[503] 『天道敎經典』, 論學文 p.41, "凡天地無窮之數, 道之無極之理, 皆載此書"
[504] 『天道敎經典』, 龍潭遺詞, 道修詞, p.196, "내역시 이세상에 무극대도 닦아내어 오는사람 효유해서 삼칠자 전해주니 무위이화 아닐런가"
[505] 『天道敎經典』, 龍潭遺詞, 敎訓歌, p.143, "열세자 지극하면 만권시서 무엇하며 심학이라 하였으니 불망기의 하였어라 현인군자 될것이니 도성입덕 못미칠까"
[506] 呪文은 水雲의 독자적인 종교적 체험에 의해 지어진 글이므로 어떠한 경험적인 지식으로서는 해석하는 것이 무의미한 일일지도 모른다. 따라서 그 의미에 관한 해석에 치중하기보다는 오히려 신앙적 입장에서 주로 誦讀하는 것에 의해 그 효과를 보다 잘 얻을 수 있는 것으로 본다. 이러한 呪文誦讀으로 받는 효과에 대해서는 다음과 같은 신앙적 견해가 있다. "첫째, 주문은 모든 복을 구하는 發願의 소리다. 둘째, 주문은 하늘님과의 接靈을 얻는 것이다. 셋째, 주문공부는 除禍增福을 얻는다. 넷째는, 주문은 靈의 長生을 얻는 법문이다."(「7. 靈符와 呪文」, 『東學革命 百周年 紀念論叢』上, 동학혁명100주년 기념사업회, 1994. pp.267~269) 즉 呪文은 하늘님과의 合一을 통해 萬事를 알게 되고 인간의 모든 화복을 다스리며 질병을 낫게 하고 총명이 생겨나서 새로운 心身을 지닌 인간으로 변모되는 효과를 가져온다는 것이다.

마음을 가리킨다면 경敬은 그러한 하늘님을 외경畏敬하고 공경하는 제반 태도를 지칭하는 개념이다. 한편 '신信'에 대해서는 다음과 같이 말하고 있다.

> 대저 이 도는 마음으로 믿는 것이 정성이 되느니라. 믿을 신信 자를 풀어보면 사람의 말이라는 뜻이니 사람의 말 가운데는 옳고 그름이 있는 것을, 그 중에서 옳은 말은 취하고 그른 말은 버리어 거듭 생각하여 마음을 정하라. 한번 작정한 뒤에는 다른 말을 믿지 않는 것이 믿음이니 이와 같이 닦아야 마침내 그 정성을 이루느니라. 정성과 믿음이여, 그 법칙이 멀지 아니하니라. 사람의 말로 이루었으니 먼저 믿고 뒤에 정성하라. 내 지금 밝게 가르치니 어찌 미더운 말이 아니겠는가.[507]

윗글에 의하면 신信이란 그 자의字義에서 '사람의 말'을 뜻하고 있다. 이때 그 '말'에 대한 가부可否 판단에 의해 옳고 그름을 취사선택하고 스스로 옳은 바를 확고히 마음에 정한 뒤에는 다른 어떤 말도 믿지 않는 것이 곧 '신信'의 본질적 개념이다. 이러한 신信 개념은 '성誠'을 이루는 데 있어서도 선행조건이 된다. 왜냐하면 성誠이란 하늘님을 향한 마음을 끊임없이 유지하는 것이므로 먼저 하늘님의 존재에 대한 믿음이 서지 않으면 지속적으로 정성을 드릴 수 없기 때문이다. 이처럼 수운水雲은 '믿음'의 과

---

[507] 『天道敎經典』 修德文, pp.55-56, "大抵此道, 心信爲誠, 以信爲幻, 人而言之, 言之其中, 曰可曰否, 取可退否, 再思心定, 定之後言, 不信曰信, 如斯修之, 乃成其誠, 誠與信兮, 其則不遠, 人言以成, 先信後誠, 吾今明諭, 豈非信言"

정을 거친 이후에야 마침내 성誠을 이룰 수 있다고 하였다. 그리고 이어서 하늘님을 공경恭敬하는 태도를 지니게 된다고 보았다.

요약하면 성·경·신은 하늘님과의 합일을 위한 인간의 수양적 자세를 가리킨다. 그 각각의 개념은 '성誠'이 하늘님을 영세불망永世不忘하는 지속적인 마음의 상태를, '경敬'은 하늘님을 외경畏敬하고 공경하는 태도를, '신信'은 옳은 바를 선택하여 일체의 요동없는 마음을 확고히 정하는 것을 말한다. 이렇게 볼 때 수운의 사상에서는 근본적으로 성誠·경敬·신信 석자 가운데 신信이 가장 선행되고 있음을 알 수 있으며, 신信이 먼저 확립된 후 성誠과 경敬을 통해 하늘님을 지속적으로 섬겨나가는 태도가 필요하다고 본 것이다.

3. 대순진리에서의 신론信論

앞 장에서 살펴본 신의 의미는 제 종교 전통에 나타난 특징을 중심으로 그 다양한 해석을 보여주고 있다. 대순진리회 신조로서의 신信은 이와 같은 제종교의 맥락을 포함하면서도 오늘날 신앙인의 실천수도를 위한 내적 자세를 규정하고 있다. 먼저 『대순진리회요람』에 나타난 신信의 설명을 살펴보면 다음과 같다.

> 한마음을 정定한 바엔 이익利益과 손해損害와 사邪와 정正과 편벽偏辟과 의지依支로써 바꾸어 고치고 변變하여 옮기며 어긋나 차이差異가 생기는 일이 없어야 하며 하나를 둘이라 않고 셋을 셋이라 않고 저것을 이것이라 않고 앞을 뒤라 안하며 만고萬古를 통通

하되 사시四時와 주야晝夜의 어김이 없는 것과 같이 하고 만겁萬劫을 경과經過하되 강하江河와 산악山岳이 움직이지 않는 것과 같이 하고 기약期約이 있어 이르는 것과 같이 하고 한도限度가 있어 정定한 것과 같이 하여 나아가고 또 나아가며 정성精誠하고 또 정성精誠하여 기대한바 목적에 도달케 하는 것을 신信이라 한다.[508]

위와 같은 신信에 대한 해석은 주로 내면의 확고부동한 마음가짐을 가리키고 있다. 그 마음가짐이란 곧 상제님에 대한 신앙을 위주로 하며 이것이 기본이 되어 표출되는 내·외적인 자세를 말한다. 이에 대한 보다 자세한 내용을 살펴보기 위해서 『대순지침』에 언급되어 있는 사항을 참고하면 다음과 같다.

(가) 자각이 없으면 확신이 서지 않는다.
(나) 전경에 "농부가 곡식종자를 갈무리하여 두는 것은 토지를 믿는 까닭이라."하셨으니 가식假飾이 없는 신앙의 본의本意에 위배됨이 없어야 한다는 뜻이다.
(다) 백성이 국가를 믿지 않고 자식이 부모를 믿지 않는다면 난신적자亂臣賊子가 될 것이다.
(라) 수도자가 믿음이 부실하면 결과적으로 난법난도자가 된다.
(마) 일관성의 믿음을 사실화하여 삼계삼법三界三法의 성·경·신으로 자아대성自我大成을 위한 작업이 신信인 것이다.
(바) 믿음은 의심 없는 굳은 신념인 것이다.[509]

---

508 『대순진리회요람』, 대순진리회 교무부, 1969, p.17.
509 『대순지침』 대순진리회 교무부 刊, 1984, p.53.

윗글에 나타난 신의 의미를 생각해보면 첫째, 신信은 먼저 자각을 필요로 한다. 이러한 자각은 곧 대순진리에 대한 신앙적 자각을 말한다. 둘째, 신信은 수도자 자신이 지니고 있어야하는 확고부동한 내적 자세에 해당한다. 이것은 개인이 지녀야 하는 주체적 신념이며 곧 자아대성을 위한 길이다. 셋째, 신信은 타인과의 신뢰를 형성하는 것이다. 모든 인간관계 내에서의 신뢰는 먼저 자신의 도리를 다하고 끊임없는 상호작용 속에서 형성되는 지속적인 실천개념이다. 본 장에서는 이상의 세 가지 개념을 중심으로 대순진리회 신조로서의 신信에 관하여 살펴보기로 하겠다.

1) 상제신앙으로서의 신信

『대순지침』에서는 대순진리의 바른 이해를 위해 먼저 그 신앙을 바르게 깨쳐나가도록 가르치고 있다.[510] 여기서는 크게 다음의 네 가지 범주로 나누어 이해되고 있다. 첫째는 강세하신 강증산姜甑山께서 구천상제이심을 분명히 깨우쳐야 한다는 것이고, 둘째는 상세에서 천하를 내순하시고 광구천하·광제창생으로 지상선경을 건설하시고자 인세에 강세降世하셔서 전무후무한 진리의 도道를 선포하셨다는 것이며, 셋째로 해원상생·보은상생의 양대 진리가 마음에 배고 몸으로 행하도록 하여야 한다는 것이며, 넷째로 『전경典經』을 근본으로 하여 참다운 도인이 되도록 노력하여야 한다는 것이다. 이를 살펴보면 첫 번째 범주는

---

510 『대순지침』 대순진리회 교무부 刊, 1984, p.17.

신앙대상을 말한 것이며, 둘째 범주는 신앙의 진리 문제이며, 셋째 범주는 실천수행을, 넷째 범주는 소의경전所依經典을 말하고 있다. 이 가운데 신앙의 출발이 되면서도 그 주축을 이루는 부분은 신앙대상에 관한 문제라고 할 수 있다. 모든 종교에 있어서 신앙의 발단을 이루면서 그 종교사상을 잉태하는 모체가 되는 것이 바로 신앙대상에 관한 것인 만큼 대순진리회 신앙에 있어서도 이 항목은 가장 중요한 부분이라 해도 과언이 아니다.

대순진리회 신앙은 역사적 강증산姜甑山이 최고신격으로서의 구천상제이심을 자각하는 데서부터 이루어진다. 구천상제는 신의 세계에 있어서도 최고위에 속하는 신격이다. 본래 구천대원조화주신九天大元造化主神으로 존재하였으나 역대 신성·불·보살들의 호소와 청원으로 인해 인간의 몸으로 강세하게 되었으니 곧 구한말의 대종교가 강증산이시다. 그 강세과정에 대해서는 『전경』에 다음과 같이 설명되어 있다.

> 상제께서 어느 날 김형렬에게 가라사대 "서양인 이마두利瑪竇가 동양에 와서 지상 천국을 세우려 하였으되 오랫동안 뿌리를 박은 유교의 폐습으로 쉽사리 개혁할 수 없어 그 뜻을 이루지 못하였도다. 다만 천상과 지하의 경계를 개방하여 제각기의 지역을 굳게 지켜 서로 넘나들지 못하던 신명을 서로 왕래케 하고 그가 사후에 동양의 문명신文明神을 거느리고 서양에 가서 문운文運을 열었느니라. 이로부터 지하신은 천상의 모든 묘법을 본받아 인세에 그것을 베풀었노라. 서양의 모든 문물은 천국의 모형을 본뜬 것이라" 이르시고 "그 문명은 물질에 치우쳐서 도리어 인류의 교만을 조장하고 마침내 천리

를 흔들고 자연을 정복하려는 데서 모든 죄악을 끊임없이 저질러 신도의 권위를 떨어뜨렸으므로 천도와 인사의 상도가 어겨지고 삼계가 혼란하여 도의 근원이 끊어지게 되니 원시의 모든 신성과 불과 보살이 회집하여 인류와 신명계의 이 겁액을 구천에 하소연하므로 내가 서양西洋 대법국大法國 천계탑天啓塔에 내려와 천하를 대순大巡하다가 이 동토東土에 그쳐 모악산 금산사母岳山金山寺 삼층전三層殿 미륵금불彌勒金佛에 이르러 三十년을 지내다가 최제우崔濟愚에게 제세대도濟世大道를 계시하였으되 제우가 능히 유교의 전헌을 넘어 대도의 참뜻을 밝히지 못하므로 갑자甲子년에 드디어 천명과 신교神敎를 거두고 신미辛未년에 강세하였노라"고 말씀하셨도다.[511]

윗글에서 보면 물질에 치우친 인류문명의 발전은 인류와 신명계의 무질서를 형성하고 천도와 인사의 상도를 어김으로써 삼계가 혼란하고 도의 근원이 끊어지는 겁액을 초래하였다. 이러한 사태는 여러 신성·불·보살들의 능력으로써 구원할 수 없는 전 우주적인 문제이므로 창조주이자 절대자 신이 임재하는 구천에 하소연하게 되었으며, 마침내 九천의 상제께서 대순하시어 인세에 강림하시게 되었다는 것이다. 이러한 신관은 신적인 질서와 체계 속에서 그 위계적 차이에 따라 문제 해결의 능력도 차이가 날 수 있으며 보다 하위의 신격은 상위의 신격에 대해 엄격한 상봉하솔上奉下率적 관계에 놓여 있음을 보여주고 있다.

강세하신 구천상제는 인세에 머물면서 당신의 사명을 다음

---

511 『전경』 교운 1장 9절.

과 같이 밝히고 있다.

> 상제께서 어느 날 종도들에게 "내가 이 공사를 맡고자 함이 아니니라. 천지신명이 모여 상제가 아니면 천지를 바로 잡을 수 없다 하므로 괴롭기 한량없으나 어찌할 수 없이 맡게 되었노라"고 말씀하셨도다.[512]

윗글에서 보면 구천상제는 천지신명의 하소연으로 강세하였으며, 또한 혼란한 천지를 바로잡기 위한 대역사를 단행해야 됨을 알 수 있다. 인간 사물이 모두 상극에 지배되어 상도를 잃었으므로 천하가 진멸지경에 빠지게 되고 이를 구제할 수 있는 자는 바로 절대 권능을 지닌 구천상제 밖에 없다는 것이다. 그 구체적인 역사와 활동의 총체를 '천지공사天地公事'라고 한다.

신축년(1901)부터 시작된 천지공사는 인간으로 강세한 구천상제의 창생구제의 역사를 말한다. 그 범위는 천·지·인 삼계에 걸친 것이며 이를 공히 다스리는 존재는 삼계三界 대권大權을 지닌 개벽장으로서 최고신격을 지닌 구천상제이다.

천지공사의 독창성은 우주가 생성된 이후의 초유의 사실로서 무엇보다도 최고신으로 강림한 구천상제의 주재主宰하에 이루어졌다는 데 있다. 이와 관련해서 다음의 구절이 주목된다.

> 상제께서 이듬해 四월에 김형렬의 집에서 삼계를 개벽하는 공사를 행하셨도다. 이때 상제께서 그에게 가라사대 "다른 사

---

512 『전경』 공사 1장 9절.

람이 만든 것을 따라서 행할 것이 아니라 새롭게 만들어야 하느니라. 그것을 비유컨대 부모가 모은 재산이라 할지라도 자식이 얻어 쓰려면 쓸 때마다 얼굴이 쳐다보임과 같이 낡은 집에 그대로 살려면 엎어질 염려가 있으므로 불안하여 살기란 매우 괴로운 것이니라. 그러므로 우리는 개벽하여야 하나니 대개 나의 공사는 옛날에도 지금도 없으며 남의 것을 계승함도 아니요 운수에 있는 일도 아니요 오직 내가 지어 만드는 것이니라. 나는 삼계의 대권을 주재하여 선천의 도수를 뜯어고치고 후천의 무궁한 선운을 열어 낙원을 세우리라" 하시고 "너는 나를 믿고 힘을 다하라"고 분부하셨도다.513

즉 천지공사는 "옛날에도 지금도 없으며 남의 것을 계승함도 아니요, 운수에 있는 일도 아니요, 오직 내가 지어 만드는 것이니라."고 하였듯이 최고신 상제가 지니는 위격과 함께 유일무이한 역사役事임을 말한다. 그 위대한 가치를 가리켜 '개벽開闢'이라고 하며 이와 같은 개벽을 주도하는 자는 다름 아닌 '구천상제'이시다.

이상으로 대순진리회 신앙의 주요한 특징을 '천지공사'와 관련하여 정리한다면, 첫째 인류가 처한 선천은 상도를 잃은 진멸지경의 세계이며 이를 구제하기 위하여 구천에 계신 상제께서 인간의 몸으로 강세하였으니 곧 역사적 대종교가로서의 강증산이시다. 둘째는 상제께서 재세在世시에 행한 천지공사는 선천의 참혹한 상태를 뜯어고치기 위한 구제창생의 역사이며, 인류에

---

513 『전경』 공사 1장 2절.

게 이상낙원을 가져다주는 삼계 개벽의 공사이다. 이로써 인류는 무한한 선경의 낙원을 맞이하게 된다는 것이다. 상제신앙으로서의 '신信'이란 이처럼 선천의 현실을 구원하기 위해 강세한 강증산이 구천상제이심을 믿는 것을 말한다. 그리고 강세하신 구천상제께서는 천지공사로써 광구천하의 사명을 다하고 나아가 인류에게 무한한 낙원의 세계를 예비하여 주었으므로 그 새로운 세계의 진리를 믿고 행하는 것이 또한 상제신앙으로서의 신信이 될 것이다.

2) 대자적對自的 신념으로서의 신信

구천상제에 대한 신앙을 위주로 하여 그 신앙의 목적을 달성하기 위해서는 일정한 종교적 실천이 필요하다. 그 실천수행의 방안으로 제시된 것이 곧 대순진리회 교리가운데 신조信條의 조목이다. 사강령四綱領과 삼요체三要諦는 모두 신앙의 목적을 달성하기 위한 방법이다. 이 때 삼요체 가운데 신信은 인간의 실천수행의 측면에서 보면 내적인 신념으로 해석될 수 있다. 신념은 인간 자신의 마음속에 형성된 부동不動의 의지이며 강력한 실천을 위한 원동력이 되는 것이다. 신념은 굳게 믿어서 의심이 없는 마음이므로 안심安心·안신安身의 경지와도 통한다.

 신앙이 어떤 궁극적인 실재와 관계되는 믿음이라면 신념은 '사실 또는 현실'에 기반한 믿음이다. 사실 또는 현실에만 관계된다는 측면에서 신념은 어떤 초월적 신에 관계되는 믿음으로서의 신앙과는 구분된다. 사람은 저마다 자연·인간·사회 속에 있는 갖가지 사물들 혹은 사물의 관계에 대하여 그 나름대로 관심을 가지고 판단을 내린다. 이렇게 관심을 가지고 판단을 내리는 저마다의 지속적인 마음태도가 바로 신념이다.[514] 구천상제를 향한 신앙의 태도가 현실생활에서는 신념으로 나타난다. 신앙의 대상이 지니는 위엄과 그 절대가치에 대한 존숭의 태도가 현실에서도 그대로 이어져 모든 사물을 바라보고 판단하는 데도 적용된다. 즉 상제의 교법을 현실에 그대로 적용해 나가려는 마음의 태도가 신념으로 나타나는 것이다.

> 대인의 말은 구천에 이르나니 또 나의 말은 한 마디도 땅에 떨어지지 않으리니 잘 믿으라.[515]

> 나를 믿고 마음을 정직히 하는 자는 하늘도 두려워하느니라.[516]

구천상제의 역사役事는 선천의 묵은 세계를 뜯어고치고 후천의 무궁한 선경의 낙원을 건설하는 것이다. 그러기 위해서 상제가 발휘한 능력은 절대적인 것으로 우리가 사는 세계를 전혀 다른 차원의 세계로 만드는 것이다. "상제께서 천하를 대순하시고 광구천하·광제창생으로 지상선경을 건설하시고자 인세에 강세降世하셔서 전무후무한 진리의 도道를 선포하셨다"[517]라고 하는 자각 위에서 이 세계를 바라보는 근본적인 태도가 바뀌어져야만 한다.

---

514 최동희 외, 『대순진리의 신앙과 목적』, 대순사상학술원, 2000, p.207 참조.
515 『전경』 교법 2장 2절.
516 『전경』 교법 2장 7절.
517 『대순지침』, 대순진리회 교무부, 1984, p.17.

이제 하늘도 뜯어고치고 땅도 뜯어고쳐 물샐틈없이 도수를 짜 놓았으니 제 한도에 돌아 닿는 대로 새 기틀이 열리리라. 또 신명으로 하여금 사람의 뱃속에 출입케 하여 그 체질과 성격을 고쳐 쓰리니 이는 비록 말뚝이라도 기운을 붙이면 쓰임이 되는 연고니라. 오직 어리석고 가난하고 천하고 약한 것을 편이하여 마음과 입과 뜻으로부터 일어나는 모든 죄를 조심하고 남에게 척을 짓지 말라. 부하고 귀하고 지혜롭고 강권을 가진 자는 모두 척에 걸려 콩나물 뽑히듯 하리니 묵은 기운이 채워 있는 곳에 큰 운수를 감당키 어려운 까닭이니라. 부자의 집 마루와 방과 곳간에는 살기와 재앙이 가득 차 있나니라.[518]

윗글에서 선천의 세계를 살아온 인류는 묵은 기운으로 채워져 있어서 그 바라는 바도 부와 권력, 명예에 집착한다. 그와 같은 가치를 획득하는 것은 모두 상극적 관계에 의해서 얻어지는 것인 만큼 상대적으로 패배감을 안겨준 대상으로부터 척慼을 유발시킨다. 구천상제의 진리는 척을 해소하고 상대를 위해 덕을 베풀어 서로 잘되기 위한 '상생相生'을 지향하는 것이다. 따라서 선천의 현실에 놓여진 인간이 후천의 세계를 맞이하기 위해서는 상극으로부터 상생의 관계로 자신의 사고방식을 바꾸어야만 하는 당위성에 직면하게 된다.

또 이르셨도다. "부녀자들이 제 자식이라도 비위에 맞지 아니하면 급살 맞으라고 폭언하나니 이것은 장차 급살병이 있을

---

518 『전경』 교법 3장 4절.

것을 말함이니라. 하루 짚신 세 켤레를 닳기면서 죽음을 밟아 병자를 구하러 다니리니 이렇게 급박할 때 나를 믿으라고 하면 따르지 않을 사람이 어디에 있으리오. 그러므로 너희는 시장판에나 집회에 가서 내 말을 믿으면 살 길이 열릴 터인데 하고 생각만 가져도 그들은 모르나 그들의 신명은 알 것이니 덕은 너희에게 돌아가리라."[519]

상대가 비록 알아주지 않아도 이미 자신의 마음가짐을 상생의 진리에 입각하여 가진다면 그 마음은 신명에 이르게 되고 나아가 그 결과도 자신에게 이른다. 신념을 지닌다는 것은 남이 알아주고 몰라주는 것과는 상관이 없으며 자신이 얻게 된 신앙을 간직하고 지켜나가는 데 따라서 발휘되는 자연스러운 마음의 태도이다. "내가 할 일을 할 뿐이고 타인이 알아주는 것과는 관계가 없느니라. 타인이 알아주기를 바라는 것은 소인이 하는 일이니라."[520]라고 훈계한 상제의 가르침은 신념의 중요성을 실감하게 하는 내용이다. 또한 상제의 가르침에 "춘무인春無仁이면 추무의秋無義라. 농가에서 추수한 후에 곡식 종자를 남겨 두나니 이것은 오직 토지를 믿는 연고이니라. 그것이 곧 믿는 길이니라"[521]고 하신 말씀은 사신의 내면에 확고부동한 가치로 자리 잡은 것만이 신념으로 남을 수 있음을 밝힌 것이다. 상제의 권능과 그 덕화를 체험한 자만이 진정한 신념을 가질 수 있다는 말과도 통한다.

---

519 『전경』 예시 43절.
520 『전경』 교법 3장 11절.
521 『전경』 교법 2장 45절.

요약하자면 대순진리에 나타난 신념으로서의 신信이란 상제에 대한 신앙에 입각하여 세계를 바라보고 또한 자신의 행동기준을 확고히 견지해나가는 마음의 태도를 가리키고 있다.

3) 대타적 신뢰信賴로서의 신信

신信의 의미를 대자적對自的으로 바라보았을 때 신념信念으로 표출될 수 있다면 대타적對他的인 의미에서는 주로 인간관계에서의 신뢰信賴로 이해될 수 있다. 인간 상호간의 관계를 보면 상대에 대한 자기의 도리를 바르게 행할 때 그 자신의 존재를 인정받는다.[522] 스승으로 불리어지기 위해서는 제자가 있어야 하며 아버지로 불리어지기 위해서는 자식이 있어야 한다. 임금으로 불리어지기 위해서는 신하가 또한 있어야 한다. 충忠·효孝·제悌·자慈 등의 덕목이 성립하기 위해서는 먼저 쌍방의 관계가 확고히 자리 잡고 있다. 신뢰라는 것은 이와 같은 상호관계에서 상대방에 대한 자신의 도리를 다할 때 발생하는 심적 태도이다.

인간관계 내에서의 신뢰는 어느 한쪽의 노력만으로는 형성되지 않는다. 신뢰는 쌍방의 도리를 필요로 한다. 부모와 자식 사이에서 부모는 자식을 자애慈愛로써 대하고 자식은 부모를 효孝로서 섬길 때 부자간의 신뢰가 형성된다. 임금은 신하를 덕德으

---

[522] 『전경』 공사 3장 40절, "상제께서 어떤 공사를 행하셨을 때 所願人道 願君不君 願父不父 願師不師 有君無臣其君何立 有父無子其父何立 有師無學其師何立 大大細細天地鬼神垂察의 글을 쓰시고 이것을 천지 귀신 주문天地鬼神呪文이라 일컬으셨도다." 이는 인간관계 속에서 상대의 존재를 먼저 인정해야만 자신의 존재가 확립될 수 있다는 '상생'의 이념을 함축한 구절로 볼 수 있다. 조선 근세의 유학자 다산 정약용도 사람이 사람다울 수 있는 인仁은 곧 두 사람 사이에 그 본분을 다하는 것이라고 설파한 바 있다. ("凡人與人盡其分, 斯謂之仁" 『論語古今註』 권6)

로써 대하고 신하는 임금을 충忠으로써 대할 때 군신간의 신뢰가 형성된다. 스승은 제자를 애휼지도하고 제자는 스승을 공경해나갈 때 역시 사제師弟간의 신뢰가 형성될 수 있다. 부부간의 신뢰도 마찬가지로 서로의 도리를 필요로 하고, 친구지간에도 신뢰는 쌍방의 도리를 요구하고 있다. 이처럼 신뢰란 서로 간에 도리를 다할 때 형성되는 정서이며 나아가 사회적인 질서를 유지하는 근본적인 덕목이다.

'신뢰'로서의 신信은 또한 신앙적 믿음의 연장선상에서 이해될 수 있다. 다음과 같은 상제의 말씀은 이를 잘 대변하고 있다.

> 너희들이 믿음을 나에게 주어야 나의 믿음을 받으리라.[523]

윗글에 나타난 믿음은 신앙하는 사람과 상제사이의 상호 간의 믿음을 말한다. 믿음은 서로 주고받는 것이다. 여기서 유의할 점은 상제의 위격은 확고부동한 것으로 절대기준이 되고 하나의 신앙으로 다가가는 것은 인간에게 달려있다는 것이다. 즉 신앙의 주체가 인간이라는 말이다. 상제의 덕화를 받기 위해서는 먼저 상제를 주체적으로 신앙하는 것이 우선되어야 한다. 가치의 근원은 구천상제에 있으며 그 가치를 실현하는 주체는 인간이다. 먼저 믿음을 일으키는 주체는 인간이며 그 믿음의 결과로 자신의 생활이 변화됨으로써 곧 상제의 믿음을 받게 된다고 한 것이다.

대인관계에서 '신뢰'가 형성되기 위해서는 역시 자기가 주체

---

[523] 『전경』 교법 1장 5절.

가 되어야 한다. 포덕布德이란 상대를 위해 덕을 베풀고 상대를 잘 되게 해 줌으로써 결국 자신도 잘 될 수 있다는 능동적 의미의 선善을 지향하는 개념이다. 그리고 포덕은 일단 남을 잘 되게 하려는 의지를 바탕으로 행해지는 것이지만 근본적으로는 자기 내면의 수도를 통하지 않으면 안되는 자타불이自他不二의 실천 방안이기도 하다. 이런 의미에서 포덕의 실천은 신뢰를 형성하는 첩경이 되는 것이다.

> 인망을 얻어야 신망에 오르고 내 밥을 먹는 자라야 내 일을 하여 주느니라.[524]

> 뱀도 인망을 얻어야 용이 되나니 남에게 말을 좋게 하면 덕이 되나니라.[525]

> 원수의 원을 풀고 그를 은인과 같이 사랑하라. 그러면 그도 덕이 되어서 복을 이루게 되나니라.[526]

> 모든 일에 외면 수습을 버리고 음덕에 힘쓰라. 덕은 음덕이 크니라.[527]

위에서 언급한 구절들은 모두 포덕을 실천하는 것과 관계되

---

[524] 『전경』 교법 1장 25절.
[525] 『전경』 교법 1장 26절.
[526] 『전경』 교법 1장 56절.
[527] 『전경』 교법 2장 18절.

는 내용들이다. 인망人望을 얻는 것은 대인관계에서 솔선수범하고 남이 잘되도록 덕을 베푸는데서 얻어지는 것이다. 그 인망人望은 신망神望으로 통함으로써 하나의 종교적 가치를 지니게 된다. 인망을 얻는 방법 중의 하나는 언덕言德을 잘 가지는 것이다. 남에게 말을 좋게 하면 그것이 덕이 되어 신뢰가 형성된다는 것이다. 덕은 음덕陰德이 크다고 한 것은 자신이 베푼 덕을 자랑해서는 안 된다는 것이며, 남이 알아주는 것과는 상관없음을 강조한 말이다. 이렇게 언덕言德을 행하고 음덕陰德을 베풀어나가는 과정에서 인망을 얻게 되며, 이것은 나아가 인간관계 내에서의 신뢰를 형성하는 결과를 가져오게 된다. 이와 같은 신뢰를 전 사회적으로 확대해 나가서 하나의 보편적 가치를 획득하게 될 때 진정한 신信의 의미가 달성된다고 본다.

4. 맺음말

이상으로 신信의 의미를 논구論究해 보았다. 신信은 '믿음'이라는 말로 해석되어 오늘날의 수많은 종교에서 이 개념을 통해 종교활동이 이루어지고 있는 것이 사실이다. 신信은 동양이라는 지역적 전통에 한정시킬 수 없는 개념이고 모든 종교문화를 관통하는 핵심주제가 되는 것이다. 여기에 대순진리회 신조로서의 신信을 논하는 것은 동양적 전통도 있지만 보다 세계적인 사상으로 확산되는 교리임을 주목할 필요가 있다. 동양의 윤리적 전통을 계승하고 현대종교의 신앙적인 구조를 수용하여 새로운 세계종교로서의 가치를 드러내고 있음을 성誠·경敬·신信의 교리를 통해 충분히 인식해야 할 것이다.

　본문에서 서술한 내용은 위와 같은 인식을 토대로 해서 동·서 종교의 믿음개념을 두루 살펴보았으며 나아가 대순진리에서 지향하는 신信의 의미를 교학적 시각에서 서술해보았다. 요약하면 대순진리에서의 신信이란 일차적으로 '신앙'의 의미를 지니는 신조로 이해되고, 아울러 인간 내적인 신념과 대타적對他的인 신뢰로서 그 의미가 결합되어 수도인으로서의 총체적인 자세를 규정하는 것으로 정리할 수 있겠다.

6장
성·경·신 사상의 수양론적 특질

1. 머리말

앞선 글에서 필자는 성誠·경敬·신信 삼요체三要諦에 관하여 그 개별적인 의의와 실천의 문제에 대해서 다룬 바 있다. 본고에서 주제로 삼는 것은 신조에 있어서 삼요체에 관한 종합적인 고찰이다. 여기서는 특별히 성·경·신 삼요체를 하나의 수양론적 체계에 입각하여 그 이론적 특질을 살펴보고자 한다. 성·경·신의 개념은 익히 동양전통의 수양론에 의해 조명될 수 있는 바 그 상관성과 함께 체계를 세워보는 것은 종학연구에 있어 충분한 의의를 지닐 수 있다고 본다. 따라서 본문에서는 먼저 성·경·신 사상의 수양적 근거를 밝히고 이어서 그 신앙적 실천방안으로서의 성·경·신을 살펴본 뒤에 궁극적 가치실현으로서의 도통진경의 경지를 논해보기로 하겠다.

2. 성 · 경 · 신 사상의 수양적 근거

1) 구천상제의 천지공사天地公事와 천지성경신天地誠敬信

대순사상에 있어 인간의 수양은 하나의 종교적 신앙에 입각해 있으며, 이는 절대자의 강림과 그 우주적 역사役事에 바탕을 두고 있다. 신앙대상인 구천상제(정식 호칭으로는 九天應元雷聲普化天尊姜聖上帝)께서는 최고신으로서 인간세상의 진멸盡滅을 염려한 여러 신들의 호소로 인해 직접 인간의 몸으로 화신化身하였다. 그 결과 '천지공사天地公事'라고 하는 구제창생救濟蒼生의 대역사를 행함으로써 새롭게 창조된 후천의 세계를 맞이한다는 것이 신앙의 줄거리를 이루고 있다. 그 주요 성구聖句가 되는 내용을 간추려보면 다음과 같다.

> A. 상제께서 구천에 계시자 신성 · 불 · 보살 등이 상제가 아니면 혼란에 빠진 천지를 바로잡을 수 없다고 호소하므로 서양西洋 대법국 천계탑에 내려오셔서 삼계를 둘러보고 천하를 대순하시다가 동토에 그쳐 모악산 금산사 미륵금상에 임하여 三十년을 지내시면서 최수운에게 천명과 신교를 내려 대도를 세우게 하셨다가 갑자년에 천명과 신교를 거두고 신미년에 스스로 세상에 내리기로 정하셨도다.[528]

---

[528] 『전경』 예시 1절.

B. 상제께서 정미년 가을 어느 날 신 원일과 박공우와 그 외 몇 사람을 데리시고 태인 살포정 주막에 오셔서 쉬시는데 갑자기 우레와 번개가 크게 일어나 집에 범하려 하기에 상제께서 번개와 우레가 일어나는 쪽을 향하여 꾸짖으시니 곧 멈추는지라. 이때 공우는 속으로 생각하기를 번개를 부르시며 또 때로는 꾸짖어 물리치기도 하시니 천지조화를 마음대로 하시는 상제시라, 어떤 일이 있어도 이분을 좇을 것이라고 마음에 굳게 다짐하였더니 어느 날 공우에게 말씀하시기를 "만날 사람 만났으니라는 가사를 아느냐" 하시고 "이제부터 네가 때마다 하는 그 식고食告를 나에게 돌리라" 하시니 공우가 감탄하여 여쭈기를 "평생의 소원이라 깨달았나이다." 원래 공우는 동학신도들의 식고와는 달리 "하느님 뵈어지소서"라는 발원의 식고를 하였는데 이제 하시는 말씀이 남의 심경을 통찰하심이며 조화를 임의로 행하심을 볼 때 하느님의 강림이시라고 상제를 지성으로 받들기를 결심하였도다.[529]

C. 상제께서 이듬해 四월에 김형렬의 집에서 삼계를 개벽하는 공사를 행하셨도다. 이때 상제께서 그에게 가라사대 "다른 사람이 만든 것을 따라서 행할 것이 아니라 새롭게 만들어야 하느니라. 그것을 비유컨대 부모가 모은 재산이라 할지라도 자식이 얻어 쓰려면 쓸 때마다 얼굴이 쳐다보임과 같이 낡은 집에 그대로 살려면 엎어질 염려가 있으므로 불안하여 살기란 매우 괴로운 것이니라. 그러므로 우리는 개벽하여야 하나

---

[529] 『전경』 교운 1장 25절.

니 대개 나의 공사는 옛날에도 지금도 없으며 남의 것을 계승함도 아니요 운수에 있는 일도 아니요 오직 내가 지어 만드는 것이니라. 나는 삼계의 대권을 주재하여 선천의 도수를 뜯어 고치고 후천의 무궁한 선운을 열어 낙원을 세우리라" 하시고 "너는 나를 믿고 힘을 다하라"고 분부하셨도다.[530]

윗글에서 A의 구절은 이 우주의 최고신을 언급하는 내용으로서 여러 신성神聖·불佛·보살菩薩보다 상위에 임재臨在하는 구천 상제의 존재를 밝히고 있다. 여기서 구천상제는 '대순大巡'을 통해 지상으로 강림하는 과정을 밟게 된다. 구천상제는 인격신으로서 여러 신들과 교류하고 있으며 당신의 의지로써 인간에게 계시를 내려 그 가르침을 전하기도 하고 나아가 직접 인간의 몸으로 화현할 수도 있는 존재이다. 한편 구천상제께서 '대순'의 과정을 통해 인세人世에 강림하게 된 필연적인 사실은 인류와 신명계의 무질서에 그 원인을 두고 있으며, 최고신이 거느리고 있는 신성 불 보살들의 하소연으로 인해 그 선한 의지를 발휘하게 되었다는 것이다. 이렇게 강림하게 된 상제의 존재는 역사적으로 절대적 가치를 지니게 되며 모든 인간의 행동규범에 있어서 가치의 근거가 될 수 있으므로 또한 수양론의 토대를 이룬다고 볼 수 있다.

B의 구절에서는 역사적 인물로서 탄강한 근세의 강증산姜甑山이 곧 구천상제이심을 말하고 있다. 이는 대순진리회 신앙의 출발이 되는 것으로 "강세하신 강증산이 구천상제이심을 분명히

---

[530] 『전경』 공사 1장 2절.

일깨워 주어야 한다."는 『대순지침』의 주요내용이기도 하다. 증산이 신앙대상으로서의 구천상제임을 논하는 근거는 오늘날의 종단 경전인 『전경典經』 '권지權智'편에 잘 나타나 있다. 여기서는 주로 증산께서 행하신 이적異蹟이 신적 존재로서의 상제 권능과 관련하여 서로 상통하는 측면이 있음을 파악하고, 이것은 상제만이 할 수 있는 유일한 능력임을 밝혀 강세하신 강증산이 절대권능의 소유자인 상제이심을 깨우치는 데 목적을 두고 있다.531 그 주요한 항목으로서는 명命을 주관한다든지, 길흉화복을 담당하고 자연현상을 주재한다든지, 모든 것을 꿰뚫어 안다든지 하는 것으로서 후세사람들로 하여금 신앙심을 가지게 하는 근거가 되는 것들이다.

C의 구절은 구천상제로서 강세하신 강증산의 창생구제 역사에 해당하는 것으로 9년간(1901-1909)의 공사(天地公事 혹은 三界公事)를 통해 새로운 후천세계를 건설한다는 내용이다. 여기서 공사란 공적인 사안事案에 대해 어떠한 사견私見이나 독단을 배제한 합리적인 결정을 유도하는 것을 의미하며,532 그 결정된 사항은 절대적인 권위를 가지고 앞으로의 역사를 규정하게 됨을 말하고 있다.

구천상제를 신앙대상으로 할 때 신앙의 핵심내용을 이루는

---

531 졸고, 「大巡上帝觀硏究」, 『大巡思想論叢』, 제1집, 대순사상학술원, 1996, pp.306-311 참조.
532 '公事'라는 용어는 흔히 甑山의 사상을 규정짓는 데 있어서 주요항목으로 일컬어진다. 그 뜻은 원래 古典에서는 '私事' 또는 '家事'와 대비되는 개념이다. 즉 개인에게만 국한되는 사사로운 일보다는 여러 사람의 권익을 담당하는 관청이나 공공단체의 일을 지칭하고 있다. 조선왕조에 이르면 '公事'라는 용어는 治世用語로서 법전에서 많이 사용되는데, 특히 官衙에서 官長이 공무를 처결하기 위해 수하관원들을 모아 회의를 열 때 "공사를 본다"는 말을 사용했다고 한다. (홍범초, 『증산교개설』, 창문각, 1982, p.77)

것은 천지공사이다. 천지공사란 진멸에 처한 인류와 신명계의 겁액을 해소하고 영원한 낙원의 세계를 건설하고자 하는 상제 의지의 결과이다. 최고신으로서의 상제께서 행한 대역사는 신 천지의 창조작업으로 이어지고 그 역사의 기록을 믿고 따르고 자 하는 것이 수도修道로 나타난다. 이러한 수도가 인간의 내면 과 관련되어 있을 때 이를 수양이라고 부른다. 따라서 수양의 구체적 근거가 되는 것이 바로 천지공사임을 알 수 있다.

천지공사는 다른 말로 '개벽공사開闢公事'라고도 하며 인간을 둘러 싼 우주 환경 전체를 새롭게 구성하는 작업이라고 할 수 있다.[533] 이는 모두 상제의 권능으로써만이 가능하며, 특히 인간 의 몸으로 있으면서 모든 인간의 소망에 따라서 진행하였다는 점 에서 가치를 지닌다. 『전경』에서는 이러한 천지공사의 대체大體 에 대해서 다음과 같이 설명하고 있다.

> 선천의 도수를 뜯어고치고 후천의 무궁한 선경의 운로를 열어 서 선천에서의 상극에 따른 모든 원한을 풀고 상생相生의 도道 로써 세계의 창생을 건지려는 상제의 뜻은 이미 세상에 홍포 된 바이니라.[534]

---

[533] 張秉吉은 이러한 天地公事의 형태를 크게 세 가지로 구분하여 설명한 바 있다. 첫째는 뜯는 役事(소멸 역사), 둘째는 짓는 역사, 셋째는 묻는 역사가 그것이며, 이를 공간적으로는 人起公事, 天開公事, 地闢公事의 세가지 범주에서 분석하 였다. (張秉吉, 『天地公事論』, 대순종교문화연구소, 1989 참조) 李正立은 이 에 대해 神政整理公事, 世運公事, 敎運公事로 구분하고 神政整理公事는 다 시 神明解寃公事, 地方神統一公事, 文明神統一公事로 나누기도 하였다. (李正立, 『大巡哲學』, 여강출판사, 1984, pp.127~148 참조.)
[534] 『전경』 예시 6절.

윗글에서 천지공사는 참혹한 지경에 이르게 된 선천의 현실을 널리 구하기 위한 구제의 역사이며, 인류에게 가장 이상적인 세계를 가져다주기 위한 설계의 역사이기도 하다. 즉 선천이라고 하는 전 우주적 상황에서 그 위기를 해소하기 위해 상제의 강세가 이루어졌다는 것은 천지공사에 대한 당위성을 제공하고 있다. 그 방법론으로서는 먼저 선천의 모든 원한을 해소하고 도수를 뜯어고치며, 상극으로부터 상생의 질서를 세워 후천선경을 건설하는 것이다. 이러한 작업은 한 인간의 평범한 능력으로서는 상상할 수 없고 초월적인 권능의 소유자만이 가능한 것이다. 상제는 그 무소불위無所不爲의 권능으로 이러한 작업을 단행하였으므로 "오직 내가 지어 만드는 것"이라고 하였다. 이는 어떠한 사상적 계승을 전제하는 것도 아니고, 본래 우주가 생길 때 예정되어 있던 일도 아니다. 인간으로 강세한 구천상제께서 인류가 처한 현실을 직시한 결과 천지우주의 근본적인 재창조작업을 펼치는 것을 말한다. 그로써 인류는 어떤 원한도 존재하지 않는 무한한 선경의 낙원을 맞이하게 된다는 것이다.

　구천상제께서 이룩하는 세계는 인간 누구나 지향해야만 하는 당연當然의 세계이며 수양을 위한 설대근거로 주어져 있다. 그런 의미에서 '천지성경신天地誠敬信'은 하나의 이상적 경지를 뜻하는 보편원리이다.[535] 신조의 삼요체로 제시된 성誠·경敬·신信이 천지에 가득 찬 세계는 상제의 의지가 실현된 지상선경이다. 그 선경건설에 동참하고자 하는 인간의 의지는 성·경·신의 실천

---

535 교운 1장 66절에 소개된 『玄武經』에 다음과 같은 구절이 나온다. "…宙宇壽命 至氣今至願爲大降 天地誠敬信…"

으로 이어져야 한다. 『중용中庸』에 "誠者 天之道也 誠之者 人之道也"라고 한 것은 천도天道와 인도人道의 합치로 인하여 이상적 인간상이 구현됨을 말한 것이다. 인도人道의 당위적 실천의 근간이 되는 것은 천도天道에 있다. 그 천도天道가 성誠으로 이루어져 있다고 하였으므로 그 성誠을 본받아 행하는 것이 인도人道가 되어야 한다는 말이다. 그런데 그 성誠을 행하기 위해서는 인간의 내면에 성誠의 본체가 내재되어 있어야 만이 가능한데 이를 『중용』에서는 '천명지위성天命之謂性'이라고 하여 모든 인간에 품부된 천리天理로서의 성性을 인정하고 있다. 성性, 즉 인간의 본성에는 천도天道로서의 성誠을 체현할 수 있는 원리적인 본체가 깃들어 있다고 본다. 따라서 모든 인간은 그 자신의 내면에 감추어진 성誠의 본체를 드러냄으로써 천도와 합일할 수 있고 비로소 도덕적 인간이 탄생할 수 있다. 이때 '천지성경신天地誠敬信'은 인간의 수양을 위한 천도天道로서의 의미를 지닌다. 천지가 본래 '성·경·신'으로 이루어져 있으므로 인간 또한 성·경·신을 행해야 한다. 인간의 내면에는 누구나 성·경·신을 행할 수 있는 마음의 본체가 있으므로 그것을 드러내어 행함으로써 천도와 합치될 수 있다. 대순사상에서는 천도天道의 주재자로서 구천상제를 신앙하고 있으므로 성·경·신은 그 자체가 상제의 마음이기도 하다. 인간이 그 자신 내면의 성·경·신을 밝혀내어 실천해 나간다면 결과적으로 상제의 마음과 같아지는 것이며 이로써 상제와 인간의 합일경지인 신인합일神人合一의 이상을 달성하게 되는 것이다.

2) 복록성경신福祿誠敬信과 수명성경신壽命誠敬信

천지 성·경·신의 이상은 또한 현실태인 인간의 삶의 방향을 결정한다. 인간의 삶은 그 양과 질에 있어서 다양한 가치를 부여할 수 있는데, 복록福祿이 주로 삶의 질적인 측면을 가리킨다면 수명壽命은 삶의 양적인 측면을 가리킨다. 삶의 질과 양은 다 같이 중요하다. 하지만 보다 중요한 것은 삶의 양보다 질적인 면이라고 할 수 있다. 고통스러운 삶이 양적으로 계속 연장된다면 차라리 생명을 끊어버리고 싶은 욕구가 생기고, 반대로 환희로운 순간이 오면 그 시간이 계속 연장되기를 바란다. 이처럼 삶에 있어서 양은 질에 수반되어 나타나야만 그 효용을 극대화시킨다고 볼 수 있다.

대순사상에서는 위와 같은 관점에서 복록과 수명에 대한 관계를 다음과 같이 설명하고 있다.

> 세상에서 수명 복록이라 하여 수명을 복록보다 중히 여기나 복록이 적고 수명만 길면 그것 보다 욕된 자가 없나니 그러므로 나는 수명보다 복록을 숭히 하노니 녹이 떨어지면 숙나니라.[536]

윗글에서 복록은 수명에 우선하는 삶의 질을 가리킨다. 보다 나은 삶의 질을 계속하여 연장할 수 있다면 그러한 삶이야말로 가장 이상적인 것이라 할 수 있다. 그렇다면 복록의 내용은 구체적으로 어떤 것인가. 『서경書經』에는 오복五福에 대하여 언

---

536 『전경』 교법 1장 16절.

급하기를 '수壽 · 부富 · 강녕康寧 · 유호덕攸好德 · 고종명考終命'을 들고 있다. 여기에는 경제적인 부와 명예 건강 수명 등이 포함되어 있다. 『맹자孟子』에는 '군자삼락君子三樂'을 말하기를 '부모가 살아계시고 형제가 무고無故한 것, 위 아래로 부끄러움이 없이 떳떳한 것, 훌륭한 인재를 얻어 가르치는 것'537을 들었다. 여기에는 어떤 정치적인 권력을 소유하는 것을 포함하지 않고 있다. 즉 복록에 대한 일반적인 이해는 정치적 권력을 제외하고 경제적인 부와 건강, 수명 그리고 인덕人德의 수양과 발휘의 기회를 가지는 것으로 요약될 수 있다. 특징적인 것은 인간이 장수하는 수명도 결국 복록 안에 포함되어 있다는 점이다. 인간의 삶은 이와 같은 복록을 누리고자 하는데서 진정한 삶의 의미를 찾는다고 본다.

대순사상에서 인간 삶의 복록을 결정하는 모든 행위는 천지 성 · 경 · 신의 본체를 확보하는 데 있다. 천지가 성 · 경 · 신으로 이루어져 있으므로 인간의 행위도 그와 같은 성 · 경 · 신의 도리를 실천하는 것이 곧 복록과 수명을 확보하는 것이 된다. 여기서 말하는 천지는 상제의 천지공사로 주어지는 후천의 천지를 뜻한다. 선천의 상극相克으로 얼룩진 모순된 천지가 아닌 원한과 쟁투가 없는 상생相生의 천지이다. 후천의 천지가 성 · 경 · 신으로 이루어짐으로써 그 세계를 맞고자 하는 사람은 누구나 성 · 경 · 신을 지닐 것이 요구된다.

---

537 『孟子』盡心 上, "孟子曰 君子有三樂而王天下不與存焉 父母俱存 兄弟無故 一樂也 仰不愧於天 俯不怍於人 二樂也 得天下英才 而敎育之 三樂也 君子有三樂 而王天下 不與存焉"

상제께서 정미년 섣달 스무사흘에 신 경수를 그의 집에서 찾으시니라. 상제께서 요堯의 역상 일월성신 경수인시曆像日月星辰敬授人時에 대해서 말씀하시기를 "천지가 일월이 아니면 빈 껍데기요, 일월은 지인知人이 아니면 허영虛影이요, 당요唐堯가 일월의 법을 알아내어 백성에게 가르쳤으므로 하늘의 은혜와 땅의 이치가 비로소 인류에게 주어졌나니라" 하셨도다. 이때 상제께서 일월무사 치만물 강산유도 수백행日月無私治萬物 江山有道受百行을 가르치고 오주五呪를 지어 천지의 진액津液이라 이름하시니 그 오주는 이러하도다.

新天地家家長歲 日月日月萬事知
侍天主造化定永世不忘萬事知
福祿誠敬信 壽命誠敬信 至氣今至願爲大降
明德觀音八陰八陽 至氣今至願爲大降
三界解魔大帝神位願趁天尊關聖帝君[538]

윗글에서 새로운 천지는 구천상제에 의해서 지어지는 조화造化의 세계이다. 이 세계를 구현하는 본체가 되는 것이 곧 성·경·신이다. 복록과 수명은 모두 이 성·경·신을 얼마나 잘 실천하느냐에 달려있다. 그래서 복록과 수명은 모두 성·경·신에 있다고 규정한다. 수양에 있어서 이와 같은 성·경·신을 실천하는 것은 곧 자신의 복록과 수명을 얻는 길임을 강조하고 있는 것이다.

---

538 『전경』 교운 1장 30절.

3) 심心의 주재성主宰性과 수양주체의 확립

수양修養이란 기본적으로 인간의 내면적 가치를 긍정하는 활동이다. 인간은 본래적으로 태어나면서부터 선善한 본성을 지니고 있다고 보며 이것이 진정으로 발휘될 수 있도록 자신을 관리하고 다스리는 총체적인 활동이 곧 수양이다. 성·경·신 사상에 있어서도 그 수양론적 특질을 살펴보기 위해서는 먼저 인간의 내적 가치가 존재하고 있음을 밝혀야 한다. 아울러 이것이 외물外物에 사로잡히지 않고 온전히 드러나게 하기 위해서는 어떤 방법이 가능한지를 궁구함으로써 인간의 참된 가치가 구현될 수 있다고 본다. 이에 따른 대순사상의 내용을 살펴보면 다음과 같다.

먼저 인간의 수양이 이루어지기 위해서는 인간존재가 고유하게 지니는 내적 특성이 갖추어져 있어야 한다. 이는 동양사상의 전통에서 일컬어져 온 심성론心性論의 문제와도 직결되며, 만물이 생성될 때 오직 사람은 그 가운데서 빼어난 기운을 얻어 가장 신령스럽다는 인식에 기초하고 있다.[539] 대순사상에서는 이러한 인간의 존재방식을 규정하는 가장 본질적인 것으로서 '심心'에 대해 강조하고 있다.

> 하늘이 쓰고 땅이 쓰고 사람이 쓰는 것은 모두 마음에 달려 있다. 마음이란 것은 귀신의 추기요 문호요 도로이다. 추기를 열고 닫으며 문호를 들락날락하며 도로를 오고 가는 신神에는 혹은 선한 것도 있고 혹은 악한 것도 있다. 선한 것은 스승으

---

[539] 周濂溪,『太極圖說』, "…萬物生生而變化無窮焉, 唯人也得其秀而最靈…"

로 삼고 악한 것은 고쳐쓰니 내 마음의 추기와 문호와 도로는 천지보다도 크다.[540]

윗글에서 보면 마음[心]은 하늘과 땅 그리고 인간에 두루 걸쳐 있으면서 모든 운동을 결정하는 주재성主宰性을 지닌다. 이는 비단 인간에게만 주어져 있지 않고 인간 밖의 천지天地에까지 소급하여 주어져 있다. 여기서 천지는 인간을 낳고 기르는 생명의 근원이다.[541] 천지에서 태어난 인간은 천지로부터 받은 심心을 지니게 되는데 인간의 모든 언행은 이 마음에서 비롯되고 있다.[542] 따라서 심心은 천지를 주재하면서도 인간의 모든 행위를 주재한다. 인간이 자신의 행위를 통제하고 이상적인 가치를 구현하기 위해서는 먼저 그 마음을 다스리는 과정이 필수적으로 요구된다. 이것이 '수양' 또는 '수도'의 삶으로 나타난다.

종교적 수양론의 관점에서 윗글을 살펴볼 때 인간의 심心은 초월적 신神과 교통할 수 있는 기관으로도 설명된다. 말하자면 마음은 신神에 대해 문을 열고 닫을 수 있는 추기樞機와도 같고 문 그 자체이기도 하며 오고가는 길이 되기도 한다. 문을 열고 닫으며 오고 가는 존재는 바로 종교적 대상으로서의 신神이다. 이러한 신은 선과 악이 혼재하는 세계의 본질이다. 따라서 인간은 심을 지닌 주체로서 선신善神과의 선택적인 교류를 통해 가치

---

540 『전경』 행록 3장 44절, "…天用地用人用統在於心, 心也者鬼神之樞機也門戶也道路也, 開閉樞機出入門戶往來道路神, 或有善或有惡 善者師之惡者改之, 吾心之樞機門戶道路大於天地"
541 『전경』 교법 3장 47절, "事之當旺在於天地 必不在人, 然無人無天地, 故天地生人用人"
542 『전경』 교법 1장 11절, "…악장제거 무비초 호취간래 총시화惡將除去無非草 好取看來總是花라 말은 마음의 외침이고 행실은 마음의 자취로다.…"

를 구현하게 된다. 인간의 존재의의는 이와 같은 신神의 가치를 구현한다는 점에서 찾을 수 있으며 나아가 신神과 인간이 조화로운 합일을 이룬 경지에서 인간의 가치가 더욱 빛나게 됨을 알 수 있다. 바로 여기서 대순사상의 '인존人尊' 개념이 드러난다. 신神·인人의 합일을 지향하고 인간의 존엄한 가치를 드러내고자 하는 개념으로서의 인존은 천존天尊과 지존地尊보다도 크다.

> 천존과 지존보다 인존이 크니 이제는 인존시대라. 마음을 부지런히 하라.[543]

인존은 신본神本과 대립된 인본人本 또는 휴머니즘적인 발상이 아닌 인간의 진정한 종교적 목적을 달성하기 위한 주객합일主客合一, 자타불이自他不二의 이상을 제시하는 개념이다. 이것을 수행하는 인간의 본질적인 기관이 곧 심心이라는 것이며, 이를 다스리고 수양하는 과정에서 인간의 진정한 가치가 드러난다. 이런 의미에서 성·경·신 사상은 인간의 모든 수양적 행위를 위한 하나의 기준이 된다고 하겠다.

---

543 『전경』 교법 2장 56절.

3. 성·경·신의 수양적 실천

1) 성·경·신의 도리道理

성·경·신의 수양적 실천문제는 먼저 그 각각의 개념상에서 도출되어지는 내면의 덕성德性을 발휘하는 것이 기본이 된다. 이것은 선행연구에서도 다룬 바 있듯이 성·경·신이 가지고 있는 전통적 의미를 되살려 개인과 사회의 관계로 확대시켜 나가는 것을 말한다.

성誠에는 자전字典상 '정성' '진실' '참됨' 등의 뜻이 있다. 그 참된 실천을 위해서는 먼저 언행에 있어서의 책임감이 필요하다. 성誠이라는 자의字義가 '言+成'으로 이루어진 만큼 자신의 말한 바를 책임질 줄 아는 것은 그 마음의 정성이 드러난 것으로 보아야 한다. "말은 마음의 외침이고 행실은 마음의 자취로다."[544]라고 하였듯이 말과 행동의 중추는 모두 마음에 있다. 그 마음의 본체를 성誠에다 두었을 때 그 말과 행실이 진실해질 수 있다는 말이다. 반대로 헛된 말을 하지 않는 것도 그러한 성誠을 실천하는 길이 될 것이다. 다음으로는 '참됨'을 구현하기 위한 부단한 노력이 또한 성誠을 실천하는 길이다. 어려운 고비에 부닥쳤을 때 중도에서 좌절하거나 포기하지 않고 인내하며 헤쳐 나가는 것은 성誠을 실천하는 모습이다. 『맹자孟子』에 "하늘이 장차 큰 임무를 사람에게 내리려 하실 적에 반드시 먼저 그 심지心志를 괴롭게 하며 그 근골筋骨을 수고롭게 하며 그 체부體膚를

---

[544] 『전경』 교법 1장 11절.

굶주리게 하며 그 몸을 궁핍窮乏하게 하며 행함에 그 하는 바를 불란拂亂시키니 이것은 마음을 분발시키고 성질을 참게 하여 그 능하지 못한 바를 증익增益해 주고자 해서이다."545라고 한 것은 그 성誠을 실천하는 양상을 잘 표현해주는 내용이라 하겠다.

경敬은 자전字典상 '공경' '경건' '외경' 등의 뜻이 있다. 그 대표적인 실천방법으로서는 첫째 신앙대상에 대한 외경畏敬의식이다. 상제의 천지공사를 믿고 따르는 데에는 그 초월적인 권능에 대한 두려운 마음과 함께 자신의 전 존재를 다 맡길 수 있는 마음자세가 필요하다. 여기에 동원되는 감정이 바로 외경이라고 할 수 있다. 항상 떨리는 마음을 가지고 보이지 않는 신명에 대해 조심하는 몸가짐은 곧 경敬을 실천하는 길이 된다. 둘째는 일상생활에서 모든 예의를 갖추는 것이다. "경은 모든 예의의 근본이다"546라고 하였듯이 예의의 실천은 경敬을 표현하는 길이 된다. 상제 신앙에 있어서의 예의적 실천은 곧 종교적 의례로 나타난다. 일상생활에서의 예의적 실천은 타인과의 신뢰감을 조성하고 사회도덕을 지킬 수 있다. 윗사람을 공경하고 아랫사람을 애휼愛恤 지도할 때 모든 예의를 갖추어야 비로소 그 가치를 발휘하게 된다.

신信은 자전字典상 '믿음' '신뢰' '신념' 등의 뜻을 지닌다. 이를 실천한다 함은 첫째, 신앙대상에 대한 진실된 믿음을 보이는 것이다. "너희들이 믿음을 나에게 주어야 나의 믿음을 받으리라."547

---

545 『孟子』告子 下 "故天將降大任於是人也, 必先苦其心志, 勞其筋骨, 餓其體膚, 空乏其身, 行拂亂其所爲, 所以動心忍性, 曾益其所不能"
546 『國語』, "敬者禮之本也"
547 『전경』 교법 1장 5절.

고 하였듯이 구천상제를 신앙하고 천지공사의 역사를 믿음으로써 후천선경을 맞이하게 된다. 여기에 천지공사는 하나의 관념이 아니라 절대자로서의 상제께서 행한 새로운 천지창조의 역사임을 주목할 필요가 있다. 신信의 실천방법에 있어서 둘째는 대인관계에 있어서의 신뢰회복이다. 모든 인간관계에서 자신의 존재의의는 타인과의 관계를 통해서 주어진다고 본다. 타인과의 신뢰성회복은 상대적인 도리를 실천하는 것에 의해 확보될 수 있다. 즉 부자父子 군신君臣 부부夫婦 장유長幼 붕우朋友 등의 관계는 '충忠' '효孝' '열烈' '제悌' '자慈' '의義' 등의 덕목으로써 서로의 도리를 다할 때 성립될 수 있다. 그러한 덕목을 일방적으로 요구할 때에는 자신의 위치를 보장받을 수 없다. 모두가 쌍방의 도리를 필요로 하고 있는 것이다. "원하건대 인도人道를 바라오니, 임금이 되고자 하나 임금이 될 수 없고, 부모가 되고자 하나 부모가 될 수 없고, 스승이 되고자 하나 스승이 될 수 없다. 임금은 있으나 신하가 없으니 그 임금이 어디에 설 수 있을 것이며, 부모가 있으나 자식이 없으니 그 부모가 어디에 설 수 있을 것이며, 스승은 있으나 제자가 없으니 또한 그 스승이 어디에 설 수 있겠는가?"[548]라고 한 것은 이와 같은 사회관계에서의 신뢰회복을 강조한 것에 다름 아니다. 서로에 대한 신뢰회복을 위해 자신의 도리를 다하는 것은 궁극적으로 사회적 '신信'을 실현하는 것이며 이로써 개인의 신信이 사회로 확산되는 계기를 맞이한다.

---

548 『전경』 공사 3장 40절, "…所願人道, 願君不君, 願父不父, 願師不師, 有君無臣其君何立, 有父無子其父何立, 有師無學其師何立…"

이상과 같은 성·경·신의 실천은 한 인간의 참된 본성이 발현되어 대사회적 실천으로 그리고 상제에 대한 신앙으로 확산되는 것을 말한다. 개인에 있어서는 자아완성을 위한 수양적 실천이 될 것이며, 대사회적 실천을 통해서는 사회도덕을 준수하여 대인간의 신뢰를 형성하는 밑거름이 된다.

2) 성·경·신의 실천규범으로서의 훈회訓誨

성·경·신의 다양한 실천덕목에 대해서 오늘날 대순종단이 규정하고 있는 통합적 규범은 훈회에 잘 명시되어 있다. 이 훈회는 신앙대상이신 구천상제의 가르침을 요약한 것이기도 하며 신조로서의 성·경·신을 생활 속에서 실천할 수 있는 요령이기도 하다. 총 다섯 가지로 이루어진 훈회의 내용을 성·경·신 신조에 입각하여 살펴보면 다음과 같다.

첫째, '마음을 속이지 말라'는 인간 본연의 마음에 대한 천성天性 그대로의 양심良心을 말한다. 이러한 양심은 언제나 사심私心의 방해로 인해 왜곡되고 가리어져서 도리에 어긋나는 행동을 감행하게 된다. 따라서 언제나 정직하고 진실된 마음을 가질 수 있도록 노력해야 하는데, 이것은 곧 성·경·신의 자세와도 통한다고 본다. 즉 성·경·신은 인간의 본래적인 마음으로부터 비롯하여 언행으로 이어지는 수양적 의미를 지니고 있으므로 먼저 그 근본이 되는 인간의 양심을 회복하고 이것을 잃어버리지 않도록 잘 살피는 것이 하나의 관건이 된다고 보는 것이다.

둘째, '언덕言德을 잘 가지라'는 이미 '성誠'의 의미에서도 살펴본 바 있듯이 말의 중요성을 강조한 것이다. '말은 마음의 소리요 덕은 도심의 자취라'고 하였으므로 모든 실천의 출발은 '말'을 잘 하는 것에서부터 시작될 수 있다. 이때의 말은 상대를 배려하고 덕을 베푸는 마음으로 하는 것이므로 어떤 조언비어나 가식적인 것이 될 수 없다. 전적으로 '상생相生'을 실천하기 위한 말이 되어야 한다. 성·경·신의 도리를 실천하기 위한 그 첫걸음이 바로 '말'에서 이루어진다는 것을 알아서 언제나 언덕이 갖추어지도록 노력하는 것이 필요하다.

셋째, '척을 짓지 말라'는 타인으로 하여금 나에 대해 원한을 사는 일이 없도록 해야 한다는 것이다. 하지만 어떻게 하는 것이 원한을 사지 않는 것인가를 살핀다면 그것은 곧 '성·경·신'의 도리를 다하는 데서 찾을 수 있다는 말이다. 타인을 향해 정직과 진실로써 말을 하고, 항상 상대방을 존중할 줄 알아야 하며 타인과의 약속을 철저히 지켜서 언제나 신뢰를 얻을 수 있도록 함으로써 원한이 발생하지 않게 하는 것이다. 먼저 자신의 허물이 없을 때 상대방의 원한도 없게 된다는 것이므로 남을 탓하기에 앞서 자신의 허물을 먼저 살피는 자세가 필요하다고 본다.

넷째, '은혜를 지버리지 말라'는 나와 다인의 관계에서 상호 은의를 베풀어 절대적인 신뢰감을 형성할 수 있어야 한다는 것이다. 나의 존재는 이미 외부로부터의 많은 은혜 속에 주어져 있다. 즉 천지로부터의 수명과 복록 그리고 국가 사회로부터의 보명保命과 안주安住, 부모로부터의 출생과 양육, 스승으로부터의 교도 육성, 직업으로부터의 생활 녹작祿爵 등은 모두 내가 은혜로써 존재하고 있음을 보여주고 있다. 따라서 개인과 사회 나아가 천지에 이르기까지 보은의 자세를 다해나가는 것이 곧 성·경·신을 실천하는 것임을 알 수 있다.

다섯째, '남을 잘 되게 하라'는 것은 대순진리의 해원상생 대도의 기본 원리에 해당한다. 성경신을 실천하기 위해서는 가장 먼저 남을 배려하고 상대를 잘 되게 하고자 하는 마음에서 모든 행동이 우러나올 수 있다. 자신의 마음가짐과 말 그리고 행동 등이 모두 '상생'의 원리에 기초를 두고 있을 때 성·경·신의 도리가 빛을 발휘할 수 있다고 본다. 어떤 행동도 남을 잘 되게 하는 것이 아니면 성·경·신의 도리에 위배된다는 것을 말하고 있다.

이상에서 살펴본 바와 같이 오늘날 대순진리회의 훈회는 성경신의 수양적 실천에 있어서 그 구체적인 규범으로 작용하고 있음을 알 수 있다.

4. 성·경·신 수양의 결과로서의 도통진경

성·경·신의 수양을 통해 달성하는 최종적인 경지는 곧 '도통 道通'이라고 하는 수도修道의 목적으로 이어진다. 이는 곧 수양의 결과이기도하다. 구천상제에 대한 신앙을 근거로 하여 새로운 천지에 대한 이념에 부합하기 위해서는 천지성경신의 원리에 따라 인간의 수양적 실천이 요구된다. 그리하여 인간의 내면이 천지의 성경신 본체에 완전히 부합하게 되면 삼계를 투명하고 삼라만상의 곡진이해에 무소불능하게 되므로 이를 영통 혹은 도통이라 부르게 되는 것이다. 이러한 도통을 이룬 지극히 참된 경지는 곧 '도통진경'으로 묘사된다. 대순진리회 신앙에서 제시하는 도통은 인간주체를 염두에 두고 수양을 통해 그 초월적 경지에 도달하기 위한 노력의 과정을 담고 있는 개념이다.

구천상제에 대한 신앙이 하나의 수양론적 목적에 해당하는 도통으로의 지향성을 띠게 되는 것은 다음과 같은 언급 때문으로 본다.

> 상제께서 모든 도통신과 문명신을 거느리고 각 민족들 사이에 나타난 여러 갈래 문화文化의 정수精髓를 뽑아 통일하시고 물샐틈없이 도수를 짜 놓으시니라.[549]

> 그리고 "내가 도통줄을 대두목에게 보내리라. 도통하는 방법만 일러 주면 되려니와 도통될 때에는 유 불 선의 도통신들이 모두 모여 각자가 심신으로 닦은 바에 따라 도에 통하게 하느니라. 그러므로 어찌 내가 홀로 도통을 맡아 행하리오"라고 상제께서 말씀하셨도다.[550]

윗글에서 구천상제께서는 모든 도통신과 문명신을 거느린 최고 주재격의 신인神人으로서 '천지공사天地公事'라고 하는 대 작업을 단행한 것으로 기록되어 있다. 이에 물샐 틈 없는 도수는 하나의 역사적 프로그램과도 같이 진행되어 그 결과 '도통'이라고 하는 구극究極의 경지를 인간에게 제공하게 된다. 도통줄은 곧 종통계승과도 같은 가르침의 전수를 말하며, 이렇게 이루게

---

549 『전경』 예시 12절.
550 『전경』 교운 1장 41절.

되는 '도통'의 현상은 모든 도통 신명과 화합하는 신인합일神人合
一의 경지임을 말한다.

  수양의 목적으로 제시된 도통에서 '도道'의 구체적인 내용은 무엇으로 지칭할 수 있을까. 이는 곧 인간이 수양을 할 때 하나의 규범으로 작용하며 진리관을 이루는 주요개념으로 다루어질 수 있다. 전통적으로 동양사상에서는 '천도天道' '인도人道' '상도常道'를 일컬어왔지만 대순사상에서는 주로 '신도神道'를 강조하고 있다. 신도는 수양론의 신앙적 토대이면서 종교적 가치를 담고 있는 주요한 규범으로 제시되고 있다. 모든 신명은 저마다의 위상이 있고 상호간에 엄격한 질서를 유지하고 있으므로 절대 권위를 지니고 있다. 도통을 위한 수양의 과정에서는 이러한 신神의 질서에 입각해서 실천할 때 가장 이상적인 경지에 도달할 수 있다. 따라서 '도道'의 내용을 구체적으로 말할 때에는 언제나 '신도神道'로써 주장하게 된다.

> 신도神道로써 크고 작은 일을 다스리면 현묘 불측한 공이 이룩되나니 이것이 곧 무위화니라. 신도를 바로잡아 모든 일을 도의에 맞추어서 한량없는 선경의 운수를 정하리니 제 도수가 돌아 닿는 대로 새 기틀이 열리리라.[551]

  동양의 고전에 나타난 신도神道는 '천도天道' '천행天行' '천칙天則' 등의 개념과 유사한 것으로 인도人道를 성립시키는 근간이 된다. 주로 사시四時의 어김없는 변화에 내포되어 있으며 성인聖人의

---

551 『전경』 예시 73절.

가르침이 여기에 바탕을 두고 있다.552 이 때 '신도神道'의 '신神'은 '신령스러움'을 나타내는 수식어로서 도道의 속성에 해당되는 것으로 볼 수 있다. 하지만 대순사상에서의 신도神道는 초월적 권위를 지닌 '신神'적인 존재가 인간을 둘러싼 우주 전체에 편만해 있으면서 하나의 질서를 이루고 있음을 뜻하는 개념이다. 즉 도道는 하나의 원리이자 질서이며 신神은 인간과 상대하는 절대絶對 타자他者이다. 신과 인간이라는 이원론적 구도가 도道라고 하는 매개적 질서를 통해 연결되며 상호 영향을 주고받는 것이 현상계의 모습이다.

　대순사상에서 이러한 신도神道가 수양론에 있어서 하나의 규범으로 제시될 수 있는 까닭은 주로 신의 엄격함과 절대적 권위에 따른 감찰監察로써 이해되고 있기 때문이다.

　상제께서 "이후로는 천지가 성공하는 때라. 서신西神이 사명하여 만유를 재제하므로 모든 이치를 모아 크게 이루나니 이것이 곧 개벽이니라. 만물이 가을 바람에 따라 떨어지기도 하고 혹은 성숙도 되는 것과 같이 참된 자는 큰 열매를 얻고 그 수명이 길이 창성할 것이오. 거짓된 자는 말라 떨어져 길이 멸망하리라. 그러므로 신의 위엄을 떨쳐 불의를 숙청하기도 하며 혹은 인애를 베풀어 의로운 사람을 돕나니 복을 구하는 자와 삶을 구하는 자는 힘쓸지어다"라고 말씀하셨도다.553

---

552 『易經』, 觀卦, 象曰, "觀天之神道而四時不忒, 聖人以神道設敎而天下服矣"
553 『전경』 예시 30절.

즉 천지성공의 시대에 모든 불의를 제거하고 모든 의로운 사람을 도와 수양의 결실을 이루는 것은 신의 권능이다. 여기에 '신도'는 '신의 도'로서 '무위이화無爲而化'의 작용을 통해 선경仙境의 세계를 여는 절대 규범으로 작용하게 된다. 인간의 사사로운 감정을 배제한 공평무사公平無私한 자리에서 인간의 잘잘못을 가려내어 상선벌악賞善罰惡554하는 것이다. 이와 같은 사상은 조선 후기 유학자 윤휴尹鑴(호는 백호白湖 1617-1680)의 문집에서도 잘 나타나 있다.

사람이란, 천지의 마음이요 귀신의 모둠처인 것이다. 천지나 귀신이 역시 이와 같은 것이기 때문에 옛 분들이 유명幽明의 원인을 훤히 통하고 귀신의 정상을 알았던 것이다. 옛분들은 무언가 늘 아쉽고 조심스럽고 두렵고 불안한 상황에서 상제가 항상 위에서 보고 계시고 곁에서 지켜보고 있는 것처럼 느꼈기 때문에 첫 번째도 상제요 두 번째도 상제였으며, 일 하나만 해도 상제가 명하신 것으로 알았고 不善을 하려다가도 상제가 금하는 것이라 여겨 하지 않았다. 어찌 증거도 없는 말에 집착하여 내 마음을 속일 것이며, 어둡고 알 수 없는 것을 내세워 천하 후세를 현혹시킬 것인가.555

---

554 『商書』, 湯誥에는 "天道,福善禍淫"이라는 구절이 나온다.
555 『白湖全書』卷33, 雜著, 庚辰日錄, 4月, 2日 癸丑, "人也者, 天地之心鬼神之會也, 天地鬼神, 其亦若是焉而已, 此古之人所以通幽明之故, 知鬼神之情狀者也, 古之人皇皇翼翼, 怵惕靡寧, 凜凜乎若臨之在上, 質之在旁, 一則曰上帝, 二則曰上帝, 行一事則曰上帝所命, 作不善則曰, 上帝所禁, 夫豈執無徵之說以欺吾心, 假幽昧不可究, 以惑天下後世者"

즉 사람은 천지의 마음이고 또 귀신이 모이는 곳이다. 그래서 천지 귀신의 작용을 사람이 훤히 알 수 있으며, 나아가 모든 일에 있어서 최고신으로서의 상제께서 관감觀鑑하는 것을 알아 어떠한 불선不善도 저지를 수 없음을 깨닫게 된다. 신명의 존재가 강조되는 것은 그만큼 인간으로 하여금 실천력을 강화시키는 계기가 되듯이 종교적 수양론에 있어서 신도神道는 원리적인 성격의 '도道'에 인격적인 신명이 보다 강조된 의미를 지닌다.

대순사상에 나타난 수양의 목적을 '도통'으로 규정하는 근거는 도통이 누구나 바라는 인간의 이상적 경지이며 각자 수양의 정도에 따라 적합하게 부여받는 보편적 규정이라는 데 있다.[556] 즉 도통은 개인의 이상임과 동시에 세계전체의 이상을 달성하는 것이다. 도통인이 모여 사는 세계는 모든 인간이 갈구하는 이상향을 이룬다. 대순신앙의 교리개요 가운데 목적으로 제시된 '무자기―정신개벽', '인간개조-지상신선실현', '세계개벽-지상천국건설'은 도통이 이루어진 세계의 실상을 단적으로 나타낸 것이라 하겠다. 단 수양론적 관점에서 주목해 두어야 할 사항은 '도통'이라는 것이 타력적인 믿음에만 치중한 이념이 아니라 철저한 자기 노력과 실천여부에 따라 주어지는 자아완성의 성격을 지니고 있다는 것이다. 위의 인용문 구절 가운데 "각자가 심신으로 닦은 바에 따라 도에 통하게 하느니라"고 한 것은 이를

---

[556] 다음의 『전경』 구절은 이 사실을 뒷받침할 수 있는 내용을 담고 있다고 보여진다. "또 상제께서 말씀을 계속하시기를 「공자孔子는 七十二명만 통예시켰고 석가는 五백명을 통케 하였으나 도통을 얻지 못한 자는 다 원을 품었도다. 나는 마음을 닦은 바에 따라 누구에게나 마음을 밝혀주리니 상재는 七일이요, 중재는 十四일이요, 하재는 二十一일이면 각기 성도하리니 상등은 만사를 임의로 행하게 되고 중등은 용사에 제한이 있고 하등은 알기만 하고 용사를 뜻대로 못하므로 모든 일을 행하지 못하느니라」 하셨도다"(교운1장 34절).

잘 대변해주는 내용이다. 따라서 성·경·신 수양을 지극히 함으로써 인간완성이자 세계개벽에 도달하게 되고 이것이 또한 수양의 목적으로서 도통을 달성하게 되는 것임을 알 수 있다.

5. 맺음말

이상으로 성·경·신 삼요체와 관련하여 대순사상의 수양론적 특질에 대하여 살펴보았다. 대순진리회의 종교활동은 기본적으로 최고신격인 구천상제에 대한 종교적 신앙을 배경으로 한다. 여기에 오늘날 새로운 진리는 사상에 있어서도 새로운 세계관을 제시하게 되고 이어서 우주관 인간관 윤리관의 틀을 갖추게 된다. 특히 인간관의 범주에서 중요시되는 것은 수양론의 체계이다. 수양의 근거가 되는 구천상제의 천지공사와 후천의 새로운 가치로서 제시된 천지 성·경·신의 이념 하에서 인간은 새로운 존재로 거듭나게 된다. 그 '천지 성·경·신'을 구현하기 위한 가능적 근거로서 인간은 누구나 마음의 본체를 지니고 있으며 그 본체는 또한 성·경·신을 담고 있는 것으로 본다. 인간은 자신의 마음에 담긴 성·경·신을 발휘함으로써 비로소 천지와 합치될 수 있으며, 그 합일된 경지를 '인존人尊'으로 부르고 있다. 모든 사람이 인존이 된 사회는 지상선경地上仙境이며 도통진경道通眞境이다. 대순사상이 궁극적으로 지향하는 바도 이와 같은 세계라고 볼 때 인간의 수양론적 실천은 그 어느 때보다도 중요하게 부각되어야만 할 것이다.

제3부
목적론目的論

1장
무자기—정신개벽론

1. 머리말

종단 대순진리회의 교리개요 가운데 목적은 크게 세 가지 항목으로 구성되어 있다. 첫째는 '무자기無自欺-정신개벽精神開闢'이고, 둘째는 '지상신선실현地上神仙實現-인간개조人間改造'이며, 셋째는 '지상천국건설地上天國建設-세계개벽世界開闢'이다. 여기서는 먼저 무자기-정신개벽에 관하여 그 사상적 의미를 조명해보고 나아가 대순종학 내에서 실천수도의 입장에서는 어떻게 해석될 수 있는지 그 독창적인 의의를 살펴보기로 한다.

본문의 구성은 먼저 '무자기無自欺'의 이론적 기초를 찾아보기 위해 인간의 양심에 관한 전통적 이론을 검토해보고, 그와 같은 양심의 발휘 과정에서 곧 무자기가 요구됨을 밝혀보기로 한다. 이어서 정신개벽의 이론에 대해서는 '정신'의 의미와 '개벽'의 의미를 살펴보고 나아가 '정신개벽'이 주창된 시대적·사상적 배경을 검토해보기로 한다. 그 다음으로는 대순진리회의 교리로서 '무자기·정신개벽'이 어떤 의의를 지니는지를 차례로 살펴보기로 하겠다.

2. 무자기無自欺에 대한 이론적 기초

1) 양심良心의 본체

무자기無自欺의 자해字解는 '스스로 속임이 없다'는 뜻으로 그렇게 속일 수 없는 인간의 마음에 대한 문제를 다루고 있다. 인간의 마음에 관한 전통적 이론은 주로 동양철학의 성리론性理論에서 파악된다. 송宋대의 철학자 주렴계周濂溪의 『태극도설太極圖說』에 따르면 인간은 '음양오행陰陽五行의 빼어난 기氣를 받아서 가장 신령스러운' 존재로 설명하고 있다.[557] 인간이 다른 동물에 비해 가장 두드러진 차이점은 바로 이러한 '신령스러움'에서 찾을 수 있다 하겠는데, 그 주된 근거는 인간이 지닌 '마음[心]'에 있다는 것이다. 한편 장재張載는 '심통성정心統性情'이라고 하여 '마음이 성性과 정情을 통섭統攝한다'고 하였는데 이는 성性이라고 하는 '순선純善'의 본체와 정情이라고 하는 '선악혼善惡混'의 기질을 아울러 관리하는 기관임을 말한다.

주자朱子는 이러한 인간의 마음에 대해서 말하기를,

> 심心은 사람의 몸을 주재하는 것이고, 하나이면서 둘이 아니요, 주체가 되지 객체가 되지 않으며, 사물에 명령을 내리지 사물에게 명령을 받지 않는 것이다.[558]

---

[557] 『太極圖說』, "無極之眞, 二五之精, 妙合而凝, 乾道成男, 坤道成女, 二氣交感, 化生萬物, 萬物生生, 而變化無窮焉, 惟人也, 得其秀而最靈, 形旣生矣, 神發知矣"

[558] 『朱子大全』 권 67, 觀心說 "心者, 人之所以主乎身者也, 一而不二者也, 爲主而不爲客者也, 命物而不命於物者也"

라고 하여 심心이 인간의 절대 주체임을 밝혔다.559 여기서 인간의 마음을 특히 양심良心이라고 부를 때는 그 심심이 지니고 있는 성性의 순선純善한 본체를 온전히 드러내었을 때를 일컫는다. 성性은 하늘이 인간의 탄생과 더불어 부여해 준 것으로 순선純善의 절대가치를 지닌 천天과 통할 수 있는 유일한 근거이다.560 이러한 성性을 밝혀나가는 것이 곧 수도修道며 교육의 기능이다. 주자朱子는 『대학』에서 말하기를 "명덕明德은 사람이 하늘에서 얻은 바 허령虛靈하고 어둡지 않아서 중리衆理를 갖추고 있고 만사萬事에 응하는 것이다. 다만 기품氣稟에 구애된 바와 인욕人慾에 가리운 바가 되면 때로 어두울 적이 있으나 그 본체의 밝음은 일찍이 쉬지 않는다."561라고 하여 명덕明德으로서의 마음이 언제나 그 허령불매虛靈不昧함을 드러내고자 한다고 하였다. 인간의 양심은 이와 같은 심심이 지닌 허령불매한 측면을 말하며, 인욕人慾에 흐르지 않는 밝은 본성本性에 해당한다.

심心과 성性 그리고 정情의 관계에 대해서 살펴보면,

성性은 심心이 소유한 리理이고, 심은 리理가 모여있는 바의 바탕이다.562

성性은 정情에 상대하여 말한 것이고, 심心은 성정性情에 상대하여 말한 것이다. 이와 같이 합한 것이 성性이요, 움직이는

---

559 大濱皓 著, 이형성 역, 『범주로 보는 주자학』, 예문서원, 1997, p.205.
560 『中庸』1장, "天命之謂性 率性之謂道 脩道之謂敎"
561 『大學集註』, "明德者, 人之所得乎天, 而虛靈不昧, 以具衆理而應萬事者也. 但爲氣稟所拘, 人欲所蔽, 則有時而昏; 然其本體之明, 則有未嘗息者"
562 『朱子語類』 권5, 성리 2, 性情心意等名義, "性便是心之所有之理, 心便是理之所會之地"

것이 정情이며, 주재하는 것이 심心이다. 대개 심心과 성性은 하나인 듯하면서 두 개이고, 두 개인 듯하면서 하나이다. 이 점을 가장 잘 체득해야 한다.563

라고 하여 의미상 서로 구분되어짐을 알 수 있다. 조선의 유학자 율곡(1536-1584)은 주자설에 입각하여 보다 상세히 설명하고 있다.

신은 살피건대 천리天理가 사람에게 부여된 것을 일러 성性이라 하며, 성과 기氣를 합하여 일신一身의 주재主宰가 된 것을 일러 심心이라 하며, 심이 사물에 응하여 밖으로 발한 것을 일러 정情이라고 한다. 성性은 심의 체體이며 정情은 심의 용用이다. 심은 미발未發과 이발已發의 총명總名이므로 '심은 성정性情을 통섭한다'고 말한다.564

즉 성性이란 마음이 지니고 있는 순선純善의 천리天理 그 자체를 말하며, 정情은 그와 같은 성이 몸을 통해 발현되어 나올 때 생기는 작용적인 측면이며, 심心이란 그러한 성性과 정情을 총괄하고 주재하는 바탕을 뜻한다. 이때 성性은 도덕적 가치와 연결되며 당위當爲의 근거로서 기능할 수 있다. 인간의 성性이 사물의 성性과 다른 점은 이 같은 당위로서의 성性을 갖는 데 있다고

---

563 위의 책, "性對情言, 心對性情言, 合如此是性, 動處是情, 主宰是心, 大抵心與性, 似一而二, 似二而一, 此處最當體認"
564 『李子性理書』 p.112, "天理之賦於人者, 謂之性, 合性與氣而爲主宰於一身者, 謂之心, 心應事物而發於外者, 謂之情, 性是心之體, 情是心之用, 心是未發已發之總名, 故曰心統性情"

하겠는데, 마땅히 행해야만 할 길로서 '도道'와 연결되고 이러한 도道는 인륜人倫으로 체계화된다.565 따라서 인간에게 양심이 있다함은 심心이 지닌 본체로서의 성性을 가리키며, 그 성性이 천리天理의 순선純善함을 가지고 있으므로 이것을 어떻게 잘 발휘하느냐에 따라 양심의 존폐여부를 결정짓게 되는 것이다.

2) 양심의 발휘과정과 인심人心·도심道心

인간의 심心은 원래 하나이지만 그것이 발휘되는 과정에서는 크게 두 가지 형태로 드러난다. 즉 인간의 마음은 감각기관으로 이루어진 신체에 둘러싸여 있기 때문에 그 신체적 특질에 구애되어 발휘되는 심心이 있는가 하면 순선純善의 성性에 입각하여 발휘되는 심心이 있기 때문이다. 전자前者를 인심人心이라고 하면 후자後者를 도심道心이라 부른다. 인심 도심에 관한 이러한 구분은 『상서尙書』「대우모大禹謨」에 순舜이 우禹에게 하교下敎하면서 "인심은 위태롭고 도심은 은미하니 오직 정밀하고 한결같이 하여 진실로 그 중中을 잡아라"566고 한데서 비롯한다. 하나의 마음이 발휘되는 과정에서 주로 신체의 감각에 치우친 마음은 인심으로서 언제나 위태로우며, 본성의 밝음에 근거한 마음은 도의적인 것으로서 좀처럼 잘 드러나지 않는다는 말이다. 주자는 이러한 인심과 도심에 대해서 다음과 같이 말하고 있다.

---

565 大濱皓 著, 위의 책, P.171 참조.
566 『書經』, 大禹謨 "人心惟危, 道心惟微, 惟精惟一, 允執厥中"

심心의 허령虛靈 지각知覺은 하나일 뿐이다. 인심과 도심이 다르다고 여기는 것은 그것이 혹은 형기形氣의 사사로움에서 생기고 혹은 성명性命의 올바름에 근원하므로 지각하는 것이 같지 않다고 생각하기 때문이다. 그러므로 혹은 위태하여서 불안하고 혹은 은미하여서 보기 어려울 뿐이다. 그러나 사람은 이 형체가 있지 않음이 없기 때문에 상지上智라고 하더라도 인심心이 없을 수 없고, 하우下愚라고 하더라도 도심道心이 없을 수 없다. 이 두 가지가 방촌方寸의 사이에 섞여있어서 다스릴 바를 알지 못하면 위태로운 것이 더욱 위태로워지고 은미한 것은 더욱 은미해져서 천리天理의 공변됨이 끝내 인욕人慾의 사사로움을 이기지 못할 것이다[567]

모든 사람은 육체를 지니므로 인심과 도심이 다 갖추어져 있다 할 수 있다. 하지만 육체의 감각에 치우치지 않고 본성의 올바름에 근거한 도심을 어떻게 발휘하느냐가 관건이 되는 것이다.

인심과 도심의 구체적인 내용에 대한 것은 다음의 율곡 설명에 잘 나타나 있다.

정이 발함에 도의를 위하여 발하는 것이 있으니, 이를테면 그 어버이에게 효도하고자 하며 그 임금에게 충성하고자 하며 어린아이가 우물에 빠지려는 것을 보고 측은해하며 의義가 아

---

[567] 『中庸章句』序, "心之虛靈知覺, 一而已矣, 而以爲有人心 道心之異者, 則以其或生於形氣之私, 或原於性命之正, 而所以爲知覺者不同, 是以或危殆而不安, 或微妙而難見耳. 然人莫不有是形, 故雖上智不能無人心, 亦莫不有是性, 故雖下愚不能無道心. 二者雜於方寸之間, 而不知所以治之, 則危者愈危, 微者愈微, 而天理之公卒無以勝夫人欲之私矣."

닌 것을 보고 부끄러워하며 종묘를 지나면서 공경하는 것 등이 이것이다. 이것을 일러 도심이라고 한다. (그리고) 구체口體를 위하여 발하는 것이 있으니 이를테면 배고플 때 먹고자 하며 추울 때 옷을 입고 싶어 하며 피곤할 때 쉬고 싶어 하며 정력이 왕성할 때 이성을 생각하는 것 등이 이것이다. 이것을 일러 인심이라고 한다.[568]

즉 모든 육체적인 욕구로부터 발생하는 마음을 총칭하여 인심이라 하고, 도의道義적인 행위를 위한 순수한 마음을 일러 도심이라고 부를 수 있다. 이 두 가지 양상의 마음을 어떻게 잘 다스리느냐가 수양의 핵심으로 대두된다. 그래서 주자는 말하기를, "'정밀하게 한다精'함은 두 가지의 사이를 살펴 섞이지 않게 하는 것이요, '한결같이 한다一'함은 본심의 올바름을 지켜 잃지 않게 하는 것이니 이에 종사하여 조금도 쉼이 없이 반드시 도심道心으로 하여금 일신一身의 주장을 삼고, 인심人心이 매양 명령을 듣게 하면 위태로운 것이 편안하게 되고 은밀한 것이 드러나게 되어, 동動·정靜과 말하고 행하는 것이 저절로 과過·불급不及의 잘못이 없게 될 것이다"[569]라고 하였다. 흔히 유교儒敎의 사상을 수심양성修心養性으로 명명命名하는 것은 이와 같이 마음을 다스려 인심을 누르고 도심을 발휘하기 위한 수양론修養論적 특성

---

568 『李子性理書』 pp.112~113, 人心道心圖說, "情之發也, 有爲道義而發者, 如欲孝其親, 欲忠其君, 見孺子入井而惻隱, 見非義而羞惡, 過宗廟而恭敬之類, 是也, 此則謂之道心, 有爲口體而發者, 如飢欲食, 寒欲衣, 勞欲休, 精盛思室之類, 是也, 此則謂之人心" (『栗谷全書』 권14, p.282)

569 위의 책, "精則察夫二者之間而不雜也, 一則守其本心之正而不離也. 從事於斯, 無少閒斷, 必使道心常爲一身之主, 而人心每聽命焉, 則危者安, 微者著, 而動靜云爲自無過不及之差矣"

을 나타낸 것이다.

공자는 도심道心이 인심을 누르고 모든 도의적 행위를 가능하게 하는 과정을 일러 '극기克己'라는 용어로 표현하였다. '극기복례위인克己復禮爲仁'[570]이라 함은 인간의 본심으로서의 양심良心이 사심私心을 이기고 발휘되어 모든 도리에 합당한 예를 갖출 수 있을 때 비로소 그 사람을 '인격자'(또는 仁者)라고 일컬을 수 있다는 것이다. 인격자란 그 마음의 선한 본심 즉 양심을 발휘하는 사람을 지칭하며, 결코 자기 이익을 위해 욕심을 부리지 않는 사람이다. 여기서 '인仁'이란 본심本心의 완전한 덕德이며,[571] 예禮는 천리天理가 구현된 모든 행사이다.[572] 대개 마음의 완전한 덕德이란 천리天理아닌 게 없으나 또한 인욕人慾의 사사로움에 손상되지 않을 수 없다. 그러므로 인仁을 이루기 위해서는 반드시 사욕私慾을 이겨서 예를 회복하게 되면 일마다 천리天理아닌 게 없게 되고 본심의 덕德이 다시 자신에게 완전해지게 된다.[573]

조선의 유학자 다산茶山 정약용丁若鏞(1762-1836)은 이러한 극기克己의 과정을 인심과 도심의 상쟁相爭관계로 표현하기도 하였다. 즉 노심은 천녕이 발휘된 것이요, 인심은 인욕이니 그 두 가지가 내면에서 서로 싸우고 있다고 한다.

---

570 『論語』, 顔淵篇.
571 『論語集注』, 朱子注, "仁者, 本心之全德"
572 위의 책, "禮者 天理之節文也"
573 위의 책, "蓋心之全德, 莫非天理, 而亦不能不壞於人欲, 故爲仁者必有以勝私欲而復於禮, 則事皆天理, 而本心之德復全於我矣"

사람은 항상 두 뜻이 상반해서 함께 발하게 되니, 이것은 곧 사람과 귀신의 관계와 선·악의 기미가 있는 것과 같다. 인심과 도심의 교전交戰에서는 의리가 이기느냐 욕심이 이기느냐에 의해서 판결된다. 사람이 열렬히 반성해서 힘써 욕심을 이길 수 있으면 도에 가깝다. 해서는 안 될 바에 하지 않고자 하는 것은 도심에서 발한 것인데 이것이 천리이다. 무엇을 억지로 하고자 하고 그것을 욕심부리는 것은 인심에서 발한 것인데 이것이 사욕이다. 무위무욕 이것이 인심을 이겨 억제하고, 도심의 명을 듣게 되면 이것을 이른바 극기복례라 한다.[574]

그 싸움의 결과 도심이 승리하는 것이 극기克己며 이는 '자기가 자기를 이긴다'고 하는 진정한 자기주체의 확립이다. 나아가 극기를 통하여 인간은 모든 인격을 구현하게 되고 그렇지 못할 때 인간은 금수와 다를 바가 없어진다. 인간의 모든 수양은 자기 마음의 도심을 온전히 발휘하는 과정에 다름 아니며, 여기서 도심은 곧 양심의 본체를 가리키고 있다 하겠다.

3) 양심良心의 실현을 위한 무자기無自欺

인간의 양심이 올바로 드러나기 위해 요구되는 가장 중요한 덕목은 바로 성誠이다. '진실(참)' '정성'의 뜻을 지니고 있는 성誠은

---

[574] 『孟子要義』卷2, 41b-42a, "人恒有二志相反而一時並發者, 此乃人鬼之關, 善惡之幾, 人心道心之交戰, 義勝欲勝之判決, 人能於是乎猛省而力克之, 則近道矣, 所不爲所不欲, 是發於道心, 是天理也, 爲之欲之, 是發於人心, 是私欲也, 無爲無欲是克制人心而聽命於道心, 是所謂克己而復禮也."

그 자체로서 하늘의 도道이며 그러한 성성誠을 이루고자 노력하는 것이 바로 인간의 도리이다.575 이러한 성성誠의 의미를 실현하는 것은 곧 내면의 진실을 온전히 밖으로 드러낸다는 것을 의미한다. 다시 말해서 인간 마음의 순선純善한 본성을 인욕人慾의 가리움에 구애되지 않고 온전히 발휘하는 것이다. 이것을 주자는 말하기를 "성성誠은 안팎의 도를 합한 것이니 겉과 속이 한결같다. 안이 진실로 이와 같으면 밖도 진실로 이와 같다."576 라고 하여 '내외합일內外合一'의 도道를 강조하였다. 이를 구체적으로 살펴보면

> 자신을 돌이켜본다는 것은 마음을 돌이켜 구한다는 뜻이니 성성誠하지 못하는 것은 이 마음이 진실하지 못하다는 뜻이다. 어버이에게 효도하려면 진실로 효심이 있어야 한다. 겉치레로 효도하는 일을 가장하면 마음속에 효심이 없으니 이것이 불성不誠한 것이다.577

> '성성誠하지 못하면 만사만물이 없다[不誠無物]'라는 것은 무슨 뜻인가. 마음은 형체도 없고 그림자도 없다. 오직 성성誠할 때만이 비로소 이러한 사물이 있게 된다.578

---

575 『中庸』, "誠者, 天之道也, 誠之者, 人之道也"
576 『朱子語類』 23, "誠者, 合內外之道, 便是表裏如一, 內實如此, 外也實如此"
577 『朱子語類』 64, "反諸身是反求於心, 不誠是不曾實有此心, 如事親以孝, 須是實有這孝之心. 若外面假爲孝之事, 表裏却無孝之心, 便是不誠矣."
578 『朱子語類』 20.

라고 하여 그 마음의 진실이 외면에 그대로 드러날 때 이를 성誠이라고 한다. 모든 윤리 도덕적 행위는 성誠을 바탕으로 하고 있으며 모든 만사만물이 그와 같은 성誠을 매개로 하여 이루어진다는 말이다.

그렇다면 앞에서 '수양修養'이라는 말을 했을 때 그것이 마음의 선한 본심을 드러내는 활동이라고 규정한다면 그 전단계로 제시되어야 할 것은 '자신의 마음을 바로 잡는 것'이어야 한다. 그러기 위해서는 먼저 성誠으로써 자기 의지를 확고히 해야만 한다. 여기서 『대학大學』의 '팔조목八條目'이 주목된다.

『대학大學』에서는 인간사회의 '평천하平天下'라는 궁극적 가치실현을 위해 체계적인 단계로써 팔조목을 제시하고 있다.[579] 이 가운데 수신修身을 위한 전단계로서 '정심正心'을 들고 있으며, 정심正心을 위해서는 '성의誠意'가 요구된다. 마음을 바르게 하기 위해서는 '그 뜻을 성실하게 해야 한다'는 것인데, 여기서 성誠은 오직 자기 마음의 선善함을 그대로 드러내기 위한 덕목이다. 그 뜻을 성실하게 한다는 것은 무엇을 의미하는가. 여기에 '무자기毋自欺'의 개념이 드러나고 있다.

무자기는 의미상 '스스로 속이지 마는 것'으로 풀이된다. 이는 안과 밖이 일치해야 하는 '성誠'의 의미와 상통하고 있는데, 자신의 마음에 순선純善한 본성本性이 있음을 알아 어떤 불선不善한 일에도 마음을 뺏기지 않는 것을 말한다. 이것이 몸에 배인 사람은 악惡을 미워하기를 악취惡臭를 싫어하는 것과 같이하며,

---

[579] "古之欲明明德於天下者, 先治其國, 欲治其國者, 先齊其家, 欲齊其家者, 先脩其身, 欲脩其身者, 先正其心, 欲正其心者, 先誠其意, 欲誠其意者, 先致其知, 致知在格物"

선善을 좋아하기를 호색好色을 좋아하는 것과 같이 한다.580 하지만 스스로 그 선한 마음을 속이는 사람은 계속 불선不善한 짓을 하여 끝없이 가게 된다. 그러다가 '무자기'하는 사람을 보게 되면 자기의 불선不善함을 가리고 그 선善함을 드러내고자 하니 모든 사람이 그 사람 보기를 폐부肺腑보듯이 하게 되어 결국 지탄받게 됨을 알 수 있다.581

무자기를 위해서는 무엇보다도 '신독愼獨'이 요구된다. '홀로 있을 때 삼감'이라는 이 뜻은 자기수양을 위해서 남의 눈을 의식하거나 또는 남이 보는 곳에서만 조심하는 태도를 지양한다.582 남이 보지 않는 곳에서도 변함없이 자신의 마음을 바로 잡으며, 마치 언제나 많은 사람들이 자신을 지켜보고 있다는 생각을 가지고 한결같이 자신의 몸가짐을 바르게 해 나가는 데서 인격이 드러난다.583

이처럼 무자기는 성誠의 구체적 표현이라고 할 수 있으며, 자기 마음의 선함을 드러내기 위한 실천적 의미를 담고 있다. 그 마음이 선善함에도 불구하고 불선不善한 쪽으로 나아가는 것은 도심이 아닌 인심 즉 인욕人慾의 사사로움에 치우친 때문이며, 이는 곧 자신의 본래석인 마음을 속이는 행위이다. 수신修身한다 함은 먼저 그 마음을 바로잡는 데서 출발하며, 그 마음을 바로잡기 위해서는 그 뜻을 성실히 하여야 하고, 그러기 위해서

---

580 『大學』, "所謂誠其意者, 毋自欺也, 如惡惡臭, 如好好色"
581 위의 책, "小人閒居爲不善, 無所不至, 見君子而后, 厭然揜其不善而著其善, 人之視己, 如見其肺肝 然則何益矣"
582 『中庸』, "莫見乎隱, 幕顯乎微, 故君子, 愼其獨也"
583 『大學』, "曾子曰, 十目所視, 十手所指, 其嚴乎"

요구되는 가르침이 '무자기毋自欺'이다. 즉 자신의 선한 마음을 속이지 않아야 하고 그렇게 함으로써 자신의 양심을 온전히 실현할 수 있게 되는 것이다.

3. 정신개벽에 대한 이론적 기초

1) 정신의 의미

■ 서양사상의 경우

정신精神은 영어로 spirit, mind, soul 등으로 번역된다. 서양철학사에서 정신은 주로 물질과의 관계를 논의하는 과정에서 꾸준한 철학적 관심의 대상이 되어왔던 주제이다. 정신을 인간에 내재된 하나의 인식현상의 문제로 환원할 때 고대 그리스 시대로부터 전개된 이론은 크게 두 가지 흐름에 놓여있다고 볼 수 있다. 하나는 인간의 인식현상을 다른 심적心的 현상과 마찬가지로 신체身體의 기능에 부속된 것으로 보는 것이고, 또 하나는 단순한 감각을 초월하여 육체와는 본질적으로 다른 고차원의 영혼 작용으로 보는 입장이다.[584] 전자는 생리학적生理學的 경험적經驗的 인식론認識論에 속하는 학파의 주장이며, 후자는 플라톤과 같은 이데아설이 여기에 속한다. 정신을 물질로부터 독립된 하나의 실체로 보든 물질에 부속된 하나의 현상으로 보든 오늘날 그 불

---

584 김용정, 「물질과 정신의 양의성에 관한 형이상학적 고찰」, 『철학』 34집, 1990 참조.

가분의 관계는 여전히 유효하다 하겠다.

  근대 철학에 있어서 정신과 물질의 문제에 관한 이론은 물질을 정신으로 혹은 정신을 물질로 환원하여 정신 또는 물질을 각각 다른 것의 규정근거로 보게 되거나(유심론과 유물론), 객관세계를 주관세계로 환원하여 주관세계가 객관세계의 규정 근거인 것처럼 생각하거나(관념론), 주관세계는 객관세계의 반영 혹은 모사에 불과하다고 생각하는(실재론) 이론으로 정리된다. 실재론적인 입장에서 인간정신은 객관적으로 존재하는 외부세계를 반영하고 모사하는 '거울'로 비유되며, 관념론적 입장에서 인간정신은 '빛'에 비유된다. 어떤 경우든 두 입장은 모두 '정신과 물질' '주관과 객관' '안과 밖'의 경험적인 구분을 전제로 출현했다고 볼 수 있다.[585]

  데카르트가 주장한 심신이원론心身二元論은 자연과학의 성과를 반영하고 자연개발을 위한 과학적 사고의 단초를 이룬 것으로 평가된다. 즉 정신과 물체를 대립되는 두 개의 유한한 실체로 보고 이들은 무한한 실체로서의 신神에 의존하여 서로 대립적으로 존재한다고 여겼다. 그리고 물질의 속성은 연장延長인데 대해서 정신의 속성은 사유思惟라 하여 두 실제간의 의존관계를 부정하는 이원론二元論을 세웠던 것이다. 하지만 물체와 정신의 절대적 구별도 신神이라고 하는 한 공간점에서 일원화되고 있음을 부인할 수 없다.[586] 이후 스피노자에 의해 〈신이 곧 자연〉이라고 보는 일원론一元論이 등장하였고, 라이프니쯔는 그의 단자론單子論에서

---

585 강영안, 「초월적 관념론과 외부 세계의 존재」, 『철학』 34집, 1990, p.102.
586 김용정, 위의 책, p.11.

정신적인 인격적 실체로서의 모나드(monad)를 말하면서 물질의 아무리 작은 부분에도 피조물, 생물, 동물, 영체, 정신의 세계가 포함되어 있음을 설명하였다. 결국 이들의 전체적 입장은 정신을 실체 또는 실체의 속성으로 보는 경향이었다.[587]

계몽시대에 접어들어서는 정신적 실체라는 견해는 후퇴하고 활동 또는 기능으로서의 정신을 고찰하는 것이 일반적 경향이 되어 점점 구체적 명확성을 띠게 되었다. 영국의 로크(J. Locke)는 정신적 실체를 하나의 복합 관념에 붙여진 이름으로서만 인정하였으며, 흄(Hume)은 실체로서의 정신을 완전히 말살하여 마음[心](mind)을 내세워 모든 지각표상知覺表象의 연출무대로 삼았다. 독일에서 발전된 정신개념은 칸트에 이르러 감성적 원리와 오성적 원리를 갖고 있는 것으로 묘사되었고, 이 때 오성은 피히테(J. G. Fichte)에 와서 자아의 근원적 활동성으로 변모되었다. 헤겔(G.W.F. Hegel)의 이념理念의 변증법적 전개에서는 자연自然으로 외화外化된 이념이 정신에 의해서 그 본질로 되돌아간다고 여겨졌고, 그 정신의 발전과정에는 역사적 사회적 세계의 전체가 포함된다고 하였다.[588]

하루가 다르게 발전하고 있는 신경과학神經科學의 보고가 또한 흥미를 끌고 있다. 즉 우리의 몸이 움직인다는 것은 근육이 수축한다는 것이고, 근육은 그 근육에 뻗어 있는 신경의 끝에서 '아세틸코린(acetylcoline)'이라는 화학물질이 분비됨으로서 수축되며, 이 화학물질은 대뇌에서부터 전달된 전기적 신호를 받아

---

587 『세계철학대사전』, 고려출판사, 1992, p.966.
588 위의 책, p.966.

분비되는데, 우리가 정신적인 사건이라고 생각하는 것들이란 사실 대뇌를 구성하고 있는 신경세포들이 물리화학적 반응을 하는 데서 발생하는 것이라고 한다.[589] 현대사상가 화이트헤드의 유기체철학에서 모든 유기체는 부단히 새로운 사태에 직면하게 되는데 그들이 살아남기 위해서는 앞으로 무엇이 일어날 것인지 새로운 사태를 예측할 능력이 있어야 한다. 이러한 예측(anticipation)과 반응(response)이야말로 생명의 중심적인 동력動力인데 화이트헤드는 이것을 정신(mind)이라고 정의하기도 하였다. 오늘날 현대의 여러 가지 학문의 성과들은 물질인가 정신인가, 유물론인가 관념론인가 하는 선택적 택일의 인식론認識論을 초월하여 대립되는 두 개를 상보성相補性이나 양의성兩儀性의 차원에서 내다보아야 한다는 주장들을 우세하게 이끌어가고 있다.[590]

■ 동양사상의 경우

동양사상에서 정신은 주로 마음과 상치相値시켜 이해되어 왔다고 할 수 있다. 정신과 신체를 상대시켜 설명할 수 있는 것과 마찬가지로 심心·신身을 상대시켜 파악하고 있는 것이다.[591] 인간의 내면적 깊은 본성에서부터 감정·지각·의지·사고·판단의 모든 작용을 포함하는 인격의 주체를 정신이라 하거나 마음(心)이라 하거나 같은 뜻으로 이해되어 뚜렷이 구별되지 않는 것으

---

589 김광수, 「법칙과 마음의 존재론적 지위」, 『철학』 34집, 1990, p.45 재인용.
590 김용정, 위의 책, p.9.
591 금장태, 『유교사상의 문제들』, 여강출판사, 1991, p.67.

로 본다.592 굳이 구별한다면 정신精神이라는 용어의 사용은 주로 도가道家철학에서 정착된 것으로 볼 수 있다.

도가道家에서의 정신은 모든 만물의 근본에 속하는 것으로 물질보다 상위개념으로 이해된다. 오히려 물物의 개념과 대응되는 것은 마음[心]이다. 마음은 인간에게 있어 사려분별思慮分別작용을 하는 것으로 오늘날 이성理性의 개념에 해당된다.593 따라서 정신개념이 오늘날과 꼭 일치한다고는 말할 수 없으나 그 원전原典적인 의미는 고찰해볼 필요가 있다.

도가철학에서 일컫는 정신精神은 정精과 신神의 합성어이다. 정精에 대해서 노자는 말하기를 "깊고 아득하여 그 속에 정精이 있고, 그 정精이 매우 참되니 그 속에 신信이 있다."594라고 하여 도가철학에서 추구하는 도道의 본성으로 정精을 말하고 있다. 장자莊子는 이와 같은 정精이 어디에 사용되느냐에 따라 그 의미가 달라짐을 보였는데, 즉 쌀의 경우 정미精米를 뜻하고 산천山川의 경우 정령精靈이요 천지天地의 경우 정기精氣요 물物의 경우 정세精細한 것을 가리키고 사람의 육신의 경우 정력精力이요 마음의 경우 정신精神이요 도道의 경우 순수부잡純粹不雜 또는 정수精髓를 뜻한다.595 특히 "정신은 사방으로 통달하여 흐르되 이르지 않는 곳이 없으니, 위로는 하늘에 닿고 아래로는 땅에 쌓이어 만물을 화육化育하므로 이를 형상할 수가 없으니 그 이름이 상제와 같아지게 되었다."596라고 하여 정신의 보편성을 강조하였다.

---

592 금장태, 위의 책,
593 이강수, 「도가道家에서의 정신과 물질」, 『철학』 35집, 1991, pp.38-44 참조.
594 『道德經』 21장, "窈兮冥兮, 其中有精, 其精甚眞, 其中有信"
595 이강수, 위의 논문, p.44 재인용.

『열자列子』에서는 "정신이란 하늘의 분속分屬이며, 골해骨骸란 땅의 분속이다. 하늘에 속하여 맑고 흩어지며 땅에 속하여 탁하고 모아진다. 정신이 형체에서 떠나면 각기 그 진眞에 돌아가므로 그것을 일러 귀鬼라 한다. 귀鬼는 돌아감[歸]이니 그 참된 집에 돌아간다는 말이다."597라 하여 정신의 근원을 하늘에 두고 있으며, 인간이 죽었을 때는 그 정신이 귀鬼가 된다고 하였다. 『포박자抱樸子』에서는 "인간에게 또한 혼백이 있는데 하물며 천지만물의 가장 위대한 것이라 할 수 있는 리理에 마땅히 정신이 있어야 한다. 정신이 있으면 의당 선한 자에게 상을 주고 악한 자에게 벌을 준다"598라 하여 정신을 인간의 혼백魂魄에 비유하였다. 『회남자淮南子』에서는 "정신은 담연澹然하고 무한하여 물질처럼 흩어지지 않아서 천하가 자복自服한다. 그러므로 심心이란 형체의 주인이요 신神이란 마음의 보배이다."599라고 하고, "정신이란 사람이 말미암아 생겨 난 바의 근본을 따져서 그 신체 모습이 하늘과 같다는 데서 상象을 취했음을 밝힌 것이다."600라 하여 인간의 정신이야말로 마음의 보배이며 천인합일天人合一의 근거가 되는 것임을 말하고 있다.

---

596 『莊子』 刻意 제15, "精神四達竝流, 无所不極, 上際於天, 下蟠於地, 化育萬物, 不可爲象, 其名爲同帝"
597 『列子』 天瑞 第一, "精神者, 天之分, 骨骸者, 地之分, 屬天淸而散, 屬地濁而聚, 精神離形各歸其眞, 故謂之鬼, 鬼歸也, 歸其眞宅", 『회남자淮南子』에도 같은 표현이 나온다. "是故精神者天之有也, 而骨骸者地之有也" (7.精神訓)
598 『抱樸子』 微旨卷第六, "人身之中, 亦有魂魄, 況天地爲物之至大者, 於理當有精神, 有精神則宜賞善而罰惡"
599 『淮南子』 精神訓, "精神澹然無極, 不與物散, 而天下自服, 故心者形之主也, 而神者心之寶也"
600 위의 책, 21. 要略, "精神者, 所以原本人之所由生, 而曉寤其形骸九竅, 取象於天合同"

요약하자면 도가철학에서의 정신精神은 순수부잡淳粹不雜의 정수精髓에 해당하는 '정精'이 인간의 마음에 내포되어 그 끝없는 작용을 펼쳐 나가는 것을 의미하며, 그러한 정신은 절대근거로서의 하늘에서 비롯됨을 밝혀 인간과 하늘의 근원적 일치성을 주장하기 위한 개념임을 말하고 있는 것이다.

불교에서 말하는 정신은 인간의 구성을 물질에 속하는 몸과 정신에 속하는 마음으로 대별하는데서 드러난다. 특히 불교의 오온설五蘊說에서 살펴보면, 오온은 정신과 물질이 화합한 인간의 구성을 의미하며, 여러 가지 인연이 집합하여 성립되어 있다는 뜻에서 온蘊이라는 말을 붙이게 되었다.[601] 이 가운데 색온色蘊은 우리 몸과 그 밖의 모든 물질을 총칭하는 명사이다. 그리고 수受 상想 행行의 삼온三蘊은 정신의 작용을 뜻하며 식온識蘊은 모든 정신작용을 발생하고 선악善惡을 인식하는 심체心體이다. 정신의 모습은 물질의 모습보다 미세하기 때문에 오온五蘊의 순서를 정할 때도 물질인 색온色蘊을 먼저 하고, 다음에 정신도 수受 상想 행行의 삼온三蘊보다 식온識蘊이 가장 미세하기 때문에 가장 뒤에 두었다. 이는 소승불교小乘佛敎가 인식의 순서를 정한 것이며 뒤에 대승불교大乘佛敎는 인식의 주체인 정신을 제일 먼저 두고 유심주의唯心主義를 강조하게 되었다.[602] 불교를 유식唯識과 유심唯心의 철학이라고 했을 때 삼계三界가 일심一心이오 만법이 유식唯識이므로 일체는 마음으로부터 지어나는 것이다.[603] 따라서 불교사상에 나타난 정신은 인식의 주체가 되면서도 심체心體의

---

601 오형근, 「불교에서 본 정신과 물질과의 관계」, 『철학』 35집, 1991, p.60.
602 오형근, 위의 논문, p.61 참조.
603 유승국, 『한국사상과 현대』 동방학술연구원, 1988, pp.233~234.

속성이라고 할 수 있는 마음의 작용 그 자체를 의미한다고 할 수 있다.

유교에서의 정신은 정확히 그 의미를 한정하는 한자용어를 찾기는 힘들지만 대체로 불교나 도가의 사상을 여러 면으로 수용하여 심心개념과 상당히 깊은 연관을 가지고 있는 것만은 사실이라 하겠다. 주지하는 바와 같이 원초적인 유교사상에는 현세적인 성격이 강하게 지배하며, 주로 삶의 문제로서의 해답을 구하는 것이 그 일차적 과제였다고 하겠다. 이것은 『주역周易』과 같은 경전에서 존재론적·인식론적 탐구가 크게 발달하지 못하고 가치론 및 윤리적 진술들이 주조를 이룬 데서 잘 나타난다.[604] 여기서 정신은 '정기위물精氣爲物'로서의 물物에 내포된 대대적對待的인 두 측면 가운데 하나에 속하며, 이러한 정신은 물질과 상호의존적이며 상함적相涵的이고 상호 성취의 관계를 갖는다고 본다.[605] 송대宋代 성리학에 이르러서 인간의 심心은 앞장에서 언급한 바와 같이 본체론本體論적인 측면에서 주요한 주제로 다루어지게 되었다. 다시 말하면 심心, 곧 정신은 한편으로 신체를 넘어서 천天의 영역에 속하고 있으면서 다른 한편으로는 물질적 기氣의 영역에 속하여 신체와 연결되고 있는 이중 구조를 지니고 있는 것으로 이해된다.[606] 여기서 인간의 정신은 고정되어 있는 물질적 대상의 무엇이 아니라 다양하게 발휘될 수 있고 형성되어가는 살아있는 존재이며 유교의 근원적 가치기준에 따라 부

---

604 최영진, 「정신과 물질의 문제에 관한 역학적 이해」, 『주역의 현대적 조명』, 한국주역학회, 1992, p.378.
605 최영진, 위의 논문, pp.398~399 참조.
606 금장태, 위의 책, p.69.

단히 새롭게 해석되고 평가될 수 있는 존재로 제기되고 있다.[607]

이상의 논의들을 종합해 볼 때 인간의 정신이란 동양사상에서는 오히려 '마음[心]'의 개념으로 보다 더 활발히 탐구되어왔으며, 이는 곧 인간 내면의 주체를 담당하는 핵심존재이었다. 허령불매虛靈不昧하면서도 하늘과 서로 통할 수 있는 순선純善의 가치를 담고 있으며, 모든 사물의 선악善惡을 분별하여 삶의 가치를 창조해나가는 인식의 주체임을 말하고 있는 것이다.

2) 개벽의 의미

개벽이라는 말은 '천지가 처음으로 열림'[608]이라는 뜻으로 아득한 먼 옛날 이 세계가 처음 시작된 때가 있음을 말하는 단어이다. 과거로부터 현재에 이르기까지 시간의 연속선상에서 인류의 역사를 바라보며, 열고 닫히는 반복의 과정에서 역사가 순환하고 있음을 암시한다. 이는 동양의 독특한 사관史觀을 대표하는 용어이기도 하다.

개벽은 원초적인 관점에서 크게 두 가지 개념을 지닌다고 본다. 즉 '역사의 처음'이라는 뜻과 '혼돈미분混沌未分'의 단계로부터 이어진 '변화운동'이라는 뜻으로 대별된다. 그 전거典據를 살펴보면 다음과 같다.

먼저 '역사의 처음'이라는 뜻으로 쓰여진 용례를 보면,

---

607 금장태, 위의 책, p.69.
608 『辭源』, "指天地之初開", 常務印書館, 1987, p.1763.

일설一說에는 삼황三皇을 일컬어 천황天皇 지황地皇 인황人皇이 삼황이라 하니 이미 이것은 개벽의 처음이요 군신의 시작이다.…그러므로 춘추 위서緯書에서 칭하기를, 개벽으로부터 기린을 포획한 때에 이르기까지 무릇 3백27만6천세이며 나누면 10기紀가 된다.[609]

이상하도다, 진시황의 임금됨이여. 천하 정치를 경솔히 하면서 장례를 화려하게 한다는 것은 개벽된 때부터 들어보지 못하였다.[610]

윗글에서 '개벽지초開闢之初' '개벽 때로부터[自開闢]'라는 표현은 현재를 파악하기 위한 과거의 시작을 더듬는 표현이다. 그것은 곧 역사의 시작이며 현재의 근거가 되는 것으로 과거와 현재 시간의 연속성을 전제하는 것이다.[611]

다음으로 개벽이 '천지미분天地未分'의 혼돈으로부터 새롭게 열려진 무한한 변화운동이라는 설명은 주로 도교사상에 나타난 의미이다. 여기에 대한 설명을 살펴보면,

---

609 『史記』補史記, 司馬貞, 三皇本紀, "一說三皇謂天皇地皇人皇爲三皇, 旣是開闢之初君臣之始…, 故春秋緯稱, 自開闢至於獲麟, 凡三百二十七萬六千歲, 分爲十紀"
610 『文選』 권10, 紀行 下, 潘安仁岳, 西征賦, "異哉, 秦始皇之爲君也, 傾天下以厚葬, 自開闢而未聞"
611 이 외에도 '上紀開闢, 遂古之初'(『文選』 권11, 遊覽宮殿, 王仲宣, 魯靈光殿賦幷序), "開闢已來未之聞也"(『文選』 권 17, 劇秦美新 竝序, 楊子雲), "斯禍蓋與開闢幷生"(『抱樸子』, 名實, 권20), "天地開闢以來"(『太平經』 전반에 걸쳐 나타남)등의 표현은 모두 개벽의 의미가 '역사의 처음'임을 나타낸다.

도가道家에서는 천지의 비롯됨을 반고씨가 개벽한 때로부터 보고, 반고씨는 원시천왕元始天王의 화신化身과 관련된다. 그러므로 도가道家에서는 원시천존이 하늘을 열고 땅을 열었다고 여긴다.[612]

천지가 혼돈함은 마치 계란과 같으니 반고가 그 가운데서 생겨났다. 일만 팔천세가 되어서 천지가 개벽하니 맑고 양성陽性인 것은 하늘이 되고 탁하고 음성陰性인 것은 땅이 되었다.[613]

윗글에서 개벽은 '개천벽지開天闢地'의 준말로 파악되며, 하늘을 열고 땅을 연다고 하는 새로운 변화의 의미를 지닌다. 개벽이 되기 이전에는 혼돈混沌한 상태인데 이때는 절대적인 '무無'의 경지가 아니라 현상계를 낳게 하는 변화 이전의 단계임을 암시한다. 즉 유위有爲의 현상계를 있게 하기 위한 원기元氣의 상태를 말한다고 보아 이러한 원기는 현상계의 생성소멸과정에서 끝없는 순환을 가능하게 하는 기氣의 근원처이다. 조선조의 유학자 화담花潭(서경덕徐敬德,1489-1546)이 말한 태허太虛가 또한 여기에 비유될 수 있으며 담연湛然 무형無形하여 선천先天에 해당되기도 한다.[614] 일기一氣로부터 음양陰陽 이기二氣가 나오고 이것이 취산聚散과

---

612 『道教大辭典』, 巨流圖書公司, 民國 75, "道家以天地由盤古氏所開闢, 而盤古氏係元始天王所化身, 故道稱元始天尊爲開天闢地也"
613 『太平御覽』, "天地混沌如雞子, 盤古生其中, 萬八千歲, 天地開闢, 淸陽爲天, 濁陰爲地"
614 『花潭集』 권2 雜著, 原理氣, "太虛湛然無形, 號之曰先天, 其大無外, 其先無始, 其來不可究, 其湛然虛靜, 氣之原也. 彌漫無外之遠, 逼塞充實, 無有空闕, 無一毫可容間也"

생극生剋의 과정을 밟으면서 모든 만물이 생겨나며 다시 일기一氣로 환원한다고 하는 설명은 우주가 무한한 변화의 궤도에 놓여 있음을 단적으로 표현하고 있다.[615]

이상에서 볼 때 '개벽開闢'이라는 말이 의미하는 바는 일차적으로 시간적 과거를 거슬러 올라가 가장 오래된 옛날의 '처음'을 장엄하게 표현한 것이다. 하지만 그러한 처음은 무한한 변화를 위한 임시적인 설정일 뿐 그 이전에 이미 혼돈의 기氣가 어떤 형태도 없이 맑게 섞여 있으므로 만물의 근원이 된다. 이러한 근원처와 현상계가 서로 어울려 취산聚散 합벽闔闢을 거듭하는 과정에서 무한한 변화가 일어나게 되니 개벽은 그러한 새로운 변화의 양상을 담고 있는 고전적인 용어라 하겠다.

3) 한국 근대 신종교의 정신개벽론

앞 절에서 살펴본 정신과 개벽의 의미를 토대로 하여 여기서는 '정신개벽'의 선행이론을 살펴보기로 한다. 원래 개벽이라는 용어는 고문집古文集에서 평이하게 사용되어온 것이나, 한국 근대에 이르게 되면 민중종교가에 의해 크게 부각되는 계기를 맞이하게 되었다. 당시는 외우내환外憂內患으로 한국내의 문화적 충격과 함께 사회구조의 첨예화된 모순을 겪었던 시기이다. 특히 19세기 초반부터 20세기 초반까지의 100년간은 봉건적 모순이 심화 확대되면서 일반 민중 층의 심한 동요가 일어난 시기이기

---

615 上同, "一氣之分爲陰陽, 陽極其鼓而爲天, 陰極其聚而爲地, 陽鼓之極, 結其精者爲日, 陰聚之極, 結其精者爲月, 餘精之散爲星辰, 其在地爲水火焉, 是謂之後天, 乃用事者也"

도 하다. 이때 등장한 민중종교가들은 당시의 사회적 폐단을 원천적으로 진단하고 새로운 세계의 비젼을 제시하게 되었는데 이때 사용된 용어가 바로 개벽이다. 저마다의 종교사상이 지닌 독자적이고도 새로운 가치를 피력하기 위해 '개벽'이라는 용어는 그렇게 다양한 방향으로 재해석되었고 그 주요한 개념 하나가 바로 '정신개벽'이다. 여기서는 대순진리회의 정신개벽론을 살피기에 앞서 당시 한국 신종교에 나타난 이론의 몇 가지를 선행적으로 고찰해보기로 하겠다.

■ 천도교의 정신개벽론

천도교는 동학의 창시자 최수운(1824-1864)의 득도得道를 기점으로 하여 해월 최시형, 의암 손병희로 이어지는 종통을 주장하는 한국 근대의 신종교이다. 1905년 일본으로 망명하였다 돌아온 손병희는 당시의 동학東學을 천도교天道敎로 교명敎名을 바꾸어 선포하고 제반제도와 체제를 혁신하는 한편, 교리와 사상도 재정비하였다.[616] 최수운의 시천주侍天主 사상을 인내천人乃天으로 재해석하여 종지로 삼고 개벽과 보국안민輔國安民 그리고 동귀일체同歸一體를 그 사상적 특질로 삼는다.[617] 당시의 천도교 교리연구에 크게 활약한 사람으로는 양한묵, 이돈화, 오지영 등이 있다.

일제시대에 처하여 천도교는 구국 독립운동을 사상적으로 정초시켜 나가는 데 있어 다각적인 방향으로 활약하였다. 특히 1920년대의 독립운동은 언론·출판·결사·교육·산업·문예

---

616 『한국신종교 실태조사 보고서』, 원광대 종교문제연구소, 1997, p.110 참조.
617 위의 책 참조.

등 여러 분야의 문화운동 형태로 전개되었는데, 당시의 천도교는 교리강연, 개벽사開闢社 설립, 학교운영 등의 활동을 통하여 한민족의 독립의식을 고취시켜 나갔다.[618]

1920년대 이후 신문화운동에서 천도교가 사상적으로 주도하는 위치에 있을 수 있었던 것은 교리연구가인 이돈화李敦化(야뢰夜雷, 1884-?)의 역할에서 연유한다고 본다. 특히 『개벽』 잡지를 통해 계속 집필하면서 '인내천'에 입각한 천도교의 교리를 체계화하려고 시도했다.[619] 그는 새 시대에 알맞은 이론으로서 천도교의 교리를 조직적으로 설명하려고 했으며 그렇게 함으로써 천도교가 새 종교라는 것을 널리 세상에 알리려고 하였다. 이때 제시된 교리의 하나가 바로 '정신개벽'이었다.

그의 저서 『신인철학新人哲學』에는 '삼대개벽三大開闢론'이 주창되어 있는데, 첫째가 정신개벽이며, 둘째가 민족개벽, 셋째가 사회개벽이다. 그 요지를 간추려보면 다음과 같다.[620]

정신개벽이란 당시의 윤리적 부재와 제도적 모순을 혁파하기 위해 인간의 본래성을 회복하자고 하는 새로운 의식운동을 뜻한다. 그리하여 이돈화는 정신개벽을 후천개벽의 첫 단계로 제시하여 노력과 세노석 부조리에 서항하는 반항도덕反抗道德과 현실상황을 분석·비판하는 사람 자연성自然性에 대한 역사적 고찰에 주목하였다.

사람성 자연이란 흔히 말하는 자연과는 의미가 다르다. 이돈화는 자연을 무의미의 자연, 천연계天然界의 자연, 허위에 대한

---

618 황선희, 『한국 근대사상과 민족운동 I』, 혜안, 1996, pp.208~209 참조.
619 최동희, 「동학의 사상과 운동」, 성대출판부, 1980, p.233 참조.
620 이돈화, 『新人哲學』, 천도교중앙총부, 1982, pp.148~161 참조.

자연, 제도에 대한 자연, 사람성의 자연으로 나누었는데, 이 때 사람성 자연주의는 인류의 공동생활을 성공적으로 영위하기 위하여 인간 개개인의 정신적 부조리와 부자연을 야기하는 일체의 편견이나 인습·허위에서 탈피함으로써 인간성 본래의 천진함을 회복하는 주의이다.[621] 즉 역사적 원인에 대하여 장래의 결과를 고찰하여서 냉정한 이지理智로써 사리事理의 시비곡직을 비판하여 전도前途의 순차順次를 지정하는 법을 말한다. 반항도덕反抗道德이란 것은 기성의 윤리 혹은 정치제도 안에서 그 결함을 알아 가지고 감정과 의지로써 그 부자연不自然에 대하여 반항하는 것이다. 따라서 정신개벽이란 당시의 낡고 썩어진 관습에서 살지 말고 새 이상과 새 주의主義 아래에 새 혼魂을 가지라는 말이다.

민족개벽은 민족의 문화와 생활정도를 향상 발전시키고자 하는 개벽이다. 민족개벽은 또한 모든 이상주의의 과도기에 있어서 최대의 준비적 기초가 된다고 하는데, 궁극적으로는 지상천국건설과 세계평화를 이루는 준비단계로서의 성격을 지닌다. 이돈화는 이러한 민족개벽이 나아가 민족개조로 이어져야 함을 강조하였다. 그 기본방향을 인내천에 의한 인간격人間格 중심생활로 보고 사상적 단결, 단체의 조직력, 생활의 활력공급, 대아적大我的 삶, 구습 탈피의 단계적 과정을 통한 민족개조의 방법을 제시하였다.[622]

사회개벽에서는 현대사회의 이상을 당시의 유물적 사회주의와 대비하여 설명하고 있다. 즉 유물적 사회사상은 오직 한

---

[621] 황선희, 위의 책, p.257 참조.
[622] 황선희, 위의 책 pp.262~273 참조.

가지의 외적인 물질적 조건으로만 사회개혁의 이상을 삼았으나 수운주의水雲主義의 사회개벽은 인간격人間格 중심주의 아래서 경제적 해방을 시인是認하며 나아가 최고 인간격의 발휘로 인간을 모든 비열한 동기로부터 해방하는 곳에 진정한 이상적 사회가 출현될 것을 부르짖는 것이다.

이상에서 살펴보면 천도교의 정신개벽론은 한국 근대사회의 시대적 배경을 가지고 등장한 사회의식 계몽운동의 연장선상에서 이해되어진다. 외래문물의 유입과 정치적 압제아래에서 민족정기를 불러일으키고 인간에 내재한 천연天然의 도덕성에 입각하여 당시의 사회적 모순과 윤리성부재를 혁파해 나가자는 이론이라고 하겠다.

■ 원불교의 정신개벽론

원불교圓佛敎의 정신개벽론은 소태산少太山(박중빈朴重彬;1891-1943)의 득도(1916)후 개교표어에서 제시되고 있다. 즉 '물질이 개벽하니 정신을 개벽하자'는 표현은 당시의 사회상을 반영한 새로운 종교관을 내포한 것으로 보았다. 소태산은 자신의 대각大覺을 불법에 연원을 두고 정신개벽의 기지아래 새로운 종교를 창립한다고 하였다. 소태산이 제시한 물질개벽은 자연과학이 고도로 발달된다는 의미로서 과학문명을 지칭한 것이며, 정신개벽이란 인간의 정신적 가치를 창출하기 위하여 이룩한 종교나 도덕 · 사상 등 정신문화 현상 일반을 가리키는 것이다.[623] 개교의 동기에 나타난 정신개벽의 의미를 살펴보면 다음과 같다.

---

623 유병덕,『소태산과 원불교사상』, 원광대출판국, 1995, p.56.

현하現下 과학의 문명이 발달됨에 따라 물질을 사용하여야 할 사람의 정신은 점점 쇠약하고, 사람이 사용하여야 할 물질의 세력은 날로 융성하여, 쇠약한 그 정신을 항복받아 물질의 지배를 받게 하므로, 모든 사람이 도리어 저 물질의 노예 생활을 면하지 못하게 되었으니, 그 생활에 어찌 파란 고해波瀾苦海가 없으리요. 그러므로 진리적 종교의 신앙과 사실적 도덕의 훈련으로써 정신의 세력을 확장하고, 물질의 세력을 항복 받아 파란 고해의 일체 생령을 광대무량한 낙원으로 인도하려 함이 그 동기니라[624]

즉 지나친 물질문명의 세력을 견제하기 위해 그에 걸맞는 정신세력을 확장하여 물질과 정신의 쌍전雙全을 이룩하자는 것이다. 이와 같은 주장의 배경에는 다음과 같은 시대인식이 뒷받침되어 있다. 즉 "지금 세상은 전에 없던 문명한 시대가 되었다 하나 우리는 한갓 그 밖으로 찬란하고 편리한 물질문명에만 도취할 것이 아니라 마땅히 그에 따르는 결함과 장래의 영향이 어떠할 것을 잘 생각해 보아야 할 것이니, 지금 세상은 밖으로 문명의 도수가 한층 나아갈수록 안으로 병맥病脈의 근원이 깊어져서 이것을 이대로 놓아두다가는 장차 구하지 못할 위경에 빠지게 될지라"[625]고 한데서 알 수 있듯이 정신개벽은 물질문명을 다스려나갈 수 있는 새로운 종교 신앙과 도덕훈련이며 이로써 인간의 의식이 개혁된 것을 의미한다.

위에서 말하고 있는 진리적 종교란 먼저 신앙의 대상이 유

---

624 『원불교전서』, 「正典」, 제1 총서편, 원불교 중앙총부 교정원, 1992.
625 「대종경」, 교의품, 34.

한성에 국한되지 않고 궁극적 보편성에 일치되는 것이며, 유한한 인간의 사유와 언어에 국한되지 않는 근원적 진리를 신앙하며, 유기적 세계관 하에 인간성회복을 가능하게 하는 종교이다.[626] 그러한 진리의 법신法身이 곧 일원상一圓相이라는 것이다. 사실적 도덕이라 함은 개인의 수행이 곧 의식주를 구하는 실생활이며, 실생활 중에 항상 공부를 놓지 않고 함께 해 나가는 것이 중요한데 이처럼 공부와 생활이 일치되는 것을 말한다.[627] 이와 같은 과정을 통해 참된 낙원세계가 열릴 수 있다는 것인데, 안으로 정신문명을 촉진하여 도학을 발전시키고 밖으로 물질문명을 촉진하여 과학을 발전시켜야 영육靈肉이 쌍전雙全하고 내외가 겸전하여 결함없는 세상이 된다고 한다.[628]

이상에서 볼 때 원불교圓佛敎의 정신개벽론은 '물질개벽'에 대응하여 성립된 것으로 영육쌍전靈肉雙全의 이념에 입각한 정신문명의 세력 확장을 의미하고 있다. 여기서 말하는 정신문명은 특히 도덕성에 기반한 보편적 신앙의 확립을 말하며 이를 위해 정신수행과 원만한 생활방식을 강조하는 것으로 그 교리가 이어진다고 본다.

4. 대순진리회의 교리와 무자기 - 정신개벽론

대순진리회의 사상적 모체는 조정산 도주의 무극도無極道 창설

---

626 『종교와 원불교』, 원광대 출판부, 1998, pp.166~168참조.
627 위의 책, p.169.
628 「대종경」, 교의품 31장.

과 더불어 확립되었다. 1925년(을축년)에 공표된 교리 가운데 목적에 해당하는 항목인 무자기·정신개벽은 인간의 본심에 대한 자각과 함께 구천상제의 역사役事에 대한 철저한 신념을 강조하고 있다. 천도교의 정신개벽론이 민족의식 고취와 사회 계몽 운동의 성격을 지니고, 원불교가 물질문명과 조화된 정신세계의 구축을 강조하였다면 대순진리회는 구천상제에 대한 신앙과 수도를 통한 자각이 주된 요지를 이루고 있다. 이를 구체적으로 살펴보기로 하겠다.

1) 도인의 옥조玉條로서의 무자기

대순진리회 수도인에게 제시된 훈회와 수칙守則에는 다음과 같이 무자기無自欺에 대해 언급되어 있다.

- 마음을 속이지 말라
- 무자기는 도인의 옥조玉條니 양심을 속임과 혹세무민惑世誣民하는 언행과 비리괴려非理乖戾를 엄금함.[629]

여기서 무자기는 도인으로서 자신의 양심을 속이지 않고 말을 꾸며서 만들어 사회의 물의를 일으키지 말아야 한다는 것이다. 도인은 이러한 훈회와 수칙을 준행하여 수도의 목적달성에 전념하여야 한다.[630] 그렇다면 대순진리에 있어서 무자기의 진

---

629 『대순진리회요람』, 대순진리회 교무부, p.21.
630 『대순지침』, 대순진리회 교무부, p.43.

정한 의미는 무엇인가. 그것은 자신의 양심 즉 본연의 천성天性을 회복하여 그 마음이 무욕청정無慾淸淨에 이른 상태를 말한다. "마음이 참되지 못하면 뜻이 참답지 못하고, 뜻이 참되지 못하면 행동이 참답지 못하고, 행동이 참되지 못하면 도통진경에 이르지 못할 것이라"631고 하였듯이 마음은 뜻을 주관하고 뜻은 행동을 자아내며 행동이 곧 일의 결과를 이끌어내는 것이다.

"마음은 일신을 주관하여 만기萬機를 통솔 이용한다." "마음이 몸의 주로서 제병제악諸病諸惡을 낚아 들이는 것이다."632라는 언급은 인간의 마음이 모든 현상작용을 가능하게 하는 본체임을 시사하고 있다. 여기에 '무자기'란 그 마음의 본체가 순선純善함을 밝혀 이것이 모든 행사行事에 드러나서 정도正道가 구현되게끔 하는 가르침이다.

무자기無自欺의 자의字義에서 나타나듯이 '마음을 속임이 없음'이라는 말은 그 마음의 진실됨이 언행에서 그대로 구현되어야 함을 강조한 것이다. 그렇지 않고 그 본마음을 저버리고 언행을 그릇되게 한다면 무자기를 실천하는 것이 아닌 게 된다. 『전경』에 나타난 다음의 일화는 이와 같은 무자기를 생각하게 해주는 내용이다.

> 상제께서 전주 불가지佛可止 김성국金成國의 집에 가 계실 때의 어느 날 김덕찬을 불러 그에게 말씀하셨는데 그는 그 말씀을 귓가로 들었도다. 이것을 알아차리시고 상제께서 덕찬에게

---

631 『대순지침』, 대순진리회 교무부, p.76.
632 위의 책, p.48.

"이제 용소리 김의관金議官의 집에 가서 자고 오너라"고 이르시니 그는 명을 좇아 용소리로 떠나느니라. 그가 김의관의 집 근처에서 취한으로부터 심한 곤욕을 당하고 불가지로 돌아오니라. 상제께서 문 바깥에 나와서 그가 오는 것을 보고 "왜 자지 않고 되돌아오느냐"고 물으시니라. 덕찬이 공연히 보내어 봉변만 당한 것을 못마땅하게 여기는도다. 상제께서 덕찬과 함께 방안에 들어오셔서 술을 권하며 가라사대 "사람과 사귈 때 마음을 통할 것이어늘 어찌 마음을 속이느냐" 하시니 그는 상제를 두려워하니라. 그 후부터 덕찬은 지극히 작은 일에도 언행을 삼갔도다. 상제께서 두 달 동안 용소리 시목정龍巢里柿木亭에 계시면서 이곳저곳의 종도들의 집에 다니셨도다.[633]

윗글에서 알 수 있는 무자기의 교훈은 상제를 모시는 참된 마음을 언행에서 그대로 구현해야 한다는 것이다. 덕찬이 상제의 명을 좇아 수고를 하는 과정에서 설령 봉변을 당했다 하더라도 그것은 신앙심으로 극복이 되어야 할 부분이지 신앙대상에 대한 저항과 회의를 품는 것은 바람직한 신앙자세가 아니다. 덕찬의 본 마음이 상제를 모시고자 하는 참된 것이라면 그 마음을 저버리고 불손한 언사를 일삼는 것은 곧 자신의 마음을 속이는 것에 다름 아니다. 따라서 도인이라면 무자기를 바탕으로 실천수도에 만전을 기하는 것이 필요하다 하겠다.

한편 대순진리의 수도에서는 무자기를 위한 마음가짐으로 '일심一心' '정심正心' '성심誠心'과 같은 마음의 제 양상을 설명하고

---

633 『전경』 행록 4장 18절.

있다. 일심이란 신앙대상인 구천상제를 따르고자 하는 한결같은 마음을 지칭한다. 어떤 유혹에도 흔들리지 않고 오직 상제의 가르침만을 신봉하는 것이다. 이는 '두 마음'과 대응하는 개념으로도 설명되는데 수도의 목적 달성을 위해서는 무엇보다도 일심이 요구되고 있다.[634] 정심은 '마음을 바로 하는 것'으로서 자신의 욕심에 치우치지 않고 게으름을 부리지 않는 순일純一한 자세이다. 이는 '방심放心'과 대응하는 개념인데 역사상의 상제께서는 언제나 종도들에게 마음을 꿰뚫어 보신 듯이 일깨우고 그 방심을 거두게 하였던 것이다.[635] 성심은 그 마음의 진실이 변함없이 지속적으로 발휘되는 것을 말하며 나아가 목적한 바의 결과를 달성하게 한다. "사곡된 것은 모든 죄의 근본이요, 진실은 만복의 근원이 된다."[636]고 하였고, "이제 너희들에게 다 각기 운수를 정하였노니 잘 받아 누릴지어다. 만일 받지 못한 자가 있으면 그것은 성심이 없는 까닭이니라."[637]는 가르침에서 알 수 있듯이 도인은 그 마음의 진실을 지속적으로 발휘해 나가는 것이 필요하다 하겠다.

이상에서 살펴본 바에 따르면 대순진리에서의 무자기는 수도인으로서의 마음가짐을 단속하는 가르침으로 일관하고 있다.

---

[634] 『전경』의 여러 부분에서 일심에 대한 가르침을 찾을 수 있다. 그 대표적인 것으로서 "인간의 복록은 내가 맡았으나 맡겨 줄 곳이 없어 한이로다. 이는 일심을 가진 자가 없는 까닭이라. 일심을 가진 자에게는 지체없이 베풀어주리라."(교법 2장 4절)등이 있다.

[635] 『전경』 권지2장 22절, "상제께서 공사를 행하실 때나 어느 곳을 정하고 머무실 때에 반드시 종도들에게 정심할 것을 이르셨도다. 방심하는 자에게 마음을 꿰뚫어 보신듯이 일깨우고 때로는 상제께서 주무시는 틈을 타서 방심하는 자에게 마음을 통찰하신 듯이 깨우쳐 주고 방심을 거두게 하시니라."

[636] 『전경』 교법 3장 24절.

[637] 『전경』 교법 2장 37절.

그 마음에 본래 청정무구한 순선純善함이 있음을 전제하고 이것이 일상생활에서 지속적으로 발휘되기 위해서는 '일심一心' '정심正心' '성심誠心'과 같은 자세가 갖추어져야 한다는 것이다. 그럴 때 목적달성이 가능하다는 말이니 무자기는 곧 도인의 옥조玉條로서 일컬어질 수 있다는 말이다.

2) 천지공사에 대한 신념으로서의 정신개벽

대순진리회의 수도 목적에서 무자기의 실현은 곧 정신개벽으로 이어진다. 여기서 정신이란 '무자기'에서 논의된 본 마음을 가리키고 있다. 그 마음에 속임이 없으므로 해서 순선純善한 양심이 발휘되고 모든 언행이 도리에 합당하여 바람직한 결과를 이끌어 낼 수 있다. 마음이 정신이라면 그 마음의 일심 또는 정심이 일신一身을 지배하여 지속적으로 일상日常을 변화시켜 나갈 때 이를 '정신개벽'으로 지칭할 수 있을 것이다.

 1925년 무극도를 창시한 도주 조정산은 목적으로서 정신개벽을 제시하였는데, 이는 당시의 사회상황에서 저마다 다른 입장을 지니고 있었다고 본다. 앞서 살펴본 천도교에서는 사회계몽적 성격이 강했으며, 원불교의 정신개벽은 불법에 연원을 둔 정신문화창달의 성격을 띤 것이었다. 그렇다면 오늘날의 대순진리회가 목적으로 삼는 정신개벽은 연원 상 어떤 성격을 띤다고 볼 수 있을까. 그것은 무자기와 관련되어 이해해볼 때 일심 정심 성심의 근간을 이루는 '상제신앙'에서 찾아야 하리라 본다. 대순진리회 신앙의 대상이 되는 구천상제께서는 약 40년에 걸친 인계사人界事를 마치고 보화천존普化天尊의 제위帝位에 임어하여 삼계三界를 통찰하고 세계를 관령管領하는 분으로서 그 성스러운 역사가 수도인의 신념으로 자리 잡고 있다. 수도인이 지속적으로 유지해야만 하는 마음은 다름 아닌 이와 같은 구천상제의 존재에 대한 것이어야 한다. 즉 대순진리회에서의 정신개벽이란 구천상제의 존재를 자각하고 그 역사에 대한 신념으로 일관해 나갈 때 드러나는 모든 일신一身의 변화를 지칭한다고 할 것이다.

정신개벽에서 근간으로 삼는 구천상제에 대한 신앙은 곧 인계사人界事에서 이루어졌던 '천지공사'에 대한 신념으로 이어진다. 천지공사는 구천상제의 권능이 발휘된 역사로서 현대의 문명발전을 규정하는 창조적 작업이다. 구천상제의 속성으로까지 일컬어질 수 있는 이와 같은 천지공사는 오늘날 수도인의 생활방식을 지배하며, 나아가 이상사회에 대한 방향성을 제시하기에 충분한 것이었다.

> 상제께서 하루는 김형렬에게 "삼계 대권을 주재하여 조화로써 천지를 개벽하고 후천 선경後天仙境을 열어 고해에 빠진 중생을 널리 건지려 하노라"고 말씀하시고 또 가라사대 "이제 말세를 당하여 앞으로 무극대운無極大運이 열리나니 모든 일에 조심하여 남에게 척을 짓지 말고 죄를 멀리하여 순결한 마음으로 천지 공정天地公庭에 참여하라"고 이르시고 그에게 신안을 열어 주어 신명의 회산과 청령聽令을 참관케 하셨도다.[638]

---

638 『전경』 예시 17절.

역사상의 구천상제는 삼계대권을 지니고 인계人界에 강세하였으며, 진멸지경盡滅之境에 처한 인류를 구제하기 위해 천지를 개벽하는 공사公事를 집행하였다. 후천선경은 천지공사로서 맞이하게 되는 미래의 이상사회를 지칭한다. 구천상제의 권능을 실감하고 그 엄위嚴威로운 존재를 신앙한다면 천지공사에서 파악된 이념에 따라서 자신의 생활을 규정해 나가야만 할 것이다. '무극대운'은 오직 상제의 권능에 의해 주어지는 후천의 미래가 무한함을 묘사하며, '순결한 마음으로 천지공정에 참여'하는 것은 그 개벽의 공효功效를 누리고자 하는 수도인의 실천이 당위적인 것임을 뜻한다. 여기에 정신개벽은 천지개벽에 부합된 천인합일天人合一적인 성격을 내포하고 있다 하겠다.

이제 하늘도 뜯어고치고 땅도 뜯어고쳐 물샐틈없이 도수를 짜 놓았으니 제 한도에 돌아 닿는 대로 새 기틀이 열리리라. 또 신명으로 하여금 사람의 뱃속에 출입케 하여 그 체질과 성격을 고쳐 쓰리니 이는 비록 말뚝이라도 기운을 붙이면 쓰임이 되는 연고니라. 오직 어리석고 가난하고 천하고 약한 것을 편이하여 마음과 입과 뜻으로부터 일어나는 모든 죄를 조심하고 남에게 척을 짓지 말라. 부하고 귀하고 지혜롭고 강권을 가진 자는 모두 척에 걸려 콩나물 뽑히듯 하리니 묵은 기운이 채워 있는 곳에 큰 운수를 감당키 어려운 까닭이니라. 부자의 집 마루와 방과 곳간에는 살기와 재앙이 가득 차 있나니라.[639]

---

639 『전경』 교법 3장 4절.

윗글에서 알 수 있듯이 천지 즉 우주의 모든 변화는 구천상제의 천지공사에서 창조적으로 규정되어 있다. 즉 물 샐 틈 없이 짜여진 도수에 의해 모든 변화가 가능하며, 그 현현顯現을 담당하는 신명神明으로 하여금 인간마저도 그에 합당한 변화가 필요하다고 한다. 이른바 천지개벽이 있으므로 해서 정신개벽도 가능하다. 무극대운으로 펼쳐지는 새로운 기틀에 인간 또한 새로운 존재로 거듭나지 않으면 안 되는 당위성이 입증되고 있는 것이다. 그리하여 '모든 죄를 조심하고 남에게 척을 짓지 않음'으로써 실천을 다하게 되니 정신개벽은 천도天道에 부합된 인도人道의 의미로서 그 가치를 발휘하게 된다.
　대순진리에서의 정신개벽이 추구하는 주된 내용은 이상과 같이 구천상제에 대한 신앙을 근간으로 하여 천지공사로 이룩된 새로운 후천세계의 진리를 체득하며 이를 신념화하는 모든 정신적 변화를 뜻하고 있다 하겠다.

3) 실천수도의 목적으로서의 무자기 · 정신개벽

앞에서 살펴본 바대로 '무자기'는 수도인으로서의 마음가짐을 규정하며 '정신개벽'은 그 마음의 근간과 공효功效를 아우르는 가치개념이다. 이 두 가지는 모두 동일한 목적으로 제시되어 있으며 따라서 상호 긴밀한 연관선상에서 파악되어지고 있다. 즉 하나의 목적의식에 입각해서 '정신개벽'이 추상적이고 결과적이며 성취된 것이라면, '무자기'는 구체적이고 과정적이며 방법적인 성격을 지닌다 하겠다. 궁극적으로는 개벽이라는 개념에 초점을 맞추고 있고 그 범주의 하나로서 인간의 마음 또는 정신을 예로 든 것이다.

　인간 정신이 추구하는 궁극적인 목적을 개벽이라고 한다면 여기에 내포된 주요 속성의 하나가 바로 도통이다. 도통은 수도의 목적이면서 이상적 인간상을 이루는 정신적 경지이다.

> 또 상제께서 말씀을 계속하시기를 "공자孔子는 七十二명만 통예시켰고 석가는 五百명을 통케 하였으나 도통을 얻지 못한 자는 다 원을 품었도다. 나는 마음을 닦은 바에 따라 누구에게나 마음을 밝혀 주리니 상재는 七일이요, 중재는 十四일이요, 하재는 二十一일이면 각기 성도하리니 상등은 만사를 임의로 행하게 되고 중등은 용사에 제한이 있고 하등은 알기만 하고 용사를 뜻대로 못하므로 모든 일을 행하지 못하느니라" 하셨도다.[640]

　위의 상제의 법설에 따라 이해해 볼 때 도통은 누구나 마음을 닦은 바에 따라 얻게 되는 마음의 궁극적 경지임을 알 수 있다. 상재 중재 하재로 나눈 것은 자기 수도의 정도에 의해 주어지는 위계적인 구분이다. 그만큼 다양한 경지의 차이가 있음을 전제함으로써 '개벽'이라는 개념이 지니는 외연外延이 확장되어 있음을 말하고 있다. 이러한 도통을 이룸으로써 수도의 목적이 달성된다 하겠는데 그것은 내외합일內外合一과 천인합일天人合一 그리고 신인합일神人合一을 지향하고 있다.

---

[640] 『전경』 교운 1장 34절.

상제께서 이르시기를 "너희들이 항상 도술을 배우기를 원하나 지금 가르쳐 주어도 그것은 바위에 물주기와 같아 안으로 들어가지 않고 밖으로 흘러가느니라. 필요할 때가 되면 열어주리니 마음을 부지런히 하여 힘쓸지니라" 하셨도다.[641]

그리고 "내가 도통줄을 대두목에게 보내리라. 도통하는 방법만 일러 주면 되려니와 도통될 때에는 유 불 선의 도통신들이 모두 모여 각자가 심신으로 닦은 바에 따라 도에 통하게 하느니라. 그러므로 어찌 내가 홀로 도통을 맡아 행하리오"라고 상제께서 말씀하셨도다.[642]

도道와 술術은 서로 내內·외外관계로써 합일되어야 하며, 천지공사와 수도는 천인관계天人關係로써 합일되고, 도통신과 인간은 신인관계로써 합일되어야 한다. 그랬을 때 진정한 도통이 실현될 수 있다는 것이니, 무자기·정신개벽은 그러한 목적의식을 담보하는 교리로 이해되어지고 있다.

5. 맺음말

이상으로 무자기·정신개벽에 관하여 그 이론적 기초와 함께 대순진리회 교리로서의 의미를 고찰해보았다. 대순진리회의 목

---

641 『전경』 교법 2장 12절.
642 『전경』 교운 1장 41절.

적 교리로 제시된 무자기·정신개벽은 다른 항목(지상신선실현·인간개조, 지상천국건설·세계개벽)에 비해 주로 인간의 내적 충실성을 기하는 측면에서 설정되었다고 본다. 인간의 언어 행동을 주관하는 것은 마음이니 그 마음의 충실이 곧 인간 정신을 개벽하는 것으로 이어진다. 무자기에서 대상이 되는 마음은 인간 본연의 양심이며, 정신개벽은 수도인으로서 지니는 신념이 일신一身을 지배하는 것이다. 대순진리회 교리로서의 무자기는 그와 같은 인간본연의 양심을 저버리지 않고 지켜나가는 것이며 '일심' '정심' '성심'과 같은 마음자세가 요구되어진다. 정신개벽에서는 수도인의 의식을 지배하는 것이 구천상제에 대한 신앙이며 상제께서 이룩하신 천지공사의 역사를 신념화하여 일상을 영위해나갈 때 비로소 목적으로서의 도통을 달성할 수 있다는 것이다.

대순진리회가 추구하는 목적은 하나의 교리가 갖추어야하는 틀에서 그 위치를 차지한다. 교리연구에서 꾸준히 다루어 온 바 있듯이 종지, 신조 그리고 목적이 그 체계를 이루고 있다. 여기서 무자기·정신개벽은 종지 그리고 신조에 대한 면밀한 이해의 기반 하에서 그 독창적인 의미를 발휘하게 될 것이다.

2장
지상신선실현 – 인간개조론

1. 머리말

대순진리는 강세하신 구천상제께서 9년간 행하신 천지공사의 유지遺志를 계승하여 50년 공부工夫 종필終畢로 전하신 조정산 도주의 유법遺法을 숭신崇信하여 일컫는 말이다. 오늘날의 현대 종단 대순진리회에서는 그 유법이 하나의 체계적인 교리개요로서 확립되어 있으니 종지와 신조, 목적이 그것이다. 여기서 목적은 신앙적 실천을 통해 도달하고자 하는 궁극적 경지를 일컫는 말인데 개인의 정신적 경지도 포함하고 나아가 사회적 세계적인 가치실현을 표방하고 있다. 즉 무자기·정신개벽은 실천 수도하는 가운데 도달할 수 있는 정신적 경지이며, 지상신선실현·인간개조는 그 정신적 경지를 포함한 이상적 인간상을 지칭하며, 지상천국건설·세계개벽은 그렇게 완성된 인간이 모여 사는 이상사회 또는 이상세계를 총칭하는 말이다. 한 개인으로부터 나아가 사회와 국가 그리고 세계전체에 이르는 가치실현의 단계는 비록 시간적 선후를 구분할 수는 없지만 실천수도의 궁극적 목적이 되는 것만큼은 분명하다 할 것이다.

본고에서 다루고자 하는 것은 대순진리의 목적으로 제시된 항목 가운데 지상신선실현·인간개조에 관해서이다. 앞에서 살펴본 바와 같이 무자기·정신개벽은 인간본연의 심성계발에서부터 그 청정한 정신적 경지를 확보하는 것이 관건이 되었다. 지상신선실현·인간개조에서는 그러한 정신적 경지를 포함하여 인간자신의 총체적 완성을 어떤 모습으로 실현할 것인가를 문제삼는다. 따라서 본문에서는 먼저 지상신선과 인간개조에 관한 이론적 기초를 설정하여 그 개요를 고찰하며, 이어서 대순진리에서 추구하는 목적으로서 지상신선실현·인간개조의 의미와 그 교리적 함의에 대해서 살펴보기로 하겠다.

2. 지상신선과 인간개조에 대한 이론적 기초

1) 신선사상의 유래와 지상신선

■ 신선사상의 유래

신선神仙은 '선인仙人' '선仙' '신인神人' '진인眞人' 등의 다양한 명칭으로 일컬어지는데, 일반적으로는 보통사람 이상의 훨씬 긴 수명을 누리고 마음대로 하늘을 날아다닐 수 있는 초인간적인 존재(super natural being)를 지칭한다. 그 글자의 구성에서 볼 수 있듯이 인人+산山의 의미는 산에 들어가서 불로불사不老不死의 술術을 얻은 사람을 통칭하고 있다.[643] 이러한 신선에 대한 관념은 근본적으로 인간이 지닌 욕구의 한 단면을 나타내주고 있다. 즉 인간은 다른 동물과 달리 스스로 자기의 존재나 능력에 한계가 있다는 것을 인식하고 그것을 극복하기 위한 끊임없는 노력을 한다. 보다 구체적으로 말하면 인간은 죽을 수밖에 없는 유한한 존재임을 자각하고 어떤 영원·무한한 것에 대하여 외경하는 태도를 지닌다는 것이다.[644] 모든 종교문화는 바로 인간의 이러한 특성에서부터 유래한다고 해도 과언이 아니다. 특히 신선에 대한 동경憧憬은 동아시아 민족에게서 자신의 유한성을 극복하고자 탐구했던 노력을 여실히 발견할 수 있는 내용이다. 서양의 계시 종교적 특성에서는 인간의 유한성이 어떤 절대자에 대한 믿음과 헌신의 태도로 인해 죄사함을 받고 사후세계에서 영생을 누리는 것이 유일한 목적으로 설명되지만, 신선설을 중심으로 하는 동양종교에서는 각 개인의 양생법養生法으로 육체적인 수명을 무한대로 늘릴 수 있다는 데 관심을 둔다. 이런 측면에 의해 동양종교가 내세주의來世主義적이기보다는 현세주의적 성격이 강하다는 주장도 나오게 된다.[645] 오늘날 중국의 도교사원에서나 한국의 사찰 등지에서 모셔지고 있는 신선神仙은 동아시아 문화권에서 발견할 수 있는 이상적 인간상이 잘 묘사된 것이라 본다.

신선설을 역사서에 근거하여 찾아본다면 가장 대표적으로 『사기史記』의 「봉선서封禪書」에 나오는 내용일 것이다. 여기에는 중국 전국시대의 제나라 위왕威王과 선왕宣王 그리고 연나라 소昭

---

643 『大漢和辭典』一, p.601 참조.
644 이은봉, 『종교세계의 초대』, 벽호, 1992, pp.15~21 참조.
645 신선설을 중심으로 하는 동양종교로서는 도교道敎가 대표적이라고 하겠지만, 유교 또한 동양종교의 하나로써 강한 현세주의적 특징을 지니고 있음을 지적할 수 있다. (『유학사상』, 성균관대출판부, 1999, p.10 참조.)

왕이 각각 사람을 보내어 바다 가운데 있는 봉래蓬萊 방장方丈 영주瀛州의 삼신산三神山을 찾게 했다는 기록이 나온다. 이 삼신산은 발해渤海 가운데에 있으면서 많은 신선들이 살고 있고 또한 불사약不死藥이 있다. 그곳에 세워진 궁전은 모두 금은으로 만들어지고, 살고 있는 새나 동물들은 모두 흰색이라고 한다. 멀리서 보면 구름과 같이 보이지만 가까이 가면 삼신산은 물밑에 있는 것처럼 거꾸로 보이며 계속 접근하면 바람이 불어 멀리 보내버리게 되어 마침내 이를 수 없게 만든다고 한다. 이 이야기를 듣고 당시에 관심을 가지지 않은 제후가 없었다고 하는데, 특히 천하를 통일한 진시황秦始皇은 그 집착이 대단했던 것으로 알려져 있다. 그는 천하를 통일한 다음해(B.C.219) 봉선封禪을 행하고 해안지방을 여행하면서 많은 방사方士들로부터 신선이야기를 들었다. 그리하여 서불徐市 이하의 방사들에게 재계齋戒하게 한 뒤 동남童男·동녀童女 수 천 명을 거느리고 삼신산에 불사약을 가지러 보냈다. 비록 진시황은 불사약을 얻지 못하고 사망하게 되었지만 당시의 신선설이 정치인에게 얼마나 지대한 영향을 미쳤는가를 잘 보여주고 있다.[646] 이와 같이 고대의 왕들이 특히 신선을 동경하였다는 기록은 자신이 부귀영화를 누리면서 그 쾌락이 영원히 지속되기를 바라는 데서 요구되었고 그것이 점차로 일반인들 사이에 퍼져나갔던 것으로 본다.[647]

신선이 지니는 특성은 여러 문헌에 다양하게 기술되어 있다. 신선을 뜻하는 글자는 원래 선僊 또는 선인仙人으로 기록되어 있

---

[646] 『史記』 권 28, 封禪書, "自威宣燕昭使人入海, 求蓬萊方丈瀛州, 此三神山者, 其傳在渤海中…"
[647] 구보 노리따다, 최준식 역, 『道敎史』, 분도출판사, 1990, p.87.

는데, 『설문說文』에는 "오래 살고 하늘을 날아가는 것"이라고 하였으며648, 『석명釋名』에는 "늙어도 죽지 않는 것"을 선仙이라 하고, 천遷과 같은 뜻으로 보아 사람이 산으로 옮겨간다고 하는 데서 선仙자가 만들어졌다고 한다.649 『초사楚辭』에는 진인眞人의 아름다운 덕은 '속세를 떠나 신선이 되는 것'에 있음을 말하였으며,650 『산해경山海經』에는 명산에는 항상 신인神人이 나온다고 기록하고 있다.651 신선이 지니는 능력에 대해서는 주로 신인神人 진인眞人 선인仙人에 대한 설명에서 찾아볼 수 있다. 『장자莊子』나 『열자列子』에 묘사되어 있는 신인神人은 "그 피부가 눈이나 얼음 같고 그 몸의 유연함이 처녀와 같으며 오곡을 일체 먹지 않고 바람을 흡입하고 이슬을 마시며 구름을 타고 용을 몰며 세상 밖에서도 노닌다"고 하였으며,652 진인眞人은 "잠을 잘 때에도 꿈을 꾸지 않고…발뒷꿈치로 숨을 쉰다"고 하였다.653 『포박자抱樸子』에는 단약丹藥을 먹고 신선이 된 여덟 사람을 소개하고 있다. 그에 따르면 선인仙人은 물에 들어가도 젖지 않고 불에 들어가도 타지 않으며 더위나 추위도 전혀 느끼지 않고 하루에 오 백리를 가며 무게 천근을 들어 올리고 몸이 가벼워 날아다니며 마음대

---

648 『說文解字』, "僊, 長生僊去", 注, "僊僊, 舞袖飛揚之意"
649 『釋名』 釋長幼, "老而不死曰仙, 仙遷也, 遷入山也. 故其制字人旁作山也"
650 『楚辭』 권5, 遠遊 (屈原), "貴眞人之休德兮, 美往世之登仙"
651 『山海經』, "又東一百五十里, 曰熊山, 有空焉, 熊之空, 恆出神人, …有神人二八, 連臂, 爲帝司夜于此野, 在羽民東, 其爲小人頰赤肩,…有夏州之國, 有蓋余之國, 有神人, 八首人面, 虎身十尾, 名曰天吳"
652 『莊子』, 逍遙遊, "邈姑射之山, 有神人居焉, 肌膚若氷雪, 綽約若處子, 不食五穀, 吸風飮露, 乘雲氣, 御飛龍, 而遊乎四海之外" 이와 비슷한 내용이 「列子 黃帝第二」에도 묘사되어 있다.
653 『莊子』, 大宗師, "古之眞人, 其寢不夢, 其覺不憂, 其食不甘, 其息深深, 眞人之息以踵, 衆人之息以喉".

로 모습을 변하게 하고 은폐시킬 수 있는 등 여러 가지 능력을 지니고 있는 것으로 묘사되어 있다.654

　이상에서 살펴본 바에 따르면 신선은 그가 지닌 다양한 능력으로 보통 인간과는 다른 삶을 사는 것을 알 수 있다. 특히 주목되는 것은 모든 육체적인 제약을 뛰어넘고 불로불사한다는 데서 매력을 지니며, 이것은 결국 인간 존재의 현실적 한계로부터 벗어나기 위한 바람으로 그러한 신선을 상정하게 되었다고 보여진다. 이러한 신선사상은 후대에 이르러 종교집단으로서의 도교道敎가 형성되고 성장함에 따라 일정한 신앙 형태를 갖추게 되었으며 보다 구체적인 수행 방법이 계발되게 되었다.

■ 지상신선의 일반적 의미

그렇다면 '지상신선地上神仙'은 어떠한 의미를 지니는가. 문법적으로는 '지상에서의 신선'이라는 뜻이다. 이 때 지상地上은 천상天上의 반대의미로서 이해될 수 있다. 즉 천상은 땅을 밟고 살아가는 현실적 존재로서의 인간이 포착할 수 없는 초월적이며 불가시적인 세계를 지칭한다. 인간이 사후死後에나 갈 수 있는 영靈적인 곳이면서 현실과는 동떨어진 이상세계인 것이다. 그러나 지상地上은

---

654 『抱樸子』, 仙藥, 권11, "昔仙人八公, 各服一物, 以得陸仙, 各數百年, 乃合神丹金液, 而升太淸耳. 人若合八物, 煉而服之, 不得其力, 是其藥力有轉相勝畏故也. 韓終服菖蒲十三年, 身生毛, 日視書萬言, 皆誦之, 冬袒不寒. 又菖蒲生須得石上, 一寸九節已上, 紫花者尤善也. 趙他子服桂二十年, 足下生毛, 日行五百里, 力擧千斤. 移門子服五味子十六年, 色如玉女, 入水不沾, 入火不灼也. 楚文子服地黃八年, 夜視有光, 手上車努也. 林子明服朮十一年, 耳長五寸, 身輕如飛, 能超逾淵谷二丈許. 杜子微服天門冬, 御八十妾, 有子百三十人, 日行三百里. 任子季服茯苓十八年, 仙人玉女往從之, 能隱能彰, 不復食穀, 灸瘢皆滅, 面體玉光. 陵陽子仲服遠志二十年, 有子三十七人, 開書所視不忘, 坐在立亡".

그렇지 않다. 구체적이며 가시적인 공간으로서 인간이 살아가는 현실세계가 모두 지상이다. 따라서 지상신선이란 앞에서 설명한 신선이 현실에서 확인되지 않는 공상적인 존재가 아니라 현실 속에서 확인 가능한 구체적 모습의 인간임을 지향하는 개념이다.

전통적으로 지상신선은 '지상선地上仙' 또는 '지선地仙' 등의 의미로 일컬어져 왔다. 지상선地上仙은 지상의 신선으로서 현실에서 팔자가 아주 좋은 사람을 가리킨다. 『고려사高麗史』의 기록에 따르면 최당崔讜이라는 사람은 신종 때의 인물로서 여러 번 벼슬에 올랐으나 퇴직을 청원하여 한가한 생활을 하였다. 자기 서재에 쌍명재雙明齋라는 현액을 붙이고 전임 퇴직자들과 기로회耆老會를 조직한 뒤 유유자적하는 생활을 하였으므로 당시 사람들이 그들을 '지상신선'이라 불렀다 한다.655 『옥루몽玉樓夢』에도 보면 '병이 없고 근심이 없으며 한가로이 지내는 사람'을 지상선으로 묘사하고 있다.656 지선地仙에 대해서는 『포박자』에서 선인을 크게 세 가지 등급으로 나누어 "중급의 신선은 명산名山에서 노닌다고 하니 이를 지선地仙이라 한다"고 하였으며,657 당나라 백거이白居易의 시에 "관직을 버리고 근심이 없으니 곧 지선地仙이라"658고 한데서 알 수 있듯이 평소에 근심 걱정이 없으며 한가로이 지내는 사람을 지칭하

---

655 『高麗史』 권99, 崔讜傳, "神宗時, 拜中書侍郎平章事, 進守太尉門下侍郎同中書門下平章事, 上章乞退, 遂致仕閑居, 扁其齋曰雙明…逍遙自適, 時人謂之地上仙, 圖形刻石, 傳於世…"
656 『玉樓夢』 56回, "但無病無憂, 身世淸閑, 以江上淸風, 山間明月, 送百年, 方可謂地上仙"
657 『抱朴子』 論仙, 권2, "按《仙經》雲, 上士擧形升虛, 謂之天仙. 中士游於名山, 謂之地仙. 下士先死後蛻, 謂之屍解仙"
658 『唐白居易長慶集』 57, 池上卽事詩, "身閒當貴眞天爵, 官散無憂卽地仙"

고 있다.

　이상과 같은 의미에서 알 수 있듯이 전통적인 의미에서의 지상신선은 실제로 불로불사하며 하늘을 날아다니는 신비한 능력의 소유자를 지칭하기보다는 현실에서 남다른 삶의 태도를 지닌 모습에 치중하고 있다. 즉 세상의 속된 욕심에 치우치지 않고 남과 다투지 않으며 삶과 죽음에 초연할 줄 알며, 자연과 더불어 한가로이 자신의 몸을 맡길 줄 알 때 이러한 사람을 지상신선이라고 부른다는 것이다. 이는 마치 『장자莊子』에서 설명하고 있는 진인眞人의 참된 모습을 말하는 것과 같다. 즉 "삶을 기뻐할 줄도 모르고 죽음을 싫어할 줄도 모르며…아무런 생각 없이 선선히 자연을 따라갈 줄 알며 굳이 만물의 시초를 알려고 하지 않는"659 그야말로 유유자적하는 모습이다. 따라서 그 초월적인 능력을 지닌 신선을 현실에서는 도저히 실현할 수 없고 또한 볼 수도 없었으므로 지상신선이라는 표현을 빌려서 보다 현실적인 의미를 부각시켰다고 하겠다. 일반적으로는 현실을 살아가는 인간의 마음이 욕심에 치우치지 않고 근심 없이 생활하며 항상 자신의 몸을 건강하게 유지한다면 그것으로 만족한다는 데 지상신선의 의미를 두었던 것이다. 하지만 이러한 세속적 의미의 지상신선은 오늘날 대순진리의 이념과는 궤도를 달리한다고 본다. 즉 대순진리의 목적교리에서는 신선의 본래적인 의미와 그 초월적 가치가 현실에서도 그대로 실현되는 것을 말하며 누구나 확인 가능한 상태에서 이상이 현실화 되는 것을 목표로 하고 있다.

---

659 『莊子』, 大宗師, "古之眞人, 不知說生, 不知惡死, 其出不訢, 其入不距, 翛然而往, 翛然而來而已矣, 不忘其所始, 不求其所終, 受而喜之, 忘而復之, 是之謂不以心損道, 不以人助天, 是之謂眞人"

2) 이상적 인간상과 인간개조론

여기서는 인간개조에 관한 이론적 기초로서 제 종교의 인간관에서 다루어지는 이상적 인간상에 관하여 살펴보기로 한다.

■ 유교의 성인군자聖人君子론

유교는 공자(B.C.551-B.C.479)를 중심으로 하는 교학체계를 말한다. 공자 이후 시대의 변천에 따라 그 사상적 조류도 변천과 기복은 있었다 할지라도 공자의 인도주의人道主義 정신이 일관하여 그 주축을 이루어 왔다고 할 수 있다.[660] 공자의 인도주의 사상이 지니는 특징에 대해서는 크게 두 가지 측면에서 이야기될 수 있다. 첫째는 천도天道 귀신鬼神 등의 초월적이며 형이상학적인 존재보다는 현실의 주체가 되는 인간의 삶의 문제에 관심을 두었다는 점이다. "아직 사람을 섬길 줄을 모르는데 어찌 귀신을 섬길 수 있으며, 아직 삶을 모르는데 어찌 사후의 일을 알 수 있겠는가"[661]라는 명언은 이러한 사실을 잘 뒷받침해주고 있다. 둘째는 인仁의 실천을 통해 인간관계의 회복과 그 가치실현을 주된 목적으로 삼는다는 것이다. 가정에서는 '효제孝悌'를 행하고, 밖에 나가서는 항상 남을 배려할 줄 알며, 궁극적으로는 모든 사람들이 잘 살 수 있게끔 덕을 베풀어나가는 것이 인仁을 실현하는 길이다.[662] 이를 위해 자신의 욕구를 다스리고 예절을 갖추

---

660 유승국, 『동양철학연구』, 근역서재, 1988, p.11.
661 『論語』, 先進, "季路問事鬼神, 子曰, 未能事人, 焉能事鬼, 敢問死, 曰未知生, 焉知死"
662 『論語』, 學而, "君子務本, 本立而道生, 孝弟也者, 其爲仁之本與", 雍也, "子

어 모든 처사를 행하는 것이 그 방법이 된다.[663] 즉 인간은 무엇을 위해 살며 또 어떻게 살아야 가치가 있으며 인간의 바람직한 삶의 태도가 무엇인가 하는 것이 공자가 평생을 기울여 추구한 문제라고 본다.[664] 유교사상에서 추구하는 이상적 인간상은 바로 이와 같은 인도주의적 이념을 체현한 인격자를 지칭하고 있다. 그러한 인격이 성숙 완성된 인간을 가리켜 유교에서는 '군자君子' '성인聖人'과 같은 호칭을 사용하고 있다.

군자란 본래 계급적인 명칭으로 정치에 종사하는 사대부士大夫를 가리키며, 일반서민인 '소인小人'과 대칭되었다. 그런데 사대부가 서민들을 이끌기 위해서는 마땅히 덕德을 갖추고 있어야하므로 '군자'의 개념은 '덕이 있는 사람' 혹은 '도덕적 인격'을 가리키는 말로 전화轉化된다. 그 이상적 인격이 무엇인가에 대해서 공자는 지智·인仁·용勇 삼덕三德을 갖추어야 한다고 말했다. 인仁으로써 주체를 확립하고 지知로써 사리를 분명히 인식하며, 용勇으로써 실천한다는 원칙은 천하에 통달하는 세 가지 덕으로서 인격완성의 필수적인 요소이다. 이러한 군자가 지닌 몇 가지 특징에 대해서는 아주 대범하다거나 남의 장점을 잘 드러내준다거나 남과 다투지 않으며 부화뇌동하지 않고 의리에 밝으며 다재다능하다는 점 등을 들고 있다.[665]

성인聖人은 군자의 인격이 닦여져서 궁극적으로 도달하는 가

---

[663] 『論語』, 顏淵, "顏淵問仁, 子曰, 克己復禮爲仁, 一日克己復禮, 天下歸仁焉, 爲仁由己, 而由人乎哉"
   貢曰, 如有博施於民而能濟衆, 何如, 可謂仁乎, 子曰, 何事於仁, 必也聖乎, 堯舜, 其猶病諸, 夫仁者, 己欲立而立人, 己欲達而達人"
[664] 『유학사상』, 성균관대 출판부, 1999, p.144.
[665] 『유학사상』, 성균관대출판부, 1999, pp.149~150 참조.

장 이상적인 인간을 가리킨다. 말하자면 그 지혜와 덕이 최고의 경지에 이른 사람이다. 공자는 비록 평소에 '군자君子'를 이상적인 인격이라고 하였으나 사실상 진정한 이상인격은 '성인聖人'으로 지칭된다. 고대의 성인聖人이란 복희伏羲, 문왕文王과 같이 임금으로서 '문물을 창시한 사람[製作者]'으로 여겨졌다. 한대漢代 이후 공자를 현창하면서 성인은 '지고한 인격을 갖춘 자'로서 또한 보통 사람과는 다른 존재로 여겨졌다. 그러나 송대宋代의 사대부들의 도학道學사상에 이르면 사람은 누구나 노력과 공부에 의해서 성인이 될 수 있다고 믿었으니 바로 기질을 변화시켜 본연의 성性을 회복하는 것에 의해 실현가능하다고 한 것이다.[666]

요약하자면 유교에서 추구하는 이상적 인간상은 그 인도주의적 가치관에 입각하여 도덕적이며 인격적인 완성을 이룬 사람을 말하고 있다. 이때 인격이란 인간관계 내에서 확인되어지는 내면적 덕성이며 도덕적 가치실현의 주된 동인動因이 된다. 그러한 인격이 자기 안에서 체현되어지고 또한 외적으로 발휘되어 사회적 도덕을 성취하는 인물이 곧 성인·군자라고 할 것이다.

■ 불교의 불타佛陀론

불교는 불타(고타마 싯달타, 석가모니)의 깨달음에 관한 교설을 중심으로 하여 성립된 종교이다. B.C. 6세기경 인도에서 발생한 이후 중국을 거쳐 한국 일본 등지로 전래된 불교는 근본불교, 부파불교, 대승불교, 밀교 등의 다양한 모습을 거치면서 세계

---

[666] 김수중 외, 『인간이란 무엇인가』, 민음사, 1998, p.174 참조.

전역에 확산되었다. 그 형태가 어떻게 변모하였던 불교의 가르침은 불타 즉 석가모니의 근본교설을 떠날 수 없다. 오늘날 한국을 포함한 대승불교권에서 발전된 불교의 내용에는 수많은 보살신들이 등장하고 정토淨土세계에 태어나고자 발원하는 신앙체계가 만연되어 있지만 역사 속의 석가모니는 분명히 인간 이외의 다른 존재일 수가 없다.

그는 단지 한 인간으로서 어떠한 신이나 외적 힘으로부터 영감을 받았다고 주장하지 않았으며 그의 깨달음과 성취가 온전하게 인간적 노력과 지성의 결과라고 했다. 오직 인간만이 불타가 될 수 있으며 모든 사람은 불타가 되기를 소망하고 그를 위해 노력하기만 한다면 또한 불타가 될 수 있는 가능성을 지니고 있다. 단지 불타는 특히 빼어난 인간으로서 후일 대중적인 종교에서 거의 초인간으로 여겨진 것은 그의 인간으로서의 완전성 때문이었다고 본다.[667] 석가모니가 이루었던 완성된 인간의 모습은 바로 모든 인간이 지니고 살아가는 고苦의 굴레로부터 벗어나 '무상정등각無上正等覺'으로서의 지혜를 성취했음을 말한다. 그 지혜는 삼법인三法印 사성제四聖諦 팔정도八正道 십이연기十二緣起로써 요약된다.

불타와 같은 지혜를 얻지 못한 자를 범부凡夫 또는 중생衆生이라고 하는데, 어리석고 둔해서 탐진치貪瞋痴 삼독三毒에 빠져 번뇌에 허덕이는 존재이다. 불경은 범부의 특성을 욕망·쾌락·동요·고통 등의 부정적인 언어로 기술하고 이 세계가 지

---

[667] Walpola Rahula, *What the Buddha taught*, Gordon Fraser Gallery Ltd., 1978, p.1.

각에 의해서 발생하고 유지·강화되어 가는 과정과 그 과정에서 발생하는 고苦의 모습을 상세하게 보여주고 있다. 그렇게 함으로써 계율생활과 선 그리고 반야와 신심을 통해서 부정적인 상태를 극복하고 부동不動의 열반涅槃으로 나아가야 한다고 역설한다.[668] 이처럼 불교에서 바라보는 이상적 인간상은 불타가 성취했던 지혜를 똑같이 얻어서 범부로서 지닌 고苦로부터 해방된 인간이다. 그러한 지혜를 얻기 위해서는 현실에 대한 통찰과 치열한 문제의식으로 자신과 싸워나가야 한다.

불교의 진리는 본질을 현실로 연역해오는 것도 아니요 눈앞의 현실을 본질적인 데로 환원해가는 방법론도 아니다. 다만 그 마음이 각覺했느냐 미迷했느냐에 그 본령을 둔 것이다. 각覺하면 불佛이요 미迷하면 범부이다. 현실에 집착하는 것도 아니고 또 관념에 사로잡힌 것도 아닌, 비색비공非色非空이고 부즉불리不卽不離의 진여眞如를 드러내는 철학이다. 이 진여가 드러날 때 자비의 정신으로 세계를 감화하게 되는 것이다.[669]

■ 도교의 신선론

도교道敎는 중국의 전통종교로서 춘추전국시대의 도가道家철학과는 성격을 달리하는 하나의 종교적 흐름이다. 도가철학에서 주장되는 자연自然은 인간의 인위와 대칭을 이룬다. 결국 인간 자아의 주체까지도 부정하여 무욕無欲 무지無知 무위無爲 무명無名의 상태에 이르러 파악되는 자연을 말한다.[670] 이러한 자연에 대한

---

668 허우성 외, 『인간이란 무엇인가』, 민음사, 1998, p.206.
669 유승국, 『한국사상과 현대』, 동방학술연구원, 1988, p.234.

체득은 하나의 철학적 접근을 통하여 성취할 수 있는 것인 반면, 도교는 중국의 민간신앙을 바탕으로 하여 무술적巫術的인 요소가 강하게 작용하는 복합종교적인 신앙형태를 통칭하는 것이다.

  도교와 도가의 상관성은 차치且置하고 도교의 복잡한 내용과 신앙상의 다양성을 디디고 넘어서 한가지로 모아지는 내면의 사상성은 불로장생不老長生과 현세現世이익利益을 추구하는 종교로서의 이해가 가장 접근된 견해로 본다. 그중에서도 불로장생을 희구하는 불사不死의 탐구가 더욱 주류를 이루고 있어 신선설에 관련되는 이론 내지 신앙형식들이 가장 두드러지게 나타난다. 이것이 합리적인 이론 추구에서 양생술養生術 곧 수련修鍊도교道敎의 양상을 띠는 단학丹學이 연구되고 신앙상의 추구에도 무술적인 것을 중심으로 한 여러 가지 신앙형태와 그것이 양재기복禳災祈福을 주로 하는 현세이익을 추구하는 재초의식齋醮儀式으로 나타나기도 한 것으로 본다. 도가철학 즉 노·장 사상에서 이야기되는 신선설은 도교에서 끌어다 자신의 이론을 세우는 데 이용했다는 점에서 상호 연관성을 지닌다 할 것이다.[671] 따라서 도교에서 추구하는 이상적 인간상은 바로 신선神仙이 되며 이러한 신선은 자기 수련을 통해 불로장생不老長生의 경지에 도달한 초인간을 말하고 있다.

  앞 절의 신선사상의 유래에서 살펴본 바와 같이 신선은 자신의 수명을 무한대로 늘려서 늙어도 죽지 않고 병이 없이 장수하는 육체를 지니는 인간이다. 현실적으로 수명이 무한대가 될 수는 없

---

670 유승국, 위의 책, p.233.
671 송항룡, 『한국도교철학사』, 성균관대출판부, 1987, pp.38~40 참조.

었지만 특히 고대의 왕들은 그러한 신선을 희구하면서 불사약을 구하기 위해 혈안이 되었던 것만큼은 사실이라 하겠다. 이러한 신선사상이 일반인에게 파급되면서 모든 인간은 특수한 단련에 의해 신체의 병을 없애고 자신의 수명을 늘릴 수 있다고 믿게 되었다. 경우에 따라서는 특별한 약을 조제하여 먹기도 하고 자기절제와 특수한 호흡법에 의해 그것을 대중화하는 과정을 밟게 되었다. 역사적으로는 4세기 초 서진 말에 갈홍의 손에 의해『포박자』가 종합되어 그때까지의 신선사상이 거의 집대성되었다고 본다. 그는 〈내편〉에서 신선, 방약, 괴경, 변화, 양생, 벽곡을 비롯한 장생법, 악마쫓기, 재앙방지 등을 설명하였으며 도교나 신선도의 이론으로서 연금鍊金이나 연단술煉丹術을 중시하였다.

■ 천도교의 인간개조론

한국의 근대 신종교로서 대두된 천도교天道教는 최제우(호는 수운, 1824-1864)의 종교체험을 근간으로 하여 최시형과 손병희로 이어지는 교맥을 가진 교단이다. 인내천人乃天을 종지로 내세운 천도교는 일제치하에서 신문화운동을 주도하면서 민족의 의식계몽을 강조하였다. 이 과정에서 자연스럽게 주장된 것이 인간개조인데 이는 당시의 전도된 사회상을 개벽시켜 나가는 주체적인 인간상을 의미하였다.

 1919년 8월에 일제가 소위 문화정치를 표방하면서부터 1920년대의 독립운동은 언론·출판·결사·교육·산업·문예 등 여러 분야의 문화운동 형태로 전개되었다. 1923년에 결성된 천도교 청년당에서는 이러한 정치적 분위기를 타고 새로운 민족운동의 방향으로서 신문화운동을 전개하였다. 그 이유는 민족의 자주독립을 이룩하는 최선의 방법이 의식개혁과 문화적 각성에 있다고 보았기 때문이다.[672] 여기서 천도교 청년당은 부문운동의 활성화를 위하여 포덕·선전·조직·교양과 훈련·경제·체육·통신·문화 운동으로 구체적 계획을 작성하였는데, 여기서 가장 중요시된 것이 바로 '인내천'에 의거한 문화운동이었다. 문화의 흐름과 방향을 규정하는 것은 사상이므로 천도교의 '인내천'사상을 정신적 지주로 할 때 비로소 인류의 신문화가 창조된다고 하여 신문화운동의 절대 중요성을 강조하여 인내천운동을 제창하였던 것이다.[673] 이러한 신문화운동을 선도할 수 있었던 관건은 무엇보다도 '인내천'사상을 표방한 각종 출판물 간행에 적극적이었기 때문이며, 이 때 간행된 대표적인 잡지가 『개벽』(1920 창간)과 『신인간新人間』(1926 창간)이었다.

『신인간』에 발표된 인간개조에 관한 글 하나를 간추려보면 대략 다음과 같다.

> 수운 대신사의 구도 동기의 최중심最中心은 인간문제이다. 당시 대신사의 형안炯眼에 비친 인간은 인간으로서의 타락 파멸된 인간들이었다. 즉 뿌리 없는 나무 근원 없는 물과 같은 인간이었다. … "군불군君不君 신불신臣不臣"이라 하여 정치의 부패를, "부불부父不父 자부자子不子"라 하여 윤리의 괴멸壞滅을, "유도불도儒道佛道 누천년에 운이 역시 다했던가"라 하여 종교의 쇠폐衰弊를 통탄하시었다. …정치 윤리 종교 도덕 등의 부패

---

672 황선희, 『한국근대사상과 민족운동』, 혜안, 1996, pp.288~290 참조.
673 황선희, 위의 책, p.292.

도 결국은 인간 그 자의 타락에서 기인한 것이 되므로 대신사께서 구도하시게 된 유일의 동기는 인간의 생명을 살려내고 인간의 뿌리를 내여주어서 인간 그 자를 근본적으로 개조하자는데 있었음을 우리는 깊이 인식할 수 있다. …한울님 하신 말씀 "나도 또한 공이 없는 고故로 너를 세간에 내여 모든 인간에게 이 법을 가르치게 하노라" 하셨으니…모든 인간에게 이 법을 가르치란 말씀은 이 법을 가르쳐 인간을 개조하라신 것이 분명하다. 그 다음 나의 영부靈符를 받아 인간들의 질병을 건져주고 나의 주문을 받아 인간을 가르쳐 나를 위하게 하라 하셨으니 인간들의 질병을 건져주란 말씀이나 인간을 가르쳐 나를 위하게 하란 말씀은 또한 인간개조를 가르친 것이요 영부靈符와 주문呪文에 대한 말씀은 인간개조의 실제적 방법을 명시하신 것이 또한 조금도 의심할 여지가 없다.[674]

윗글에서 살펴볼 수 있듯이 천도교에서 주장한 인간개조는 당시 한국사회의 정치 윤리 도덕 종교 등의 타락을 비판하고 그 개선을 위한 인간의 의식계몽을 부르짖는 용어였음을 알 수 있다. 그러한 의식 계몽의 방법으로 제기된 수운의 '시천주侍天主' 사상은 모든 인간이 한울님을 모시고 그 가르침을 따를 때 새로운 인간으로 거듭나게 된다는 것으로 인용하였다. 이와 관련하여 '지상신선'의 실현을 강조하기도 하였는데 이 역시 천도교의 '인내천人乃天' 주의에 입각하여 민족의식을 계몽하고 새로운 사회도덕을 확립한 인간을 상징적으로 묘사한 것에 다름 아니라 할 것이다.

---

674 김병제, 「人間改造와 侍天主」, 『신인간』 118호, 1937 참조.

3. 대순진리의 지상신선실현 - 인간개조론

1) 지상신선실현의 역사적 근거로서의 천지공사天地公事

대순진리의 목적에서 제시된 지상신선실현·인간개조에 관한 이해는 그 사상의 근간을 이루고 있는 신앙적 토대에서 찾아야 하리라 본다. 대순진리에 관한 신앙은 이 땅에 강세하신 구천상제의 대역사로부터 출발하여 그것을 도주 조정산께서 이념적으로 확립한 교리체계에 입각해서 이루어진다. 따라서 '목적'으로 명시된 내용은 하나의 신앙적 실천이 도달하고자 하는 이상을 개인과 사회 나아가 세계전체로 나누어 설명한 것이라 하겠다.

지상신선실현은 대순진리의 수도를 통해 달성하고자 하는 인간 자체의 완성된 경지라 할 수 있다. 이미 논설한 바 있는 무자기·정신개벽은 주로 인간의 정신(마음) 차원에서의 논의였다면 지상신선실현은 세계 내에서 하나의 현상으로 존재하는 인간 자체의 이상실현에 관한 논의이다. 즉 범부凡夫 중생衆生 소인小人 등으로 불리며 살아왔던 인간이 대순진리의 가치실현을 통해 어떤 모습으로 거듭나는가의 문제를 말하려는 것이다.

대순진리에서 제시하는 이상적 인간상은 말하자면 '지상신선'이라 하겠는데 그 이론적 배경은 역시 구천상제의 천지공사이다. 상제께서 강세하기 이전의 세계는 선천先天으로서 상극의 원한이 점철된 진멸盡滅의 지경이었다. 이러한 시기에 상제께서는 역대 신성·불·보살의 하소연에 의하여 강세하였으며 진멸에 처한 인류창생을 건지기 위하여 대공사를 단행하였다. 다음의 『전경』구절은 이와 같은 사실을 잘 묘사해 주고 있다.

상제께서 "선천에서는 인간 사물이 모두 상극에 지배되어 세상이 원한이 쌓이고 맺혀 삼계를 채웠으니 천지가 상도常道를 잃어 갖가지의 재화가 일어나고 세상은 참혹하게 되었도다. 그러므로 내가 천지의 도수를 정리하고 신명을 조화하여 만고의 원한을 풀고 상생相生의 도로 후천의 선경을 세워서 세계의 민생을 건지려 하노라. 무릇 크고 작은 일을 가리지 않고 신도로부터 원을 풀어야 하느니라. 먼저 도수를 굳건히 하여 조화하면 그것이 기틀이 되어 인사가 저절로 이룩될 것이니라. 이것이 곧 삼계공사三界公事이니라"고 김형렬에게 말씀하시고 그 중의 명부공사冥府公事의 일부를 착수하셨도다.[675]

즉 선천은 상극의 지배로 인해 원한이 쌓이고 맺힌 참혹한 세계이다. 상극相克은 원래 우주변화과정에서 요구되는 발전의 필요악必要惡으로서 의미를 지닌다고 할 수 있으나 인간사회 내에서는 그 정상적인 의미발현을 할 수 없었으니 곧 인간의 욕심에 치우친 부정적인 결과만을 낳게 되었다. 대순사상에서 원冤의 시초로 보고 있는 단주의 원한은 곧 요·순시대에 발생했던 한 인간의 권력욕에 기인하는 것임을 주목할 필요가 있다.[676] 이외에도 질투심과 음해陰害, 금전욕, 명예욕 등은 수많은 원망을 발생시키는 인간의 다양한 욕구를 대변하고 있다. 특히 현대의 인간은 재리財利에만 눈이 어두워서 진멸지경에 이르도록 조금도 깨닫지 못하고 있다는 점은 상제께서 일찍이 지적하신 바이다.[677]

---

[675] 『전경』 공사 1장 3절.
[676] 『전경』 공사 3장 4절 참조.

선천은 이렇게 인간에게서 발생한 원망이 얽히고설키어 자연계에까지도 영향을 미쳤으며 나아가 상도常道의 괴멸壞滅이라는 지경에서 그 한계를 드러내게 되었던 것이다. 상제께서는 이러한 선천의 한계상황에서 그 절대권능을 발휘하여 인류창생을 구제하시게 되었으니 천지공사는 그 광구천하匡救天下의 대역사大役事를 담당하는 기록이다.

천지공사를 통해서 상제께서는 천지의 도수를 정리하고 신명을 조화하여 만고의 원한을 푼다고 하였으며, 또한 상생相生의 도로 후천의 선경을 세움으로써 세계의 민생을 건진다고 하였다. 즉 상제께서 직접 지어 만드시는 후천선경의 세계에서 인간은 비로소 인간다움의 모습을 회복하게 되고 선천세계에서 이루지 못했던 이상적인 삶을 영위한다는 것을 알 수 있다. 여기에 지상신선 실현의 참된 의미가 드러난다. 지상신선이란 상제께서 역사役事하신 후천선경을 살아가는 인간이며 선천의 온갖 욕구와 한계를 극복한 참된 인간의 모습을 가리키고 있는 것이다.

후천선경은 하나의 관념에 머무는 상상의 세계가 아니며 또한 인간 사회의 노력으로 만드는 사회제도의 차원도 아니다. 최고신으로서의 권능을 지닌 구천상제께서 인세에 직접 강세하시어 행하신 천지공사의 결과로 주어지는 세계이다. 천지공사는 오직 상제의 권능에 의해서만 가능한 것으로 단순히 세계를 해석하는 논리가 아닌 철저한 신앙을 요하는 전무후무의 대역사이다.[678] 이때 인간은 후천선경을 맞이하여 그 자신의 새로운 변

---

677 『전경』 교법 1장 1절. "이제 천하 창생이 진멸할 지경에 닥쳤음에도 조금도 깨닫지 못하고 오직 재리에만 눈이 어두우니 어찌 애석하지 않으리오."
678 『전경』 공사 1장 2절, "…그러므로 우리는 개벽하여야 하나니 대개 나의 공사는

모를 하게 되는데 그 세계와 인간에 걸쳐 대순진리가 관통함을 발견할 수 있는 부분이다.

> 이제 하늘도 뜯어고치고 땅도 뜯어고쳐 물샐틈없이 도수를 짜 놓았으니 제 한도에 돌아 닿는 대로 새 기틀이 열리리라. 또 신명으로 하여금 사람의 뱃속에 출입케 하여 그 체질과 성격을 고쳐 쓰리니 이는 비록 말뚝이라도 기운을 붙이면 쓰임이 되는 연고니라.[679]

천지공사에 의해 진행되는 세계는 도수度數라고 하는 과정에 의해서 단계적인 발전을 거듭한다. 물샐틈없이 짜여진 도수에 의해 제 한도에 돌아 닿는 대로 새 기틀이 열린다고 하였으므로 현대 문명 또한 천지공사의 도수에 놓여있는 하나의 과정에 해당한다. 이때 후천선경은 현대문명이 전개되어 자연스럽게 맞이하는 미래사회에 다름 아니라 하겠는데, 인간 또한 이 과정에서 새로운 정체성을 부여받게 된다. 즉 신명으로 하여금 사람의 뱃속에 출입케 하여 그 체질과 성격을 고쳐 쓴다고 하였으므로 인간은 신명과 인간의 합일合—적 조화調化에 의해 탄생하는 신인간新人間의 모습을 지향하고 있는 것이다. 자기가 지닌 본래의 체질과 성격을 뜯어고칠 수 있다면 분명 육체적인 한계와 정신적 결함을 극복할 수 있는 새로운 인간을 탄생시킬 수 있다.

옛날에도 지금도 없으며 남의 것을 계승함도 아니오. 운수에 있는 일도 아니오. 오직 내가 지어 만드는 것이니라. 나는 삼계의 대권을 주재하여 선천의 도수를 뜯어고치고 후천의 무궁한 선운을 열어 낙원을 세우리라 하시고 '너는 나를 믿고 힘을 다하라'고 분부하셨도다."
679 『전경』 교법 3장 4절.

이처럼 『전경』에 묘사되어 있는 후천의 인간상은 선경仙境과 선인仙人의 관계와 같다. 환경적으로 도화낙원의 극치를 묘사한다면 그 세계를 살아가는 인간 또한 신선 선녀의 모습에 비유될 수 있다. 천지공사는 이러한 후천선경을 이루는 역사적 근거가 되면서 그 지상선경을 살아가는 인간으로서의 지상신선을 예비하고 있는 것이다.

2) 인간개조 방법론으로서의 수도

천지공사의 근거로 인해 실현가능하게 된 지상신선은 후천선경의 건설과 그 맥을 같이 하고 있음을 알 수 있다. 그런데 후천선경의 건설이 상제의 권능만으로 이루어지는 세계라면 단지 인간은 수동적인 자세로 그렇게 주어지는 혜택을 받기만 하면 될 것이다. 하지만 그렇지 못하고 후천선경의 건설에는 반드시 인간의 주체적인 참여를 요구하는 특성을 지닌다. 왜냐하면 선천의 한계가 발생하게 된 요인이 인간의 무분별한 욕구 때문이었으며, 그러한 인간 자신의 근본적인 변화과정이 없으면 새롭게 주어지는 환경에 또 하나의 부정적인 현상을 초래할 수 있기 때문이다. 그리하여 상제께서는 "천존과 지존보다 인존이 크니 이제는 인존시대라. 마음을 부지런히 하라."[680]고 하시고, "선천에는 모사謀事가 재인在人하고 성사成事는 재천在天이라」 하였으되 이제는 모사는 재천하고 성사는 재인이니라. 또 너희가 아무리 죽고자 하여도 죽지 못할 것이오. 내가 놓아주어야 죽느니라."[681]

---

[680] 『전경』 교법 2장 56절.

그리고 "사람이 없으면 천지도 없다 그러므로 천지가 사람을 낳아서 사람을 쓴다"[682]고 함으로써 인간주체에 대한 강조를 잊지 않고 있다.

그렇다면 이러한 인간의 주체는 후천선경의 건설과정에서 어떤 방법으로 탄생될 수 있는가. 그것은 인간 자신이 지닌 기질적인 변화와 본연의 양심을 회복하는 과정으로서의 인간개조에 의해서라고 할 것이다. 인간개조는 지상신선실현을 위한 전제조건이면서 선결과제이기도 하다. 대순진리의 목적에서 처음으로 제시된 무자기·정신개벽은 바로 이러한 과제를 달성하기 위한 방법론으로서의 논리를 지닌다. 즉 자신의 '마음을 속이지 않음'의 실천을 통해 정신개벽을 이루고 그렇게 개벽된 정신에 의해 자신의 몸을 다스려 나갈 때 기질적인 변화까지도 얻어질 수 있다는 것이다. 이러한 전 과정을 하나의 인생관적 단어로 표현한 것이 곧 '수도修道'이다. 자신의 체험적 진리를 신앙하고 그것을 신념화하여 자신의 전 생활영역에 적용해 나갈 때 하나의 삶으로서의 '수도修道'가 빛이 나게 된다. 상제께서는 이러한 수도를 '공부'라는 말로써 비유하여 그 중요성을 다음과 같이 강조하고 있다.

"…천지의 조화로 풍우를 일으키려면 무한한 공력이 드니 모든 일에 공부하지 않고 아는 법은 없느니라. 정북창鄭北窓 같은 재주로도 입산 三일 후에야 천하사를 알았다 하느니라"고 이르셨도다.[683]

---

681 『전경』 교법 3장 35절.
682 『전경』 교법 3장 47절. "…然無人無天地 故天地生人 用人"

상제께서 하루는 종도들에게 말씀하시기를 "내가 부안 지방 신명을 불러도 응하지 않으므로 사정을 알고자 부득이 그 지방에 가서 보니 원일이 공부할 때에 그 지방신地方神들이 호위하여 떠나지 못하였던 까닭이니라. 이런 일을 볼진대 공부함을 어찌 등한히 하겠느냐" 하셨도다.684

공부는 비단 책을 읽어 학문적인 지식만을 일삼는 행위를 말하는 것이 아니다. 윗글에서도 알 수 있듯이 천지의 조화로 풍우風雨를 일으키는 노력도 공부에 해당하며, 신명神明과의 합일合一을 위한 수련과정도 공부에 해당한다. 그리하여 자신이 바라는 최고의 경지에 도달했을 때 그 목적달성에 동원된 모든 과정은 공부로 이루어지게 된다. 수도란 그러한 공부행위에 하나의 지침이 될 만한 신념을 내포한다는 말이니 여기서는 구천상제에 대한 신앙을 가지고 그 가르침에 귀의하고자 하는 뜻을 나타내고 있다.

수도의 공효功效에 대해서는 상제께서 "도를 닦은 자는 그 정혼이 굳게 뭉치기에 죽어도 흩어지지 않고 천상에 오르려니와 그렇지 못한 자는 그 정혼이 희미하여 연기와 물거품이 삭듯 하리라."685고 한데서 개인의 정혼을 굳게 뭉치게 해주며, "우리의 일은 남을 잘 되게 하는 공부이니라. 남이 잘 되고 남은 것만 차지하여도 되나니 전 명숙이 거사할 때에 상놈을 양반으로 만들

---

683 『전경』 교운 1장 35절.
684 『전경』 교운 1장 63절.
685 『전경』 교법 2장 22절.

고 천인賤人을 귀하게 만들어 주려는 마음을 두었으므로 죽어서 잘 되어 조선 명부가 되었느니라."[686]고 한데서 남을 잘 되게 하는 일임을 알 수 있다. 이 모든 행위의 목적은 궁극적으로는 자신의 인간됨을 개조하는 것에 있지만 그 과정에서는 자기뿐만이 아닌 남을 두루 잘 되게 해주는 것으로 자타불이自他不二의 가치실현에 초점이 놓여있는 것이다. 이처럼 인간개조는 지상신선실현을 위한 선결과제이면서 그 자체로 하나의 목적이 되는 것으로 수도修道를 그 방법론으로 삼고 있음을 알 수 있다.

3) 지상신선실현 · 인간개조의 교리적 함의

앞서 살펴본 지상신선실현 · 인간개조에 관한 내용은 대순진리의 신앙에 기초한 그 논리적 구조를 밝힌 것이다. 여기서는 이러한 개념이 대순진리 내에서 독창적으로 지니는 교리적 함의에 대해서 언급하고자 한다.

 먼저 지상신선실현에서 신선이라 함은 본래 불로불사의 몸을 지니고 마음대로 하늘을 날아다니는 초인간적인 능력의 소유자를 일컬었다. 하지만 누구나 이러한 능력의 소유자가 되고 싶어도 그것을 증명할 만한 실존인물이 존재하지 않고 또한 혹세무민하는 자의 꾀임에 빠져 일신一身을 망치기까지 한 역사를 돌이켜보건대 현실에서의 신선은 실현 불가능한 것으로 인식되었다고 본다. 그리하여 지상신선이라고 일컬을 때에는 그저 일상생활에 근심이 없고 욕심이 없이 자신의 몸을 건강히 유지하

---

[686] 『전경』 교법 1장 2절.

는 사람을 빗대어 말한 것이라고 하겠는데 이는 또한 누구나의 마음에 살아있는 신선에 대한 바람을 일상에 적용시킨 것이다.

그렇다면 대순진리의 목적으로 제시된 지상신선실현도 이러한 세속적 의미의 지상신선이냐 하면 그렇지 않다. 분명한 실현 근거가 있고 그 방법론이 제시된 의미의 지상신선이다. 즉 구천상제께서 강림하시어 처결해 놓으신 천지공사의 역사가 불과 100여년도 안 되는 가까운 일로써 『전경』에 기록되어 있으며, 하나의 총체적인 후천문명의 형성과 더불어 찾아오는 인간 자신의 변모된 모습을 지칭하고 있다. "사람마다 불로불사하여 장생을 얻으며",(예시 80절) "기차와 윤선으로 백만근을 운반하고…운거雲車를 타고 바람을 제어하여 만 리 길을 경각에 왕래"(예시 75절)하며, "하늘이 낮아서 오르고 내리는 것이 뜻대로 되며 지혜가 밝아져 과거와 현재와 미래와 시방 세계에 통달"(예시 81절)하는 등의 모습을 지니는 후천의 인간은 모두가 지상신선에 다름 아니다. 이러한 모습을 지닐 수 있게 된 근거가 바로 상제의 천지공사에 있음을 밝히고 그에 따른 신앙을 요구하고 있는 것이다. 다음의 구절은 이 사실을 잘 뒷받침하고 있다.

> 그리고 다시 말씀하시니라. "나의 얼굴을 똑바로 보아두라. 후일 내가 출세할 때에 눈이 부셔 바라보기 어려우리라. 예로부터 신선을 말로만 전하고 본 사람이 없느니라. 오직 너희들은 신선을 보리라. 내가 장차 열석 자의 몸으로 오리라" 하셨도다.[687]

---

[687] 『전경』 행록 5장 25절.

윗글에서 강조된 것은 무엇보다 상제에 대한 신앙이며 그 신앙의 내용이 바로 천지공사의 역사에 의해 가능하게 된 신선실현에 관한 것이다. 여기에 대순진리의 지상신선실현의 참된 의미가 담겨있다고 하겠다.

다음으로는 인간개조에 관한 것으로 이는 대순진리의 종교사상이 지니는 인간관의 특질을 보여주고 있다. 즉 하나의 현상으로 존재하는 인간의 현실태는 어떤 것이며 그 부정적인 현상을 극복하고 나아가 이상적 인간상의 모습을 어떻게 이끌어낼 것인가를 말한다. 앞 장에서 살펴본 바와 같이 제 종교는 나름대로의 이상적 인간상을 제시하고 있다. 유교에서 일컫는 성인군자론, 불교에서 일컫는 불타, 도교에서의 신선, 천도교에서의 인간개조론 등등은 그 고유한 사상체계 내에서 논의되어지는 이상적 인간상에 관한 개념들이다. 이때 대순진리의 목적으로 제시된 인간개조의 내용은 앞서 언급한 인간상의 개념과는 물론 맥락을 달리한다고 본다. 대순진리에서의 인간개조란 근본적으로 상제의 천지공사가 지향하는 후천선경의 삶을 사는 인간으로 변모됨을 뜻한다. 후천과 대칭을 이루는 선천에서의 인간이란 생로병사의 고통을 겪으면서 자신의 욕구에 사로잡혀 지속적인 원망을 엮어가는 상극적 현실의 담지자이다. 이러한 인간의 부정적 모습을 탈피하여 후천의 인간으로 거듭나는 것이 곧 인간개조이다. 다시 말해서 후천의 인간이란 상생의 시대를 열어가는 상생적 실천의 주체자이며 그 마음을 거울과 같이 닦아서 진실하고 정직한 인간의 본질을 회복한 인간이다. 이러한 인간이 또한 지상신선이 된다고 할 수 있을 것이다.

이때 수도修道는 진정한 인간개조의 방법론으로 거론되면서 지상신선으로서의 존재가치를 결정짓는 실천적 행위이다. 즉 수도란 후천선경에 적합한 인간으로 거듭나기 위한 모든 주체적 노력을 말한다. 여기에 지상신선실현과 수도는 그 목적과 방법의 관계에서 상관성이 있음을 주목할 필요가 있다.

> 세상에서 수명 복록이라 하여 수명을 복록보다 중히 여기나 복록이 적고 수명만 길면 그것 보다 욕된 자가 없나니 그러므로 나는 수명보다 복록을 중히 하노니 녹이 떨어지면 죽나니라.[688]

윗글에서 말한 수명과 복록은 모두 인간사에서 궁극적으로 추구하는 바이다. 수명은 삶의 양적인 문제이며 복록은 삶의 질적인 문제이다. 삶의 시간이 아무리 길다 하더라도 그 내용이 풍요롭지 못하고 고통의 연속이라면 차라리 짧은 것만도 못하다. 마찬가지로 삶의 질이 아무리 풍요로워도 그 시간이 지극히 짧다면 이 역시 허무할 수밖에 없다. 상제께서는 이러한 수명과 복록의 부조화를 벗어나 지상신선의 참된 가치를 누리는 새로운 기준을 제시하고 있다. 즉 수도과정에서의 모든 노력은 '남을 잘되게 하는 공부'라고 하였으므로 자리이타自利利他적인 공효功效를 거두어 하나의 복록을 형성하는 밑거름을 만들어야 함을 강조하신 것으로 본다. 그리하여 수도의 과정에서 쌓여진 복록이 또한 후천의 수명이 된다는 것을 밝혀서 진리실현에의 의식을 일깨우고 나아가 후천선경 건설의 참된 주체로 나설 것을 명시하고 있다.

이와 같이 지상신선실현·인간개조는 무엇보다도 대순진리

---

688 『전경』 교법 1장 16절.

회의 신앙적 특성에 입각하여 제시된 목적이며, 그 신앙의 바탕이 되고 있는 구천상제의 존재와 대역사로서의 천지공사는 이를 이해하기 위한 부동不動의 신앙대상이면서 하나의 역사적 근거로 살아있다 하겠다.

4. 맺음말

이상으로 대순진리회의 목적으로서 지상신선실현·인간개조에 관하여 살펴보았다. 대순진리회의 목적을 논하는데 있어서는 앞선 주제의 연장이라고 할 수 있겠지만 무자기·정신개벽이 인간의 심성론적 차원에서의 논의라면 지상신선실현·인간개조는 인간관 그 자체에 관한 논의로 보아도 무방할 것이다. 따라서 본문에서 다룬 내용은 먼저 지상신선의 전통적 의미를 밝히고 제 종교에서 추구하는 이상적 인간상에 대하여 언급하였으며 이어서 대순진리의 인간관으로서의 지상신선 그리고 인간개조의 내용을 고찰해 보았다.

    본문에서 주안점으로 삼았던 것은 역시 지상신선·인간개조가 지니는 전통적이고도 상투적인 의미를 벗어나 대순진리 내에서 받아들여지는 그 고유한 의미를 밝히는 데 있다고 본다. 대순진리의 신앙체계에 입각하여 그 신앙적 실천을 통해 도달되는 궁극적 경지는 한 인간의 완성이면서 나아가 사회적 가치실현으로 이어진다. 이러한 과정에서 지상신선실현·인간개조는 전통적 의미에서 벗어나 대순진리의 가치실현을 담고 있는 새로운 교리적 개념으로 받아들여져야 하며 여기에 비로소 대순진리의 독창적 가치가 발휘될 수 있을 것이라 여겨진다.

3장
지상천국건설 – 세계개벽론

1. 머리말

지상천국건설-세계개벽은 대순진리회 교리의 목적론에 있어서 최종적으로 제시된 항목이다. 주지하다시피 목적은 크게 세 가지 항목으로 구성되어 있다. 첫째는 무자기-정신개벽이며, 둘째는 지상신선실현-인간개조이며, 셋째는 지상천국건설-세계개벽이다. 이 세 가지는 상호 유기적으로 연관되어 있으며, 궁극적으로는 하나의 세계 실현을 위한 목적을 나타낸다. 정신은 인간을 움직이는 무형의 주체라고 할 수 있으며, 인간은 세계를 구성하는 특수한 존재이다. 인간이 주체가 되어 세계 전체의 이상을 실현하고자 하는 것이 바로 궁극적인 목적이 된다. 이런 의미에서 지상천국건설-세계개벽은 목적론 전체를 함축하는 개념이 될 수 있으며 또한 종단의 교리가 지향하는 최종적인 이상이 된다고 본다. 이에 그 의미를 구체적으로 살펴볼 필요가 있다. 본문에서는 먼저 지상천국과 세계개벽에 관한 기초적인 논의를 서술하고 이어서 대순진리회 신앙 내에서 이해되는 의미를 차례로 살펴보기로 하겠다.

2. 지상천국과 세계개벽에 대한 이론적 기초

1) 지상천국과 세계개벽의 의미

■ 이상실현으로서의 지상천국

대순진리회의 목적에서 제시된 '지상천국건설-세계개벽'에 대하여 여기서는 먼저 지상천국이 의미하는 바를 규정해 보기로 한다. 일단 지상地上이라고 하는 말은 글자 뜻 그대로 '땅의 위'라는 의미를 지니며 '지면地面' '지표地表'라는 말과도 서로 통한다. 하지만 지상은 단순히 자연현상의 의미만을 뜻하기보다는 인간에게 중요시되는 상징적인 의미로 보다 친숙하게 받아들여진다. 즉 땅[地]은 인간이 딛고 서있는 현실적 기반이며 삶의 터전이다. 인간의 현존재를 담보하는 유일한 배경이기도 하다. 이런 의미에서 '지상'에 대한 사전적 풀이에는 '이 세상' '현세'라는 뜻이 추가되어 있음을 알 수 있다.[689]

천국天國이라는 말은 일단 글자풀이에서 '하늘나라'를 뜻하고 있는데, 이는 유신론적 종교전통과 관계가 깊다. 동양에서는 특히 기독교적 교리전통과 문화전래를 통해 익숙한 용어로 알려져 있다.[690] 그리하여 '천당' '낙원' 등의 개념과 상통하는 것으로 절대자 하느님이 다스리는 이상세계를 지칭한다고 본다. 이때 천국은 달리 말하면 천상天上의 세계로서 지상地上의 세계와 상대를 이루는 곳이다. 유신론적 관념에 의하면 천상은 신神

---

689 이희승편저, 『국어대사전』, 민중서림, 1997.
690 『辭海』上, "基督敎謂神所居曰天國", 中華書局.

이 거주하는 곳으로 무한한 화려함과 복락福樂이 갖추어져 있다. 이에 비해 지상은 유한성에 얽매인 인간이 사는 곳으로 온갖 고통과 번민이 가득 찬 타락된 세계로 묘사된다. 천상과 지상은 비록 엄격한 경계에 의해 구분되지만 현실적 존재인 인간은 항상 천상을 근거로 하여 지상의 모든 가치기준을 확립하고 또 이를 실현하는 데서 삶의 참된 의미를 일깨우게 된다.

천국에 관한 유신론적 이론을 몇 가지 살펴보면, 특히 유대교 그리스도교 이슬람 전통에서의 타계 관념으로 중요하게 다루어진다.[691] 〈천국〉이라는 말도 kingdom of heaven의 번역이다. 또한 파라다이스(paradise, 페르시아어 pairidaēza에 유래하며, 원의는 '둘러싸인 장소'나 '동산'이며 '에덴동산과도 동일시된다)나 하나님의 나라(kingdom of god)와 동일한 의미로 사용되는 경우가 많다. 천국은 신들만의 세계이며 신이 정한 조건에 합치한 자만이 특별히 들어가는 것이 허용되었다. 그것이 어둠에 사는 인간에 대한 구원이며 해탈이었다. 유대교에서 천국은 기원전 3-2세기에 걸쳐 형성된 관념으로, 신이 정한 율법에 오른 사람의 사후세계라고 생각하였다. 기독교에서는 비록 유대교의 흐름을 이었지만 천국에 관해서는 독자적인 관념을 형성하였는데, 이는 주로 『신약성서新約聖書』의 저자들에 의해 표출되었다. 즉 천국은 그리스도를 믿는 자의 영원한 고향이며, 그리스도는 거기에서 와서 거기로 돌아가며 현재도 거기에서 구속주로서 그를 따르는 사람들을 위해서 일하고 있다고 본다. 천국의 현재성에 관해서는 「마태복음」 13장이 대표적으로 거론되며, 미래성에

---

[691] 『종교학대사전』, 한국사전연구사, 1998, p.1250.

관해서는 「요한계시록」 21장이 대표적이다. 하지만 하느님 나라 즉 천국의 완성은 사회발전이나 혁명에 의해서 이루어지는 것이 아니라, 오직 하느님의 주도와 역사에 의해서 도래한다는 것이 기독교인의 믿음이다.[692] 이슬람에서 천국은 이 세상에서 신앙하고 선행을 한 사람들이 그 보답으로서 사는 것이 허용된 낙원을 말한다. 낙원에서는 감각적으로 아주 풍요롭고 편안한 생활을 보내는데, 그 중에서도 최고의 기쁨은 신을 보는 것이라고 한다.

이처럼 천국은 유신론적 전통에서 볼 때 지상과는 엄격히 구분되는 타계 관념으로서 특히 신에 대한 외경의 감정이 위주가 된 이상세계를 표현하고 있다.

그렇다면 대순진리의 목적에서 등장하는 지상천국은 어떤 전통을 배경으로 하여 표현된 용어인가. 그것은 한민족의 사고방식과 무관하지 않으며 한국적인 신관의 토대에서부터 생겨날 수 있는 개념이다. 여기에 대한 이론으로서 한민족은 예로부터 하느님께 감사의 제사를 드리는 풍속이 전해왔거니와 신의 은총에 의하여 복된 삶을 누릴 수 있는 '신시神市'의 건설을 목표로 하고 살아온 종교적인 민족임을 알 수 있다는 것이다.[693] 즉 '홍익인간弘益人間'의 이념에서 보듯이 어떤 특정한 민족이나 국가나 계급을 위하는 것이 아니라 모든 사람 하나하나를 구제한다는 보편적 인간애와 평화정신이 한민족의 이상이며 한민족이 믿는 신의 뜻이라고 한다.[694] 이러한 정신이 한국불교에 있어서는 불

---

692 최기복, 「유교와 서학의 사상적 갈등과 相和的 이해에 관한 연구」, 성균관대 대학원 박사학위논문, 1989, p.295.
693 『三國志』, 魏志東夷傳 夫餘, 高句麗, 濊條 참조.

국토의 건설, 유교에 있어서는 조정암의 '태화지역泰和之域', 퇴계에 있어서는 '인수지역仁壽之域' 그리고 율곡의 '대동세계大同世界 건설'로 나타났다고 본다.

여기서 한민족의 사고의 원형을 담고 있는 '단군신화'를 다시금 살핀다면, 신시神市가 건설되는 곳은 다름 아닌 지상이며, 재세이화在世理化의 이념은 그러한 이상세계를 현실적 세계에서 그대로 이룬다는 것으로 해석될 수 있다.[695] 따라서 본문에서 문제로 삼고 있는 지상천국의 의미는 한민족의 전통적 사고방식에 입각하여 초월적인 이상세계가 현실세계와 괴리되지 않고 바로 현실에서 건설될 수 있다는 믿음에서 사용될 수 있는 용어라고 하겠다. 그리하여 인간이 발을 딛고 서 있는 현실세계에 모든 인간이 꿈꾸는 이상세계를 실질적으로 건설함으로서 신의 뜻을 이루기도 하고 인류의 소원을 성취할 수 있다는 것이니 대순진리에서는 그 고유한 신앙론에 입각하여 그 목적달성의 방법론을 제기하고 있음을 알 수 있다.

■ 새로운 우주변화로서의 세계개벽

세계개벽의 뜻을 이해하기 위해서는 '세계世界(world)'라고 하는 용어와 '개벽開闢'이라는 용어의 의미를 먼저 살펴보아야 한다. '세계'는 원래 불교경전에서 설해지고 있는 술어로서 생물이 생존해서 윤회하는 공간을 의미한다. 산스크리트어의

---

694 유승국, 「한국인의 神觀」, 『한국사상과 현대』, 동방학술연구원, 1988, pp.157-160 참조.
695 『三國遺事』 卷1, 紀異1, 古朝鮮, "…雄率徒三千, 降於太伯山頂[卽太伯, 今妙香山]神壇樹下, 謂之神市. 是謂桓雄天王也. 將風伯雨師雲師, 而主穀主命主病主刑主善惡凡主人間三百六十餘事, 在世理化."

로카다투(lokadhātu)에 대한 번역어인데, 로카(loka)는 공간을 의미하고 다투(dhātu, laka)는 층(stratum)을 의미한다.[696] 한역불전漢譯佛典에 의하면 세계는 시간의 흐름과 사방팔방 상하의 공간을 합쳐서 이르는 말이라고 한다. 이때 세世는 시간에 해당하며, 계界는 공간에 해당한다.[697] 즉 시·공간을 합쳐서 세계가 된다. 이런 의미에서 세계는 '우주宇宙(universe)'라는 용어와 서로 통하는 개념이다. 우주라고 할 때의 '우宇'는 사방四方 상하上下의 공간적 개념이며, 주宙는 옛적부터 지금까지 흘러온 시간적 개념을 가리킨다.[698] 좁은 뜻에서의 세계는 하나의 태양계로 보기도 하며, 우주는 이러한 세계가 수없이 많이 모여 이루어진 종합체라고 생각된다. 가장 좁은 뜻으로는 지구地球와 같은 뜻이다. 또한 상대성이론에서는 공간의 3차원 및 시간의 1차원으로써 이루어지는 4차원 종합체를 지칭하기도 한다.[699] 이상의 뜻을 종합해보면 일단 '세계'는 가장 확대된 의미로서 인간을 둘러싸고 있는 전 우주적인 환경을 뜻한다고 하겠다.

'개벽'이라는 용어는 이전의 글에서 익히 다룬 바 있듯이 '천지가 처음 열림'이라는 뜻으로 세계의 시작을 의미한다.[700] 고전古典에서 사용된 용례에 의하면 '역사의 저음'이라는 의미와 '무한한 변화과정'을 가리킨다.[701] 이로써 개벽은 동양의 독특한 순환론

---

696 『종교학대사전』, 한국사전연구사, 1998, p.661.
697 『首楞嚴經』, 大正藏, 밀교부, 19권, "阿難云何名爲衆生世界, 世爲遷流界爲方位, 汝今當知東西南北, 東南西南東北西北上下爲界, 過去未來現在爲世."
698 『淮南子』11. 齊俗訓, "故天之圜也, 不得規, 地之方也, 不得矩, 往古來今, 謂之宙, 四方上下謂之宇, 道在其間, 而莫知其所"
699 『세계철학대사전』, 고려출판사, 1992, p.560.
700 1장. 무자기-정신개벽론 참조.

적 사관에서 이해되어지는 용어로서 기독교적 종말론과 구별되어진다. 종말론이 '유시관有始觀적 창조설에 입각해 있다면 개벽은 무시관無始觀으로서 '인중무과론적因中無果論的 적취설積聚說' '성주괴공설成住壞空說' '진급강급설進級降級說' '음양상보설陰陽相補說' 등으로 전개되었다고 본다.702 즉 개벽의 특징은 크게 작게, 여기저기서, 그리고 그 어느 과거에서도, 지금 여기에서도 끊임없이 일어나고 있는 과정적 변화(motive process)라는 것이다.703 이러한 변화의 과정이 우주의 생성에서부터 지금 이 순간까지 한 시도 쉬지 않고 지속되어 왔으며, 그것을 우주의 신비와 결부시켜 볼 때 '개벽'은 모든 변화에 대한 장엄한 표현을 가리키고 있음을 알 수 있다.

이상에서 '세계개벽'의 일차적인 의미를 유추해본다면, 인간을 둘러싸고 있는 전 우주적인 환경에 대하여 그 과정적인 변화의 장엄함을 일컫는 것이다. 대순진리회의 목적에서 제시된 세계개벽은 그 고유한 신앙에 입각하여 인간과 사회를 변화시키며 나아가 전 우주의 문제를 새로운 방향으로 이끌어간다는 점에서 주체적 신앙활동의 중요성을 강조하고 있다. 이런 점에서 세계개벽에 관한 진정한 이해는 대순진리회의 교리체계와 밀접한 관련을 지니고 그 사상 내에서 독자적인 가치를 표방하고 있는 것이다.

---

701 위의 글 참조.
702 유병덕, 『근·현대 한국종교사상연구』, 마당기획, 2000, p.256.
703 유병덕, 위의 책, p.257 참조.

2) 제 종교의 이상세계론

■ 유교의 대동사회론

'유교儒敎'라고 하면 일반적으로 중국 춘추전국시대의 '공자孔子'를 중심으로 하는 교학체계를 말한다. 유교는 2500여년의 역사를 가지고 동아시아 일대의 나라에 지배적인 영향을 끼쳤는데, 사상적으로 여타 동양종교와 구별되는 고유한 특질을 지닌다. 즉 공자의 중심사상이 되었던 '인仁'은 유교사상사 전반에 걸쳐서 '전덕全德' '친애親愛' '만물일체萬物一體' '심지덕心之德 애지리愛之理' 등으로 불리어지면서 인간관계의 윤리도덕을 높이 부르짖어 왔던 것이다.[704] 이에 따라 유교는 서양의 유신론적 종교와 비교해 볼 때 신神중심의 종교라기보다는 인간중심의 종교라고 할 수 있으며, 윤리도덕을 기반으로 한 현세적 가치지향의 특질을 지닌다고 할 수 있다.[705] 그렇기 때문에 사회·정치에 대한 참여의식이 강하고 도덕을 바탕으로 한 이상국가건설을 지상목표로 삼기도 한다.

　유교의 이상세계는 곧 인간 상호간의 관계성에 기초를 둔 도덕적 이상이 실현된 사회를 뜻한다. 이러한 이념이 나타나 있는 전거典據로서는 『예기禮記』 '예운편禮運篇'이 대표적이다. 여기서는 고대 요堯·순舜시대를 동경하면서 대도大道가 실현된 이상사회를 '대동大同'이라 규정하고 있다. 그 내용을 살펴보면 다음과 같다.

---

[704] 졸고, 『다산 정약용의 仁思想 연구』, 성균관대 석사학위논문, 1993, pp.8~12 참조.
[705] 『유학사상』, 교재편찬위원회, 성균관대 출판부, 1999, p.10.

대도大道가 행해지면 천하가 공평을 이룬다. 어진 자나 능력 있는 자를 뽑고 신의를 가르치고 화목을 닦는다. 그러므로 사람들은 유독 자기의 어버이만 어버이로 여기지 않고, 자기의 자식만을 자식으로 여기지 않는다. 노인들로 하여금 안락하게 삶을 마칠 수 있게 하고, 건장한 사람은 일을 할 수 있게 하고, 어린이들은 잘 자랄 수 있게 하며, 홀아비와 과부와 고아와 자식 없는 늙은이와 병에 걸린 사람들은 모두 보살펴지게 한다. 남자는 자신의 직분을 지니며, 여자는 시집갈 곳이 있다. 재화가 땅에 버려지는 것을 싫어하지만 반드시 사사로이 저장하려고 하지는 않는다. 힘이 사람의 몸에서 나오지 않는 것을 싫어하지만 반드시 자기만을 위해 쓰지는 않는다. 이리하여 간사한 모의는 막혀서 일어나지 않고 절도나 난적亂賊이 생겨나지 않는다. 그러므로 문을 열어놓고도 닫지 않으니, 이를 일러 대동大同이라고 한다.[706]

윗글에서 보면 '대동'은 정치적 안정과 경제적 평등 그리고 실업자가 없으며, 사회복지가 이상적으로 구현된 사회를 말한다. 또한 인륜人倫이 실현되어 천하가 한 집안처럼 지내며, 자신의 분수를 알고 남의 것을 탐내지 않는 밝고 건강한 사회이다. 이에 비해 소강小康의 사회는 대동大同에는 미치지 못하지만 차선次善의 상태에서 구현되는 사회이다. 즉 '소강'이란 '조금 편안한' 상태로

---

[706] 『禮記』, 禮運 第九, "大道之行也, 天下爲公, 選賢與能, 講信, 修睦, 故人不獨親其親, 不獨子其子, 使老有所終, 壯有所用, 幼有所長, 矜寡孤獨廢疾者皆有所養. 男有分, 女有歸. 貨惡其弃於地也不必藏於己, 力惡其不出於身也, 不必爲己. 是故謀閉而不興, 盜竊亂賊而不作, 故外戶而不閉, 是謂大同."

서 인위적으로나마 예의를 존중하고 염치를 알며 상도常道가 있다는 것을 가르치고 있어 무질서한 쟁란의 세계와는 구분이 되고 작은 평화가 유지되는 사회이다.707 일반적으로 '대동세계'는 '쟁란諍亂'의 세계로부터 '소강'의 세계로 이행된 이후에 실현가능한 것으로 이해된다.708 대동사상은 이후 많은 사상가들에 의해 계승되었으니, 청말淸末 강유위康有爲의 『대동서大同書』에서 제시된 이념과 근대 손문의 '삼민주의三民主義' 그리고 모택동 등은 모두 대동을 이상사회로 여겼다. 한국의 유학자에 있어서도 율곡의 『성학집요聖學輯要』에서는 위정爲政의 공효로서 대동사상을 소개하면서 정치의 궁극적 목표를 대동에 두고 이를 집요하게 추구하였다.709

이처럼 유교사상에 나타난 이상세계에 관한 설명은 유교가 지닌 사상적 특질과 무관하지 않다. 유교의 종교성에 관한 논의710는 논외로 하더라도 유교가 추구하는 이상사회는 윤리도덕에 기반을 둔 평등·평화의 사회실현이라는 데 이의가 없다. 그 사회를 구성하는 가장 기본적인 인자因子가 바로 인간이므로 인

---

707 위의 책, "今大道旣隱, 天下爲家, 各親其親, 各子其子, 貨力爲己, 大人世及以爲禮, 城郭溝池以爲固. 禮義以爲紀, 以正君臣, 以篤父子, 以睦兄弟, 以和夫婦, 以設制度, 以立田里, 以賢勇知, 以功爲己. 故謀用是作而兵由此起, 禹湯文武成王周公由此其選也. 此六君子者未有不謹於禮者也. 以著其義, 以考其信, 著有過, 刑仁, 講讓, 示民有常. 如有不由此者, 在埶者去, 衆以爲殃. 是謂小康."
708 『유학사상』, 교재편찬위원회, 성균관대 출판부, 1999, p.153.
709 오석원, 「유교의 대동사회와 평화정신」, 『유교사상연구』 제11집, 1999, p.66.
710 유교가 종교이냐 아니냐에 관한 논의는 현대 종교문화의 성숙과 더불어 활발히 전개되어 나왔다. 오늘날 종교에 관한 정의는 100여 가지가 넘고 또 종교라고 규정할 수 있는 기준도 다양하게 제시된다. 하지만 장구한 세월동안 유교가 동양사회 전반에 걸쳐 끼친 사상적 지배력과 영향은 어느 세계 종교 못지 않다는 현실을 인정할 때 엄연히 종교적 권위를 지닌다고 볼 수 있다.

간 내면의 성실성을 확보하는 것도 물론 이 속에 포함된다. 따라서 이상사회의 실현은 인간 자아의 실현을 내포하며 인간과 사회의 유기적인 조합을 토대로 세계 전체의 낙원을 이루고자 하는 데 유교이론의 특질이 나타난다.

■ 불교의 극락정토론

불교는 인도 석가모니의 고유한 깨달음에 기초하여 형성된 종교이다. A.D.1세기경 중국으로 전래된 이후 한국과 일본 등지에 수입되어 동아시아 한자 문화권에서의 특징적인 종교문화를 이루었다. 석가모니의 근본교설에는 절대 타자로서의 신神이나 어떤 형이상학적 희론戱論을 일삼지 않는다. 오직 불타 자신의 인간적 노력과 지성의 결과로 인해 지혜 즉 '깨달음'을 성취하였다고 밝힌다.711 이에 불교는 '삼법인三法印' '사성제四聖諦' '팔정도八正道' '십이연기十二緣起' 등의 교리로 모든 중생이 자기 인생에 대한 깨달음을 성취할 수 있게끔 인도하는 것으로 그 본연의 임무를 지닌다.

B.C.1세기 이후부터 등장하는 대승불교는 불교사를 화려하고 내용적으로 풍부하게 하였을 뿐만 아니라 불교를 일약 세계종교로 나아가게 한 힘의 원동력이 되었다.712 여기에는 보살관념의 새로운 출현과 육바라밀의 사상이 강조됨으로써 이전의 불교에 비해 실천적이고 재가적이며 대중적인 성격으로 변화되었다.713

---

711 Walpola Rahula, *What the Buddha taught*, Gordon Fraser Gallery Ltd. 1978, p.1.
712 三枝充悳 著, 윤종갑 옮김, 『불교철학입문』, 경서원, 1997, p.70.
713 대승불교와 이전 아비달마 불교의 차이점에 관해서는 김동화, 『불교교리발달사』

초기 대승경전으로 중요한 것은 반야경般若經・법화경法華經・십지경十地經・무량수경無量壽經・유마경維摩經 등을 들 수 있다.[714]

불교의 이상세계에 관한 이론은 주로 대승불교의 흐름에 있어서 나타난 정토淨土신앙의 내용에서 찾아볼 수 있다. 선불교禪佛敎적 흐름을 자력自力신앙으로 명명하는 데 대해서 정토신앙淨土信仰은 아미타불阿彌陀佛의 본원력에 의지하여 정토의 실현을 추구한다는 점에서 타력신앙의 특징을 지닌다.[715] 이러한 정토사상이 설해있는 주요 경전으로서는 '아미타경' '무량수경' '관무량수경'(이상 정토삼부경) '반주삼매경' 등을 들 수 있다.

정토라고 할 때의 토土라는 것은 불교에서는 국토國土 불토佛土 예토穢土라고 하여 부처님 또는 미혹한 인간이 사는 세계를 말한다. 이에 따라 정淨을 동사로 해석하면 오염된 이 세계를 맑게 하는 것을 말하고, 형용사로 해석하면 보살이 장년長年의 수행을 완성하고 드디어 성불하여 만든 청정한 세계를 말한다.[716]

불교경전에서 설하고 있는 정토에 관한 이론에는 여러 가지가 있는데 대략 연구서를 참조해보면, 타방他方정토설・영장靈場정토설・유심唯心정토설・범신론汎神論적 정토설 등으로 나뉜다.[717] 타방성토설은 이 세계로부터 멀리 떨어진 곳에 부처님이 계시는 정토가 있다고 생각하고 서방 또는 동방 등의 특정의 방위에 정토가 존재하는 것을 밝히는 것과 '십방十方에 정토가 있다'

김동화전집 2, 뇌허불교학술원, 2001, p.498 참조.
714 교재편찬위원회, 『불교학개론』, 동국대출판부, 1988, p.108.
715 위의 책, p.183.
716 坪井俊映 著, 한보광역, 『정토교개론』, 홍법원, 1996, pp.16~21 참조.
717 이하는 위의 책, pp.22~42 참조.

라고 하는 것이 있다. 아축불阿閦佛의 '동방묘희세계東方妙喜世界', 약사불의 '동방정유리세계東方淨留璃世界', 석가불의 '서방무승정토西方無勝淨土', 아미타불의 '서방극락西方極樂'은 전자에 속하고 『도사경兜沙經』과 『수원십방왕생경隨願十方往生經』의 십방정토설은 후자에 속한다. 이외에 미륵보살의 '도솔천兜率天'도 '도솔정토'로 보아 서방 미타정토 신앙과 병행하여 타방정토설의 하나로 널리 받아들이고 있다. 영장정토설은 생신生身의 불 또는 보살이 이전에도 거주하고 또 현재에도 계신다고 믿어지는 영지영장靈地靈場을 가지고 정토라고 하는 신앙이다. 관음觀音의 영장인 보타락補陀落을 보타락정토라고 하는 신앙과 석존이 영년永年거주居住한 인도 영취산靈鷲山을 가지고 영산靈山정토淨土라고 말하는 것 등이다. 유심정토설은 인간의 마음가짐에 따라서 현세를 정토라고 하는 설로서 『유마경維摩經』에서 설한 '心淸이 佛土淸'이라고 하는 설과 『유식론唯識論』의 생각을 가지고 유식소변唯識所變의 정토를 설하는 것이 있다. 범신론적 정토설은 『화엄경』과 『범망경梵網經』에서 설하는 연화장蓮華藏 세계를 말한다. 연화장 세계라는 것은 비로자나여래의 정토라고 하는 것으로 전 우주가 연화에 쌓여있는 정토라고 하는 생각이다.

여기서는 대표적으로 한국불교전통에서 많이 알려진 미륵신앙에서의 정토세계를 인용해보기로 한다. 특히 미륵 하생신앙에서 일컬어지는 용화세계는 56억 7천만년 이후 사바세계에 출세하는 미륵의 세상을 묘사하는 것으로 불교가 지향하는 이상세계를 잘 나타내주고 있다.

대지는 평탄하고 거울처럼 맑고 깨끗하다. 곡식이 풍족할 뿐만 아니라 인구가 늘어나고 갖가지 보배가 수없이 많으며, 마을과 마을이 잇달아 있어 닭 우는 소리가 서로 들리나니라. 아름답지 못한 꽃과 나쁜 과일, 시든 나무는 다 씨가 마르고 더러운 것은 다 없어진다. 그래서 감미로운 과일나무와 향기롭고 아름다운 풀, 나무들만이 자라느니라. 기후는 온화하고 화창하며, 사계절이 순조로와 백여덟 가지의 질병이 없다. 탐욕과 성냄, 어리석음도 마음속에만 있을 뿐, 눈에 띄게 드러나지 않고, 사람들의 마음도 어긋남이 없이 평화롭다. 그래서 만나면 즐거워하고, 착하고 고운 말만 주고받으니, 뜻이 틀리거나 어긋나는 말이 없어서 울단월 세계에 사는 것과 같으니라. 이 때 사바세계의 사람들은 크거나 작거나 다 똑같아서 약간의 차별도 없으며, 남녀 구별 없이 대소변을 누려고 하면 땅이 저절로 열렸다가 일이 끝난 뒤에는 다시 합쳐지리라. 그 땅에는 멥쌀이 저절로 자라나되 껍질이 없고 향과 맛이 매우 좋아 먹기에 힘들지 않다. 금은보화들이 땅에 흩어져 있어도 욕심내는 사람이 없다. …또한 사람들의 수명이 매우 길어서 아무런 걱정이 없으므로 모두 8만 4천세의 수명을 누리며, 여인은 나이 5백세가 된 뒤에 시집을 가게 되리라.[718]

미륵신앙과 관련된 경전은 보통 6종으로 나뉘어지지만 가장 핵심이 되는 것은 『미륵상생경』과 『미륵하생경』 『미륵대성불경』이다.[719] 미륵불彌勒佛은 미래불未來佛 혹은 당래불當來佛로서 앞으

---

[718] 『大正藏』, 경집부 14권, 「彌勒下生經」 참조.

로 오실 부처님이며 마땅히 오셔야 될 부처님이라 할 수 있는데, 이는 대립과 갈등, 분열과 혼란과 불신시대에 대자비광명을 비추어 미망의 어둠을 걷어내고 깨달음을 증득케 하여준다는 것이다.[720] 한국에 전래된 미륵신앙은 주로 하생신앙이 중심이 되어 발전하였다고 본다. 미륵신앙은 일찍이 고려시대부터 민중 신앙화하기 시작하였으나 조선조에 이르면 더욱 민중적인 속성을 지니게 되어 억압받고 고통 받는 민중의 입장에 서서 이상세계의 도래를 기원하면서 당래불로서의 미륵신앙이 민중중심으로 전개되었다.[721]

이상에서 살펴본 바대로 불교의 이상세계에 관한 이론은 미륵경전을 통해서 아주 구체적이고도 실체적인 묘사를 하고 있음을 볼 수 있다. 하지만 불교의 근본교설은 언제나 인간의 정신적 깨달음을 위해서 교설하고 있는 바, 극락정토에 관한 어떤 화려한 설명도 결국 깨달은 경지의 완전한 청정성을 나타내고자 하는 것임을 간과해서는 안 된다. 본래 공간을 초월하고 형상이 없는 세계를 공간적으로 한정하여 형상이 있는 세계로 묘사한 것은 그만큼 깨달음의 세계를 많은 사람들에게 쉽게 이해시킴으로서 종교적 실천의 대상으로 다가서게 한 것이다.[722]

---

[719] 이종익·무관 譯, 『미륵경전-미래불의 하생』, 민족사, 1996, p.131 참조.
[720] 김삼룡, 「미륵신앙의 원류와 전개」, 『미륵사상의 본질과 전개』, 한국사상사학 제6집, 한국사상사학회, 1994, p.12.
[721] 김삼룡, 위의 글, p.28.
[722] 법정 譯, 『정토삼부경 해설』, 민족사, 1995, p.162 참조.

■ 도교의 선경론

도교는 중국을 중심으로 발전한 종교문화의 한 형태이다. 춘추전국시대 때 제자백가의 한 일파로서의 도가道家와 도교는 꼭 일치한다고 볼 수는 없다. 굳이 구분한다면 도가道家는 노·장老莊을 중심으로 하는 하나의 철학사상으로 볼 수 있고, 도교道教는 신선설을 중심으로 일정한 신앙대상을 지니고 교단으로 발전한 종교적 형태의 하나이다. 도가는 도교의 형성과정에서 사상적 기반이 되기도 하였는데, 우주의 궁극적 실체를 도道로 파악하는 노자의 『도덕경道德經』과 삶의 궁극적 원리를 무위無爲로 파악하는 장자의 『남화경南華經』이 도교의 경전으로 수용된 점이다. 따라서 넓은 의미에서의 도교는 교단으로서의 도교와 철학사상으로서의 도가를 포함한다.[723]

도교의 성립과정이 워낙 복잡하고 또 많은 사상이(예를 들면 유교와 불교 등) 습합되어 있는 관계로 한마디로 정의를 내리기는 어렵다. 어느 저명한 도교학자의 설을 인용해보면 다음과 같다. 도교란 '고대의 민간신앙을 기반으로 하고 신선설을 중심으로 하여 거기에 도가道家, 역易, 음양오행, 복서, 참위讖緯, 의학, 점성 등의 설과, 무속의 신앙을 더하여 불교의 체제나 조직을 모방하여 정리된, 불로장생을 목적으로 하는 현세이익적인 자연종교'이다.[724] 이에 따라 도교의 신앙을 민중도교로서의 성격과 체제나 조직을 가진 성립도교의 성격으로 양분하여 보기도 한다.[725]

---

723 황준연, 『한국사상의 길라잡이』, 박영사, 1999, p.163.
724 쿠보노리타다 著, 최준식 역, 『도교사』, 분도출판사, 1990, p.55.

도교의 이상세계에 관한 논의도 편의상 도가철학적인 설명과 도교경전 내에서의 설명을 같이 살펴볼 필요가 있다. 먼저 노자 『도덕경』에서 언급하고 있는 '소국과민小國寡民'은 정치적인 측면에서 이해될 수 있는 이상사회의 한 모습이라고 할 수 있다.

> 나라를 적게 하고 백성을 적게 하여 그로 하여금 수백의 기구들이 있어도 필요 없게끔 한다. 백성들로 하여금 목숨을 중하게 여기고 멀리 이사 가지 않게 한다. 비록 배나 수레가 있어도 그것을 탈 일이 없고, 비록 무기나 군사가 있어도 그것을 진칠 데가 없다. 사람들로 하여금 옛날 사람처럼 다시 새끼줄로 묶어 의사를 전달하게 한다. 그곳의 음식을 달게 먹고 그곳의 옷을 아름답게 여기고 기거함을 편안히 여기며 그 풍속을 즐겨한다. 이웃 나라끼리 서로 바라보며 닭과 개짓는 소리가 서로 들려도 백성들은 늙어 죽을 때까지 서로 왕래하지 않는다.[726]

윗글에서 살펴볼 수 있는 이상사회의 특징은 국가 간의 분쟁이 없이 무위자연無爲自然을 근간으로 하는 작은 공동체 사회의 특징을 보인다고 할 수 있다.[727] 어떠한 문명의 이기에 의존하지도 않고 타국간의 교류를 통해 자국의 이익을 도모하지도

---

725 쿠보노리타다 著, 정순일 역, 『도교와 신선의 세계』, 법인문화사, 1993, p.21.
726 『道德經』80장, "小國寡民, 使有什佰之器而不用, 使民重死而不遠徙. 雖有舟輿, 無所乘之, 雖有甲兵, 無所陳之, 使人復結繩而用之. 甘其食, 美其服, 安其居, 樂其俗. 隣國相望, 鷄犬之聲相聞, 民至老死不相往來"
727 최준식, 『한국의 종교, 문화로 읽는다』, 사계절, 1999, p.39.

않으며 언제나 자기 생활에 만족할 줄 아는 순수한 공동체 사회를 지향하는 것이다.

　도가철학에서의 이상사회론이 현실적인 측면에서의 새로운 사회구성론을 제시했다면 교단 성격의 도교에 나타난 이상세계는 보다 초현실적이고 신비로운 성격을 지닌다. 그것은 도교가 추구하는 이상적 인간상이 불로불사하는 '신선神仙'에 있었으므로 그러한 신선들이 사는 세계仙境가 곧 이상세계가 되기 때문이다.728 도교경전에는 범인凡人이 선경仙境의 모습을 보고 온 후 그 세계의 모습을 묘사하는 이야기가 다수 소개되어 있다. 대략 인용해보면 다음과 같은 것이 있다.

　　처음 천상에 갔을 때 …노군老君을 만나 뵙게 되었다. 노군은 어전에서 동편을 향하고 앉아있었다. 신비로운 오색의 구름이 어전의 주위를 감싸고 있었고 정원에는 주옥의 나무와 신령스러운 풀이 무성하였으며 그 사이에서 용과 호랑이가 놀고 있었다. 어전의 아름다움은 비할 곳이 없었고 반짝반짝 빛나는 방의 사방 벽에는 부적이 붙어 있었다. 수 백 명의 시종들은 대부분이 아름다운 미녀들뿐이었다. 신상이 1상이나 되는 노군은 몸으로부터 광명을 발하고 있었으며 그를 정면으로 바라볼 수가 없었다. 노군은 아름다운 선녀에게 황금의 상자와 대리석의 잔을 가져오게 하여 불로장수의 신단神丹을 잔에 넣어 한 알씩 우리 부부에게 먹게 하고…729

728　2장. 지상신선실현-인간개조론 참조.
729　『列仙全傳』卷1, 『歷世眞仙 體道通鑑』卷4, 沈羲 (쿠보노리타다, 위의 책, p. 50 재인용).

윗글에 묘사된 신선세계 즉 선경仙境은 지상의 현실세계에서는 경험할 수 없는 천상의 극락세계이다. 이러한 세계는 어디까지나 도교가 추구하는 이상적 인간상으로서의 신선神仙들이 모여 살 때 이루어지는 세계이다. 신선의 모습이 불로장생에 도달한 초인간의 모습을 그리는 만큼 그 세계도 초현실적인 모습으로 묘사되어지는 것이 당연하다. 결국 도교의 이상세계는 도교가 지향하는 신선의 이념이 사회적으로 실현된 것을 의미한다고 할 수 있겠다.

■ 천도교의 지상천국론

천도교는 구한말에 활동한 최수운을 교조로 하여 최시형 손병희로 이어지는 현대 한국 신종교 교단의 하나이다. 최수운이 득도得道하던 시기(1860)의 사회적 상황에 대해서는 여러 가지 문제가 산적해 있었다고 본다. 교단의 자료를 참고해 보면, 당시 사회는 부패하고 윤리도덕이 쇠미衰微해 있었으며 당쟁과 민란이 성행하였고, 천재天災와 미신 도참圖讖이 유행하였으며, 서학西學이 유입되고 이양선異樣船이 출몰하여 민심이 동요되었다. 국외적으로는 영국 불란서 러시아가 중국을 침략하고 중국 내에서는 태평천국의 난이 일어나는 등 동양천지가 소용돌이치던 시대였다.[730] 이러한 시대에 등장한 천도교의 종교사상은 구국救國의 염원과 함께 새로운 사회변혁을 부르짓는 이념을 제시하였던 것이다.

본래 천도교는 1905년 이후 손병희에 의해 정식 교단으로 출범한 이후의 명칭이지만 그 연원은 최제우의 동학에 두고 있

---

730 천도교 중앙총부, 『천도교 백년략사』, 미래문화사, 1981, pp.58~64.

었다.[731] 따라서 천도교의 이상세계론을 살핀다면 그 이전의 동학사상에 나타난 이상세계에 대한 설명과 그 이후의 천도교 교단에서 제기된 이념을 같이 고찰해야만 한다. 동학사상에 관해서는 최수운이 지은『동경대전東經大全』『용담유사龍潭遺詞』의 내용을 참조해 볼 수 있고, 천도교의 사상에 대해서는 교단에서 발간한 경전과 교리해설서를 참고해 볼 수 있다.

동학사상에서 제시하는 이상세계는 하느님上帝의 조화와 인간의 주체적인 수도修道에 의해서 이루어진다.[732] 그 과정적인 변화를 장엄하게 표현할 때 개벽이라고 한다. 이때 개벽은 일회적인 것이 아니며, 선천이후에 전개된 '다시 개벽' 임을 강조한다.[733] 이렇게 개벽된 세계는 태평성세(또는 요순성세)가 되고 국태민안을 이룬다는 것이다.

> 십이제국 괴질운수 다시개벽 아닐런가
> 태평성세 다시정해 국태민안 할것이니
> 개탄지심 두지말고 차차차차 지냈어라
> 하원갑 지내거든 상원갑 호시절에
> 만고없는 무극대도 이세상에 날것이니
> 너는또한 연천해서 억조창생 많은백성
> 태평곡 격양가를 불구에 볼것이니
> 이세상 무극대도 전지무궁 아닐런가[734]

---
731 황선희,『한국근대사상과 민족운동』, 혜안, 1996, pp.146~153 참조.
732 『용담유사』, 교훈가,「…백천만사 행하기를 조화중에 시켰으니…」,「…그런생각 두지말고 정심수도正心修道 하였어라…」
733 『용담유사』, 안심가,「…십이제국 괴질운수 다시 개벽 아닐런가…」

개벽된 세계를 이끄는 주된 이념은 '무극대도'이다. 무극대도는 조화주이신 하느님이 최수운에게 계시한 것으로,735 모든 인간으로 하여금 지상신선이 되게끔 한다.736 그 사회적인 모습에 대해서는 '도성덕립道成德立'과 '동귀일체同歸一體'로서 도덕성이 최고도로 구현되고 사회 구성원들 간의 결속력이 아주 강한 진리공동체가 형성된다는 것이다.737 동학사상은 이처럼 최수운의 고유한 종교체험을 기반으로 하고 있지만 이상세계에 관한 이론은 그 자신이 바라본 당시의 사회적 모순과 민중의 염원을 반영한다는 점에서 하나의 사회사상적 시각을 드러내고 있음을 주목하지 않을 수 없다.

일제치하에서 활동한 천도교 교단에서는 동학의 교리를 보다 합리적으로 심화시키고 당시의 신문화운동에 박차를 가하기 위해 사회 계몽적 성격의 이론을 계발하기에 이르렀다. 이는 주로 1920년대 이후 천도교의 사상을 주도적으로 해설해갔던 이돈화의 저서에서 엿볼 수 있다. 그는 삼대개벽론(정신개벽 · 민족개벽 · 사회개벽)을 주장하면서 지상천국건설이 궁극적인 목적임을 밝혔다.

---

734 『용담유사』, 몽중노소문답가.
735 『동경대전』, 포덕문 참조.
736 『용담유사』, 교훈가, "…입도한 세상사람 그날부터 군자되어 무위이화 될것이니 지상신선 네 아니냐…"
737 이귀원, 「동학의 말세관과 이상사회론」, 『지역과 역사』, 부산경남역사연구소, 2000, pp.28~33참조. 원전은 『동경대전』 수덕문修德文과 『용담유사』 교훈가 참조.

수운주의水雲主義의 목적은 민족주의도 아니요 사회주의 이상도 아니다. 오직 지상천국에 있다. 지상천국이라는 영원한 이상을 달하기 위하여 과정과 단계에서 민족개벽 사회개벽을 운운하게 되는 것이다. … 요컨대 지상천국은 어떤 특정한 형식과 조건으로 답변할 것이 아니요 인간격人間格의 무궁한 이상을 표준한 것이므로 지상천국은 인간격이 발달되면 발달됨에 따라 또한 그 내용이 무궁히 진전될 것을 잊지 말아야 한다. 추상적이나마 튼튼한 대답 하나는 지상천국이라 함은 그 시대 시대에서 각각 보다 좋은 신사회를 의미한 것으로 알아둘 것이다.[738]

윗글에서 볼 수 있듯이 천도교의 지상천국은 그 시대 시대에서 보다 나은 새로운 사회를 지칭한다. 그 사회를 구성하는 주체가 바로 인간이므로 인간은 자신의 무궁한 인간격을 실현하여 새로운 사회구성을 이룩할 때 비로소 지상천국이 될 수 있다.

이상에서 살펴본 천도교의 이상세계에 관한 이론은 '개벽'과 '지상천국건설'로 요약된다. 동학에서부터 이어진 천도교의 교리는 시대변화와 함께 다양한 각도에서 심화되있다고 볼 수 있는데, 대체적으로 이상세계에 관해서는 유신론적 타력신앙으로부터 무신론적 사회사상으로 발전해 나갔다고 볼 수 있다. 그리하여 지상천국이라는 세계는 참된 인간격이 이룩한 새로운 사회상임을 강조하고 있는 것이다.

---

[738] 이돈화, 『新人哲學』, 천도교 중앙총부, 1924, pp.162~163.

■ 원불교의 용화회상론

원불교는 구한말의 종교가인 소태산 박중빈의 대각大覺(1916)을 계기로 하여 해방이후 정식 교명이 선포된 교단이다. 소태산은 그의 대각 후 "물질이 개벽되니 정신을 개벽하자"는 개교開敎표어를 내걸고 불교 이념의 시대화 · 생활화 · 대중화에 힘썼다. 여기서 물질개벽이란 과학문명을 의미하고 정신개벽이란 도덕문명을 의미하였다.[739] 개벽은 이와 같은 정신세계와 물질세계가 잘 조화를 이루어 미증유의 대문명세계가 전개될 것을 암시한다.[740]

그런데 소태산이 바라본 당시의 사회는 물질문명이 고도화되는 데 반해 상대적으로 정신의 세력은 쇠약해져갔으므로 원불교는 진리적 종교의 신앙과 사실적 도덕의 훈련으로써 정신의 세력을 확장하고, 물질의 세력을 항복 받아 일체 만민을 낙원으로 인도하고자 하는 데 개교의 동기를 두고 있다.[741]

원불교가 추구하는 이상세계는 개교 당시 소태산의 시대인식에 기초하여 사회개조를 표방하고, 나아가 한국불교의 전통적 맥락에서 그 종교적 가치가 실현된 모습을 제시하고 있다. 먼저 소태산은 당시의 사회상황을 놓고 대병大病이 깊어가는 상태라고 진단하였다. 그 병이란 돈만을 중하게 여기며, 남을 원망하며, 의뢰하는 습관을 지니고, 배울 줄 모르고 가르칠 줄 모르며 공익심이 없는 것 등을 말한다. 이 병을 고치기 위해서는

---

739 유병덕, 『원불교와 한국사회』, 시인사, 1986, p.37.
740 유병덕, 위의 책, 같은 페이지.
741 『원불교교전』 제1 총서편, 제1장 개교의 동기 (開敎-動機)참조.

도학을 장려하여 분수에 편안하고, 근본적으로 은혜를 발견하며, 자력 생활을 하며, 배우고, 가르치고, 공익 생활하는 도를 가르쳐야 한다고 하였다. 그리하여 구체적인 교육내용으로서 원불교의 교리를 이루는 사은四恩 사요四要와 삼학三學 팔조八條를 통해 널리 세상에 보급됨으로써 다시없는 이상의 천국을 건설하게 된다고 본다.[742]

원불교가 추구하는 이상세계의 실상은 용화회상龍華會上으로 묘사되고 있다. 단 소태산은 용화회상이 한국의 미륵신앙의 맥에서 이어져 온 것임을 인지하면서도 그 자신이 지닌「법신불관」에 입각하여 고유한 해석을 내리고 있다.[743]

> 그 시대에는 인지가 훨씬 밝아져서 모든 것에 상극이 없어지고 허실虛實과 진위眞僞를 분간하여 저 불상에게 수복壽福을 빌고 원하던 일은 차차 없어지고, 천지 만물 허공 법계를 망라하여 경우와 처지를 따라 모든 공을 심어, 부귀도 빌고 수명도 빌며, 서로서로 생불生佛이 되어 서로 제도하며, 서로서로 부처의 권능 가진 줄을 알고 집집마다 부처가 살게 되며, 회상을 따로 어느 곳이라고 지정할 것이 없이 이리 가나 저리 가나 가는 곳마다 회상 아님이 없을 것이라, 그 광대함을 어찌 말과 글로 다 하리요. 이 회상이 건설된 세상에는 불법이 천하에 편만하여 승속僧俗의 차별이 없어지고 법률과 도덕이

---

742 『원불교교전』, 대종경, 제 2 교의품, 34, 35장 참조.
743 소태산이 주창한 진리적 종교의 실상은 바로 법신불의 진리를 각覺하는 종교라고 이해된다. (유병덕,「소태산 대종사의 진리적 종교관」,『소태산 대종사와 원불교사상-문산 김삼룡박사 고희기념논문집』, 1994, pp14~17)

서로 구애되지 아니하며 공부와 생활이 서로 구애되지 아니하고 만생이 고루 그 덕화를 입게 되리라.[744]

윗글에 나타난 이상세계의 모습을 살펴보면 불교 정토신앙淨土信仰에서 언급한 내용과 용어상의 맥락은 같지만 강조점은 다소 달라 보인다. 즉 불교정토신앙에서는 실체적이고 신비적인 천국과도 같은 모습을 아주 화려하게 묘사하는 데 역점을 두었다면 원불교의 용화회상론은 주로 진리적 종교의 실현에 역점을 두고 있는 것이다. 소태산은 말하기를 "미륵불이라 함은 법신불의 진리가 크게 드러나는 것이요, 용화회상이라 함은 크게 밝은 세상이 되는 것이니 곧 처처불상處處佛像 사사불공事事佛供의 대의가 널리 행하여지는 것이니라"고 하여 미륵불 출세의 본질과 용화회상 건설의 내용을 새롭게 제시하였다.[745] 여기서 알 수 있듯이 원불교가 추구하는 이상세계란 다름 아닌 모든 사람이 정신적 깨달음을 얻어서 하나의 원만한 사회를 구성하였을 때 이룩되는 크게 문명한 도덕세계라고 할 수 있겠다.[746]

---

744 『원불교 교전』, 대종경, 제14 전망품, 17장.
745 『원불교 교전』, 위의 책, 16장.
746 『원불교 교전』, 위의 책, 19장, 20장, 21장 참조.

3. 대순진리의 지상천국건설 - 세계개벽론

1) 선천세계의 한계와 천지공사

앞에서는 제 종교에서 주장하는 이상세계에 관한 이론을 간략히 살펴보았다. 여기서는 대순진리회에서 추구하는 목적으로서의 '지상천국·세계개벽'이 여타 종교의 이론과 어떻게 구별되는지를 살펴보고자 한다. 그러기 위해서는 먼저 대순진리가 출현하게 된 배경과 그 진리적 가르침에 대하여 정리해 볼 필요가 있다.

주지하다시피 대순진리가 이 땅에 출현하게 된 것은 강증산 구천상제의 강세(1871)에서 비롯된다. 상제의 강세는 자의自意에 의해서라기보다는 수많은 신성·불·보살의 신들로부터 호소와 청원을 받아서 이루어졌다고 한다. 그 호소와 청원은 인류와 신명계가 처한 절박한 상황을 대변하고 있으며, 강세한 상제의 존재는 중대한 우주사적 사명을 띠는 것으로 인식된다. 여기서 상제가 지닌 사명의식에서 알 수 있듯이 인류세계는 상제의 능력이 아니면 더 이상 치유될 수 없는 큰 병에 걸려 있었으며, 전 인류를 병마로부터 건져내기 위해서는 상제의 절대적인 구원의 역사役事를 필요로 하였다. 대순진리회의 목적이 제시되기까지에는 이렇게 인류가 처했던 역사적 한계상황이 전제되어 있으며, 그에 따라 이루어진 상제의 대역사에서 새로운 세계의 비전이 구체화되어 있는 것이다.

상제의 강세가 이루어지기까지 인류가 처한 한계상황은 '선천先天'이라고 하는 우주 역사를 주된 골자로 하고 있다. '선천'에 대해서는 『전경』에서 단정한 바 있듯이 '인간 사물이 모두 상극에 지배되어 세상이 원한이 쌓이고 맺혀 삼계를 채우고, 천지가 상도常道를 잃어 갖가지의 재화가 일어나서 참혹하게 된' 그때까지의 역사를 말한다.747 '상극'에 지배된다 함은 모든 인간관계나 사물들의 관계가 자기 이익을 위해 서로를 해치고자 하는 상태이다. 그 결과 선천의 문제는 인간 사물 모두로 하여금 더 이상 연명延命이 불가능해지는 상황을 맞았던 것이며, 이에 따라 상제의 강세와 역사役事는 역사적 당위성을 지니게 된다.

> 상제께서 어느 날 종도들이 모여 있는 자리에서 "묵은 하늘은 사람을 죽이는 공사만 보고 있었도다. 이후에 일용 백물이 모두 핍절하여 살아 나갈 수 없게 되리니 이제 뜯어고치지 못하면 안 되느니라" 하시고 사흘 동안 공사를 보셨도다. 상제께서 공사를 끝내시고 가라사대 "간신히 연명은 되어 나가게 하였으되 장정은 배를 채우지 못하여 배고프다는 소리가 구천에 달하리라" 하셨도다.748

상제께서 행한 천지공사는 묵은 하늘 즉 선천의 역사를 새롭게 개조하기 위한 신천지 창조의 역사이다. 선천의 한계상황을 극복하고 인류로 하여금 새로운 세계를 맞이하게끔 하는 데 천지공사의 목적이 드러난다.

천지공사에서 보여진 상제의 의지는 일차적으로 사멸死滅에

---

747 『전경』 공사 1장 3절.
748 『전경』 공사 1장 11절.

빠진 인류를 살리고자 하는 데 있다. 상제께서 "나는 서양西洋 대법국大法國 천계탑天啓塔에 내려와서 천하를 대순하다가 삼계의 대권을 갖고 삼계를 개벽하여 선경을 열고 사멸에 빠진 세계 창생들을 건지려고 너의 동방에 순회하던 중 이 땅에 머문 것은 곧 참화 중에 묻힌 무명의 약소민족을 먼저 도와서 만고에 쌓인 원을 풀어주려 하노라."[749]고 한 것은 이러한 상제의 구원의지가 잘 드러난 부분으로 볼 수 있다.

　인류에 대한 구원은 나아가 영원한 낙원의 세계를 예비하게 되는데, 이는 상제의 천지공사가 지향하는 이상세계의 모습에 잘 나타난다. 그 이상세계는 지상에 건설되는 천국과도 같은 곳이며 선천에서 일찍이 누려보지 못한 새로운 문명의 시대이다. 따라서 목적으로 제시된 지상천국과 세계개벽은 그러한 이상세계의 실현을 의미하는 것으로 대순진리의 궁극적 가치를 나타내고 있다.

2) 지상천국으로서의 후천선경

상제의 천지공사로 인해 맞이하게 되는 지상천국의 세계는 '후천선경後天仙境'으로도 불리워진다. 여기서 선천과 후천의 갈림길이 되는 역사는 '천지공사'이다. 선천의 낡은 관습을 폐기하고 새로운 질서와 신문명의 시대로 전환되는 원동력은 오직 상제에게서만 나올 수 있었다. 천지공사 이후 인류가 맞이하게 되는 시대를 후천이라고 할 때 상제께서 예시豫示한 후천의 문명은 모

---

[749] 『전경』 권지 1장 11절.

든 인류가 희망하는 지극한 이상세계를 말해주고 있다.

『전경』 공사편과 예시편에 나타난 후천문명의 모습을 살펴보면 다음과 같다.

"앞으로 오는 좋은 세상에서는 불을 때지 않고서도 밥을 지을 것이고 손에 흙을 묻히지 않고서도 농사를 지을 것이며 도인의 집집마다 등대 한 개씩 세워지리니 온 동리가 햇빛과 같이 밝아지리라. 전등은 그 표본에 지나지 않도다. 문고리나 옷걸이도 황금으로 만들어질 것이고 금 당혜를 신으리라."하셨도다.[750]

후천에는 사람마다 불로불사하여 장생을 얻으며 궤합을 열면 옷과 밥이 나오며 만국이 화평하여 시기 질투와 전쟁이 끊어지리라.[751]

후천에는 또 천하가 한 집안이 되어 위무와 형벌을 쓰지 않고도 조화로써 창생을 법리에 맞도록 다스리리라. 벼슬하는 자는 화권이 열려 분에 넘치는 법이 없고 백성은 원울과 탐음의 모든 번뇌가 없을 것이며 병들어 괴롭고 죽어 장사하는 것을 면하여 불로불사하며 빈부의 차별이 없고 마음대로 왕래하고 하늘이 낮아서 오르고 내리는 것이 뜻대로 되며 지혜가 밝아져 과거와 현재와 미래와 시방 세계에 통달하고 세상에 수水 · 화火 · 풍風의 삼재가 없어져서 상서가 무르녹는 지상선경으로 화하리라.[752]

---

750 『전경』 공사 1장 31절.
751 『전경』 예시 80절.

위의 구절을 통해 드러난 대순진리의 지상천국은 '앞으로 오는 좋은 세상' '후천' '지상선경' 등으로 묘사되고 있다. 곧 후천선경을 지칭한다고 볼 때, 이 세계는 인류가 누릴 수 있는 최고의 안락함과 풍요로움을 담고 있다. 밥을 짓거나 농사를 짓는 것이 전혀 수고롭지 않으며, 도인에게는 햇빛처럼 밝은 등대와 황금으로 된 집이 있다. 모든 사람이 불로불사하며, 옷과 밥이 자동적으로 나오며 국가 간의 전쟁이 없는 평화의 세계가 후천이다. 이로써 후천은 정치적으로나 경제적으로 또는 사회적으로 절대안정과 이상을 누리게 되며 인간의 행복과 자연의 조화가 어우러져 우주세계 전체의 극락을 달성한다고 본다.

대순진리의 지상천국 목적에서 주목해야 될 것은 이상과 같은 후천선경의 모습이 화려하게 묘사되고 있는 내용보다는 그 이상이 이루어질 수 있는 현실적 근거에 대한 확신이다. 앞서서 살펴보았던 제 종교의 이상세계론이 저마다 지닌 사상적 특질 내에서 설명되어졌던 만큼 대순진리회의 목적 또한 교리적인 배경에서 자연스럽게 이해될 수 있는 것이다. 즉 지상천국은 인간이 죽어서 가는 영혼의 세계도 아니며 인간으로서 넘볼 수 없는 신들만의 세계도 아니다. 인간이 저했던 선전의 위기로부터 구제창생을 위해 강림한 상제께서 직접 제작해내는 세계이다. 천지공사는 바로 그 신천지 창조의 역사를 대변하고 있으며 구체적 사실史實로서 전해오는 실제상황을 말한다. 그리하여 대순진리는 그 위대한 역사라고 할 수 있는 '천지공사'를 행하신 분이 구천상제이며, 구한말에 탄강한 강증산이 바로 그 구천상제

---

752 『전경』 예시 81절.

이심을 상기하는 데서 궁극적인 신앙의 토대가 놓여있다 하겠다.

3) 세계개벽을 통한 이상사회실현

지상천국, 즉 후천선경의 건설은 신비적이고 불가시적인 세계를 대상으로 하는 것이 아니라 현실세계에서의 가치실현이라는 점에서 의의를 지닌다. 역사적으로 행해진 천지공사는 과거로부터 이어온 인류역사를 어느 순간 비약적으로 발전시키고 나아가서 후천이라는 이상세계를 맞이하게끔 변화를 주도한다. '천지공사'라는 단어에서 보듯이 그 변화는 전 우주적이며 일정한 지향점을 갖는다. 우주는 천지이고 천지는 곧 세계이므로 '세계개벽'은 이러한 우주적 변화를 지칭하고 있다. 상제의 언표言表에서 나타난 개벽의 의의는 천지공사로 인해 주어지는 지상천국이 대국적大局的이며 창조적인 변화를 수반하고 있음을 보여준다.

> 그 삼계공사는 곧 천·지·인의 삼계를 개벽함이요 이 개벽은 남이 만들어 놓은 것을 따라 하는 일이 아니고 새로 만들어지는 것이니 예전에도 없었고 이제도 없으며 남에게서 이어 받은 것도 아니요. 운수에 있는 일도 아니요. 다만 상제에 의해 지어져야 되는 일이로다.[753]

---

[753] 『전경』 예시 5절.

윗글에서 볼 때 개벽의 대상은 천·지·인이며 이는 전 우주적인 범위를 의미한다. 또한 개벽이 오직 상제의 권능에 의해서만 이루어질 수 있다고 전제할 때 그 대역사大役事는 상제만이 행할 수 있는 창조적인 작업임을 말하고 있다. 이와 같은 개벽이 천지공사로부터 진행되어 현재에 이르기까지 인류역사의 대국적인 변화를 이끌어 왔다고 보는 것이다. 그 변화의 장엄함은 '무극대운無極大運'으로 불리어지기도 하며 '천지공정天地公庭'으로 묘사되기도 한다.[754]

그렇다면 개벽은 내용상으로 어떤 변화를 수반하는가. 그것은 기본적으로 해원을 지향한다. 상제의 가르침에 의하면 "지기가 통일되지 못함으로 인하여 그 속에서 살고 있는 인류는 제각기 사상이 엇갈려 제각기 생각하여 반목 쟁투하느니라. 이를 없애려면 해원으로써 만고의 신명을 조화하고 천지의 도수를 조정하여야 하고 이것이 이룩되면 천지는 개벽되고 선경이 세워지리라"고 하였다.[755] 즉 선천의 세계는 지기가 통일되지 못하여 인류가 서로 대립하고 투쟁하는 사회였다. 또한 선천은 상극이 인간지사를 지배하였으므로 원한이 세상에 쌓이고, 천天·지地·인人 삼계가 서로 통하지 못하여 이 세상에 잠혹한 재화가 생겼던 시대이다.[756] 이로써 개벽은 그 속에 쌓인 원한을 전면적으로 해소하고 새로운 질서를 수립해 나가는 과정적인 변화를 담는다. 신명을 조화하고 천지도수天地度數를 조정하는 일은 그러한 가시적인 변화를 보일 수 있는 상제만의 고유한 능력이다. 『전경』 '공사'편

---

754 『전경』 예시 17절.
755 『전경』 공사 3장 5절.
756 『전경』 예시 8절.

에 수록되어 있는 모든 내용은 바로 이러한 개벽적인 변화의 내용을 다각도에서 조명한 것으로 보아야 할 것이다.

이어서 해원을 위주로 하여 진행되는 과정적인 변화로서의 개벽은 궁극적인 견지에서 전 우주적인 성숙과 복된 완성을 지향한다.

> 상제께서 "이후로는 천지가 성공하는 때라. 서신西神이 사명하여 만유를 제재하므로 모든 이치를 모아 크게 이루나니 이것이 곧 개벽이니라. 만물이 가을바람에 따라 떨어지기도 하고 혹은 성숙도 되는 것과 같이 참된 자는 큰 열매를 얻고 그 수명이 길이 창성할 것이오. 거짓된 자는 말라 떨어져 길이 멸망하리라. 그러므로 신의 위엄을 떨쳐 불의를 숙청하기도 하며 혹은 인애를 베풀어 의로운 사람을 돕나니 복을 구하는 자와 삶을 구하는 자는 힘쓸 지어다."라고 말씀하셨도다.[757]

여기서 개벽은 만물의 성숙이며 참된 가치실현이다. 참된 자와 거짓된 자는 성숙과 멸망의 기로에서 나누어지며 의義와 불의不義가 판가름 나는 순간이 바로 개벽이다. 그리하여 가을의 결실과도 같이 참된 자는 큰 열매를 얻어 그 수명이 길이 창성하며 거짓된 자는 말라 떨어져 길이 멸망하는 것으로 천지 만물은 성공을 거두게 된다. 세계개벽은 이와 같이 천지만물의 성공이면서 그러한 성공을 향해 나아가는 전 우주적인 변화의 양상을 표현하고 있다. 세계개벽이 됨으로써 모든 불의는 제거되고

---

[757] 『전경』 예시 30절.

복된 삶이 이루어지게 되니 인류가 원하는 이상사회는 이로써 실현된다고 보는 것이다.

이상에서 살핀 바와 같이 대순진리회의 목적에서 제시된 세계개벽은 지상천국건설과 관련하여 일정한 과정과 실현의 관계로 이루어져 있음을 알 수 있다. 지상천국은 천지공사의 결과 맞이하게 되는 이상세계 그 자체이며 세계개벽은 그러한 이상세계로 이어나가는 과정적인 변화를 담고 있다. 앞서서 고찰한 바 있는 '무자기-정신개벽', '지상신선실현-인간개조'도 또한 그 궁극적인 이상을 제시하면서 그에 수반되는 과정을 아울러 제시한 것으로 본다. 대순진리회의 목적은 이 세 가지의 상호관계를 통해 인간과 세계의 총체적인 완성을 지향하고 있으며, 신앙과 수도의 적극적인 실천을 요구하고 있는 것이다.

4. 맺음말

오늘날 인류가 맞이한 신세기는 여러 가지 면에서 의의를 지닌다. 정치·경제적인 측면에서의 다각적인 변화도 내포하지만 특히 문명 또는 문화의 측면에서 이루어지는 세계사적인 전환은 그 어느 때보다도 전면적인 것으로 내다본다. 문명 간의 충돌이나 공존에 관한 이론은 일단 문명 상호간의 만남이 없이는 불가능하다. 그렇다면 문명 간의 만남은 충돌이 되건 공존이 되건 상호 교류를 통한 새로운 문명건설에 촉진제가 될 수밖에 없다. 오늘날의 세계는 이러한 새로운 문명건설에 박차를 가하면서 도약의 용트림을 하고 있는 것이다.

본서에서 살핀 대순진리회의 교리는 미래의 인류사회에 하나의 비전을 제시하기에 충분한 가치를 지닌다. 종지와 신조 그리고 목적으로 이어지는 교리체계는 대순진리회가 표방하는 21세기 인류사회의 새로운 이념을 담고 있다. 종지에서는 신앙의 대상이신 구천상제의 진리를 핵심적으로 표현하고 있으며, 신조에서는 신앙과 실천을 위한 방법론을 제시하고, 목적에서는 그 지향하는 바의 도달점을 명확히 하고 있다. 이러한 체계는 조정산 도주의 50년 공부 종필로 전하신 것으로 현대종단인 대순진리회에 계승되어 온 것이다. 앞선 내용에 의하면 종지에서 언급한 음양합덕陰陽合德은 인류의 새로운 철학적 사고로 자리 잡을 수 있고 신인조화神人調化는 새로운 종교문명 건설에 이바지 할 수 있다. 해원상생解冤相生은 인류사회의 새로운 윤리를 제공하며 도통진경道通眞境은 새로운 이상사회를 묘사한다. 인류생활의 전 영역에서 나타나는 이러한 획기적인 전환은 역사적으로 '천지공사'라고 하는 절대근거를 가지고 있으며, 종지는 천지공사의 내용 속에 이미 포함되어 있다. 이어서 신조는 종지에서 제시된 가치를 실현 가능하게끔 해주는 방법론적인 의미를 나타낸다. 사강령에서의 안심·안신·경천·수도는 실천을 위한 주요 행동강령이 되고, 삼요체에서의 성·경·신은 내면적인 수양의 자세를 강조하는 용어이다. 목적에서 제시된 세 가지 항목은 종지와 신조가 결부되어 나타나는 인간과 세계의 궁극적인 경지를 나타낸다. '무자기-정신개벽'에서는 인간 내면의 성찰을 통해서 이루고자 하는 인간정신의 참된 경지를 나타내며, '지상신선실현-인간개조'에서는 인간의 육체와 정신이 화합된 전인적인 인간의 완성을 말하며, '지상천국건설-세계개벽'에서는 이

세계의 이상적인 모습을 설정하고 있다. 이로써 대순진리회 교리는 인간과 세계의 총체적인 완성을 위해 그 독립된 사상체계를 보여주고 있는 것이다.

    비록 본서의 연구가 미비하여 대순진리의 사상적 가치를 제대로 드러내지 못한 과오를 통감하지만 관련 학자들의 지속적인 연구로 인해 그 참된 가치가 밝혀지리라 여긴다. 참된 진리는 아무리 덮어두려고 해도 시대가 요구하는 이상 드러나지 않을 수 없다. 오늘의 21세기는 바로 구천상제께서 선포하신 대순진리가 그 본연의 모습을 보임으로써 세계의 모든 인류가 참된 진리의 길을 발견하는 시대가 될 것이다. 일찍이 상제께서 예시한 천하 한 집안과 영원한 평화의 세계는 다름 아닌 우리 시대의 모습인 것이다.

찾아보기

ㄱ

- 강륜綱倫 22, 138
- 강유위康有爲 482
- 개벽開闢 365, 425, 477
- 개벽공사開闢公事 15, 380
- 개천벽지開天闢地 424
- 거경居敬 307, 309, 315, 316
- 격물格物 272, 308, 316
- 경학經學 319
- 계신공구戒愼恐懼 267
- 계천입극繼天立極 328
- 고려사高麗史 449
- 곤괘坤卦 294, 295
- 공부工夫 26, 305, 306, 443
- 공자孔子 194, 202, 295, 440, 480
- 공평무사公平無私 398
- 광구천하匡救天下 44, 88, 462
- 교의敎義 21, 70, 180, 185, 187, 206, 337

- 구원救援 28
- 구천九天 19, 35, 118
- 국태민안國泰民安 184, 185
- 군신群神 56
- 군자君子 452, 453
- 군자삼락君子三樂 384
- 궁리窮理 308, 309
- 권능權能 19, 238, 326
- 권화權化 18
- 귀신鬼神 109, 451
- 극기克己 295, 409, 410
- 금문金文 333
- 기운氣運 110
- 김굉필金宏弼 319

ㄴ

- 남화경南華經 488
- 내세주의來世主義 445

- 내외합일內外合一 411, 440
- 노장老莊 37
- 논어論語 257
- 뇌성雷聲 19

ㄷ

- 다산茶山 409
- 다신교多神敎 116
- 다원성多元性 178, 182
- 다원주의多元主義 182
- 단약丹藥 447
- 단주丹朱 62, 144, 166
- 대대성對待性 40, 77, 156
- 대덕大德 155, 163
- 대동사회大同社會 67
- 대승불교大乘佛敎 420
- 대월상제對越上帝 324, 325
- 대자적對自的 223, 250, 295, 366, 370
- 대중화大中華 168
- 대타적對他的 161, 223, 227, 250, 252, 370, 374
- 대학大學 193, 412
- 덕화德化 280
- 도가道家 347, 418, 424, 455, 488
- 도교道敎 348, 455, 456, 488
- 도덕道德 175, 219
- 도덕경道德經 488
- 도덕성道德性 56
- 도리道理 25, 209, 219, 250, 285, 286, 334, 344, 389
- 도솔천兜率天 485
- 도수度數 34, 463
- 도심道心 272, 406, 407, 408, 409
- 도참圖讖 491
- 도통道通 194, 222, 231, 394
- 도학道學 453
- 동경대전東經大全 492
- 동중서董仲舒 335
- 동학東學 320, 352, 426

ㄹ

- 리학理學 292

ㅁ

- 만신萬神 215
- 맹자孟子 288, 384, 389
- 무극대운無極大運 33, 437, 504
- 무극도無極道 19, 44, 76, 432
- 무상정등각無上正等覺 454
- 무욕청정無慾淸淨 433

찾아보기 **509**

- 무위이화無爲而化　189, 240, 356, 357
- 무위자연無爲自然　489
- 문언文言　257, 264, 294
- 문왕文王　95, 453
- 미륵불彌勒佛　486
- 미발공부未發工夫　302

ㅂ

- 발해渤海　446
- 방사方士　446
- 배일사상排日思想　31
- 백거이白居易　449
- 백호통白虎通　335
- 보화普化　19, 35
- 보화천존普化天尊　19, 35, 437
- 복록福祿　383
- 복희伏羲　453
- 본령합리本領合理　21
- 본연지심本然之心　295
- 본체론本體論　421
- 봉선서封禪書　445
- 부적符籍　273
- 불교佛敎　343
- 불도佛道　66, 347
- 불로불사不老不死　444

- 불사약不死藥　446
- 붕우유신朋友有信　337

ㅅ

- 사관史觀　422
- 사기史記　445
- 사대부士大夫　452
- 사덕四德　335
- 사상四象　155
- 사성제四聖諦　343, 454, 483
- 사자언성의四子言誠疑　270, 271
- 산해경山海經　447
- 삼계三界　19, 85, 234, 245, 364, 420, 437
- 삼계개벽三界開闢　204
- 삼계대순三界大巡　15
- 삼교三敎　35, 342
- 삼덕三德　452
- 삼독三毒　454
- 삼법인三法印　343, 454, 483
- 삼보三寶　346, 347
- 삼신산三神山　446
- 삼재三才　29, 120, 124
- 삼한三恨　167
- 상도常道　17, 61, 87, 149, 243, 244, 396, 461, 462, 482, 499

- 상반응합相反應合 81
- 상보성相補性 417
- 상생相生 60, 61, 63, 72, 87, 149, 152, 153, 157, 158, 162, 164, 244, 245, 369, 380, 384, 393, 461, 462
- 상서商書 257
- 상선벌악賞善罰惡 113, 398
- 상제관上帝觀 118
- 생장염장生長斂藏 240
- 서경書經 37, 340, 383
- 서불徐市 446
- 서전書傳 193
- 서학西學 38, 491
- 석명釋名 447
- 선도仙道 66, 185
- 선신善神 214, 388
- 선운仙運 86
- 선인仙人 444, 446, 447, 464
- 선천先天 44, 76, 86, 424, 460, 498
- 설문해자說文解字 78, 142, 256
- 성군聖君 62, 179
- 성명性命 219, 220, 264, 407
- 성인聖人 56, 65, 126, 219, 271, 328, 396, 452, 453

- 성책誠策 270
- 성학십도聖學十圖 314
- 성학집요聖學輯要 482
- 세계관世界觀 16
- 소국과민小國寡民 489
- 소승불교小乘佛敎 420
- 소인小人 452, 460
- 소태산少太山 429
- 수심양성修心養性 408
- 수심정기修心正氣 353
- 수양론修養論 292, 408
- 수칙守則 172, 432
- 시경詩經 340
- 신격神格 17, 36, 234, 239
- 신경과학神經科學 416
- 신과학新科學 74
- 신관神觀 20, 238
- 신권神觀 54
- 신도神道 22, 56, 58, 130, 131, 138, 150, 153, 186, 243, 244, 245, 252, 253, 254, 396, 397, 399
- 신독愼獨 413
- 신뢰信賴 350, 370
- 신명神明 109, 122, 192, 250, 325, 329, 347, 439, 466
- 신명계神明界 237

찾아보기 **511**

- 신사상新思想 75
- 신선神仙 126, 347, 444, 445, 456, 490, 491
- 신성神性 59
- 신시神市 476, 477
- 신심信心 26, 211, 226, 344, 345, 347
- 신앙信仰 347, 350
- 신약성서新約聖書 475
- 신의信義 175, 336, 337, 342
- 신인神人 32, 395, 444, 447
- 신인간新人間 136, 458, 463
- 신인합일神人合一 382, 395, 440
- 신자信者 351
- 신정神政 117, 118
- 신종교新宗敎 14, 292, 425, 426, 457, 491
- 신학神學 54
- 신행愼行 326, 327, 328
- 신화神話 35
- 심성론心性論 386
- 심신이원론心身二元論 415
- 심체心體 215, 272, 420, 421
- 심통성정心統性情 403
- 심통성정'心統性情 403
- 십이연기十二緣起 454, 483

ㅇ

- 아미타불阿彌陀佛 484
- 양기養氣 272, 306
- 양생법養生法 445
- 양심良心 25, 175, 208, 209, 212, 225, 250, 251, 284, 285, 392, 403, 404, 409, 410
- 양의성兩儀性 417
- 양재기복禳災祈福 456
- 언덕言德 227, 228, 373, 392
- 언동言動 175, 250, 285
- 언어言語 200, 250, 284, 286
- 연금鍊金 457
- 연단술煉丹術 457
- 연원淵源 14, 17, 21, 42
- 열반涅槃 455
- 열자列子 419, 447
- 영부靈符 354, 459
- 영육쌍전靈肉雙全 431
- 예법禮法 25, 209, 219
- 예학禮學 319
- 오복五福 383
- 오상五常 335, 336
- 오온설五蘊說 420
- 오행설五行說 63
- 옥조玉條 175, 432, 436

- 외경畏敬 25, 296, 313, 322, 325, 326, 327, 330, 358, 359, 390
- 용담유사龍潭遺詞 492
- 용화회상龍華會上 496
- 우주론宇宙論 269
- 웅패雄覇 163
- 원불교圓佛敎 429, 431
- 원시반본原始返本 180
- 원전原典 418
- 유교儒敎 408, 480
- 유도儒道 66, 185
- 유마경維摩經 483, 485
- 유식론唯識論 485
- 유신론有神論 109
- 유위有爲 424
- 유정유일惟精惟一 319
- 육경六經 340
- 윤집궐중允執厥中 319
- 윤휴尹鑴 398
- 음양조화陰陽調和 22
- 의리義理 25, 209, 219
- 이기二氣 424
- 이마두利瑪竇 86, 117, 241, 362
- 이양선異樣船 491
- 이언적李彦迪 308
- 이원기二元氣 79, 80
- 이원론二元論 124, 415
- 이익李瀷 339
- 인仁 28, 167, 259, 260, 261, 263, 295, 297, 335, 337, 339, 341, 409, 451, 452, 480
- 인간관人間觀 16
- 인간중심人間中心 127
- 인권人權 127
- 인내천人乃天 426, 457, 459
- 인도人道 229, 244, 258, 263, 325, 382, 391, 396, 439
- 인도주의人道主義 451
- 인륜人倫 481
- 인본人本 127, 388
- 인사人事 22, 138, 165, 316
- 인성론人性論 265, 266
- 인식론認識論 259, 414, 417, 421
- 인신강세人身降世 181
- 인심人心 406, 407, 408
- 인의仁義 219, 325
- 인존人尊 22, 126, 127, 132, 136, 203, 231, 388, 400
- 인존시대人尊時代 105
- 일기一氣 424
- 일심一心 224, 226, 282, 283, 289, 312, 420, 435, 436

- 일원론一元論 415
- 일원상一圓相 431
- 일원성一元性 156
- 일음일양一陰一陽 22, 93
- 일자一者 124

ㅈ

- 자의字義 256, 280, 293, 330, 333, 334, 358, 389, 433
- 자전字典 278, 293, 389, 390
- 자타불이自他不二 372, 388, 467
- 장자莊子 418, 447, 450
- 장재張載 403
- 재리財利 461
- 재세이화在世理化 477
- 재초의식齋醮儀式 456
- 정구鄭逑 319
- 정기위물精氣爲物 421
- 정도正道 433
- 정성精誠 25, 26, 27, 233, 234, 277, 280, 281, 282, 287, 360
- 정신精神 25, 208, 234, 414, 418, 420
- 정심正心 224, 309, 412, 435, 436
- 정이程頤 298, 336
- 정이천程伊川 266
- 정재엄숙整齊嚴肅 299
- 정제두鄭齊斗 339
- 정제엄숙整齊嚴肅 313
- 정토교淨土敎 344
- 정토신앙淨土信仰 484, 497
- 정호程顥 298
- 제사祭祀 296
- 조식曺植 319
- 종교경험宗敎經驗 20, 23, 41, 351
- 종교적 존재(Homo Religious) 28
- 주렴계周濂係 57
- 주문呪文 320, 459
- 주역周易 37, 93, 154, 155, 257, 285, 294, 336, 421
- 주일主一 300, 305, 306, 308
- 주일무적主一無適 299, 313
- 주자朱子 265, 403, 404
- 주재主宰 19, 234, 238, 365, 405
- 주재성主宰性 386, 387
- 중용中庸 382
- 중찰인의中察人義 191
- 중화中和 99

- 증산교학甑山敎學 15
- 지기至氣 352, 353, 356
- 지덕地德 84, 151, 171
- 지상선경地上仙境 70, 77, 158, 400
- 진멸지경盡滅之境 107, 152, 438
- 진시황秦始皇 446
- 진실眞實 25, 208, 267, 269, 278, 285
- 진인眞人 444, 447, 450

ㅊ

- 창도주創道主 19
- 천계天界 150
- 천국天國 474
- 천덕天德 260
- 천도天道 206, 243, 382, 439, 451
- 천도교天道敎 426
- 천리天理 407, 409
- 천성天性 250, 284, 285, 291, 392, 433
- 천인합일天人合一 262, 337, 341, 419, 438, 440
- 천존天尊 35, 106, 127, 347, 388
- 천주天主 354
- 천지공정天地公庭 504
- 천지도수天地度數 504
- 천지신명天地神明 251, 254, 323, 364
- 체용體用 308, 315
- 초사楚辭 447
- 최수운崔水雲 273, 320, 426
- 추기樞機 125, 214, 285, 387
- 치지致知 304, 307, 308

ㅌ

- 태극太極 155
- 태극도설太極圖說 57, 314, 403
- 태을주太乙呪 21
- 택선고집擇善固執 270
- 통사동通士洞 33
- 통서通書 263
- 퇴계退溪 311

ㅍ

- 팔괘八卦 155
- 팔정도八正道 454, 483
- 팔조목八條目 412
- 포박자抱樸子 419, 447
- 풍류도風流道 35

ㅎ

- 해탈解脫 28
- 행동行動 25, 208, 209, 233, 250, 284, 286
- 향내적向內的 235, 294
- 허령불매虛靈不昧 404, 422
- 허정虛靜 301, 306
- 현무경玄武經 126
- 형이상形而上 213
- 혼백魂魄 109, 419
- 홍익인간弘益人間 476
- 화담花潭 424
- 화생化生 155
- 화평和平 52
- 화현化現 19
- 황제소문黃帝素問 57
- 회남자淮南子 419
- 회통會通 182, 185
- 효사爻辭 295
- 효제孝悌 451
- 후천선경後天仙境 40, 44, 500
- 훈회訓誨 172, 392

저자약력

이경원 李京源

1966년 부산 출생
부산대학교 졸업 (경제학사)
성균관대학교 유학대학원 졸업 (문학석사)
동국대학교 불교대학원 졸업 (문학석사)
서강대학교 신학대학원 졸업 (철학석사)
성균관대학교 대학원 한국철학전공 졸업 (철학박사)
미국 Claremont, Center for Process Studies 방문학자
미국 Institute for Signifying Scriptures 연구위원
한국종교학회 상임이사
한국신종교학회 감사
한국철학사연구회 학술이사
한국동양철학회 연구위원
대진대학교 대순종학과 교수 (1999—현재)

주요저서

「한국 근대 천天사상 연구」(박사학위논문, 1999)
『한국철학사상가 연구』(공저) 서울: 철학과 현실사, 2002
『새로 쓰는 동학』(공저) 서울: 집문당, 2003
『동방사상과 인문정신』(공저) 서울: 심산, 2007
『한국철학사』(공저) 서울: 새문사, 2009
『한국의 종교사상』서울: 문사철, 2010
『한국 신종교와 대순사상』서울: 문사철, 2011
『대순진리회 신앙론』서울: 문사철, 2012
『대순종학원론』서울: 문사철, 2013

Lee Gyung-won
E—mail : leegw@daejin.ac.kr